聖嚴法師年譜

4

林其賢 編著

臺北，中正精舍

▌2005 年 9 月 2 日，聖嚴法師於農禪寺舉行「傳法大典」，有十二位
法子承接法脈，此為法鼓山成立十六年來首度傳法，法師傳授「中華
禪法鼓宗法脈傳承證書」，象徵交付傳持法脈承擔教團之重責大任。

▌聖嚴法師與佛光山宗長星雲長老相識五十餘年，2005 年 10 月 20 日，
兩人一起出席「世界佛教領袖座談會」。

2005 年 10 月 21 日，法鼓山舉行落成開山大典，聖嚴法師邀請宗教、政經、文化界等人士，一同為大殿佛像揭幔。

2006 年 2 月 21 日，聖嚴法師於法鼓山園區和參加「僧活營」的近百位僧團弟子合影。

2006 年 3 月 4 日，聖嚴法師出席第五屆「中華國際佛學會議」歡迎晚宴。席間，日本立正大學教授三友健容（中）當眾呈上一幅法華經句墨迹，係三十年前法師取得博士學位離日前夕，書贈三友教授。法師請三友教授將複本留贈法鼓山，紀念同學情誼。

2006 年 6 月 3 日，聖嚴法師應邀於臺灣大學畢業典禮進行專題演說。法師以「認清價值觀與大方向，感恩順境與逆境」為題，提供青年學子面對未來方針。

▌2006 年 9 月 2 日，法鼓山第二任方丈接位大典於法鼓山園區大殿舉行，聖嚴法師於典禮中將方丈一職與信物交付果東法師，並正式任命為法鼓山第二任方丈。

▌2007 年 4 月 8 日，法鼓佛教研修學院舉行揭牌暨首任校長惠敏法師就職典禮。由聖嚴法師、惠敏法師（右一）、方丈和尚果東法師、文建會主委邱坤良（右四）、教育部高教司司長何卓飛（左三）、聖靈寺住持今能長老（右五）、前教育部次長范巽綠（左四）等貴賓共同揭牌。

2007 年 4 月 28 日，聖嚴法師應美國國家地理學會邀請，於臺北誠品書店信義店，與該學會首席探險家：維德‧戴維斯博士對談，主題為「世界盡頭的光明」，討論環保、心靈科學及全球氣候變遷等議題。

2007 年 7 月 1 日，聖嚴法師於法鼓山園區禪堂為「全球法青悅眾培訓營」關懷開示，勉勵青年對自己生命負責，為大眾服務。

2007 年 8 月 11 日，聖嚴法師前往高雄市立文化中心，出席「遊
心禪悅」書法展揭幕。此為巡迴書法展第三場，到場嘉賓包括
立法院院長王金平（右二）、高雄市市長陳菊（右一）等人。

2007 年 12 月 21 日，聖嚴法師至臺北市信義廣場出席由人基會
與法行會合辦之「啟動心六倫‧提昇好人品」活動開幕儀式。
開幕式邀請六位代表上台為「心六倫」宣讀「從我做起」發
願文，共同支持「心六倫」推動。

2008 年 1 月 31 日，聖嚴法師於法鼓山園區開山紀念館帶領僧團辭歲禮祖。

2008 年 2 月 6 日，聖嚴法師出席於法鼓山園區法華鐘樓舉辦之「好願在人間」除夕撞鐘祈福活動。與會貴賓有國民黨正、副總統候選人馬英九（左二）及蕭萬長（左一）、民進黨總統候選人謝長廷（右二）等人。

▌上圖：2008 年 4 月 19 日，聖嚴
法師卸下方丈一職後，僧服即改
回灰色長衫，齋堂座位亦移至大
眾區，以表對僧制之實踐。

▌左圖：2008 年 5 月 4 日，聖嚴
法師前往三軍軍官俱樂部出席
「九十七年文藝節慶祝大會文藝
獎章頒獎典禮」。法師因致力推
展文化有成，獲頒「榮譽文藝獎
章：文化貢獻獎」，由總統馬英
九頒獎。

■ 上圖：2008 年 5 月 17 日，於農禪寺舉辦三時繫念法會，為日前四川震災及緬甸風災罹難者、受災者超度祈福。聖嚴法師開示：「悲慟哀悼　緊急救援川緬災難」，感謝各方捐款，並說明法鼓山：「救災、設施建設、心靈建設」三階段援助計畫。

■ 右圖：2008 年 5 月 25 日，聖嚴法師前往臺灣大學集思國際會議廳，參加聖基會主辦之「第二屆聖嚴思想國際學術研討會」閉幕式並致詞。

2008年6月7日，聖嚴法師在英國兩位法子：約翰·克魯克博士（二排右三）及賽門·查爾得醫師（二排右四），偕同英國禪學會各地分會禪修小組帶領人，上法鼓山園區拜見法師。

2008年9月6日，聖嚴法師前往圓山飯店出席第二屆「國際關懷生命獎」頒獎典禮，將特殊貢獻獎頒給國際防治自殺協會主席布萊恩·米謝勒。

2008 年 12 月 5 日，聖嚴法師於洗腎後直接驅車前往法鼓山園區，至大
悲心水陸法會送聖典禮中開示和關懷。

2009 年 2 月 3 日，晚上八時，法鼓山教團於農禪寺舉行記者會，由法
鼓山發言人果肇法師向大眾說明聖嚴法師圓寂捨報消息，以及後續佛
事進行，方丈和尚果東法師代表宣讀法師遺言。

██ 上圖：2009 年 2 月 8 日下午，於苗栗獅頭山勸化堂舉行荼毘大典。由今能長老引領僧俗四眾，展開歷時二小時荼毘法會。隨後，法師靈龕移至火化場進行荼毘。

██ 左圖：2009 年 2 月 15 日，舉行追思法會暨植存大典。追思法會圓滿後，植存隊伍迎請聖嚴法師靈骨至法鼓山上之臺北縣立金山環保生命園區植存。植存依環保生命園區規例，不舉行任何宗教儀式，由五組十五位法眷及社會大眾代表，依序將靈骨植存生命園區五洞穴中。

2009 年 9 月 13 日，聖基會與法鼓山佛教基金會於臺北國際會議中心舉辦「無盡的身教——聖嚴法師最後的一堂課」座談會，邀請天主教會臺灣地區主教團樞機主教單國璽（中）、玄奘大學宗教系系主任昭慧法師（左二）、臺北大學社工學系副教授楊蓓（左一）及中研院歐美研究所所長單德興（右二），對談聖嚴法師身後的莊嚴佛事，留給大眾的啟發與影響。

法鼓文理學院首屆「人文社會學群」學生，於 2015 年秋季入學，聖嚴法師興學大願，成就圓滿。

目　次

【第四冊】

第六卷 2005-2009　示疾‧開山立宗

譜後

附錄

跋

第六巻

2005 ～ 2009

示疾・開山立宗

民國九十四年／西元二○○五年

聖嚴法師七十六歲

國內外重要大事

- 卡翠娜（Katrina）颶風侵襲美國南部，重創紐奧良。
- 克什米爾（Kashmir）大地震。
- 人間佛教導師印順長老圓寂，享年百歲。

法師大事

- 出席世界銀行於愛爾蘭都柏林召開之「信仰暨發展領袖會議」。
- 獲頒泰國朱拉隆功佛教大學榮譽博士學位。
- 至中國大陸北京大學、北京清華大學、南京大學及廣州中山大學專題演講。
- 推動人文社會獎助學術基金會與成功大學、中國大陸南京大學合作設置「法鼓人文講座」。
- 舉行傳法大典，將「中華禪法鼓宗法脈」傳付十二位法子。
- 於臺北舉行之「世界宗教領袖理事會」年會，以主席身分帶領討論理事會的各項行政事務。
- 創建之法鼓山世界佛教教育園區落成啟用。
- 因腎腫瘤住院治療歷五十六日，出院後開始每週三次規律洗腎療程。
- 出版：《法鼓全集》續編三十二冊（含總目錄）、「智慧

掌中書」全書系圓滿五十冊、《找回自己》、《法鼓家風》。

本年訂定「和喜自在」為主題年，延續二○○四年，以「和
　喜、和諧、和平、自在」做為勉勵和祝福。

一月三日，晚，於紐約東初禪寺主持「南亞震災祈福大悲
　懺法會」，約一百位信眾參加。法師呼籲信眾及各宗
　教領袖共同為海嘯受災民眾祈禱及募款，以便在最短
　時間，啟動最大協助。

一月六日，上午，自紐約返臺，即率弟子及事業單位代表，
　前往台泥大樓為甫辭世的辜振甫董事長誦經迴向。隨
　後由公子辜成允陪同至其家中向辜夫人致意，二度為
　辜先生說法。辜先生一家人，於二○○三年在法師見
　證下皈依三寶。

　　中午，返回農禪寺。僧團法師、專職與義工等近百人
　於大殿接駕。

一月七日，上午，基金會祕書長黃銀滿陪同林政惠顧問、
　楊娜娜女士等人至農禪寺拜會，就法鼓山組織運作提
　供建言，果廣法師、果東法師在場陪同。法師表示，
　人才培養與機制建立，二者缺一不行，均須付出時間
　與毅力，才能見收成果。

晚，於農禪寺新簡介館召開「南亞震災救援策略決策
委員會議」。

　護法總會副總會長黃楚琪報告前往斯里蘭卡勘災心
得。基金會副祕書長謝水庸說明，震災發生後隨即啟動
的救災機制。師父表示，南亞震災的損失與傷害非常慘
重，法鼓山人力與資源雖然有限，仍將秉持「量力而為，
全力以赴」原則，投入人道救援工作。（《隨師日誌》未
刊稿）

一月九日，下午三時，於農禪寺主持「法鼓山全球平安祈
福超度大法會」，發動全球歐、美、亞、紐澳等地區
一百多個分支道場，共同為南亞海嘯罹難亡靈祈福。
臺北市市長馬英九、內政部次長林中森、立法委員洪
秀柱、楊麗環等人與會。法師發表「同體大悲救災難」
演說，提醒各界對南亞地區之救援，在第一階段物資
救濟後，尚有第二、三階段重建人心工作，需要全球
人士付出更多耐心和慈悲心。

　這場大地震、大海嘯釀成的災難，物資的救濟，當然
是當務之急，心靈的創傷，則需全球人士付出更多的耐
心和慈悲心。對於南亞地區的救援工作，完成了第一階
段之後，尚有第二、第三階段，切不可把我們的能量，
以衝動的心態一次用完耗盡。

　佛教徒都知道，我們所處的世界是很脆弱的、無常多
變的，但是在危機四伏中，又充滿著希望和溫暖；在多

災多難的衝擊下，又可見到處處是芳草的景象。只要有心，我們便有力量布施，自己布施，勸人布施，不論錢多錢少，人人都能做布施功德。（〈同體大悲救災難〉，《法鼓》，182 期，2005 年 2 月 1 日，版 1）

一月十日，中國旅美畫家李斌、王亞卿伉儷，受邀至法鼓山住山作畫：《法鼓山禮讚圖》。法師前往觀覽，頗多讚賞。

一月十一日，上午，出席於農禪寺召開之僧團會議，指示召開全球法青運作相關會議、研議國際人士來山參訪之相關教材、強化各部門橫向溝通、加強對美國道場關懷、加強分支道場對鄰近寺院及住家之睦鄰。

下午，二時半，出席於農禪寺召開之「新農禪寺籌建委員會議」；七時半，出席於農禪寺舉行之例行擴大主管聯席會議。

一月十二日，出席「二〇〇五年聖嚴法師全省巡迴關懷暨邁向百萬人護持」討論會議，護法總會總會長陳嘉男、副總會長黃楚琪、法鼓山基金會祕書長黃銀滿、輔導師果燦法師、關懷院監院果東法師等人與會。

師父指示，安排師父的行程，要考量師父年紀大了，體力差了，不宜密集，要安排休息時間。此外，師父不

需全程參與，而以抵達時間為出席時間點。並請各地區籌辦活動的菩薩，減少貴賓拜訪行程。（《隨師日誌》未刊稿）

一月十二日，下午五時，至文化館，四眾隨侍至三樓祖堂禮佛接駕。而後於文化館二樓錄製「二〇〇五年新春賀詞」，文稿刊二月《法鼓》雜誌，錄影則供各分支道場播放。

一月十三日，上午九時，於農禪寺以「齊心共力建設法鼓山」為題，為常住大眾、專職和義工舉行「精神講話」：「認識法鼓山、體驗法鼓山、運用法鼓山、推廣法鼓山」。法師指出，法鼓山三大教育，環環相扣，密切相關，每一位法師與專職，即是「法鼓山的心臟」，為三大教育之受益者與推廣者；並期許大眾藉填寫「自我提昇日課表」，深入體驗法鼓山。

十時，於農禪寺會客室聽取「關懷好厝邊，金山萬里情」敦親睦鄰活動籌備進度。

下午三時五十分，出席國際事務處籌備處會議，與會有果品法師、常智法師、慈基會會長王景益、法鼓人文社會學院籌備處主任曾濟群、護法總會副總會長周文進等。

　　七時三十分，法行會會長蔡清彥、執行長連智富，呈報專案執行進度。法師表示，法鼓山現在、未來，一定要利益社會，以國家及世界為要，才能走出一條路來。同時指點學佛三種層次：第一層是從自私立場出發，希望有求必應；第二層是希望少煩惱，增智慧，第三層是為社會、為眾生服務，而不求回饋；出發點是為人，為眾生，便是行菩薩道。

一月十四日，上午九時，出席於農禪寺舉行之整體工務暨工程進度會議，與會者有僧團副都監果廣法師、營建部監院果懋法師、總工程師陳洽由、副總工程師劉明山、特別助理李孟崇等。討論今年十月落成典禮工程進度，以及新農禪寺、齋明寺等工程進度。

　　晚間，出席於法鼓山園區舉行之第一屆僧才養成班畢業典禮及出家生活體驗班結業式。養成班有二位男眾、十三位女眾畢業；體驗班有二位男眾、七位女眾結業。聽取學僧代表報告後，法師期勉以「清淨」、「精進」作修行準則，進一步奉獻利人。

　　晚十時，僧大第一批學僧受三壇大戒圓滿返寺，於法鼓山園區教育行政大樓四樓佛堂向法師謝戒，法師慈悲開示。

一月十五日,九時二十分,常濟法師自美國喬治亞州致電,呈報世界宗教理事會為南亞海嘯募款事宜。

九時四十分,出席於法鼓山園區舉行之「關懷好厝邊,金山萬里情」敦親睦鄰活動,邀請地方寺廟、民意代表、機關團體等人出席。包括臺北縣議員唐有吉、金山鄉鄉長游忠義、萬里鄉鄉長蔡倉明、金山農會總幹事李榮生、金山鄉公所民政課長許淑娥、台電核四廠廠長陳慰慈、台電核一廠供應課課長陳民鈴、金山鄉代表會主席黃文欽、慧明禪寺住持宏海法師、嚴淨寺聰慧法師、明慧法師、慈護宮董事長王淵源、副董事長鄭必爐等人走訪全山並餐敘。法師感謝金山好鄰居長年之關愛和照顧,並介紹法鼓山為結合宗教、禪修、教育與文化之教育團體。金山鄉游鄉長代表貴賓向法師致謝表示,「法鼓山能設在金山,是北海岸居民的福氣」。

十時三十分,前往法鼓山園區男寮、大殿及戶外開山觀音等地點巡視。

一月十六日,赴宜蘭,「聖嚴法師巡迴關懷」首站,關懷北六轄區(宜蘭、羅東、花蓮)會眾。上午十一時,抵達宜蘭高中活動會場,為四百餘位民眾,主持三皈依正授儀式。下午,關懷北六轄區正副召委、小組長

及勸募會員，並為新勸募會員舉行授證典禮，計有三百多人出席。陳總會長致詞表示，此次關懷主軸為「全力邁向百萬人護持」，希望藉由勸募會員努力，推廣法鼓山理念。法師預告今年十月舉行落成大典，邀請轄區信眾扶老攜幼回山。

關於勸募推展，師父再度指出「勸募三成長」：人品的成長、人數的成長，以及勸募金額的成長，其中以人品成長尤要。以自己人品的提昇，達成接引其他的人參與法鼓山、護持法鼓山，一起修學佛法，才是法鼓山勸募會員的宗旨。師父指出，「四眾佛子共勉語」、「四種環保」和「心五四」運動，均是法鼓山提昇人品的觀念和方法，而「自我提昇日課表」，更是幫助每個人在生活中自我檢視與落實的具體方法。（《隨師日誌》未刊稿）

一月十七日，上午七時，於法鼓山園區臨時寮，為中華佛研所與僧大合辦之止觀禪七學員開示。

下午三時十五分，法鼓山園區法師、僧大與僧才養成班學僧、漢藏交流班藏僧、中華佛研所師生、專職及義工菩薩等上百人，於教育行政大樓四樓佛堂為法師接駕。

一月二十一日，上午七時十五分，於法鼓山園區臨時寮，

為止觀禪七學員開示。

九時，美國堪薩斯大學研究生邵雲東（Brenton Sullivan），由中華佛研所所長李志夫陪同，至男寮拜會法師。邵雲東以太虛大師「人生佛教」為研究主題，特來請教大師生平駐錫重要場域，以及大陸境內仍保持道風之修行道場。

十時，臺灣大學地質科學系教授陳宏宇，陪同臺灣大學環工所教授於幼華、土木工程系教授李鴻源，至法鼓山園區拜會，邀請法師出席四月中旬於北京舉行之「世界精神領袖論壇」。法師因已有北京訪問行程，允日後視時間許可參與。

一月二十二日，七時十五分，於法鼓山園區教育行政大樓佛堂，為止觀禪七學員開示。

八時四十五分，前往金山金海禪寺，為日前捨報圓寂住持方丈傳斌老和尚捻香致悼。

上午，「聖嚴法師巡迴關懷」於農禪寺舉行，桃園、中壢、新竹等北五轄區四百六十餘位勸募會員與會。法師以「全力邁向百萬人護持」為題，重申勸募三成長乃是人品成長、人數成長與金額成長。法鼓山推動

三大教育，各地會員護持法鼓山，是基於認同響應、推廣法師理念，而不是可憐法師。

下午，「聖嚴法師巡迴關懷」於法鼓山園區階梯教室舉行，北七轄區基隆、金山、萬里、石門、三芝等地區約三百位勸募會員參與。仍以「全力邁向百萬人護持」為題，叮嚀大眾要有三種成長，只要給人佛法，募到人心，護持款自然就會增加。法師特別希望勸募同時，也鼓勵優秀青年報考僧大，共同投入護法、弘法行列。

為《法鼓山文教基金會香港分會年刊二〇〇四》撰序，敘述與香港法緣。（〈序《法鼓山文教基金會香港分會年刊二〇〇四》〉，《書序 II》，法鼓全集 3 輯 10 冊，法鼓文化，頁 107-109）

一月二十三日，上午六時二十分，於北投丹鳳山健行，果東法師隨行。

上午，於農禪寺主持皈依大典，約一千人皈依。法師開示指出，當前臺灣社會之族群對立與兩岸緊張關係，是全體大眾共業；從佛教觀點，宜小心面對、以善意出發，對整體環境要有信心，因為心安就有平安。處事宜用心，而不用擔心。

下午三時二十分，廣達文教基金會董事長林百里前來農禪寺拜訪。林董事長策畫「游於藝」校園巡迴展，四個月內，已有十萬中學生參與。法師對其兼顧事業與志業，深表肯定，歡迎廣達基金會參與法鼓山之青年關懷工作。

　　對於法鼓山推動的青年關懷工作，師父指出主要有三：一、在臺灣、中國大陸各重點大學設置「法鼓人文講座」；二、成立南亞海嘯中失怙、失學兒童的助學計畫；三、培養國內青年領袖參與今年將在紐約聯合國總部舉行的青年會議，以及在約旦舉行的世界青年和平高峰會。其中青年領袖的培養計畫，歡迎廣達基金會共襄盛舉。（《隨師日誌》未刊稿）

五時，出席於農禪寺舉行之「第四十八次法鼓山社會菁英禪修營共修會」。法師以「盲目的『我』，還是超越的『我』？」為主題開示：如果對「我」認識不清楚，就會給自己增加困擾，也會給他人帶來麻煩；如果對「我」認識清楚，便自在、自由，對他人來講，則是一菩薩。

　　從佛學的觀點來說，「我」有很多層次。第一個層次，是盲目的「我」。多數人都屬於這個層次，活著只為了生存，希望獲得，不想失去，一生就是不斷追求，便是盲目的「我」。

　　第二個層次，是理性的「我」。自己很清楚自我的定

位、功能,以及價值,這是一種高度的修養。例如:哲學的修養、宗教的修養等等。有了哲學的修養,人的思想、思辨便能清晰暢達;有了宗教的修養,對於生命的價值和目標,則能了解透徹。這是理性的「我」。

第三個層次,是超越的「我」。超越又可分為兩個層次,一個層次是超越自私自利的「我」,把整體社會、全人類的利害得失,當成是自己的利害得失。古今中外的大宗教家、大思想家、大哲學家,例如中國的孔子、老子、孟子,西方的亞里斯多德、蘇格拉底等,他們的生命都已經超越了個人的私我。

超越的「我」還有另一個層次,能超越地球,乃至一切宇宙時空的普世價值,這種超越時間、空間的價值觀,便是佛法講的「空」,真正的「無我」。

佛法講的「無我」,超越「小我」的自私、「大我」的價值觀。那麼這個「無我」,究竟還有沒有「我」呢?釋迦牟尼佛說法時也講「我」,那是為了要清楚互動的對象。這樣的指稱,叫作「假名的我」。

現在有很多人都在擔心臺灣的前途,總是問我:「臺灣的未來怎麼走?」我告訴他們:「臺灣的未來我不知道,但是我相信:心安就有平安。」因為心中如果有重重憂慮,就會真的變成有事。

我們不需要擔心,卻需要「用心」。怎麼「用心」呢?譬如出門的時候,要保持頭腦清醒,不去走危險的道路。因緣,是需要用心把握的,但如果因緣尚未成熟,不妨

再等等，不過等待並非空等，而是在等待的同時，加上
努力，才能在因緣成熟時，即時把握。（〈二〇〇五年
一月二十三日菁英禪坐共修開示〉，《法鼓》，196-198 期，
2006 年 4-6 月，版 5）

開示後，與中華經濟研究院董事長蕭萬長、《聯合報》
社長王文杉令慈謝家蘭晤談。

一月二十四日，上午十時，至中視錄製《不一樣的聲音》
節目，與臺灣志工協會理事潘怡寧對談「微笑的天
使」；與跆拳道國手、新科立委黃志雄對談「不一樣
的人生課題」；與奇幻文學基金會執行長、麻省理工
學院開放式課程中文翻譯計畫主持人朱學恆對談「創
作共享，天下為公」。

下午三時二十分，應邀出席於臺北市新舞台舉行之
「九十三年度行政院文化獎頒獎典禮」，向得獎人朱
銘先生致賀。

一月二十五日，晚七時半，與營建部監院果懋法師談話，
副都監果廣法師在場陪同。法師指示，新齋明寺定位
與功能，等同於農禪寺，屬都會型道場，將是桃、竹、
苗等地區弘法中心。住眾寮房部分，法師強調，出家
人以儉樸為本，每房可住三至四人，每人一床、一櫃

即可。

晚八時半，接受《中廣新聞網》專訪「災難，佛經怎麼說？」從佛教角度，探討南亞海嘯災難意義，並提供安身、安心之道。

根據佛教的信念，這個世界有「成」，就一定有「壞」。災難的發生是眾生造業所感得的結果，叫作共業。假使能夠多做善事，多造善業，就可以改變命運，把人類的共業扭轉過來。

師父提醒大家不管遇到什麼狀況，都能「面對它、接受它、處理它、放下它」。面對、接受以後，再以智慧和能夠使用的資源來處理、解決。若已盡人事，就要放下，如此才能走出一條新路來。（《隨師日誌》未刊稿）

一月二十六日，農禪寺早齋開示，提醒常住眾：出家人基礎要具足。包括早晚殿、過堂等要隨眾、五堂功課要背熟、法器要練習。並說明課誦、法會是接引眾生方便法門，要用心學習。

十時，與營建部監院果懋法師談齋明寺新建工程事宜。指示建築要素樸、本土化。採現代化建材，搭配法鼓山工程色系；成立專案小組，由果廣法師、江金曄等組成。

一月二十七日，年前，依例親至妙雲禪寺、海明禪寺、華
　　嚴蓮社拜訪今能長老、悟明長老及成一長老。法師表
　　示年事已高，往後感恩之行，將由僧團派代表前往。

　　十一時，至北投公館路巡視新農禪寺工地並關懷工程
　　人員。

　　十一時四十分，法行會會長蔡清彥、執行長連智富及
　　尤雪萍，向法師報告南亞賑災計畫建議。法師指示，
　　法鼓山賑災南亞，目的在協助受災民眾走出陰霾，不
　　一定要標示佛教或法鼓山。不一定要做執行單位，而
　　是提供觀念、技巧、經驗及經費，訓練當地義工或工
　　作人員。

　　中午，出席於農禪寺舉辦之專職及專職義工歲末感恩
　　聯誼餐敘，致詞勉勵。

一月二十八日，下午五時五十分，至農禪寺新禪堂關懷摺
　　《法鼓》雜誌義工。

　　九時三十分，啟程往中正機場，飛愛爾蘭首都都柏林
　　出席由世界銀行舉辦之第四屆「信仰暨發展領袖會議」
　　（Leaders' Meeting on Faith and Development），侍者、
　　英文祕書共三人隨行。

一月三十日，抵達都柏林，出席歡迎晚宴，與會議主持人
　　前任坎特伯里大主教喬治‧凱里（Lord George Carey
　　of Clifton）、都柏林大主教迪爾米特‧馬丁（The
　　Most Reverend Diarmuid Martin），以及世界銀行總裁
　　詹姆士‧沃爾芬森（James D. Wolfensohn）晤談。
　　案：「世界銀行」是由美國、加拿大、英國、法國、德國、
　　義大利、日本和俄羅斯八個經濟強國所組成的跨國銀行，
　　對於經濟貧國的援助，從過去的借貸，到今日的援助，
　　成效都不理想，因此亟思改善之道，這也是近年會議邀
　　請世界宗教領袖出席並給予建言的期待。

一月三十一日，即起兩天，出席世界銀行於愛爾蘭首都都
　　柏林舉辦之第四屆「信仰暨發展領袖會議」。主題為：
　　「針對貧窮，促進正義暨平等的世界」，四十八位來
　　自全球各大宗教精神領袖、政治領袖及慈善家參加。
　　聖嚴法師為漢傳佛教唯一受邀代表，除發表專文，在
　　議題討論中亦向與會人士說明，宗教信仰之衝突根源
　　在於對聖典解讀和詮釋不同，以致對公平、正義、真
　　理標準也各有差異。然而世上無絕對真理，解決之道
　　唯有彼此包容與調和。針對南亞大海嘯救災討論，法
　　師亦報告法鼓山三階段救助計畫。
　　世界銀行為聯合國所屬的組織，每兩年舉辦一次領袖
　　會議。自從美國九一一事件後，該會更深刻體認到：生
　　長在一個全球化的世界裡，無論哪國發生任何的政治、

經濟、社會、民生等問題,各國都會受到影響,因此該會提出了「千年發展目標」(Millennium Development Goals),協助發展中國家減少貧困、普及教育等問題,以建構一個平等、公正、和平、安全的世界,其中宗教信仰團體更被賦予重要的角色。

師父指出:衝突有情感、思想、信仰等三個層次,其中以宗教、民族的信仰衝突最難解決;解決之道唯有彼此的包容與調和。

這次大會的主席為世界銀行總裁詹姆士‧沃爾芬森,會議討論的內容包括:如何減低貧困、南亞海嘯後的省思和重建、愛滋病的社會支助及倫理道德問題、女性與青年等議題,希望透過各國領袖的交流和商討,促使國際間共同努力和合作,建立一個以平等、人權和社會公正為基礎的全球制度。

在討論到南亞大海嘯救災的議程中,聖嚴師父向各國領袖介紹法鼓山規畫的三階段救助計畫。從物質到心靈、教育工作,都站在尊重當地信仰、文化的立場。(〈師父出席世界銀行領袖會議〉,《法鼓》,183 期,2005 年 3 月 1 日,版 1)

一月,聖嚴法師講解《佛說盂蘭盆經》(4CD)有聲書由法鼓文化出版。

二月一日,出席世界銀行「信仰暨發展領袖會議」,於討

論「衝突的根源，以及對於貧窮、社會邊緣化和全球治安的影響」時，發表專文：〈以慈悲和智慧處理衝突〉，從佛教緣起論指出，任何現象無不存在矛盾和衝突，同時也存在妥協與調和。唯有鼓勵財富較多、知能較高者，多為全人類福利布施；同時鼓勵貧窮者充實知能、努力進取，並且學習享受心靈財富，才會拉近貧富差距，減少衝突。

不論是自然現象、社會現象、物質現象，乃至人的生理現象及心理現象，無一不是存在著矛盾和衝突的事實，同時也存在著妥協與調和的事實。

問題是，我們應當以什麼樣的心態來面對這些事實，又當用什麼樣的方法來處理這些事實？不要為自身製造困擾，便是智慧，不要為他人造成傷害，便是慈悲。若能調整心態，以事實的本身看待事實，便是智慧，調整心態，以包容、體諒對待他人，便是慈悲。

對於矛盾與衝突的感受，對於邪惡與不正義的評斷，對於苦與樂、幸與不幸，乃至貧窮與富足等的衡量與感受，都可能是主觀的，都可能是因人而異、因地而異、因時而異的。只要心態調整了，想法調整了，便可化解心中的委屈、忿怒、不平，如果心安便得幸福和平安。每一個人或者每一個族群的經濟生活、社會地位，由於先天的條件、後天的勤惰，以及時空環境因素的不同，要求一律平等，是永遠做不到的。唯有鼓勵財富較多的人，知能較高的人，多為全人類的福利做布施；也鼓勵

貧窮的人充實知能，努力進取，並且學習著享受心靈平安的財富。才會拉近貧富不均衡的差距，也才能減少各式各樣的衝突現象。（〈以慈悲和智慧處理各種衝突〉，《致詞》，法鼓全集 3 輯 12 冊，法鼓文化，頁 79-81）

發表新春賀詞〈再迎和喜自在的一年〉於《法鼓》雜誌，向大眾賀年並報告過去一年（二〇〇四）成果及今年努力方向。去年開展全球災難關懷救助、參與國際社團推動世界和平、持續國際弘化至新加坡、澳洲、瑞士等國、推出日課表與動禪等修學方便、法鼓山園區及各分支道場建築工程進行、僧伽大學與僧才養成班第一屆學僧畢業；今年則有法鼓山第一期工程完工落成，將可更有力開展教育事業。（〈再迎和喜自在的一年〉，《法鼓》，182 期，2005 年 2 月 1 日，版 2；另參見：〈二〇〇五年新春賀詞──再迎和喜自在的一年〉，《法鼓山的方向 II》，法鼓全集 8 輯 13 冊，法鼓文化，頁 35-44）

二月四日，上午八時，自愛爾蘭返抵桃園中正機場。

晚六時，於農禪寺與勞委會主委陳菊等人餐敘，勞工福利處處長藍福良等人陪同。藍處長陳述目前勞委會同仁間，已推出資源回收及法鼓八式動禪。法師對此相當歡喜，並就勞工議題指出「勞工朋友需要的不只是福利，而是希望有成就感，覺得奉獻值得」。另外，

也說明法鼓山提倡自然灑葬，鼓勵人死後火化成灰泥，成為大地一部分。

二月五日，上午八時二十分，早期護法居士翁嘉瑞、程淑儀夫婦，向法師拜早年。

每次見到這兩位早期的護法居士，師父總要懷舊憶往，說一說當時的故事：「農禪寺大殿的西方三聖，就是你們護持的，揭幕當天，你們也到了。」重提往事，翁居士夫婦兩人笑得很開心。

翁居士也說了一段往事，那是將近二十五年前，他與果祥法師參加同一梯次禪七，地點在文化館。「那時參加的男眾只有我一個，師父見了我，對我招招手，叫我來！」當年，翁居士約莫四十多歲，他和師父都沒有想到，因為這次禪七和無意間的招招手，讓翁居士成為法鼓山永遠的護法。（《隨師日誌》未刊稿）

晚八時半，於農禪寺會客室接受法鼓文化果毅法師、果賢法師專訪，談出席第四屆「信仰暨發展領袖會議」收穫。法師指出，除討論南亞救災計畫之外，由於與會人士背景包括宗教、政治、經濟、非營利組織等，因此交換許多豐富訊息，認識很多不同專業背景人士，另有多位與會者邀請法師到蒙古、敘利亞、華盛頓演講。

二月六日，除夕前兩天，新竹、中壢、桃園護法會員及眷
　　屬，共四百餘人共聚桃園齋明寺，提前和法師圍爐。
　　法師感謝前任住持江家之護持與付出，齋明寺有歷史，
　　重文化，與法鼓山推動心靈環保精神一致。同時歡迎
　　大眾於新春期間上山，走訪逐漸完成之各項建設。

二月八日，除夕。八時半，出席於農禪寺簡介館舉行之僧
　　團代表會議，對男女眾二位副都監提名人選果醒法師、
　　果廣法師行使同意權投票。

　　　　十時三十分，捷克籍性空法師及其友人 Libor Sulak，
　　由中華佛研所所長李志夫、執行祕書陳秀蘭陪同，邀
　　請法師為其譯註捷克版《大乘起信論》一書寫序，說
　　明此論對中國佛教影響，並鼓勵捷克人學習大乘佛教。
　　　師父勉勵性空法師，不要老是在國外旅行，應對自己
　　的國家有所奉獻。性空法師表示，將來法鼓山關房啟用
　　以後，他想在法鼓山閉關一年，待年過了六十，將回捷
　　克奉獻。師父致贈英文版的 *Hoofprint of the Ox*（《牛的
　　印跡》）及 *Complete Enlightenment*（《完全證悟》）。（《隨
　　師日誌》未刊稿）

　　　　中午，於農禪寺齋堂與各地返寺法師、僧大學僧、義
　　工等一起圍爐。
　　　師父開示指出，現有常住眾，包括學僧已有一百七十

三位。這之間有人進，有人出，歡迎有道心的人進來，也歡迎想離開的人離開；如果走了一段時間想回來，還是歡迎，但如果來來回回好幾次，那就不接受了。山上雖未落成，然而建設一天天在成長，常住眾也一天天成長。（《隨師日誌》未刊稿）

下午三時，至文化館祖庭晚課，課後帶領大眾至祖堂向東初長老、歷代祖師辭歲。法師開示：法鼓山落成後，明年將在山上祖堂拜年，僧團人數成長，素質亦應隨之提昇，殿堂威儀、道心器度與知見均應增長；佛法要通，主要是心胸要開朗，悲願要弘深。（《隨師日誌》未刊稿）

二月九日，年初一。除夕夜宿文化館。

新春第一天，上午，於農禪寺會客，並在一樓新禪堂接受大眾拜年，或到園遊會場攤位，關懷義工，問候來客。法師對大眾開示：「大年初一是彌勒佛聖誕，大家要像彌勒佛一樣笑口常開；多存好心，多做好事、常念觀世音菩薩，讓彌勒淨土提早在人間出現。」午齋過後，前往法鼓山園區關懷。

二月十日，年初二，全日於農禪寺會客並與大眾相互拜年。

九時，文化館早期信眾賴燕雪等人，向法師拜年。法師關心第二代現況，鼓勵大家常運動。並敘及農禪寺現況，感謝一路護持。

十時三十分、十一時四十五分及下午三時三十分，三度至農禪寺一樓新禪堂接受大眾拜年並開示。

師父開示：今年是和喜自在年，要學著主動與人和。家人、朋友間不要老是講公平、合理，要學著彼此各讓一步。

師父指出「恭喜發財」的意涵，一是「智慧財」，一是「功德財」。多做好事，多給人方便，多念佛，是功德財；能夠化解自己的煩惱是「智慧財」。有智慧的人，有錢也歡喜，沒有錢也歡喜；沒有智慧的人，即使有錢也不會歡喜，那就很苦。（《隨師日誌》未刊稿）

晚五時三十分，至丹鳳山健行，常寬法師、中華郵政公司董事長許仁壽隨行。法師關懷許董事長工作近況，許董事長則請教法師如何深入修行。

師父建議許董事長閱讀《大般若經》，從中了解「空性」，以及「成熟眾生，莊嚴國土」的觀念。此外，回答「閉關」看法時表示，在家人一年之中，如果可以挪出一個月或二週時間是很好的，閉關期間可以打坐、讀經、整理自己的人生。（《隨師日誌》未刊稿）

二月十一日，年初三，九時三十分，臺灣噶舉佛學院院長
　　仁千仁波切一行，來訪農禪寺拜會法師。

　　仁千仁波切贈送一個裝有《藥師經》等寶物的藥師寶
瓶，祝福師父健康長壽，師父回贈法鼓山琉璃山徽，並
請仁千仁波切代為向達賴喇嘛問好，及致贈 *Complete
Enlightenment*（《完全證悟》）予達賴喇嘛。（《隨師日
誌》未刊稿）

十一時三十分，於農禪寺淨土懺法會圓滿時，接受信
眾拜年並開示。

午後二時，於法鼓山臨時寮大殿接受信眾拜年。大臺
北地區及臺中地區悅眾來山參加「預約法鼓元年」拼
圖活動。法師鼓勵大家常「回」法鼓山，並開示指出：
能讓自己喜悅、平安就是「心靈環保」；與他人和諧
相處，便能「和喜自在」。

三時二十分，於法鼓山臨時寮關懷在三門支援之僧大
男眾學僧。另關懷中華佛研所師生，指示果光法師及
果肇法師，明年除夕，邀請佛研所師生圍爐。法師表
示：「要給他們關懷，佛研所和法鼓山是一體的。」

晚，至法鼓山園區階梯教室參加法青會「與法相會」
活動，開示並傳燈。

二月十二日，至法鼓山女寮關懷上殿情形，並指示「僧值」
　　之角色及在大殿所站位置，要能注意每人威儀，及出
　　席含遲到早退狀況。

　　太子建設副董事長莊南田夫婦，由慈基會會長王景益
　　伉儷陪同，向法師拜年。

　　玉佛寺住持果如法師，帶領弟子以及護法信眾三十餘
　　人，回法鼓山向「聖嚴師公」拜年。
　　　果如法師曾在僧伽大學授課，也帶過禪一，師父表示：
　　「自己年紀大了，體力不如從前，一方面禪眾人數多，
　　無法再像過去那樣棒喝吼叫了。」「每一位祖師，年輕
　　和年長時的禪風都是不同的，就連我的西方弟子，每個
　　人帶的方式也都不一樣，重要的是知見正確就可以了。」
　　（《隨師日誌》未刊稿）

二月十三日，即日起至十九日，於農禪寺舉行第十一屆傳
　　授在家菩薩戒，由法師、惠敏法師、果醒法師擔任尊
　　證師。來自香港、新加坡、美加等地共五百七十位會
　　眾，分兩梯次參加。

　　交通部部長林陵三伉儷，偕同觀光局北海岸及觀音山
　　國家風景區管理處處長蔡振聰等一行，至法鼓山園區
　　拜年，就金山與北海岸地區風景資源、特色，與法師

交換意見。

二月十四日，法師關懷於農禪寺舉行的菩薩戒會戒子上殿，及義工外護情形。

　　方甯書教授近日於新北投新置寓所，法師為之取名，並題贈詩。詩為藏頭詩，內有「東初老人」、「聖文居士」。全詩及上下款為：

方甯書教授開士齋啟用：

東方宏聖教　初公揚文化　老寧靜居處　人書開士齋

方甯書聖文居士襄助先師東初老人及余兩代弘揚聖教文化至老靜居臺北新北投之寓所余贈一名曰開士齋也。

聖嚴

（《隨師日誌》未刊稿）

　　下午五時，至丹鳳山健行，前法鼓山基金會副祕書長郭永森、蘇麗美夫婦，向法師拜年隨行。

二月十五日，下午四時半，戚肩時顧問與胡秀卿醫師母女，同時至農禪寺拜見。二位為多年護法居士，關心僧團、農禪寺、法鼓山發展與成長。法師介紹法鼓山推廣的「金山環保生命園區」，並說明，「身體從四大來，就回四大去。身體只是個軀殼，像是換衣服，穿過的衣服，就讓它回歸自然」。戚顧問風趣地說：「骨灰

灑在法鼓山，肯定是不會寂寞的。」

晚八時，於農禪寺主持第十一屆在家菩薩戒授幽冥戒
儀式。

二月十六日，八時三十分，於農禪寺主持第十一屆在家菩
薩戒第一梯次正授儀式。

來自日本愛知院大學教授蓑輪顯量、東北大學教授曾
根原理、已出家之二位東京大學碩士青野貴芳、倉島
隆行，經中華佛研所副所長惠敏法師引介，至農禪寺
學習菩薩戒授戒儀軌及進行方式，希望能為日本菩薩
戒復興與推廣，蒐集相關參考資料。

在甫自日本學成歸國的果鏡法師全程陪同下，四位日
本貴賓手持《菩薩戒戒壇儀範》，虔敬而專注地隨著儀
軌進行，輕聲唱誦。典禮結束後，學者們向聖嚴師父請
益相關問題，包括：「受戒後，戒子們是否會定期誦戒
布薩？」「有出家眾來受菩薩戒嗎？」等問題，師父均
一一詳細回覆。

由於日本佛教學界大都是從歷史的角度研究戒律的問
題，目前只有四、五位研究者是針對戒律內容進行研究，
因此，聖嚴師父十分肯定四位日本貴賓對復興菩薩戒的
用心，並致贈了《菩薩戒指要》一書予以參考。（〈日
本學者、僧侶觀摩法鼓山菩薩傳戒〉，《法鼓》，183 期，

2005 年 3 月 1 日，版 1）

二月十七日，下午四時，出席於農禪寺舉行之三峽天南寺
　　設計規畫專案會議，由張國洋建築師簡報，法師對量
　　體、動線、建築形式均表滿意，並感謝邱家兄弟捐地、
　　護持，特別致意建築師及工程委員會委員前後歷經
　　二十多次修正會議，仍戮力以赴，實為難得。

　　晚七時三十分，於農禪寺召集總本山（案：即法鼓山
　　園區）監院及各地分支道場監院會議。法師指示，須
　　召開除夕暨新春活動檢討會議；十月落成典禮籌畫，
　　應掌握人間特性，適應環境，接引大眾，開方便門。
　　可邀請創意及藝術工作者參與。

二月十八日，晚間，於農禪寺主持第十一屆在家菩薩戒第
　　二梯次授幽冥戒儀式。

　　南亞賑災五年救助計畫已分別於斯里蘭卡、印尼展開，
　　斯里蘭卡房舍興建於今日動土，印尼棉蘭已覓得安心
　　站成立地點。（〈南亞賑災五年救助計畫　斯里蘭卡、印尼
　　展開〉，《法鼓》，183 期，2005 年 3 月 1 日，版 3）

二月十九日，於農禪寺主持第十一屆在家菩薩戒第二梯次
　　正授儀式，五百多人發心受菩薩戒。

　　師父開示：「身為佛教徒，而不做菩薩，那是很可惜的事。農禪寺有十萬信徒，但菩薩戒至今已十一屆，戒子還不到一萬人，如果這個世界上有更多人受菩薩戒，實踐菩薩心行，世界的災難就會少一點。」師父勉勵戒子們：「受戒以後，看一切眾生都是菩薩在現身說法，不論順緣、逆境，都要以感恩心面對，常懺悔，多奉獻。」（《隨師日誌》未刊稿）

二月二十日，晨七時南下，出席「聖嚴法師巡迴關懷」臺中行。上午，主持臺中分院祈福皈依典禮，苗、中、彰、投地區一千五百多人皈依成為佛弟子。法師勉勵新皈依菩薩「自利利人」，並邀請到場之臺中市市長胡志強致詞。

　　下午，於臺中分院舉辦勸募會員關懷，並為中部地區新勸募會員授證。

　　會中同時舉行中部地區一百三十六位新勸募會員授證，師父一一關懷每位新勸募會員，也告訴大家，募人、募錢、募心都是相輔相成，但勸募以募心最為重要；師父勉勵所有會員要做師父的分身、佛菩薩的分身，將佛法、法鼓山的理念推廣出去；最後，師父殷切叮嚀大家要使用「自我提昇日課表」，也邀請會員在勸募的同時鼓勵優秀的年輕人報考僧伽大學，共同投入護法、弘法的行列。（〈師父關懷行到臺中　1500 位民眾歡喜皈依〉，

《法鼓》，183 期，2005 年 3 月 1 日，版 2）

〈四眾佛子共勉語〉作曲者楊秉忠至臺中分院拜訪。
楊老師已八十高齡，仍在創作寫書，偶爾力不從心。
法師建議多休息，多念觀世音菩薩，讓頭腦放鬆，靈
感就會出現，否則，該放下時就要放下。

護持提供三義 DIY 心靈環保教育中心之何周瑜芬女
士，前來拜會法師，並提出將再助印《分享法鼓山》。
法師指示：「第二批將贈送至各鄉鎮圖書館、各醫療
診所等，希望讓更多人認識法鼓山。」

二月二十一日，晨八時，為當晚講授「華嚴學入門」備課。

十一時半，於法鼓山蓮華藏（校史館），與中國大陸
峨眉山佛教協會代表晤面，都監果品法師陪同。

中午，設宴歡迎中華佛研所六位校友學成歸國，並建
議成立研究資料中心與研究小組繼續成長，以提昇臺
灣佛學研究風氣與水準。
　辦學二十餘年、培養無數佛教研究及教育人才的中華
佛學研究所，去年（二〇〇四）共有純因法師、證融法
師、越建東、莊國彬、關則富、宗玉媺六位研究生，分
別自美國、日本、英國、德國取得博士學位，並回國內

佛學院所執教。

　聖嚴師父除表達祝賀之意，亦關心校友的就業狀況。另外，聖嚴師父也提出二個構想：第一，成立「研究資料中心」，把新發現的資料，進行蒐集研究，讓國內研究佛學的人士共同運用。第二，成立一個「研究小組」，召集完成博士學位的校友，每月定期開會，針對某一個主題，每一個人從不同的領域，交換意見，分享學術成果，也激發思考。

　這項提議獲得與會者的認同。（〈佛研所六位校友取得博士學位歸國〉，《2005法鼓山年鑑》，法鼓山基金會，2006年9月初版，頁337-338）

晚間，法師為僧團、僧伽大學、中華佛研所師生授課「華嚴學入門」。課程每週一次，即日起至三月二十一日，分五次講授。法師強調漢傳佛教融攝各家特色。

　師父從五個面向切入，即先簡介《華嚴經》、說明「華嚴教學」（即「華嚴學」）、「華嚴宗」的不同，進而概說華嚴五位祖師的思想，以漸次的方式進入核心主題——宗密的《原人論》。師父層層剝解、闡明宗密大師用判教的形式，將儒、道外教及佛教中的大、小乘等宗派，一一加以評斷其優缺點，最終歸結「一乘顯性教」為佛教最高真理。

　一方面表現了宗密對當時中國排佛風氣的應對方式，

另一方面也指出大乘佛教中「人皆具有佛性」，只要能「息妄歸真」，就能顯現本具之佛性，這也正是禪宗所持的核心思想。（〈師父對僧團講「華嚴學入門」〉，《法鼓》，184期，2005年4月1日，版6）

二月二十二日，晨八時半，於法鼓山園區為僧伽大學授課「高僧行誼」。

下午五時，至文化館為僧伽大學招生錄影。

晚，於農禪寺邀請臺北市文化局、歷史建築學者、臺北市歷史建築審查小組成員等，就農禪寺整建構想會報。歷史學者黃富三、辛晚教、李乾朗及王逸群等人出席，由徐伯瑞建築師進行規畫簡報。臺北市政府日前通過農禪寺成為歷史建築。

二月二十三日，晨八時，於農禪寺法堂，透過視訊連線，向全體僧眾布達新年度僧團請執結果，並開示。

全天出席於農禪寺舉行之海外運作會議。僧團由果廣、果元、果東、果祥、果燦等法師代表出席，施建昌（加拿大）、陳天明（香港／澳洲）、龔天傑、孫果明（美國）、吳一賢、謝世裕（新加坡）等人，代表海外道場出席。護法總會會長陳嘉男、副總會長周文進、黃

楚琪、楊正雄，以及法鼓山基金會黃銀滿、廖今榕、溫天河、楊美雲等人共同出席。

元宵佳節，農禪寺晚間舉辦「傳燈祈願慶團圓，綵燈踏街祝平安」法會及提燈踩街活動。法師於法會後開示，元宵是年節尾聲，大眾應準備收心，好好投入「頭路」。佛教徒之「頭路」，就是度眾生、利益眾生。

二月二十四日，近七十位法緣會成員及家屬，援例於年後向法師拜年。法師以「觀心、鍊心」為題，期勉法緣會成員，學習觀自在菩薩精神，讓自己和他人平安、如意，並指示今年法緣會任務。

　　師父指出「法緣會」意涵，是自己用佛法，同時以佛法廣結人緣。法鼓山開山大典即將於今年十月舉行，師父交代法緣會三項任務：一、典禮期間，請法緣會成員投入做義工；二、配合落成典禮，應積極籌備成果展，蒐集法緣會動人故事，與眾分享；三、推動百年樹人獎助學金之餘，應鼓勵、結合受獎助學生一起參與活動，讓他們接觸法鼓山理念，才能擴大獎助學金意義。（《隨師日誌》未刊稿）

二月二十五日，晨六時二十分，巡視法鼓山園區大殿及禪堂。

　　九時，於法鼓山階梯教室為僧伽大學授「高僧行誼」。

二月二十六日，晨七時，搭機南下，一連兩天在高雄紫雲
　　寺主持皈依大典、新勸募會員授證關懷，並出席臺南
　　成功大學「法鼓人文講座」締約儀式等行程。

　　午前，法師抵達紫雲寺，為來自高雄縣市及屏東縣等
　　近千位民眾主持皈依大典。

　　午後，高雄地檢署檢察官朱楠伉儷、高雄市政府消防
　　局局長蕭季慧、鳥松鄉鄉長林榮宗，以及高雄三民道
　　場提供者洪平森董事長等人，前來拜會。

　　三時十五分，為高高屏地區新勸募會員授證。法師有
　　感於資深悅眾流失，因以「發願」為題，期勉在場
　　一百四十多位勸募會員，發長遠心。

　　四時半，南區法行會會長李福登、大崗山高爾夫球場
　　董事長卓忠吉、廖得雄等人拜見。李會長向法師報告
　　南區法行會近況；卓董事長與廖菩薩向法師簡報紫雲
　　寺購地與相關進度。

　　傍晚，法師準備啟程前往美濃。臨上座車，高雄縣縣
　　長楊秋興即時趕上與法師會晤。楊縣長自臺東趕回，

除歡迎法師再度到訪高雄，也接受法師對其病情關懷。

法師等一行從紫雲寺出發，經一小時車程，抵達美濃朝元寺，一九六一至六八年法師閉關所在。朝元寺住持慧定法師，帶領融誠法師、融慈法師、融智法師、鍾雙娣居士等人，熱忱歡迎法師蒞臨。法師當年閉關時，融智法師是每天放學後為法師送信的小學生；「阿娣」鍾雙娣則為法師送齋食，如今仍在大寮奉獻，法師一一關懷問候。此外，法師並指示陪同之林其賢教授夫婦年譜後續編撰事宜。臨行前法師與所有隨行的四眾弟子在當時閉關所在，即今齋堂，合影留念。

二月二十七日，晨六時五十分，與嚴長壽總裁、成功大學柯慧貞學務長共進早餐，並就今日成功大學座談會內容、流程等交換意見。法師建議以「心靈保護、面對挫折」為座談主軸。

九時十分，於成功大學舉行「法鼓人文講座」簽署儀式，由法師與成大校長高強代表雙方締約，臺南市市長許添財、成大教務長蘇炎坤、學務長柯慧貞、亞都麗緻關係企業總裁嚴長壽、大億集團總裁吳俊億等多位嘉賓，以及成大師生及民眾等上千人觀禮。成功大學為華人地區第四所設置「法鼓人文講座」之學府。

儀式完成後，由柯慧貞主持，聖嚴法師與嚴長壽總裁
對談：「成大生涯規畫系列講座──大師對談，年輕
的夢想與自我實現」。

聖嚴師父首先指出，人生充滿希望，活著就是最好的
出路，「做好目前的每一件事，一天有一天的基礎，只
要踏實地走下去，每走一步都有成果。」師父並以當年
赴日求學的歷程，勉勵青年朋友要一步步踏實去做。

至於日常生活上，師父則以「忙得快樂，累得歡喜」、
「病得很健康，老得有希望」與所有聽眾共勉。師父說，
忙人都是重要的人，因為有人需要他，他才會很忙；若
是累，因為是做自己喜歡的事，不但不會覺得累，反而
會很歡喜。那麼生病、衰老呢？師父認為，人沒有不生
病的，但心理沒病才是最重要的；老是人生必經的旅途，
表示生命在這個空間的任務完成，下一個任務正等著我
們，如此便老得歡喜有希望。

嚴長壽呼應師父的見解，鼓勵年輕人要了解自己所長，
作一個心靈自由人。他強調，在今日忙碌的社會中，大
家需要培養「自我療癒」的能力，而宗教信仰就是一種
力量，可以讓人了解境遇的無常，坦然面對生命的挫折。
他以自己年輕時的座右銘，凡事「抱最大的希望、盡最
多的努力、做最壞的打算」，與青年學子共勉。（〈師
父與嚴長壽對談「年輕的夢想與自我實現」〉，《法鼓》，
184 期，2005 年 4 月 1 日，版 1）

對談結束，法師主持皈依典禮，共有八百三十四位民眾皈依三寶，果祥法師擔任閩南語翻譯。

下午四時，與臺南地區六百位勸募會員相聚，並為六十五位新勸募會員授證。

五時四十分，前往機場北返。隨即於法鼓山園區臨時寮大殿為社會菁英禪七學員開示。此次禪七自即日起至三月六日舉行，約四十人參與。

二月二十八日，上午九時，《聯合報》記者梁玉芳就「方外看紅塵」專欄專訪法師。

十一時，會見將於三月剃度者之家屬。法師慰勉，捨不得布施子女是人之常情，如能捨得則是一樁大功德。

師父指出，落髮只是一種象徵，表示去除煩惱絲，出離世俗的煩惱。而出家後要發慈悲心、出離心。慈悲心是用佛法來幫助眾生；出離心則是捨離世俗的一切娛樂享受、名利權位，不被人事物牽掛，凡是有利眾生的，都應該去做。

許多新戒法師的父母親友，當天也到場觀禮，師父特別向他們表示，孩子出家對於父母來說是無上的功德，是值得恭喜的事；孩子出家並不等於失去，而是讓他們有更大發揮的空間。

　　師父勉勵新戒法師成為「人天師範」，將弘法事業，一代傳給一代，這樣世界才有希望，人類才有光明。（〈剃度典禮　佛陀出家日舉行〉，《法鼓》，184 期，2005 年 4 月 1 日，版 1）

下午，於法鼓山園區臨時寮為社會菁英禪七學員開示。

晚間，於法鼓山園區階梯教室為僧團、僧大、中華佛研所師生授課「華嚴學入門」。

二月，調整僧團組織架構，以法鼓山園區為總本山，設弘化院、傳燈院、百丈院、營建院、關懷院、三學院。僧團並自今年五月起陸續開辦「法鼓山大普化教育講師核心教學能力培訓」及「策略規畫及績效管理」等系列課程以因應組織發展。爾後確立持續開辦法會、禪修、弘講、管理等四類培訓課程。

聖嚴法師講解《普賢菩薩行願讚》（5CD）有聲書，《找回自己》、《法鼓家風》由法鼓文化出版。《找回自己》原為《大法鼓》電視節目中談話，整理成文稿後曾於《人生》雜誌連載；《法鼓家風》則係二〇〇一至二〇〇四年為僧大佛學院及出家體驗暨僧才養成班學員所做開示結集。

三月一日，上午八時，為社會菁英禪七學員開示。

八時半，巡視法鼓山園區聯外道路（雙面觀音峰大道）。

九時，為僧伽大學授課「高僧行誼」。

十時，工務室經理蕭世斌與建築規畫小組負責景觀、植栽兩位專職，陪同法師勘察土方處理事宜。

晚七時，為社會菁英禪七學員開示。

三月二日，格林管理顧問公司負責人林政惠，受邀為僧團監院級僧眾上課。法師親自到場聽課，並感謝林顧問對法鼓山組織調整幫助許多。

晚七時，為社會菁英禪七學員開示。

三月三日，下午三時，出席法鼓山園區落成開山籌備會議。

七時，為社會菁英禪七學員開示。

三月四日，上午十時，前往中視錄製《不一樣的聲音》節目，與民進黨新潮流系總召集人段宜康對談「學運的

種子兵」、「離開權力的智慧」；與中華希望之翼服務協會執行長張平宜對談「悲歡樂生」、「打造四川痲瘋村小學」。

下午四時，至安和分院出席法鼓山人文獎助學術基金會董事會議。

三月五日，「聖嚴法師巡迴關懷」於農禪寺舉辦，上午為北四轄區會員，下午為北三轄區會員參加。會中同時舉行勸募會員表揚感恩典禮，滿十年以上勸募會員、年度勸募人數最多會員、二代以上勸募會員，以及贊助道場者，由總會長陳嘉男致謝。唯當日約近半勸募會員未出席，法師因而問：「問題出在哪裡？」隨後指出，勸募會員心聲，並未傳達至護法總會，呼籲勸募會員主動發聲，提出需求。

　　師父表示，完工後的大殿不只是一棟建築物，未來它「影響人、給人平安、關懷人、助人造福」的無形價值更勝於有形建築；其次，期勉大家共同成長，全力邁向「百萬人護持」。師父指出，推廣佛法，要走向大眾，更要身體力行。（〈各地巡迴關懷行　師父叮嚀：學法、護法、弘法　要發堅定長遠心〉，《法鼓》，184 期，2005 年 4 月 1 日，版 2；另參見：《隨師日誌》未刊稿）

法鼓山護法會泰國分會於曼谷成立，舉行灑淨典禮，

僧團都監果品法師、副都監果東法師主持；護法總會副會長周文進、香港分會副會長陳天明到場祝福。臺北駐泰代表處泰華文教服務中心主任許振榮、副主任呂素真，以及來自美國、日本、香港代表等逾百位僑界貴賓和信眾，共同見證祝福。提供道場之蘇林妙芬亦同時承擔分會會長職務。

三月六日，「聖嚴法師巡迴關懷」於農禪寺舉行，上午為北二轄區會員，下午為北一轄區會員，共有約千位勸募會員與會。會中表揚各區募人募心傑出菩薩，並有精進修行、無私奉獻菩薩上台分享生命故事，而後一起接受總會長陳嘉男頒發「人間淨土」書法。法師鼓勵大家多發掘身邊感人事物，以故事方式分享，接引他人加入學佛行列。

三月七日，上午十時半，至法鼓山基金會辦公室（位於臺北市承德路），關懷專職與義工。

下午二時半，出席於農禪寺召開之工務會報。

晚七時，於法鼓山園區階梯教室為大眾講授「華嚴學入門」，與農禪寺視訊連線同步啟用。

三月八日，上午九時，於法鼓山園區為僧伽大學講授「高

僧行誼」。

下午三時半,由營建院果懋法師、果治法師、蕭世斌經理、李孟崇特助等人陪同,巡視全山,討論景觀及植栽重點。

五時半,於法鼓山園區方丈寮提筆寫「真幸福」、「真有福」共三幅字。

晚七時半,僧大今年起招收法鼓山僧團以外之僧眾入學,副院長果鏡法師、教務處果幸法師及常諦法師請示課程相關事宜。

八時半,都監果品法師、副都監果東法師報告泰國分會關懷等事宜。

三月九日,信眾黃淑媛偕同兄長黃禎祥及黃禎淦醫師,前來為法師抽血檢查,同時向法師問法。法師開示:遇到逆境和困難時,能坦然面對及處理,就是磨鍊,可增長慈悲心與智慧心。但若無法面對而內心忿忿不平,即是被煩惱所困。

三月十日,上午十時半,前往法鼓山園區規畫中攝影棚勘察,了解片庫、錄音室、剪接室等空間規畫。

十一時，愛沙尼亞塔爾圖大學（University of Tartu）東方科學中心研究員林西華（Märt Läänemets）由中華佛研所所長李志夫陪同拜會。林氏已研讀法師多本著作，並參加過禪七，擬邀請法鼓山至愛沙尼亞帶領禪修，傳弘漢傳佛教。（〈愛沙尼亞研究員 法鼓山上體驗禪法〉，《法鼓》，185 期，2005 年 5 月 1 日，版 8）

即日起至十三日，於法鼓山園區臨時寮舉行第二十五屆社會菁英禪修營；法師於學員報到後開示。

三月十一日，前往法鼓山園區大殿經行，並至來迎觀音、藥王園等地點勘察景觀設施。

晨、昏，至法鼓山園區臨時寮大殿為禪修營學員開示。

三月十二日，晨、昏，至法鼓山園區臨時寮大殿為禪修營學員開示。

九時半，法緣會創會會長柯瑤碧與同修吳春甫，陪同父親柯德三老先生，前來拜會。柯老先生為法師著作《聖嚴法師學思歷程》一書日文譯本進行校對，改正中文式日語及助詞等誤用處，法師相當感激。

十一時半，富邦集團總裁蔡萬才夫婦闔家至法鼓山園

區拜會。法師陪同參觀中華佛研所校史室、國際會議廳及圖書資訊館等,並留山共進午齋。

三月十三日,下午三時,禪修營圓滿,出席聽取學員分組報告。法師總結指出,法鼓山舉辦菁英禪修營已十餘年,參加人數上千,唯惜能分享法鼓山理念或回饋者不多。法師期勉第二十五屆學員彼此聯繫,參與奉獻。

傍晚六時半,偕同果品法師、果東法師等一行十人,前往鴻海集團董事長郭台銘住處,為前日(十二日)往生之郭夫人林淑如居士悼念說法。抵達郭府,帶領郭董事長及公子、千金、媳婦等家人誦經迴向,開示說法。廣達電腦董事長林百里等人,同行致悼。農禪寺自二十五日起舉辦清明佛七,法師建議郭府前來參加,為郭夫人誦念祈福。

案:郭台銘日後回述此因緣,感念法師教導云:「我太太過世,我想辦個法會,先問林百里,他找了聖嚴法師。我想說在別的地方辦就好了,沒想到他親自來幫她做頭七法會,還撫慰我和子女的心靈。每一個人都有生離死別的痛苦,那段時間對我也很難受。他在我最困難的時候出現,我弟弟病重,我還請他醫好弟弟的病,或是請菩薩保佑,不過這是不可能的事,他並不是醫生,而是一個心靈的醫生,這是他對我個人的禮物。

所以多年來,我一直希望能夠為社會多做一點事情,我

認為他對我的影響力比經濟風暴對我的影響力還要大，因為他影響了我的心與智。他常常告訴我們，人活在世上，大家都會受到各種苦痛，每個人都有各自的遭遇、困難跟傷腦筋的事。但是，我們不能因此就改變本初，還有對社會的責任。」（〈郭台銘：聖嚴法師給我的人生禮物〉，《天下》雜誌，441 期，2010 年 2 月 10 日）

七時四十分，接受廣達電腦董事長林百里邀請，前往其雅室「斗方居」參觀。

「斗方居」，是林董事長對生活的一種呈現，他的忘年之交「孝公」，前故宮博物院秦孝儀院長送的一對字：「花香墨香菜根香香嚴境界，雨聲樂聲讀書聲聲聞諸天」，就掛在前廳，頗有佛門氣息，師父當下也說將贈四字書法「香光莊嚴」，林董事長大喜。（《隨師日誌》未刊稿）

三月十四日，上午九時半，應邀前往故宮博物院參觀「法象威儀」特展，顧問戚肩時、法鼓人文社會學院籌備處主任曾濟群、中華佛研所所長李志夫等人陪同。觀展之前，與故宮博物院院長石守謙晤談。

晚，於法鼓山園區階梯教室講授「華嚴學入門」。

三月十五日，九時，於法鼓山園區為僧伽大學講授「高僧

行誼」。

十一時，出席「法鼓山落成開山典禮系列活動」構思
會議，與會人員包括果醒法師、果東法師、果廣法師、
果燦法師、亞都麗緻飯店總裁嚴長壽、豐群集團董事
長張宏嘉、法鼓山基金會祕書長黃銀滿、副祕書長邱
佩琳、公關文宣室副主任曾文玲等人。會中達成共識，
法鼓山園區落成典禮，並非僅是建物啟用，而是心靈
啟航。

三月十六日，出席於農禪寺召開之齋明寺增建工程籌設會
議。

三月十七日，於農禪寺舉行剃度典禮，法師擔任得戒和尚，
果醒法師擔任教授阿闍梨。當天剃度新戒皆為僧大學
僧，包括兩位男眾、十一位女眾。近二百位觀禮者祝
福。

晚間，於法鼓山園區撰寫四月下旬大陸學術之旅演講
稿。

三月十八日，晨間，於法鼓山園區方丈寮繼續撰寫大陸學
術之旅演講稿。

九時，於法鼓山園區階梯教室為僧伽大學「創辦人時間」開示。

三月十九日，上午，佛學推廣中心於農禪寺舉行「《天台心鑰》講師種子培訓營」，法師為五十多位學員及十餘位法師開示：不為研究而研究，是為實踐而研究；擔任講師並非好為人師，而是為教學相長。

師父勉勵未來的講師，從培訓到來日弘講，應謹記：一、要有正確的知見。天台學對於佛法的知見，有很清楚的判釋，「漢傳佛教之中，講次第講得最深的，就是天台」；二、不為研究而研究，而為實踐而研究。師父指出，當代美日佛教學者，多數皆有修行的體驗，可惜國內尚未有此風氣。「佛法離開實踐，那是沒有生命力的。」希望每位種子講師，除了深入佛學，也要有修行的體驗，否則無法感動人。（《隨師日誌》未刊稿）

三月二十日，至農禪寺出席護法總會所舉辦之「聖嚴師父巡迴關懷」檢討會，向工作人員致謝，並指示應朝更開闊及前瞻性策略思維，以期發展與鞏固內部凝聚力，及有效達成百萬人護持目標。

下午，於農禪寺主持皈依大典，為一千一百多位新皈依弟子開示說法。

師父開示時指出，當天皈依三寶的人，二十歲到五十

歲的人占了百分之七十，這表示了佛教有年輕化的趨勢，另一方面也顯示年輕的知識分子，儘管受了教育，但生活中仍有很多問題無法解決。法師表示，這需要學佛才能安定。學佛相信三寶之後，就能從佛法中得到智慧，產生自信心。法師還指出，學佛要「相信三寶、相信因果、相信因緣」，如此面對好際遇時，不會傲慢得意；遇到壞結果時，也不會怨天尤人。最後以「病得很健康、老得有希望」二句話，勉勵所有皈依弟子活出健康和希望。（〈1100 位民眾　歡喜入佛門〉，《法鼓》，184 期，2005 年 4 月 1 日，版 1）

於法鼓山園區方丈寮題字「香光莊嚴」。

三月二十一日，晚七時，於法鼓山園區階梯教室為大眾講授「華嚴學入門」。

八時半，出席四月底至大陸「學術之旅籌備會議」，法鼓人文社會學院籌備處主任曾濟群、施建昌、廖今榕等人出席，會中討論隨行成員名單及工作執掌，法師並開示叮嚀工作態度。

三月二十二日，晨六時半，至法鼓山園區大殿戶外經行。

七時，於法鼓山男寮齋堂開示。

九時，於法鼓山園區為僧伽大學講授「高僧行誼」。

十時半，於法鼓山園區創辦人辦公室接受《聯合報》記者梁玉芳專訪。

下午四時半，於農禪寺簡介館出席法鼓山落成開山大典之公關文宣會議。

三月二十三日，下午三時，於法鼓山園區教育行政大樓為中華佛研所師生「創辦人時間」開示。

晚六時四十分，出席於農禪寺舉行之「法鼓山落成開山典禮：國際佛學及跨宗教國際等會議籌備會議」，前臺灣大學校長陳維昭、亞都麗緻飯店總裁嚴長壽、中華佛研所所長李志夫、法鼓人文社會學院籌備處主任曾濟群、圖資館館長杜正民、法鼓山基金會祕書長黃銀滿、惠敏法師、果廣法師、果光法師等人與會。

三月二十四日，十時三十分，至中視錄製《不一樣的聲音》節目，與臺中榮總精神科林本堂醫師對談「排解你的壓力」、「打造美麗境界」；與洪建全文教基金會董事長簡靜惠女士對談「快樂上學去」，與原住民作家撒可努對談「夢想實現的人」、「獵人學校與哲學」。

三月二十五日，下午四時三十分，興農企業總裁楊天發偕
　　同程濤、陳治明等人，至法鼓山園區拜會法師。楊總
　　裁與程濤居士關心法鼓山，提議「萬人萬元」專案，
　　號召更多有心人護持。

　　即日起至四月二日，農禪寺舉行清明佛七，法師於晚
　　間八時蒞會為大眾開示。

三月二十六日，為江逸子恭繪，華藏淨宗學會出版之《因
　　果圖鑑：地獄變相圖釋文》撰再版序。
　　　地獄的觀念，在世界各大宗教都有介紹，並且相當強
　　調，唯於早期的漢文化中，只有陰陽二界，生者住於陽
　　上，亡者則下至陰間。至於陰曹地府、十殿閻王，乃是
　　在佛教傳入中國之後，帶來了六道流轉中的地獄信仰才
　　形成的。特別是地獄變相圖的廣泛流傳，加上《地藏菩
　　薩本願經》等普遍被民間持誦，地獄的懲惡罰罪，產生
　　了警世導迷、移風易俗的功能，並且成了佛道二教共通
　　的勸世教材。
　　　大小乘經論。例如《增一阿含經》卷三十六，《大毘
　　婆沙論》卷百七十二，《大智度論》卷十六，《瑜伽師
　　地論》卷四等，對於地獄都有大同小異的敘述，尤其是
　　《正法念處經》自第五至第十五卷介紹的「地獄品」，
　　描述得極其細緻。足徵地獄的存在，以佛教而言，乃是
　　諸佛、諸菩薩、諸阿羅漢共同一致的教說，所以也必須

是佛教徒們共同一致的信仰。只是現代的佛教界，著重
人間疾苦的慈悲救濟，已少有人宣導地獄的觀念了。如
今能有江逸子居士在淨空法師的全力支持下，適時畫出
這套地獄變相圖來，真是功德無量的大事。

　　也許是由於地獄景象的陰森恐怖，以致現代人雖都會
說六道五趣，大多不願細談地獄因果，如今難得有了江
老師的圖釋鉅作，彩色鮮麗，筆法明快，既有勸世的功
效，也具欣賞的價值。不論是站在哪一種角度，都是應
該普及流通的，故樂為之序。（〈序二〉，《因果圖鑑：
地獄變相圖釋文》，華藏淨宗學會，2005 年 5 月，頁 5-7）

十時十五分，接受「天下文化」特約撰述潘煊專訪，
談印順導師德澤與行誼。印老年將滿百，「天下文化」
將出版導師百歲圖書致敬。

午時，於法鼓山園區蓮花藏（校史館）與北京大學、
清華大學學術訪問團會面，隨後餐敘。該團應法鼓山
人文社會獎助學術基金會（簡稱「獎基會」）之邀，
由北京大學教育基金會副祕書長鄧婭、清華大學港澳
臺事務辦公室副主任夏廣志，率領十位北大、清大「法
鼓人文講座暨獎學金」受獎博士研究生來臺訪問七天。

　　師父針對環保、兩岸佛教現況、宗教觀等議題，與團
員們交換意見。師父表示，現代社會物質豐厚，心靈反
而空虛，如果沒有人文做為調劑，人就成了機器人，永

遠不會快樂。副主任夏廣志十分認同師父的想法，並認為在企業界普遍只贊助科技學院的風潮中，獎基會捐助北大、清大的人文學術研究，意義十分重大，有助於提昇整個人類的心靈品質。（〈北京大學、清華大學學術訪問團　來臺體驗法鼓山〉，《法鼓》，185 期，2005 年 5 月 1 日，版 6）

下午四時，率領果品法師、果東法師、果廣法師等人至臺北市健康路拜會「中華民國宗教與和平協進會」理事長淨心長老，請益法鼓山落成開山大典貴賓邀請及齋僧事宜。

五時半，致電游祥洲博士，請託轉達一行禪師提供新作中文授權書，俾交法鼓文化出版，以及邀請一行禪師出席法鼓山落成開山大典。

六時半，鴻海集團董事長郭台銘公子郭守正及千金郭曉玲，參與農禪寺清明佛七精進一日，傍晚共修結束，郭董事長前來會合，親自向法師致謝。法師關懷郭董事長健康，當場示範八式動禪，囑咐郭董事長得空就要練習，放鬆身心。

三月二十七日，歷屆社會菁英禪修營學員於法鼓山園區臨時寮舉行「心靈溫泉浴」，複習禪修觀念與方法，計

有七十三位學員出席，七十九位學員眷屬參加。法師
於午前到場開示。並於下午舉行之小組心得分享，建
議強化聯繫與募款機制，指示增設兩位副召集人與一
位執行長，分別由陳安治、李伸一及藍福良擔任。

致電問候淨良長老，邀請長老蒞臨法鼓山落成開山大
典，主持開光。

三月二十八日，於法鼓山園區方丈寮撰寫大陸學術之旅演
講稿。

十時，於法鼓山園區創辦人辦公室接受《聯合報》記
者梁玉芳專訪。

下午四時半，知名華文作家華嚴女士，由女兒葉文可、
媳婦李乙樺陪同，前來文化館拜會。華嚴女士出身書
香門第，父親是民初名人嚴復，先生是資深報人葉明
勳，姊姊是辜嚴倬雲女士。華嚴女士今年七十九歲，
較法師年長三歲，從小皈依三寶，自覺佛緣很深，嚮
往深入佛法，希望找到老師指點迷津。

三月二十九日，上午十時半，致電留日果暉法師，指示日
譯書出版事宜，並囑託邀請三友健容教授推薦日本佛
教界領袖，出席法鼓山落成開山大典系列活動之國際

佛教會議。

晚間七時，至農禪寺為清明佛七講開示。法師指示，要珍惜開示，並周知常住大眾，須出席聽講。

三月三十一日，晨間及下午，於文化館撰寫大陸學術之旅演講稿。並為落成開山大典邀請函簽名，將寄送諸山長老。

晚上七時，於農禪寺為清明佛七學員講開示。

三月，聖嚴法師講解《四弘誓願》（5CD）有聲書，由法鼓文化出版。

四月一日，晨間，於文化館撰寫大陸學術之旅演講稿。

十時半，就讀漢藏佛教文化交流班之勘欽策旺仁波切，由中華佛研所所長李志夫陪同，前來拜會。策旺仁波切曾為十七世大寶法王親教師，仁波切允諾居中聯繫，協助邀請大寶法王出席落成開山大典。

晚上八時，於法鼓山園區方丈寮撰寫大陸學術之旅演講稿。十時，為林百里先生雅室「斗方居」題寫「香光莊嚴」。

四月二日，午前，故宮博物院前院長秦孝儀偕同千金，由
廣達電腦董事長林百里及執行祕書楊秀月陪同，至法
鼓山園區拜會法師。

　　一九九七年中華佛研所舉辦第二屆中華國際佛學會
議，當時擔任故宮院長的秦孝儀先生，極力促成故宮配
合展出「佛教文物特展」，成為美談。此次來訪，除了
與法師敘舊之外，也帶來典雅的千字文燈座，及書法作
品集贈予法師留念。秦先生的字，字體多變，譽滿天下，
師父欣賞之餘，連連讚歎。（《隨師日誌》未刊稿）

午齋後，法師贈字林百里董事長「香光莊嚴」書法，
並說明其中意涵。

　　所謂香，是指戒、定、慧三香，而從戒、定、慧產生
的能量，便是光。光也可說是一種力量，非一般人可以
見到。莊嚴，則是莊嚴自心、莊嚴功德之意。以戒、定、
慧三香產生的力量來莊嚴自心、莊嚴功德，便是「香光
莊嚴」。（《隨師日誌》未刊稿）

下午四時半，於農禪寺召集果廣法師及果毅法師，討
論佛學小叢刊推廣事宜。法師指出，結緣書刊除在臺
灣推廣，也須思考海外推廣。並指示，結緣書刊需要
預算，務求精緻，可搭配插畫呈現，並及時更新，以
保持新鮮感。

晚五時，至農禪寺為「第四十九次法鼓山社會菁英禪修營共修會」開示。法師以「法鼓山的佛教」為題，指出「回歸佛陀本懷，講因緣，務實不迷信，關懷現實人生的正信佛法，正是法鼓山提倡的佛法」。會後，與學員共進晚餐。

八時半，召集護法總會總會長陳嘉男、副總會長黃楚琪等人，討論護法總會運作事宜。

四月三日，十時半，至中視錄製《不一樣的聲音》節目。與全盲律師李秉宏對談「生命的眼睛」；與成功大學工業衛生學科暨環境醫學研究所教授蘇慧貞對談「生活中實踐──《京都議定書》」；與漢唐樂府藝術總監陳美娥對談「人生的修行」；與護理師張淑蘭對談「選擇生命被看見」、「最後的別宿」。

晚七時四十五分，至文化館出席生活禪影像館重新籌畫會議。副都監果廣法師、文化館監院果權法師等人與會。

四月四日，十時四十五分，於文化館錄製「法鼓山的未來」影片，供「二○○五年落成開山大典」來山賓客認識法鼓山。由於法師對法鼓山過去、現在與未來，有種種感恩、歡喜與期勉，原預定二十分鐘採訪，結果歷

時一小時又二十分鐘。

下午二時五十分,前往愛國東路天主教廷駐華大使館,致悼四月三日辭世之教宗若望保祿二世。法師以創辦人身分,代表法鼓山全球信眾致哀;同時也以「世界宗教領袖理事會」主席身分,代表世理會全體成員致悼。

此外,並有弔唁專函,由大使館轉交梵蒂岡教廷,感念其為宗教間交流互動,開啟大門,「這是全人類一項珍貴的遺產」。

　　教宗是一位全人類的宗教領袖,對於促進世界和平、推動宗教間的對話,堅定奉獻,不遺餘力。

　　一九九七年我曾在梵蒂岡和教宗會面,那是我一生中永遠難忘的事。在多元的對話和包容當中,教宗展現的智慧和慈悲,為所有宗教的團結,開啟了一扇大門。這是全人類一項珍貴的遺產,將會在這個世界上永遠留存著。(〈聖嚴師父弔唁逝世教宗〉,《法鼓》,185 期,2005年 5 月 1 日,版 1)

四時四十五分,洪健全文教基金會簡靜惠老師偕同三位讀書會種子師資,前來文化館拜會。法師期望法鼓山讀書會種子提昇傳播效能。

　　法鼓山讀書會已有六、七百人受訓,成為種子。「種

子應該發芽，種子應該開花，種子應該散播，問題是他們有意願學習，但是願意積極投入，而有蓬勃朝氣的人不多。」師父表示，讀書會種子師資，要具備讀書會帶領人特質，且能分享法鼓山理念，等於是師父的分身。

簡靜惠老師目前培養的讀書會師資，約五十多人，然而影響深遠。「讀書會不同於學校上課，讓他們先進來玩。或許可說，我們用一種很輕鬆的方式，來談嚴肅的問題。」簡老師建議，可以先辦雙方讀書會交流座談，了解法鼓山讀書會的特質與現況，再著手努力。（《隨師日誌》未刊稿）

六時四十五分，口述法鼓山落成開山大典各宗教領袖高峰座談會邀請函，由英文祕書常濟法師英譯。將請託教廷駐華大使館安博思（Ambrose Madtha）代辦轉交信函，邀請梵蒂岡宗教交流委員會會長麥可・費茲傑羅（Michael Fitzgerald）大主教出席落成大典。

四月五日，上午，「臺北縣美術家大展」之德國藝術家訪問團，包括德國史坦堡副縣長克里斯塔・阿克曼（Christa Ackermann）女士等八位德國籍藝術家，由陶藝家連寶猜陪同，參訪法鼓山園區，近二十位參與「臺北縣美術家大展」成員亦陪同拜會。

晚間，東初禪寺應邀參與紐約曼哈頓河邊教堂

（Riverside Church）舉行之「走出伊拉克陰霾，建立心靈家園」跨宗教活動。活動由「世界婦女和平促進會」主席、亦是聖嚴法師宗教界友人瓊安‧坎貝爾牧師發起，包括天主教、基督教、猶太教、伊斯蘭教及佛教人士都參加。東初禪寺由監院果明法師代表出席。

四月六日，午時，智邦科技執行長黃安捷等人，前來農禪寺拜會，請益人生智慧。

　　師父談到：「生命的意義，一是為了還願，一是為了受報。有時受報即是還願。人的一生，便是不斷地還願與受報的過程。」也鼓勵大家，面對困境，要靠自己的力量重新站起來，不要自亂陣腳。「有水就有浪，海裡無風三層浪。」面對逆境，不是逆來順受，而要準備隨時有浪，遇到逆境是正常的，要懂得面對、接受、處理，然後放下。（《隨師日誌》未刊稿）

二時五十分，於農禪寺出席法鼓山各基金會聯合董事會會議。

七時五十分，法鼓山泰國分會會長蘇林妙芬清明節返臺掃墓，法師邀請於農禪寺晤談，關懷五月泰國弘化之行規畫進度。

四月七日，九時二十分，於農禪寺出席慈基會董事會議。

午後二時半，鄭丁旺校長來電說明「道德倫理提昇專案」事宜。

二時四十五分，出席工務會報，聽取相關單位報告。

五時，至丹鳳山健行，常濟法師等人隨行。法師出題測問隨行人員：「何以松鼠名松鼠？」有說因鼠以松為棲所。正解為，松鼠尾巴形如松葉，故名。

四月八日，上午九時，於法鼓山園區階梯教室舉行僧伽大學「創辦人時間」，以法華鐘引言，談「世學‧菩薩學」。

即日起三日，於農禪寺舉行「法華法會」，與日本富山縣「老子製作所」同步舉辦，祈求法華鐘鑄造順利。法華鐘模型於下午三時，進行灌銅作業。法師至齋堂與一樓新禪堂，關懷協助法華法會進行的義工菩薩。

　於農禪寺舉辦的法華法會，從四月八日起，以二天半時間誦完整部《法華經》，約有四千多人次躬逢勝會，除了來自臺灣各地，更有遠自香港、新加坡、中南美洲及美國的悅眾參加。（〈臺灣、日本同步舉行法華法會〉，《2005法鼓山年鑑》，法鼓山基金會，2006年9月初版，頁206-207）

四月九日，上午十時五十分，出席農禪寺祈求法華鐘鑄造
順利之「法華法會」，開示：「誦《法華經》護持法
華鐘」。

　　《法華經》是大乘經典中地位最高的一部，被稱為「經
中之王」，含括了小乘、大乘的思想。在許多大乘經典
中，都提到有些人不能成佛，但在《法華經》中，任何
人，即使罪大惡極，只要心念一轉，就有成佛機會。例
如提婆達多是個犯五逆罪的人，但亦有成佛的可能；此
外，女人一向被說有五障，不能成佛，但《法華經》中
的「龍女」是畜生、是女性，不但最後成了佛，還示現
佛身。因此，大家誦持《法華經》後，一定要相信自己
能成佛。（〈誦《法華經》護持法華鐘〉，《法鼓》，185 期，
2005 年 5 月 1 日，版 7）

晚七時半，於農禪寺出席法鼓山園區落成國際會議顧
問委員第三次會議，臺灣大學校長陳維昭、亞都麗緻
飯店總裁嚴長壽、中華佛研所所長李志夫等人與會。

四月十日，下午三時四十分，於農禪寺法華法會施放瑜伽
焰口時，開示「焰口的意義與緣由」，期許大眾專心、
誠心參與法會，因為有無量無數有緣眾生一同與會。
且佛雖已入涅槃，法身仍在靈山會上說法。

晚八時，為二〇〇六年度主題「和平吉祥」，以及賀

卡內文題字:「和和氣氣與人相處,平平安安日子好過;
吉慶有餘自助助人,祥樂豐足迎接新年。」

四月十一日,上午九時,於農禪寺,以「學做千手千眼觀
音菩薩」為題,為常住法師及全體專職舉行「精神講
話」,期勉大眾,一方面持誦觀世音菩薩聖號,一方
面學習觀世音菩薩;千手護持,千眼照見,接受觀世
音菩薩照顧,也學做觀世音菩薩。

晚七時四十分,出席出國前擴大主管聯席會議。法師
指示:受捐靈骨塔一事,不予接受。重視與加強助念
關懷,對各地區助念團員應多予鼓勵,並接引新人參
與助念關懷。

四月十二日,上午八時五十分,僧伽大學學僧於法鼓山園
區向法師行禮送駕,法師開示「送駕的意義」。
　　送駕的目的不是為了師父的排場或是虛張聲勢,而是
弟子們需要藉由送駕的機會,表達自己心中依依不捨之
意。就像小孩子在父母要出遠門時,站在門口目送父母
的心情一樣的依依不捨,師父、父母不在時,時時憶念
著父母或師父的關懷與教導,希望父母親趕快回來。
　　送駕與接駕,不是為了師父的需要,而是為了弟子,
現在這裡除了我們常住大眾之外,還有許多的菩薩和專
職菩薩們,你們來山上工作,不是為了某個老闆工作,

而是為了三寶工作，你們都是三寶的弟子、師父的弟子。

九時，法師為僧伽大學講授「高僧行誼」。果暉法師甫從日本立正大學獲博士學位歸國，法師歡喜於課程中介紹。

僧團果鏡法師及果暉法師，相繼於去年及今年四月，獲日本京都佛教大學及立正大學文學博士學位，僧團設宴歡迎兩位法師返國，重回僧團奉獻。果鏡法師現為僧大佛學院副院長，果暉法師為賢首會長老。

四月十三日，上午九時，至安和分院出席法鼓山園區落成開山大典系列活動之「世界宗教領袖會議」籌備會議，天主教馬天賜神父、亞都麗緻飯店總裁嚴長壽等人與會。馬神父日前接受脊椎手術，抱病代表單國璽樞機主教出席。法師於會中向馬神父請益國際各宗教精神領袖邀請人選。

會後，聯電集團董事長曹興誠前來拜會，與法師共進午餐。

四月十四日，撰文〈悼念閩南傑出僧──瑞今長老〉。長老曾被弘一大師譽為「閩南傑出僧侶」；一九四八年受邀弘化菲律賓，即長駐菲國。今年二月往生，世壽

一〇一歲。(〈悼念閩南傑出僧——瑞今長老〉,《人生》,
273 期,2006 年 5 月,頁 62-64)

四月十五日,即日起至二十九日,前往中國大陸訪問。下
午抵北京,下榻香山臥佛寺旁臥佛山莊。

四月十六日,晨間,就近走訪香山植物園及四合院內建築
壁畫。

四月十八日,下午,前往「曹雪芹紀念館」,觀賞《紅樓夢》
一書描寫圖景及事物樣本。《紅樓夢》據說在此地寫
成。

四月十九日,指示隨行人員拍攝飯店住宿區各項設備供法
鼓山設計參考。

晚七時,皈依弟子張龍光,偕同《弘一大師》電視劇
製作人王建秋董事長前來拜見,請示拍片原則。
張居士研究弘一大師多年,已完成腳本即將開拍《弘
一大師》電視劇,向法師請示拍片原則。師父指出,弘
一大師的一生,應以出家之後最是精華,但學者仍喜稱
李叔同,而捨法名。弘一大師不是消極、逃避現實的出
家人,他離開世俗之後,仍於閩南弘化歷時十年,也辦
了學校。他雖是聰明人,但主張要培養老實的小和尚,

因當時的小和尚受了教育，大多還俗，故不主張培養聰明伶俐的小和尚。（《隨師日誌》未刊稿）

四月二十日，梵蒂岡教廷新任教宗產生，由德國籍樞機主教拉辛格（Joseph Aloisius Ratzinger）當選，封號為本篤十六世（Benedict XVI）。法師隨即傳真祝賀信至教廷駐臺大使館，由代辦安博思轉達，期盼繼續推動世界和平與宗教間和諧共處。

九時，再次細閱四場演講文稿，並指示法鼓人文社會學院籌備處主任曾濟群確認每所大學投影簡報設備。

四月二十二日，上午，自北京機場搭機前往海南島三亞市，出席中國大陸國家宗教局、中國佛教協會與三亞市政府合辦之「南海觀音開光典禮」及「海峽兩岸暨港澳佛教圓桌會議」，中、臺、港、澳二百多位法師與會。由於法師無法參加二十四日南海觀音開光典禮，代市長陸志遠特地陪同法師先行至南海觀音所在南山佛教文化苑參訪。南海觀音，高一百零八公尺，自一九九九年開始動工，歷時六年完成，是目前全球最大觀音造像。外事司司長郭偉陪同參觀。

晚間，出席「最美蓮花，綻放三亞」歡迎晚宴。和與會貴賓共十一人，一同上台主持「家和萬事興，南海

拜觀音——二○○五海峽兩岸三亞海上觀音朝聖之旅」啟動儀式。

四月二十三日，出席「海峽兩岸暨港澳佛教圓桌會議」。
上午由大會指定八位法師依序發言，聖嚴法師以「法源、血源」為題，分享宗教師心路歷程。
　　二十三日舉行的「海峽兩岸暨港澳佛教圓桌會議」，由中國佛教會會長一誠法師與副會長聖輝法師主持，主題包括「建立海峽兩岸佛教交流機制」及「設立永久性的世界佛教論壇」，集合兩岸四地多位佛教領袖出席。一誠法師致詞後，師父應邀上台發言。有別於其他法師探討佛學議題及兩岸交流，師父以「法源、血源」為題，感性分享宗教師的心路歷程，令在場貴賓備感親切。（〈師父出席「海峽兩岸暨港澳佛教圓桌會議」〉，《法鼓》，186 期，2005 年 6 月 1 日，版 1）

會議中場休息時間，接受新華通訊社、中央人民廣播電台、法界衛星及香港鳳凰衛視等媒體訪問，談此行之收穫與建言。

晚間，五時五十分，感謝三亞市代市長陸志遠日昨抽空陪同參觀三亞南海觀音及濱海風光，法師邀請市長蒞臨下榻房間，致贈法鼓山紀念物品。並應市長之請，題贈四句法語：「忙人時間最多，勤勞健康最好。時

時心有法喜，念念不離禪悅。」

七時二十分，中國佛教協會交流部宏度法師，偕同福建省鼓山湧泉寺住持普法法師、北京大學東語系教授湛如法師、淨雄法師及清遠法師，前來拜會。

八時二十分，大陸國家宗教事務局局長葉小文，由外事司司長郭偉陪同，前來拜會。法師致贈葉局長「和喜自在」書法。

九時十五分，擬拜會一誠長老，因長老已休息，故請侍者延可法師致意。

九時半，江蘇省宗教事務局局長翁振進偕同江蘇省佛教協會副會長吳國平，前來拜會。翁局長請字，法師贈以「佛」、「覺」二字書法。

十時，大陸國務院臺灣事務辦公室局長戴肖峰偕同國家宗教事務局司長徐遠杰，由光華教育基金會祕書魏衍陪同拜會法師。

四月二十四日，晨五時五十分，啟程搭機飛往北京，參加翌日起一連五天由獎基會主辦之「二○○五聖嚴法師大陸學術之旅」。中國佛教協會副會長聖輝法師特來

送行。午時，抵北京首都機場，下榻北京大學大衛‧帕卡德國際學者公寓。

晚間八時，召集隨行同仁工作會議。
　師父叮囑此行學術之旅三點原則：1. 遵守次序，對人謙讓、禮敬、友善，不可強勢；2. 勿大聲喧嘩；3. 攝影人員須善於觀察，動作勿粗暴，勿使人反感。（《隨師日誌》未刊稿）

九時四十分，前年（二〇〇三）十月法師出席北京大學心靈環保學術研討會時皈依弟子──徐誠直與鍾昊沁，帶領就讀北京外國語大學同學修晨，前來拜會法師。

四月二十五日，下午二時半，至北京大學，北大常務副校長遲惠生、北大港澳臺辦公室副主任潘慶德等人接待。於該校生命科學院專題演講「中國佛學的特色」，三百位師生及哲學系宗教研究班二十幾位法師及藏傳僧侶聽講。
　法師首先針對佛教、佛學、佛法、學佛四個名詞逐一詳細解釋，強調佛教絕對不是迷信，佛學特色是因緣、無常、無我，從中說明「我」雖然不是真實不變，而是生命過程，但仍要善用生命、利益眾生。接著指出中國佛學特色是適應力強，而禪學更成為中國佛學顯著代表。

（〈聖嚴師父進行大陸學術之旅〉，《2005 法鼓山年鑑》，
法鼓山基金會，2006 年 9 月初版，頁 349-350；另參見：〈中
國佛學的特色〉，《人生》，263 期，2005 年 7 月，頁 102-
105）

**晚間六時，由法鼓人文社會學院籌備處主任曾濟群等
人陪同，至北京大學芍園出席歡迎餐敘，北京大學副
校長吳志攀及教授樓宇烈、湯一介、王邦維、趙敦華、
魏常海、鄧姬等出席。**

　吳志攀副校長帶來《浮生十記》和《文明的和諧與共
同繁榮──二〇〇四北京論壇》二書，同時準備了一幅
字，獻給師父，其上寫著：「聖諭教學子，嚴明道正成。
法古有人在，師高風自清。」樓宇烈教授問起法師的著
作，若能從中選輯與文化、環保議題相關的文集，北京
大學希望能為法師出書。這個構想也獲得吳副校長的支
持。師父表示，將由法鼓山的出版事業體主動與北京大
學連繫。（《隨師日誌》未刊稿）

**九時四十分，北京大學禪學社陳勁松老師偕同八位北
京大學及北京清華大學學子前來拜會。**

　下午北京大學的演講，原來只能容納兩百多人的現場，
卻湧進三百人。當時有一群人自發地從禮堂退了出來，
當起協助加椅子的義工，便是今晚這群訪客。當晚，他
們請益的問題有：如何尋找真正的學佛老師、善知識？

如何看待戒律？聞思修的次第與意義？漢傳佛教與藏傳
佛教之異同？師父翔實回應，迄深夜十一時。（《隨師日
誌》未刊稿）

四月二十六日，下午三時，至北京清華大學拜會，清華大
學副校長謝維和、歷史系教授葛兆光、彭林，以及港
澳臺事務辦公室副主任夏廣志等多人歡迎。謝副校長
表示，承蒙捐贈「法鼓人文講座」及法鼓人文獎學金，
意義深遠。

而後，法師以「佛教傳入對中國文化的影響」為題演
說，演講綱目有四：一、中國的哲學及宗教；二、佛
教的哲學及宗教；三、佛教對儒、道二家的影響；四、
佛教對中國文學藝術的影響。

聖嚴師父首先論述中國哲學與宗教，說明其主流思想
在儒、道二家。佛教傳入中國後，對中國產生全面性的
影響，如宋明理學的心性之說與禪宗的明心見性類似，
而道教的許多典籍更是大量採用佛經與佛理；中國文學
方面，佛教則豐富了漢語語彙，例如白話詩、山水畫，
以及章回小說的體裁都是受到佛經的影響。（〈聖嚴師
父大陸學術之旅在北京清大〉，《2005法鼓山年鑑》，法鼓
山基金會，2006年9月初版，頁351-352；演講稿文見：《人
生》，264期，頁106-109）

六時，出席設於清華大學熙春園之歡迎晚宴。

四月二十七日，由首都機場搭機南下，於午時抵達南京祿口機場，下榻蘇寧飯店。與曾濟群主任、魏衍博士，以及當日下午抵達之惠敏法師、臺灣大學歷史系教授黃俊傑等人，前往南京大學拜會，與南大副校長張大良、臺港澳辦公室主任鄒亞軍、社會科學處處長王明生及中國思想家研究中心主任教授馮致光等人會面。

晚間，出席南京大學設於金陵大飯店的歡迎晚宴，副校長張大良、教授馮致光、周羣、周勛初、周憲、許蘇民、曹虹及臺港澳事務辦公室副主任孔劍鋒等人出席。前來參與「心靈環保與人文關懷」學術研討會臺灣學者黃俊傑、甘懷真、陳昭瑛、蔡振豐、林鎮國、楊儒賓、林維杰、林月惠、張崑將等一起赴宴。

四月二十八日，上午八時，由惠敏法師、曾濟群主任、黃俊傑教授及魏衍博士等人陪同抵南京大學，南大書記洪銀興與副校長張大良及中國思想家研究中心主任馮致光教授等人接待。旋舉行「法鼓人文講座暨人文獎學金」締約儀式，法鼓山贈予南大《法鼓全集》，南大則回贈該校校徽錦章及代表人文學科標地工程之《中國思想家評傳》全套二百冊。法師致詞指出，南大具有豐富人文傳統，近年更網羅中央研究院院士許

偟雲等知名學者進駐；此際設置法鼓人文講座，顯見南大對於人文學科之重視。

爾後，法師一行轉往該校知行樓出席研討會開幕式。由副校長張大良主持，與會學者有惠敏法師、黃俊傑教授，以及南大哲學系主任徐小躍、南京師大中文系教授王青等三十多位學者，於兩天八場研討會，發表二十二篇論文。法師以「禪學與禪文化的人間性」發表演說，闡述「禪學」、「禪文化」、「人間性」與「禪的日常生活」之意涵和影響。

師父分別詳盡解釋「禪學」、「禪文化」與「人間性」這三個名詞，歸結到禪是人間性的，是與日常生活融合一起的，當面對任何人事物都恰如其分際地處理，就是在日常生活中的禪修型態。（〈聖嚴師父大陸學術行〉，《法鼓》，185 期，2005 年 5 月 1 日，版 1；《人生》，265 期，頁 110-113）

午後一時四十分，南下廣州，南京大學副校長張大良、馮致光教授至蘇寧飯店送行。

前往機場途中，致電邀請河北省柏林禪寺淨慧長老出席今年秋天法鼓山園區落成典禮，並邀請長老撥冗上法鼓山主持禪修。

南京大學前副校長馮致光教授隨車至機場送行。馮教授提及師父提出「心靈環保」一詞，堪稱絕妙，「用現

代人的語言和新時代的表達方式，重新詮釋古老的哲理，
發揮了一股新力量。」馮教授分析，「這需要一種感性
的領悟。」（《隨師日誌》未刊稿）

晚間七點半，抵達廣州。

四月二十九日，上午九時，法師一行前往中山大學拜會，
　　與校長黃達人、副校長李萍、哲學系教授馮達文等人
　　會面。黃校長與法師有一段數學人與宗教師心得交流。
　　而後至該校嶺南堂專題演講，約有兩百五十人聽講。
　　中山大學教授倪梁康及副校長李萍致詞引言後，法師
　　以「禪學與心靈環保」為題演說。法師首先帶領「五
　　分鐘禪修」方法，讓大眾體驗禪修身心清涼，然後分
　　別就「禪學」、「心靈的層次」和「心靈環保」三個
　　項目進行闡述。
　　　　師父從禪學、心靈，逐步談到何謂「心靈環保」，並
　　說明頓悟、看破紅塵的真正意義就是心不受環境的影響。
　　師父並強調佛教所謂的看開，是指放下個人的利害得失，
　　而不是放下利益眾生的菩薩心。（〈聖嚴師父大陸學術之
　　旅在廣州中山大學〉，《2005法鼓山年鑑》，法鼓山基金會，
　　2006年9月初版，頁354）

中午，出席歡迎午宴，哲學系主任黎洪雷、教授肖平、
　　馮達文、馮煥珍、倪梁康、李蘭芬及中山大學港澳臺

事務科科長歐燕華等人同席。肖平與馮煥珍教授已茹素多年，對於素菜品嘗頗有心得。宗教經驗種種現象亦為熱烈交流話題。

結束大陸學術之旅，由廣州飛香港轉臺北，返抵農禪寺。法師於香港機場候機時，因行李箱絆足跌跤，傷及足踝。

四月三十日，前往臺大醫院看診，所幸腳傷並無大礙。

返臺第一天，前往園區臨時寮關懷護法總會舉辦之「會團長、救災總指揮、召集委員成長營」。該成長營於四月二十九日至五月一日舉行三天，活動目標在認識法鼓山現階段工作重點，建立幹部經驗傳承，並深化〈四眾佛子共勉語〉於護法、生活、工作之中；共有一百二十八人參加。

法師開示強調正副召委為法鼓山核心成員，肩負護法、弘法、推廣理念重責大任。並以樹木譬喻，勉勵地區召委做樹根以滋長新葉，讓護法體系枝繁葉茂。因此，法師勉勵悅眾，不但要自我成長，也要幫助新進菩薩成長，才能傳承法鼓山精神和理念。協助新人推動各項事務，「選才、養才、留才」，「老幹新枝」才能生生不息，才是百年之計。

　　諸位菩薩是我們法鼓山核心中的核心，希望大家能學習用佛法調心。正確處理問題的方式，應該是：有問題、有狀況，我們共同想辦法解決；個別的問題，能夠個別解決的就要解決；不能解決的，就用團體的智慧來處理。任何一種制度，都有它的優點，也有它的缺點，能夠檢討缺點、改善缺點，我們便能夠成長。我們現在的護法體制，最初是由幾個人規畫的，實施一段時間以後，就必須要修正。發現小問題，就是局部處理；如果是大原則、大方向，就需要我們共同來討論、制定，讓大家都能夠適應。

　　小事要忍，忍了以後，問題自然會消失了；不過有些事情忍了以後，問題還在那裡，可能愈來愈大，那就要馬上處理，假使不處理，本來只有一個爛細胞，結果就會變成一顆爛橘子，那就糟糕了！

　　我們法鼓山是「心靈環保」的專賣店，諸位菩薩知道「心靈環保」，卻還是有人沒好好保護自己的心靈。請大家問自己：你的心還是一面無塵的明鏡嗎？只要煩惱心一動，不管是貪心、憎恨心、憂慮心、悔恨心、妒嫉心、懷疑心，你的心就蒙上更多塵了！

　　然而，心就是這個樣子。萬一心裡不快、不舒服、不自在，怎麼辦？「處處觀音菩薩，聲聲阿彌陀佛」，念阿彌陀佛、念觀音菩薩，你的心就會平靜下來，天大的難題也會迎刃而解了！（〈二〇〇五年正副召委、會團長、救災總指揮成長營開示〉，《法鼓》，193-195 期，2006 年 1-3

月，版5；另參見〈老樹根扶植新枝葉　資深悅眾協助新人成長〉，《法鼓》，186期，2005年6月1日，版2）

四月，聖嚴法師講解《華嚴經淨行品》（5CD）有聲書由法鼓文化出版發行。

五月一日，上午九時半，出席法鼓山落成開山大典國際會議顧問委員會議。

下午三時，至法鼓山園區臨時寮大殿，再度出席正副召委成長營活動，以「法鼓山的未來與悅眾的使命」為主題提出六點勉勵：「一，要做樹根，不要做樹枝，更不要做樹葉。二，要做幕後的支持者。三，要找人，要選才、育才、留才。四，要做補位的人。五，每一個人要替自己定位。六，將感動化為行動。」期勉法鼓山核心成員，對法師和法鼓山這個團體要感恩，對於法鼓山理念要百分之百體驗、運用，進而推廣。

五月二日，八時半，致電天主教樞機主教單國璽，討論法鼓山落成開山大典國際宗教領袖座談會事宜。

九時半，瀚昌企業董事長黃福昌偕同女兒黃美雲、女婿羅華山，由臺南分院監院果舟法師及臺南護法會召委等人陪同，前來文化館拜會。黃董事長為臺南佳里

人,因見地區共修處容納人數有限,有意捐贈土地興建道場,擴大法緣。法師允諾七月返臺後,可前往佳里一趟,主持祈福皈依法會和公開演講。黃董事長闔家三人,當日在法師座下皈依三寶。

五月四日,上午,法師巡視法鼓山園區各項工程進度,建工處相關人員陪同。

四時半,前中華民國駐梵蒂岡大使戴瑞明偕家人前來拜會。戴大使每年均探望法師,雙方友誼彌堅。法師提起日前大陸學術之旅,均以心靈環保主題發表演說,學生反應熱烈。戴大使聞後歡喜表示,「心靈環保,正是中國大陸迫切所需的關懷。」

五月五日,即日起至九日,應泰國朱拉隆功佛教大學及法鼓山泰國分會之邀赴泰國曼谷弘化,而後將直接轉往美國,常住大眾於農禪寺大殿送駕。

中午十二時,抵泰國曼谷機場,朱拉隆功佛教大學祕書長沙維法師及法鼓山泰國分會蘇林妙芬等三十餘位信眾熱情歡迎,陳天明與鞠立賢夫婦特別自香港及澳洲前來。沙維法師說明朱大畢業典禮概況,同時邀請法鼓山派員出席五月下旬在曼谷舉行之浴佛法會,並就南亞海嘯來自法鼓山援助,表達誠摯感謝。

法師進住曼谷瑞士奈樂特公園飯店（Swissotel Nai Lert Park Hotel），隨即關懷分會三十多位悅眾，並以早期在美弘法經驗期許大家：護持佛法需要具備——信心、願心、熱心。沒有信心，不會來學佛；沒有願心，不會投入護法行列；沒有熱心，就很難持續。法師鼓勵大眾，持續投入才能累積成果。（〈師父送給泰國悅眾的三顆心〉，《法鼓》，186 期，2005 年 6 月 1 日，版 3）

五月六日，至朱拉隆功佛教大學參加畢業典禮並對畢業生演講。此為該校首次邀請外籍法師擔任畢業典禮演說。出發前，法師對隨團常住法師舉行「精神講話」，開示注意事項。

　　朱大禮遇法師，全程由警車開道護送。該校為一八八七年為紀念泰國五世國王朱拉隆功所興建，專門培養出家人才，為泰國佛教最高學府。

　　朱大由副校長 Sudhiworayan 法師代表接待。副校長告知，今年畢業典禮為朱大歷來畢業僧人數最多者，計有一千八百多人。過去全球僧伽大學人數最多者在西藏，然而在達賴喇嘛離開西藏後，這幾年朱大已經超前，成為全球首大僧侶大學。副校長建請法師從世界宗教與漢傳佛教成長角度，為學僧開拓宏觀視野。

　　演講以「從印度到中國佛教」為題，首先澄清「大乘非佛說」之誤解。指出：從時序來看大乘經典的確形

成較晚，但內容並未背離佛陀根本教法，而是將原始
佛法更有系統有組織地呈現，尤其重視廣度眾生之信
念與願力。大乘佛教後來又發展出三個系統，即中觀、
唯識和如來藏。如來藏講求「眾生皆有佛性」之觀念
成為中國佛教主流思想，由此發展出具中國特色之宗
派。其中禪宗最能適應中國社會條件，在百丈禪師倡
議「一日不作，一日不食」建立在生活中修行佛法之
觀念，使佛教深入人間。

五月七日，上午十時，法鼓山泰國分會舉行揭幕儀式，由
聖嚴法師、分會會長蘇林妙芬，以及臺北經濟代表處
副代表吳建國、臺北經濟代表處代表鄭博久夫人彭水
英、泰國臺灣商館主席林烱烈，共同剪綵揭幕；隨後
於下榻飯店主持皈依典禮。

　　法師澄清皈依三寶不是皈依個人，而是認同佛法與僧
團，所以皈依聖嚴法師不是崇拜法師，而是認同「心靈
環保」理念。當天有來自泰國、香港、馬來西亞共八十
人於現場皈依受證，其中泰北滿星疊大同中學校長張明
光搭車十二小時前來，展現護持佛法、推動心靈環保決
心。

下午三時，來自香港、馬來西亞及澳洲信眾，連同泰
國分會信眾近二百人，假瑞士奈樂特公園飯店舉行聯
誼活動。法師蒞臨關懷，期勉海外信眾要有「修學佛

法、護持佛法、弘揚佛法」的悲願心；發現問題、煩
惱時，要用生活佛法「四眾佛子共勉語」、「四種環保」
及「心五四」之觀念和方法來對治。（〈泰國分會開幕
剪綵　師父親臨主持〉，《法鼓》，186 期，2005 年 6 月 1 日，
版 3）

五月八日，晨間，前往朱拉隆功佛教大學，接受榮譽博士
學位。抵達時，先拜會校長泰梭蓬法師，並邀請參加
法鼓山今年十月舉行之落成開山大典獲允。

　　泰梭蓬法師與師父二人同是世界宗教領袖理事會的成
員，師父此次擔任世理會主席，即是由泰梭蓬法師在二
〇〇四年假泰國舉行的世理會會議中提名，而獲大會決
議通過。（《隨師日誌》未刊稿）

隨後，與泰梭蓬法師一同前往大門迎接泰國副僧王
松德・普拉・佛陀恰里亞（His Holiness Somdet Phra
Buddhacharya）。

　　副僧王的演說提及，朱大的創辦，乃是因為百年前一
位國王鑑於佛法需要出家比丘弘揚，因此成立，希望所
有學僧珍惜此一榮譽。演說中強調，世界需要佛法，所
有佛教徒應胸懷廣大心量，幫助眾生離苦得樂，而不應
該有地域、國家、派別之分，各國佛教徒應共思合作，
相互幫助，讓全世界看到佛教的團結。（《隨師日誌》未
刊稿）

副僧王給予畢業僧勉勵後,即舉行榮譽博士贈授儀式,副校長 Sudhiworayan 法師以英文介紹聖嚴法師生平成就,而後,自副僧王手中接受榮譽博士學位證書,以及象徵無上榮譽之僧扇及金黃色袈裟。

朱拉隆功佛教大學校長泰梭蓬法師在頒授典禮強調,師父此次前來「不是朱大給法師榮譽,而是法師為朱大帶來光榮」。(〈師父於朱拉隆功佛教大學專題演講 受博士學位〉,《法鼓》,186 期,2005 年 6 月 1 日,版 1)

典禮結束後,副僧王與法師簡短晤談,法師回贈法鼓山琉璃山徽一座及英文著作數本,並誠摯邀請僧王參加今年十月份法鼓山大殿落成典禮,為漢、泰佛教交流開啟新頁。

晚七時,泰國分會設宴邀請香港、澳洲、馬來西亞等地居士餐敘,恭請法師及隨行四眾同席。

九時十五分,緬甸籍涅尼薩拉(Ashin Nanissara)法師經朱拉隆功佛教大學祕書長沙維法師引介,前來飯店拜會,另有五位居士隨行。涅尼薩拉法師同是獲頒朱大榮譽博士學位貴賓。法師邀請涅尼薩拉法師出席法鼓山落成開山大典期間之國際座談會。

涅尼薩拉法師是緬甸西達古國際佛學院(Sitagu International Buddhist Academy)的創辦人,該學院成立

至今六年，設有小學、中學、大學部及碩博士研究部門。他主持的道場，有住眾比丘（尼）和沙彌（尼）約一萬人。法師自二十五年前開始籌建飲水系統，經費全由人民捐獻而來，對緬甸當地的民生飲水貢獻很大。主持慈善事業之中也包括了醫院，是緬甸當地一位深具影響力的法師。（《隨師日誌》未刊稿）

五月九日，上午八時半，泰國華僧僧長真頓法師來訪，二人共同認為，年輕出家人才與優異國際語文能力，為當今佛教向全世界推廣之雙翼，人才培養格外重要。

九時半，自曼谷飛臺灣，轉機續飛美國。朱拉隆功佛教大學祕書長沙維法師及新加坡明義法師等人機場送行。

五月十三日，晚間，於紐約東初禪寺舉辦「西方悅眾聯誼晚會」，約九十位參與，法師開示禪修觀念與要領。

師父開示大多數人必須經由靜坐、入定、見性等階段才能達到開悟，但即使有開悟經驗，仍須努力修行，不可懈怠，才能如佛陀般大徹大悟；師父提醒大眾不要一味求入定、開悟，以免將幻覺誤認為悟境而緊抓不放，最安全的修行方式就是正確認知幻覺並放下，重新回到方法上。最後法師鼓勵大眾不要退縮，一分努力就會有一分收穫。而原本預計一個小時的開示，因著悅眾們踴

躍提問而延長半小時。(〈西方悅眾聯誼晚會　展現年輕氣息〉,《法鼓》,186 期,2005 年 6 月 1 日,版 1)

五月十四日,撰文悼念曉雲法師,稱之為「創紀錄的一代高尼」。(參見二〇〇四年十月二十二日譜文)

五月十五日,佛誕節,上午,於東初禪寺主持浴佛法會,約有五百餘位中西方人士參加。下午,以「現法樂、現觀樂」為題開示解脫煩惱須禪修。

　　現法樂是從佛法中得現世的快樂,如健康、事業等,只要透過發願、誠心禮佛等修行方式即可達到;而現觀樂則是了解佛法,透過修行、體證開發智慧而終得解脫,為佛法的根本目的。因此,師父強調佛法無非是希望讓更多人得法益,一般人以發願、念佛是能解決煩惱,但要達解脫煩惱還是須透過禪修,達到真正的身心平衡。(〈浴佛法會　師父開示要浴自心佛〉,《法鼓》,186 期,2005 年 6 月 1 日,版 1)

五月二十日,即日起至二十二日,於象岡道場主持北美地區第一次社會菁英禪修營。限於空間,只能錄取七十八位來自全美各州及加拿大東、西方社會領導階層人士。活動名為「三百六十度禪修營」,係取「三百六十度──從零歸零」義,法師即以此為題開示,「圓的起點為零,繞一圈三百六十度後仍歸於零。

歸零並非消極的人生觀，而是宇宙的一種現象；人的
痛苦皆源於自我中心，而禪修行者要從罪業、惡業的
自我過程，轉變成具福業、慧業的解脫者，大家多修
福慧，自然就能過更自在、幸福的人生。」（〈美國首
屆菁英禪修營　學習 360 度從零歸零〉，《法鼓》，186 期，
2005 年 6 月 1 日，版 1）

五月二十六日，即日起至六月五日，於象岡道場主持默照
禪十，來自全球各地共約一百位禪眾參加，包括十七
位僧眾，其中四位為來自臺灣僧團，有果醒、果祺、
果東、果興四位男眾法師。（〈象岡默照禪十　百位東西
方禪眾領受默照禪法〉，《法鼓》，187 期，2005 年 7 月 1 日，
版 1）

五月，聖嚴法師講解《慈雲懺主淨土文》（3CD）有聲書
由法鼓文化出版。

六月四日，印順導師捨報。法師撰〈佛門星殞　人天哀悼〉
悼念。

　　印順長老以百齡高壽，捨報往生於六月四日，雖是人
間佛教的損失，卻是他老人家一生功德的圓滿。

　　一生堅持佛教人間化的佛陀本懷，在他早期，雖然非
常孤獨，但在晚年，則是此德不孤而譽滿天下，我個人
福薄，未曾有緣側列於長老的門牆之下，他卻是我一生

學佛的指路明燈，從佛教的義理研究，到佛法的生活實踐，我都是在印順長老的大樹蔭下走過來的。我們法鼓山推出「人間淨土」及「心靈環保」的世界性運動，主要的構想，也是出於人間佛教的啟發。

印順長老是現代佛教的世界級偉人，堪稱為「人間佛教之父」，「人間佛教」此一思想雖是釋迦佛化世的本懷，之所以能夠形成今日佛教世界的一大思潮及一大運動，則是出於印順長老大聲疾呼而來的貢獻。

如今他老人家的色身，已進入歷史，他的智慧生命，將會與世常在，並將照亮全人類的心靈。我今以此悼念懷恩之心，祝福印順長老早日乘願再來。（〈佛門星殞人天哀悼〉，《法鼓》，187 期，2005 年 7 月 1 日，版 1；另參見：〈追思人間佛教之父──印順長老〉，《人生》，263 期，2005 年 7 月，頁 10-17）

六月七日，上午，中國佛教協會副會長暨普陀山全山方丈戒忍法師一行十五人至東初禪寺拜訪，邀請法師派人前往指導禪修。

由於戒忍法師為焦山定慧寺已圓寂茗山長老的法子，而茗山長老是聖嚴師父的師兄，因此，戒忍法師尊稱聖嚴師父為「師父」。

戒忍法師向聖嚴師父介紹普陀山之現況，希望師父能派弟子前往指導禪修。對此，師父表示，中國大陸有許多善知識可親近，另外，美國象岡道場亦曾規畫舉辦僧

眾禪七，未來若有因緣仍會舉辦，屆時歡迎各地僧眾參加。

聖嚴師父強調，要具備基礎的佛學，並配合禪的修行及體驗，才會有更堅定的信心，因此師父建議採用其兩本著作《天台心鑰——教觀綱宗貫註》及《探索識界——八識規矩頌講錄》，作為戒忍法師所屬佛學院之教材。（〈戒忍法師參訪紐約東初禪寺〉，《法鼓》，187 期，2005 年 7 月 1 日，版 1）

六月十一日，印順導師追思讚頌會於新竹慈濟香山分會舉行，由中華佛研所副所長惠敏法師、僧團都監果品法師帶領法鼓山代表團出席致敬。

六月十二日，主持東初禪寺於哥倫比亞大學（Columbia University）魯尼・阿里基禮堂（Roone Arledge Auditorium）舉辦之千人大悲懺法會暨皈依儀式，自臺灣來之果醒、果東等四位法師擔任悅眾法師。法師開示「心安就有平安」，約有近千人參加、近百人皈依。

聖嚴師父在開示中提供三項簡單的安心原則：第一是認清人生不如意事十常八九，只要知道這一點，心就平安了；第二是要多做好事、種福田、結善緣，以行善的方式改變與他人的關係；第三是遇到任何好事要心存感恩，遇到困難及災難時則要念觀音聖號、持〈大悲咒〉，

以宗教的力量化解，讓自己平靜面對。聖嚴師父並強調信眾應遵守不殺生、不偷盜、不邪淫、不妄語、不飲酒吸毒的五戒。（〈美國紐約千人大悲懺　莊嚴攝心未曾有〉，《法鼓》，187 期，2005 年 7 月 1 日，版 1）

六月二十日，即日起至二十二日，於象岡道場主持「進階動禪師資培訓課程」。傳燈院監院果醒法師主講，共有來自紐約、紐澤西、舊金山、洛杉磯、芝加哥、多倫多等地二十多位學員參加。（〈北美「進階動禪」師資培訓　象岡舉行〉，《法鼓》，188 期，2005 年 8 月 1 日，版 3）

新加坡佛教總會前主席隆根長老蒞臨法鼓山園區參訪，由僧團都監果品法師接待。

六月二十四日，即日起至七月四日，於象岡道場主持話頭禪十。

六月二十九日，為已完稿之《華嚴心詮──原人論考釋》撰〈序〉。該書於二〇〇四年十一、十二月，以及二〇〇五年五、六月撰稿。成書後，交法鼓文化於翌年（二〇〇六）一月一日出版。（〈序〉見出版日項下）

七月七日，上午九時，自美返回臺北農禪寺。旋至廚房後方關懷施工情形。並致電齋明寺江金曄居士，關心齋

明寺新建工程進度。

因農禪寺有工程施作，故轉往下榻文化館。

七月八日，上午，至法鼓山園區巡視建設工程。

七月九日，與副都監果廣法師、營建部監院果懋法師等人，
　　討論法鼓山園區建築工程事宜。會後前往大殿及禪堂
　　巡視。

七月十日，佛像專案小組施建昌及果懋法師，攜來迎觀音
　　塑像打樣請示。法師並與施建昌討論法鼓山落成開山
　　大典接待等相關事宜。

　　　施建昌菩薩表示，這尊來迎觀音塑像，採用中西合併
　的設計，頭冠參考英國女皇皇冠，面部是中國式的大丈
　夫相，簡約的衣紋線條，則是希臘式風格。

　　　由於師父曾在四月前往海南三亞市參觀南海觀音，非
　常讚歎高一百零八公尺的白色南海觀音之美，也希望法
　鼓山的來迎觀音，能夠呈現這種平易近人的親切感。師
　父指示，包括手的姿態，要宛如敦煌飛天飛舞的優雅，
　身體要有曲線，目光要俯視，手足比例可加大，衣衫要
　有輕柔之感。施建昌菩薩表示將盡力完成，期望能呈現
　二十一世紀代表性的來迎觀音。（《隨師日誌》未刊稿）

七月十一日，致函哀悼七月八日發生之倫敦爆炸案，籲請各宗教領袖為受害者祈禱。

聖嚴師父初抵國門聽聞此不幸事件之後，特別致函向當地佛教、伊斯蘭教、基督教、天主教、東正教等各宗教領袖致哀。雖然此次爆炸攻擊事件發生於倫敦，但影響其他國家人們不安與恐懼；師父懇請宗教領袖們共同為此事件中受害者祈禱，並安撫各地紛亂的人心。此外，師父也希望社會大眾能夠理性來面對這事件，勿再以更深的仇恨製造國家與宗教間的衝突。師父指出：「我們應該以愛與慈悲心，為所有人類守護和平的願景。」

英國基督教坎特伯里大主教羅文 · 威廉（Rt. Rev. Dr Rowan Williams）於七月二十日覆函感謝，也強調此時團結一致，重建人心的重要性。英國東正教大主教桂葛瑞思（Archbishop Gregorios）則於八月十一日來函致謝，並表示，倫敦民眾已從此一恐怖事件中逐漸復原。（〈倫敦爆炸案　師父向當地宗教領袖表哀悼〉，《法鼓》，189 期，2005 年 9 月 1 日，版 1）

上午九時，出席法鼓山園區工程會報會議。

下午三時，召集法鼓山落成開山大典三位副總召集人：果廣法師、基金會祕書長黃銀滿及榮董會執行長劉偉剛，討論分工事宜。法師指示，掌握文宣主軸，焦點清楚，以推廣開山元年，達成法鼓山形象推廣，接引

更多人參與護持法鼓山。

日本佛教大學校長福原隆善、總務長館憲雄、國際交流課松村公榮一行三人至法鼓山園區參訪,由中華佛研所所長李志夫、僧大副院長果鏡法師接待並進行交流。福原隆善校長表示,希望學習法鼓山福慧雙修精神,在日本弘傳佛法。

七月十二日,前華視總經理張家驤偕同女兒張文馨,由《大法鼓》節目製作人趙大深、戴玉琴,及陳麗華陪同,前來拜會。

　　張居士今年已屆八十,他的夫人張梅子(瑜恩)女士,自兩年前罹病,及至日前往生,期間受到法鼓山法師及蓮友長期關懷,而張梅子菩薩更因師父贈予的四句法語:「不怕死、不等死、不想死、多念佛」,坦然面對人生最後一段路。走過喪妻的傷痛,張家驤先生對於生死、對於人生,百般疑惑,為此前來請法。(《隨師日誌》未刊稿)

案:張瑜恩為促成《大法鼓》節目製播之關鍵人物。果祥法師所寫〈張瑜恩——不為人知的《大法鼓》推手〉述其事云:「一九八九年,聖嚴師父到臺中弘法,張瑜恩開始接觸法鼓山。一九九四年,法鼓山基金會想為聖嚴師父製作電視弘法節目,張瑜恩同修當時擔任華視總經理,因此,當她知道這件事情時,不僅極力贊成,還

立刻尋求節目製作和主持人，並接引節目編審到農禪寺
皈依，成為三寶弟子。

這些成就《大法鼓》的重要人物，在張瑜恩的接引下，
後來都成了聖嚴師父的弟子，持續地協助師父弘法。她
的同修張家驤也因為她的勸請，每週固定播出一個時段，
無償提供《大法鼓》使用。十多年來，儘管華視人事更
替，《大法鼓》節目卻不曾中輟過。」

七月十三日，於農禪寺早齋開示：「出家人應有的四點認
識」。

十一時，至安和分院主持獎基會董事會，李亦園、陳
維昭、王景益、鄭深池及惠敏法師等五位董事出席。

接受《聯合報》「方外看紅塵」專欄專訪，談非洲貧
窮問題、臺灣貧富差距、英國恐怖攻擊事件、智障病
患團體被社區排斥等問題。

七月十四日，上午八時，於農禪寺出席「第二屆僧團代表
臨時會議」，因新增文化中心單位，故行使負責人副
都監果毅法師同意權。

九時，法師於僧團會議繼續進行各院小組報告，由副
都監果廣法師宣布執事調整。法師結語開示，邁入法

鼓山元年，各項軟、硬體建設完成，關於僧團制度、結構等，都須重新檢討，重新開始。

　　法鼓山元年的「大悲心起」活動，並不僅單指此次活動，而是自開山起，法鼓山即是觀音菩薩道場，要學習觀音菩薩的千手千眼。禪宗有一名詞「手眼」，是指學習觀音菩薩的圓通法門，而不是僅僅住在那兒，而是你的手眼，你的著力點是什麼地方。很多人說「開悟」，即是指「手眼」。悟境是指的事和理的貫通，事是有形的，理是無形的。我們講空、佛性，目的是為了廣度眾生，發大菩提心。

　　修行的人，如果沒有發起大悲心，就會無從著力，因此才說，菩薩初發心，即是自己未度先度人，即是法鼓山的根本精神──「大悲心起」。（《隨師日誌》未刊稿）

十一時，出席僧大佛學院四年級畢業學僧入眾領執儀式，法師勉勵進入僧團後，帶來新風氣與新力量，使僧團朝氣蓬勃、一團和氣。並教導新入眾法師宜謙卑學習，戒長法師則不宜使權威。

七月十六日，上午九時，主持信行寺重建落成典禮。臺東縣縣長徐慶元、副縣長劉櫂豪、縣議會議長吳俊立、前立法院副院長饒穎奇等多位貴賓，以及一千三百多位信眾共同參與大殿佛像開光儀式；此外臺東縣佛教會、佛光山日光寺、臺東海山寺等道場代表，亦前來

祝賀觀禮。

　　成立於一九六八年的信行寺，原本是臺東卑南鄉間的一個道場，一九九七年住持會徹法師將該寺轉請法鼓山承接法務。

　　縣長徐慶元致詞認同師父推動「提昇人的品質，建設人間淨土」的理念，未來臺東縣將致力發展觀光產業，將臺東建設為淨土。（〈臺東信行寺落成　琢磨東臺灣石中玉〉，《法鼓》，188 期，2005 年 8 月 1 日，版 1）

下午，舉行祈福皈依大典，計有四百二十六位民眾皈依三寶。

傍晚，由信行寺監院果勤法師、護法總會總會長陳嘉男及臺東召委等人陪同，前往佛光山日光寺及海山寺拜會，感謝出席信行寺落成典禮。

晚間八時，關懷臺東地區一百多位榮董、勸募會員。法師除了感恩大眾在當地推動法鼓山理念，護持信行寺改建工程，並邀請參加今年十月「法鼓山落成開山大典」。（〈感恩臺東悅眾菩薩的護持〉，《法鼓》，188 期，2005 年 8 月 1 日，版 1）

七月十七日，早齋後，由營建院果治法師等人陪同，巡視信行寺三門及周圍地界。遇有鄰居，法師邀請參加禪

修。

十時二十分自臺東搭機返北，下午三時出席於農禪寺召開的法鼓山落成開山大典兩項籌備會議：法鼓山成果展會議及禮賓會議。

五時四十分，「第五十次法鼓山社會菁英禪修營共修會」於農禪寺共修，法師以「空」為題，對大眾開示。

十八日，強烈颱風海棠來襲，停止上班上課。八時半，於法鼓山園區接受謝戒，五月自大陸揚州高旻寺受戒回來二位比丘、十三位比丘尼法師，感恩僧團、法師成就受戒因緣。法師勉勵不忘初心，珍惜福緣。

　　不論是否認同法鼓山或師父的理念，凡事應飲水思源，不忘初發心，將在戒場所學，回來奉獻，幫助僧團成長。

　　師父說道，大陸的寺院除了佛學院，並沒有養成教育，受完具足戒後，或想留在戒場，或出外參學。而法鼓山本身就是辦教育的學府，若還想雲遊參學，便是「盲人騎象」，又如出生在米缸的老鼠，生在福中不知福，反而糟蹋自己的福報。勉勵大眾共同建立法鼓山的學風與道風。（《隨師日誌》未刊稿）

九時半，法鼓山僧俗四眾為法師接駕。法師開示：法鼓山進入新紀元，宜同舟共濟，慈航普度。

　　師父開示：一、簡單、衛生、營養，將是法鼓山進入新紀元的飲食特色，希望大家能夠習慣適應；二、落成之後，全山在大殿做早、晚課，便於師父講開示及了解出席狀況；近住義工、行者，須同受八戒；研究所除了上課之外，盼起居作息統一；三、「大悲心起」，學習觀音菩薩的千手千眼，運用慈悲與智慧，因應不同眾生，給予適當幫助；四、要有危機感，法鼓山這條船的順利出航，要靠大家同舟共濟，聽從船長指揮，慈航普度。有任何執行，需稟告師父，以掌握大方向、大原則。（《隨師日誌》未刊稿）

七月十九日，大陸國家宗教事務局外事司司長郭偉等，由國際佛光會陪同，前來法鼓山拜會。郭偉司長表示，今年四月，法師出席三亞市「海峽兩岸暨港澳佛教圓桌會議」，發表「法源、血源」致詞，述說兩岸長老法師之間深厚淵源，過去不曾聽聞，特別感動。

七月二十日，晚間七時二十五分，出席於農禪寺舉行之「法鼓山落成開山大典」籌備會議。

七月二十一日，上午九時，以「我是誰」為題，於農禪寺大殿為全山常住法師及專職人員舉行「精神講話」，闡述各人角色扮演、釐清自我責任和義務。

下午三時，於農禪寺大殿，以「法鼓山的飲食原則」
為題對全山一百多位香積組義工開示，法鼓山飲食三
原則：「簡單、衛生、營養」，並指示法鼓山飲食，
不可有葷食形式、名字、味道。同時期勉主廚薪傳。

聖嚴師父首先感恩香積組義工的辛苦，表示「食輪不
動，法輪不轉」，人要吃飽，才能做事。

師父期許香積組不但要會做筵席上的功夫菜，也要會
做法會上的簡單菜色。師父並鼓勵香積組義工，多多帶
動年輕人一起參與廚房的工作，共同學習，並把握難得
的培福和修行機會。（〈師父為香積組開示時指出：法鼓
山飲食原則：兩菜一湯、簡單、衛生〉，《法鼓》，189 期，
2005 年 9 月 1 日，版 3）

七月二十二日，上午九時起，「工商建研會」於農禪寺大
殿舉辦一日禪修。活動由北區工商建研會會長陳和宗
發起，共有六十八位企業界菁英及眷屬參與。法師於
下午親臨開示，並就學員面臨家庭與事業問題，提出
解答。

師父說，人有許多「想要」的事物，但往往實際的「需
要」並不多。但這之間的取捨需要智慧來判斷。師父勉
勵學員應擴大自己的願心，讓諸多「想要」走出個人私
利的框框，為社會大眾共謀福祉。（〈工商建研會禪一
68 位企業人士與會〉，《法鼓》，188 期，2005 年 8 月 1 日，
版 1）

上午九時，出席於農禪寺舉行之法鼓山落成開山大典國際會議籌備顧問委員會，前臺灣大學陳維昭校長、嚴長壽總裁、蔡清彥會長、李志夫所長、惠敏法師、曾濟群主任及專案祕書廖今榕等與會。

七月二十三日，於農禪寺齋堂，以「團體生存的條件」為題，為僧眾舉行早齋開示，指出團體生存不離核心價值。

　　師父說道，大家進入這個團體之後，就如同在象牙塔裡，受到師父與居士的保護，對大環境不清楚，這是一大危機。因而指出團體存在的條件有三：

　　一、掌握核心價值：法鼓山的精神、理念，要了解清楚，才能有凝聚力。

　　二、人數、素質、事業的成長：我們的教化工作，因為有事業體，僧眾人數必須成長，所以開辦了僧伽大學及體驗班。素質是能力、智能、品德，以品德優先，如果我們是鳳凰龍象，就會讓人來親近，否則只會讓人看不起。

　　三、與時代社會同步向前：為了成長，必須對環境熟悉，否則只是閉門造車，可多請外面的顧問告訴我們訊息。有些人觀念還停留在五十年前，受到大樹的保護，沒有生存條件，是死路一條。現在接觸的是世界性、國際性的社會，從農業、工業，到工商業，將來是高科技，必須迎頭趕上。我們服務的對象是信徒，但是「心靈環

保」的對象更廣，不一定是信徒。眼光不要停留在五十
年前的臺灣，一百年前的中國大陸。（《隨師日誌》未刊
稿）

**晚九時，斯里蘭卡「原始佛法三摩地學會」負責人強
帝瑪法師，偕同該學會副執行長陳瑞祥等人，由慈基
會總幹事陳果開陪同，至農禪寺拜會，感謝南亞大海
嘯後，慈基會與該會合作在斯里蘭卡設立「臺灣村」。**

臺灣村共計三百戶，具二房一廳一廚，每戶可住六人，
強帝瑪法師表示，海嘯災後，「臺灣村」可說是做得最
圓滿的災後重建工程。

國際媒體觀察，海嘯過後，貧窮的斯里蘭卡人民為了
生存而改變信仰，接受天主教救濟。對此，師父與強帝
瑪法師均相當關注。師父表示，佛教的本懷在於弘法利
生，不該有大、小乘之分，而應共同攜手關懷人間。（《隨
師日誌》未刊稿）

七月二十四日，於農禪寺主持皈依大典，一千三百多位民
眾參加。法師開示指出，皈依三寶，即是真正佛教徒。
學佛之後，若未學習佛之智慧、慈悲，自利利人，便
如上學註冊卻不上課，蹺課一樣，未得應得利益。（〈祈
福皈依大典　1329 位成佛教徒〉，《法鼓》，188 期，2005
年 8 月 1 日，版 1）

七月二十七日,即起兩日,法青會於法鼓山園區、農禪寺
　舉辦「法青點燈日」,邀請父母一同參與,藉此向父
　母表達感恩,也讓父母認識法鼓山及法青會,共有
　一百三十位學員及家長參加。法師特別蒞臨勉勵法青
　精進學佛,接引更多青年一起學佛。(〈少年法青邀父
　母參觀法鼓山〉,《法鼓》,190 期,2005 年 10 月 1 日,版 3)

七月二十八日,於法鼓山園區海會廳為中華佛研所新生「比
　較宗教學」授課,介紹宗教與宗教學之異同。本屆學
　生出家眾多於在家眾,為歷來僅有,課後法師特為大
　眾開示辦學精神:道心第一、健康第二、學問第三。
　　「死讀書、讀書死、讀死書」,學問要運用,不是拿
　來炫耀,師父以己為例,表示一生讀了不少書,也做了
　不少事,才有今日的佛研所及法鼓山。道心堅固,身心
　便能健康,如已逝的印順長老,抱病終生,思想卻能影
　響整個佛教。師父建議同學第一年修完學分,第二年便
　著手寫論文。課程只是基礎,寫論文是培養組織、分析、
　找資料的能力,格外重要。為使同學在修學期間不忘道
　業,法師希望五位法師能在男、女寮,隨眾早晚課,個
　人易懈怠,惟在眾中修,才能滋養法身慧命。(《隨師日
　誌》未刊稿)

七月二十九日,於法鼓山園區創辦人辦公室接受《聯合報》
　「方外看紅塵」專欄採訪,主題有:信用卡與現金卡

濫發衍生之社會問題、國中基測傳出考生家長買槍手代考、現代人失眠、職棒再傳打假球弊案、模特兒落馬與風水等。

七月三十日，於法鼓山園區階梯教室會見今年即將剃度學僧之親屬百餘人。本次落髮有六位男眾、十二位女眾學僧，法師稱為「十八羅漢」。法師叮嚀家長，如果孩子在僧團不能安心，向父母訴苦，絕對不能要孩子回去。三心二意，什麼路都走不出來。

至法鼓山園區合署辦公室出席「女寮雨水運用討論會議」。

七月，《法鼓全集續編》由法鼓文化出版。《法鼓全集》自一九九四年發行，二〇〇〇年首度改版，而今發行《續編》，擴增著作共有三十二冊（含總目錄），蒐集聖嚴法師二〇〇〇至二〇〇五年間寫作之短文、學術論文，以及在各種場合弘法開示，其中《學術論考 II》、《書序 II》、《悼念 II》、《致詞》、《法鼓山的方向 II》等五冊未曾集結出書。

《法鼓全集》續編書目：
  ・文集類：《學術論考 II》、《書序 II》、《悼念 II》、《致詞》。
  ・禪修類、法門指導類：《聖嚴法師教觀音法門》、《聖

嚴法師教默照禪》、《動靜皆自在》、《神會禪師的悟境》。

· **自傳、遊記類**：《兩千年行腳》、《抱疾遊高峰》、《真正大好年》、《五百菩薩走江湖》。

· **經典釋義類**：《公案一〇〇》、《探索識界──八識規矩頌講記》、《自家寶藏──如來藏經語體譯釋》、《絕妙說法──法華經講要》、《天台心鑰──教觀綱宗貫註》、《八大人覺經·佛遺教經·四聖諦·六波羅蜜·地藏菩薩的大願法門》、《四正勤·四如意足·五根五力·七覺支·八正道》。

· **生活佛法類**：《台灣，加油》、《法鼓晨音》、《人間世》、《歡喜看生死》、《法鼓家風》、《找回自己》、《法鼓山的方向 II》。

· **外文書類**：*There Is No Suffering*、*Subtle Wisdom*、*Hoofprint of the Ox*、*Illuminating Silence*、*Song of Mind*。

（〈100 冊《法鼓全集》7 月出版〉，《法鼓》，186 期，2005 年 6 月 1 日，版 6）

本月，護法總會發行《聖嚴法師一〇八自在語》，版本包括：中文正體、中文簡體、英文及日文四種。《自在語》內容，係由法行會、法緣會及各地區會眾，從法師著作中蒐集深感受益之法語約兩千多句後，最後經法師挑選一〇八句而成。

「一〇八」是佛教常用數字，通常為煩惱數的代稱，

「一○八自在語」正是對治世人的百八煩惱，期使人們可以將煩惱轉菩提，獲得身心自在。護法總會副總會長黃楚琪表示，發行「一○八自在語」的目的，是為了讓法鼓山會員在接引民眾時，有一個方便實用的結緣工具，希望民眾在閱讀師父精要的法語後，能很快從中受益。（〈108 自在語　對治世人百八煩惱〉，《法鼓》，190 期，2005 年 10 月 1 日，版 3）

八月一日，出席法鼓山落成開山大典籌備會議，與會者包括法師親自邀請指導之廣慈長老，以及製作人陳麗華、僧團女眾部副都監果廣法師、果慨法師等，研議各殿佛像開光進行流程。會中決議：大殿、祈願觀音殿、禪堂、開山觀音等四處，將同步進行開光，並透過大銀幕連線實況轉播。

八月三日，全天於法鼓山園區方丈寮為《大法鼓》節目錄影。

八月四日，上午九時，於法鼓山園區接受公共電視「二○○三年總統文化獎得主專輯」錄製專訪。總統文化獎由中華文化復興總會主辦，為使得獎人成就事蹟擴大分享，委由公共電視製作專輯，訪談歷時二小時。內容有：年少出家、從軍來臺、赴日留學、美國主持禪修、創辦法鼓山，以及參與國際會議。

八月六日，下午二時，前往松山機場飛臺南弘化關懷。

下榻臺南大億麗緻酒店，總裁吳俊億於大廳迎接並請示擬提供房客閱讀佛書，法師推薦《禪的智慧》一書。

師父表示，《禪的智慧》中、英文版均有，先有英文版，後由中央研究院歐美研究所單德興教授翻譯成中文，內容豐富充實。建議此書不妨採中、英文對照，方便中外讀者閱讀。（《隨師日誌》未刊稿）

七時半，佳里道場土地捐贈人黃福昌夫婦等人，由果舟法師陪同，前來拜會。黃董事長因失聰而自謂廢人，法師提點當「廢物利用」。（《隨師日誌》未刊稿）

九時，前往臺南分院關懷，時正彩排次日皈依大典祈福法會。法師帶領大眾禮佛，關懷現場四眾，並留意可報考僧大會眾。

八月七日，上午九時，法師一行至黃福昌董事長住所關懷，並前往黃居士捐建之土地巡視行腳。

師父率領大眾在未來興建道場的土地上繞行一周，且告訴黃居士這便是灑淨，黃居士說：「我知道這個意思」。（《隨師日誌》未刊稿）

十時，至佳里鎮北門高中主持皈依大典，此為今年第

二度在臺南地區舉行皈依典禮，計有一千七百多人參加。臺南縣縣長蘇煥智、副縣長顏純左、北門高中校長林勳棟等貴賓觀禮。（〈臺南佳里祈福皈依大典　師父親臨主持〉，《法鼓》，189 期，2005 年 9 月 1 日，版 3）

下午三時半，屏東地區悅眾林其賢、郭惠芯夫婦，接引臺南地區賢達鄭光吉等人前來拜會，並就「法鼓山高屏區佛學課程規畫」提出報告。

　林其賢指出，法鼓山三學慧業的特色是以「心靈環保」為核心，而呈現於「菩薩戒、禪修、學佛五講」。如果未能掌握「心靈環保」的核心價值與「菩薩戒、禪修、學佛五講」的精神特質，則各課程將只是一般佛學常識，未必具有引導學佛的功能。（《隨師日誌》未刊稿）

四時，於大億麗緻酒店，為臺南及嘉義地區悅眾開示。圓滿後，自臺南機場搭機返北。

即日起至十三日，農禪寺舉行梁皇寶懺法會。

八月八日，於農禪寺梁皇寶懺法會對大眾開示「懺悔的意義與功能」。

中華航空公司董事長江耀宗一行，前來農禪寺拜會。法師引領江董事長一行前往設於一樓新禪堂功德堂

拈香。

八月九日，至法鼓山園區大殿視察佛像定位事宜，佛像專
　　案小組施建昌、果懋法師等人陪同。

八月十日，至基金會辦公室出席「法鼓山落成開山大典」
　　籌備會議。

八月十一日，於基金會辦公室召集國際事務處及祕書長室
　　研究員、專員討論「落成開山大典」期間三場國際座
　　談會事宜。

　　至農禪寺巡視關懷梁皇寶懺共修。

八月十二日，上午十時，陸軍總司令部主任陳克難中將等
　　一行人，前來拜會，邀請法師為士兵演講開示生命意
　　義。陳中將憂心地表示，士兵對生命態度極為輕率，
　　自裁案例時有所聞。法師應允十六日前往陸軍關渡師
　　演講。

　　下午二時，於基金會辦公室召開「落成開山大典文宣
　　作業規畫分工會議」。

八月十三日，上午，交通部部長林陵三偕同公路總局局長

陳晉源、國道高速公路局局長陳建宇，由中華郵政公司董事長許仁壽陪同，至農禪寺參加梁皇寶懺齋天法會，為國內海、陸、空交通平安祈福。

下午三時半，中華經濟研究院董事長蕭萬長來寺參與瑜伽焰口法會，於法會前拜會法師，法行會會長蔡清彥、執行長連智富陪同。蕭董事長肯定正信宗教安定社會之力量，法師則指出佛教在中國大陸發展仍甚有限。

七時，瑜伽焰口法會第一時結束後對大眾開示。

八月十四日，上午八時二十分，藏傳佛教寧瑪巴白玉第四世蔣康仁波切，至農禪寺拜見法師。會談中獲知貝諾法王九月將來臺訪問，法師因請蔣康仁波切轉達邀請法王參加十月法鼓山落成大典。

十時三十分，前往中視錄製《不一樣的聲音》節目，與荒野保護協會理事長李偉文對談「一位牙醫師的荒野夢」、「綠色童年培育計畫」；與無國界醫師宋睿祥對談「醫療無國界」、「行醫的有限與無限」。

八月十五日，撰寫受邀至陸軍關渡師演講綱要。

下午，「地球憲章」（The Earth Charter Initiative）總部青年團主席米歇爾・斯拉比（Michael Slaby）至法鼓山園區拜訪，並就宗教交流與全球普世價值簡短而深入討論。法師指出：「面對人類問題，應提煉宗教的普世價值」，並肯定「地球憲章」秉持義務參與，改善生態與社會弊病，將青年力量帶到全世界。

師父會見米歇爾・斯拉比時提到，每個宗教的起源受到環境影響，發展出不同的觀念和修行方法，追求至聖至善的境界。但是上個世紀彼此過於強調自己的優越性，忽視了人類共同面臨的問題；這個世紀，宗教之間應該放棄不同神祇的競爭，找到普遍的價值和相容的方法，來解決人類的問題。

米歇爾・斯拉比於拜見師父時，說明了「地球憲章」的宗旨和現階段發展、與邀請師父參加今年於荷蘭舉行的地球憲章年會之外，並相當感佩法鼓山營建時採用的自然工法，展現佛教護生利生的胸懷。（〈「地球憲章」總部青年團主席米歇爾・斯拉比來訪〉，《法鼓》，189 期，2005 年 9 月 1 日，版 1）

八月十六日，上午，陸軍關渡師心輔官沈耀國上校至農禪寺禮請法師前往關渡師營區，果醒法師、果靈法師、常度法師等人陪同前往。途經關渡，法師自述初來臺灣時，曾經駐守關渡營區。

抵達營區，陸軍總司令部主任陳克難中將、關渡師師長羅際琴接待前往營區活動中心，以「尊重生命，迎向未來」為題為五百位國軍進行專題演講。（〈師父受邀演講「尊重生命，迎向未來」〉，《法鼓》，189 期，2005年 9 月 1 日，版 1）

八月十七日，上午九時，於法鼓山園區接受東森電視台邀請，拍攝臨終關懷公益廣告，呼籲重視臨終人性關懷。

八月十八日，於臺北安和分院召集法行會會長鄭丁旺、法鼓人文社會學院籌備處主任曾濟群、惠敏法師、李孟崇特助、陳洽由總工程師、劉明山副總工程師，討論法鼓人文社會學院系所及硬體規畫事宜。

八月二十日，上午十時半，前往中視錄製《不一樣的聲音》節目，與新加坡廣播節目主持人東方比利對談「棒下出孝子的迷思」、「浴火重生」；與「整體健康規畫工作室」負責人薛慶光對談「倒跑哲學」；與「青樺攝影」董事長蔡青樺對談「一生都要美麗幸福」；與資深藝人田豐對談「快樂的銀髮爺爺」。

晚間七時，出席於農禪寺召開之「法鼓山落成開山大典」禮賓組會議。

八月二十二日,即日起至二十五日,前往日本富山縣老子製作公司為即將完工之法華鐘祈福勘驗。

午後二時,抵大阪關西國際機場。因行李遺失,在機場延滯一小時,晚間十時,抵達富山縣高岡市新大谷飯店。

八月二十三日,早餐,法師與大眾分享長久來一夢想:法鼓山園區,「鐘」「鼓」齊鳴!餐後,前往「老子製作所」,拜會會長元井實、社長老子秀平和總經理元井秀治。元井實會長感謝法鼓山給予「老子」鑄鐘機會,並表示,「老子」雖不乏鑄造大鐘經驗,但在鐘體鑄刻七萬餘字經文為第一回,該公司將傾全力完成。

十時,法師一行舉行法華鐘祈福儀式,隨即檢視鐘體內外鑄刻文字,並進行首次撞鐘測試。法華鐘高四公尺五十公分,直徑二公尺六十四公分,重二十五噸,《法華經》經文,由上而下,環繞鑄刻於鐘體內外。

現場有 NHK 電視台、富山電視台、朝日新聞、讀賣新聞等多家媒體拍攝採訪。法師接受媒體訪問時指出,法華鐘是目前臺灣乃至於中國大陸有史以來鑄刻《法華經》經文之最大梵鐘,不僅將成為漢傳佛教神聖法器,亦將為傳世藝術品。對法鼓山信眾而言,法華鐘

意義在於信仰，每拜一次法華鐘，即等於持誦一部《法華經》。（〈法華鐘　響起渾厚鐘聲〉，《法鼓》，189 期，2005 年 9 月 1 日，版 1）

午齋於高岡市良紀餐廳進用，結齋後，包括葉榮嘉、邱再興、施炳煌紛紛發表初見法華鐘心得。法師對陪同用餐之老子製作所總經理元井秀治，提出對鑄字及鐘聲尚有要求。

法師一行參訪高岡市境內具三百餘年歷史之曹洞宗道場瑞龍寺，該寺住持四津谷法師至三門迎接。瑞龍寺建築，多數受日本政府保護，包括三門、法堂和佛殿，列入國寶級建築。

六時五十分，搭乘日航班機，從富山飛往東京，晚間八時半抵達東京新大谷飯店。

八月二十四日，上午八時，於住處召集大眾，以日本行一路所見整潔、清淨環境為題開示，期勉以日本為鏡。

「但願我們法鼓山這個團體，不論在哪一個地方，隨時都是整潔的。我希望從法鼓山總本山到臺灣各地分支道場，都能夠徹底落實環保，至少要做到像日本普通家庭的整潔程度。」針對常住法師和專職菩薩，師父要求每個人都要維持辦公室環境的清淨整潔，離開辦公室，

桌上除了電腦和電話,其餘都要淨空。(《隨師日誌》未刊稿)

上午,前往東京國立博物館,參觀法隆寺寶物館特展。近午,參訪一千三百多年歷史道場——淺草觀音寺。

下午四時四十分,於飯店接受《不一樣的聲音》節目製作人張光斗訪問,談日本法華鐘之旅心得與收穫。法師指出,《法華經》對漢傳佛教有重大意義:天台宗思想依據、主張一切眾生皆能成佛、講說「受持」、「讀誦」、「書寫」、「為人解說」等重要修行方法、相信佛永在人間、人間淨土思想根源、觀音菩薩信仰。(請參見二○○六年十二月二十三日譜文)

晚間,於品川王子飯店設宴邀請五位日本友人餐敘,包括立正大學佛教學部三友健容教授、曹洞宗圓通寺東堂佐藤達玄教授、立正大學佛教學部長北川前肇博士、「釀界通信社」首都圈支局長山口晃一先生,以及「山喜房」佛書林淺地康平先生。法師並宣布,將以個人名義捐贈立正大學五十萬美元獎學金,獎助研究佛學之亞洲華裔學生。

八月二十五日,早餐後前往羽田機場搭機返臺。於遊覽車上再以日本行一路所見整潔、清淨環境為題,期勉隨

行團員以日本為鏡。

　　師父指出，日本的家庭教育從小教導孩童必須分擔家事，每天清晨即起，灑掃庭除，內外整潔。但是現在臺灣的父母很少會這麼教育小孩，多數父母只希望孩子把書讀好，將來考上好學校，其餘皆無所謂。師父勉勵已有兒孫的菩薩們，一定要教導孩子從小養成做家事的習慣。（《隨師日誌》未刊稿）

午後近二時，抵達桃園中正國際機場。

八月二十七日，上午八時半，「地球憲章」青年運動總召集人米歇爾‧斯拉比再度至農禪寺拜會，陳述參訪法鼓山心得。

八月二十八日，上午九時，於農禪寺召開「法鼓山落成開山大典」國際會議籌備顧問委員會議。

　　中午，於農禪寺，與僧大授課法師、老師及僧團各都監院法師約五十人餐敘，感謝諸位法師承擔傳道、授業、解惑之使命，並說明辦學理念、目標與原則，期勉共同努力耕耘僧教育，培育優秀僧才。

　　席間，師父談到僧大的辦學，是以「保有漢傳佛教為特色、以培養宗教師為目標」。至於如何培養出德學兼備的宗教師？師父分別從心態和儀態兩方面來闡述。以

心態而言，學僧不能以在家人的心態過出家人的生活，不能因逃避現實而出家，也不能追求名聞利養。

在儀態方面，師父表示，不論上殿、過堂、隨眾、作息等生活儀態，以及語言、表情、動作、服裝等個人儀態，皆是培養學僧的重點。

此次為聖嚴師父首次與全體僧伽大學教師聚會，現場氣氛溫馨凝聚，教師們也對僧大辦學的理念、目標有了更深一層的認識。（〈僧伽大學：培養漢傳佛教的宗教師〉，《法鼓》，190 期，2005 年 10 月 1 日，版 6）

下午三時半，出席於農禪寺新禪堂舉行的法青點燈日感恩活動，為現場一百多位青年及家長開示。

師父表示，法青同學是法鼓山的鼓手，要學法、護法、弘法，除了要協助他人提昇品質，最重要的是提昇自己的品質，而提昇人品首要在於人生價值觀的建立。師父期勉法青學生，把自己奉獻給社會國家，全世界就是你的資源；反之，心胸狹窄的人，擁有的資源相當有限。（《隨師日誌》未刊稿）

八月二十九日，戒德長老因急性黃疸入院接受手術，法師於下午三時半前往臺大醫院探視，同時進行例行健康檢查。發現左腎已形成一腫瘤。

八月下旬，我赴臺大醫院探望因膽結石入院手術的戒德老和尚，順便做了檢查。發現左腎已形成一個不小的

腫瘤。之後又請來泌尿科蒲永孝醫師為我檢查,蒲醫師一看,要我盡快住院,最好當天就入院,即刻動刀。我猶不願相信,翌日再赴榮總,而檢查結果仍是相同,勸我趕快動刀。由於近年我的病歷都在臺大,便決定返回臺大醫院就診。(〈一、我的病〉,《美好的晚年》,法鼓文化,2010 年 2 月初版一刷,頁 17-18;另參見:〈病中手書〉,《美好的晚年》,頁 85-89)

八月三十日,上午,「二○○五青年國是會議系列座談」青年代表至農禪寺向法師請益。「國是會議」由行政院青年輔導委員會主辦,當日有來自美國、日本、比利時、澳洲、中國大陸等海內外具國際交流實務經驗華人青年約二十人來訪,僧團也有四十一名法師出席座談會。法師以多年參與國際會議經驗與心得,為在場青年提出四點建議:「一、拋開自己立場和身分。二、事前做好研究功課。三、備妥發言內容,爭取每一次發言機會。四、以奉獻心出席國際會議。」(〈師父與「青年國是會議」代表　分享會議經驗〉,《法鼓》,190 期,2005 年 10 月 1 日,版 1)

中午,執行副都監果廣法師偕同文化中心副都監果毅法師,呈報日昨法師要求籌擬之傳法儀式等資料。

八月三十一日,晨間,於農禪寺與常住大眾共進早齋,開

示「安心的方法」。

下午三時，前往法鼓山園區大殿討論三尊佛像高度；再轉往三門察看新建入口接待兼守衛室及臨時寮工程狀況，其後前往大三合一巡視新廚房，由典座師常廚法師介紹設備與環境。

八月，聖嚴法師講解《大方廣圓覺經》（24CD）有聲書由法鼓文化出版發行。

九月一日，上午九時，於法鼓山園區方丈寮為「大學院九十四學年度畢結業暨開學典禮」預錄開示。

於《法鼓》雜誌第八版落成開山專刊，發表〈大悲心起，是大家需要的教育事業〉，邀請大眾參加十月二十一日開山大典，並闡明開山歷程與目的在完備佛教教育、續佛慧命、淨化人間。

不世出的偉大人才，不一定要有人來培養，自有乘願再來的菩薩，脫穎而出。但是，一般的人才，必須要有常設性及標準性的教育機制，來積極培養。渴望接受教育，是我少年時代就開始的憧憬；呼籲興辦教育，是我一生一世所懷抱的責志。

一九八九年春天，我雖已是花甲老僧，卻有感於必須要為佛教培養更多實學實修的人才，以便接引更多的人

來分享佛法的利益,便覓得了臺北縣金山鄉的一片山坡地,命名為「法鼓山」,於是我們便開始了馬拉松式的工程長跑。

響應捐款的信眾愈多,需要我付出關懷的對象也愈多,讓我有機會以佛法結善緣的機會亦相對地增加。以佛法來做關懷信眾的工作,實即也是一種教育事業。因此,我們法鼓山的工作任務,即是大學院、大普化、大關懷的三大教育。

這次的落成開山大典,採用「大悲心起」作為主題的用意,第一,由於法鼓山是闡揚大悲觀世音菩薩救世精神的團體;第二,法鼓山這個團體的教育事業,是以學習觀世音菩薩的大慈大悲,來做救苦救難救濟世界的救心工作;第三,喚起世界人類,都能生起救人救世的大悲心來;第四,期以法鼓山的開山大典,帶動整體的社會大眾,都能普遍持久地生起大悲心來,關懷各自的家屬、親友,乃至一切眾生,不論親疏,都讓大家生活在健康、平安、幸福、快樂、和諧的地球村中。(〈大悲心起,是大家需要的教育事業〉,《法鼓》,189 期,2005 年 9 月 1 日,版 8)

中午,關心泰莉颱風災情,指示機要祕書致電慈基會總幹事陳果開,經回報至今未傳災情,待午後颱風遠離,將主動連絡中南部地區救災人員,了解各地最新情形。

九月二日，於農禪寺舉行「傳法大典」，有十二位法子承
　接法脈。為法鼓山成立十六年來首度傳法，此前皆為
　傳法西方法子，授權許可獨立指導禪修，此次傳法對
　象主要為擔任法鼓山一級綱領執事。法師傳授「中華
　禪法鼓宗法脈傳承證書」，象徵交付傳持法脈承擔教
　團之重責大任。此係入院治療前之預作安排。

　　入院前，我想必須預先做安排。便於八月二十九日下
　午，在中華佛教文化館與惠敏師做了一次談話。再於八
　月三十日，交代果廣師一件事：如果我一去不回了，入
　院後出不來了，法鼓山仍可往下運作。這個決定便是舉
　行法鼓山體系內第一次傳法大典。

　　經過四日籌備，九月二日上午即在農禪寺舉行傳法大
　典。傳法對象主要為法鼓山僧團時任一級的綱領執事。
　（〈一、我的病〉，《美好的晚年》，法鼓文化，2010 年 2
　月初版一刷，頁 18-19）

十二位接法法子為：果如法師、惠敏法師、果暉法師、
果醒法師、果元法師、果品法師、果東法師、果峻法
師、果鏡法師、果廣法師、果肇法師及果毅法師。法
師指出，此次傳法主要為任務型傳法，傳法意義在讓
佛法明燈永續不斷，並說明方丈請假或遠行時，由首
座和尚代理職權。

　　十二位法師，都是在我們法鼓山體系內長期奉獻，對
我們僧團的運作付出很多的時間和心力，有的在禪法修

行上有深厚基礎，有的在佛學、教育、文化等方面貢獻
很多，而且他們都有一個共同特性，就是性格穩定，具
持久性。

這次傳法以後，不是僅有這十二位才是我的法子。當
初六祖惠能大師交代的十位弟子之中，我們知道真正對
佛教史上有貢獻的，好像只有神會禪師，以及記錄《六
祖壇經》的法海禪師，其他對後世佛教有影響的像是石
頭希遷、青原行思、南嶽懷讓，都不在這十個人之中。

接受法脈，補強漢傳佛教之不足

這次傳法的對象是誰呢？我們立出三個條件：一、已
從心法獲得入處，並有弘揚心法的悲願及能力者。二、
接受付託主持正法、弘揚正法、傳承正法、續佛慧命，
而具維護、開展法鼓山系禪法之能力者。三、已有獨立
弘化法鼓山所傳教法於一方之能力或道場者。

有道者得，無心者通

釋迦牟尼佛說，我們這些人只要運用佛法、傳持佛法、
弘揚佛法，擔當任務之後就是法子。法子是從佛口生得
佛法分，也就是自己的心性跟佛說的正法相應，這就是
法子。所以，在家居士也能成為我的法子，只要你接受
這樣的任務，達成這樣的標準。

法子，一定要發菩提心，一定要有出離心；有出離心
就不會有煩惱，有菩提心就會奉獻給眾生。如果受了佛

法付託，卻還有煩惱習氣，那就隨時要修正、懺悔、慚愧，這樣子我們才能弘法和利生。在我們僧團裡面，只有職務的輕重，沒有地位的高低，如果接了法就貢高我慢，那就對不起這個法統的傳承。

法鼓山的法，是以社會大眾為基礎的禪法

法鼓山的法，就是漢傳禪法。殊勝之處在於民間化、普及化、生活化，漢傳禪法不離佛法的根本，也不否定學問，卻不一定要談多少學問，如果老是談學問，弘法只談學術，佛法便不能普及。

中國的禪宗就是中華禪，從百丈到馬祖，百丈所傳的禪法很簡單實用，不管是否具有學問、知識、錢財等做背景，都沒關係，一般人都可以在生活上運用，就因為所傳禪法如此的純樸、簡單、實用，所以可以普及，得以持久。

我之所以強調這點，是因為我們不能依靠奔走權門、豪門，如果老是巴結權門、奔走豪門，希望他們來護法，一時之間可能有用，可是長期的話便會失去一般民間大眾的基礎。這也就是為什麼佛要說「一缽千家飯」，便是要我們從一般社會大眾出發，平等接引每一個階層，為他們服務、給他們照顧，讓他們都能各取所需，得到佛法的利益，如此，佛法才會常住世間。佛法其實就是靠大眾，釋迦牟尼佛自己出身貴族，他雖化度王臣長者，但他接觸的人大多是平民，因此大家要掌握這個原則。

首座和尚，代行方丈職權

法鼓山在過去這二年來，不斷尋求制度的完善、組織的完備，制度要從僧團這裡著手，未來我們團體是以僧團為核心，今天傳法的十二位，是我們法鼓山組織架構裡面重要的執事，當中有的不是住在我們本山的，但都是彼此密切互動，而且方向一致，遇到任何爭議的問題，共同商量，商量時不違背法鼓山傳法的標準，以及我們傳法的意義和任務。

至於如何運作？目前尚未明朗，由於方丈尚未交位，所以，如果法師出遠門，或者要休息一段時間去閉關，法鼓山這個團體由誰來代理？方丈還沒有交位時，行使方丈職權的就是首座和尚。（〈付囑傳持佛法的任務〉，《我願無窮》，法鼓文化，2011 年 4 月初版一刷，頁 82-91）
案：據「中華禪法鼓宗法脈傳承證書」名冊，法師傳法弟子，含早前六位東西方法子，共計十八人。

傳法後，於下午至臺大醫院辦理住院手續。

九月三日，自醫院請假回農禪寺主持剃度典禮，求度者為僧大二年級學僧，六位男眾、十二位女眾，共十八人。法師擔任戒和尚，僧團首座惠敏法師擔任教授阿闍梨。法師以「出家的意義」開示：在生活中運用佛法，化解煩惱，出煩惱家；雖出家而關懷眾生、關懷親人。

　　出家主要是出煩惱的家，煩惱一般說「生死苦海」。但出家之後，生死就不是苦海，生死的過程與環境，都是出家人的修行道場和環境。

　　法鼓山提倡「人間淨土」，並不是要將地球變成佛國，而是在日常生活之中，能隨時隨處運用佛法化解、消融自己的煩惱心，這樣就是生活在佛國淨土之中了。消除煩惱不一定非得出家，但是出家之後，比較容易化解煩惱。因為出家的生活習慣、環境，以及出家的生活態度和觀念，完全是以佛法為中心，所以出家人是隨時隨地都在修行之中的。（〈出家的意義〉，《法鼓山僧伽大學九十三～九十五學年度年報》，法鼓山僧伽大學，2008 年 10月，頁 38-40）

九月四日，即日起兩日，於臺大醫院進行各項檢查。

九月五日，法鼓山大學院九十四學年度畢結業暨開學典禮於法鼓山園區國際會議廳舉行。典禮由中華佛研所所長李志夫主持，蒙藏委員會科長徐榮松、佛研所董事今能長老、全度法師、僧團都監果品法師等貴賓觀禮。僧大有第一屆畢業學僧九名，佛研所有三人畢業；今年僧大有二十七名新生，佛研所新生有十二名、漢藏班有三名新生。法師無法親臨，播放預錄開示，闡明大學院培育弘法僧才、佛教學者兩類人才。

　　師父同時也期許僧大學僧，除了學習出家眾應有的「心

儀、身儀、口儀」，平時也要有出家眾的身態行誼，讓
大眾對佛法有信心之外，也要從大眾的利益來思考問題，
化解問題而不是激化問題、對抗問題。師父最後提醒所
有畢業生，畢業以前，認真學習；畢業以後，任重道遠，
要為佛法盡心盡力，切莫放逸。（〈師父：法鼓山大學院
培育弘法僧才、佛教學者兩類人才〉，《法鼓》，190 期，
2005 年 10 月 1 日，版 6）

九月六日，上午，於臺大醫院進行第一次手術，切開尿道，
埋入膀胱鏡與導尿管，做為追蹤之用。

九月十日，法鼓山南亞災後重建工程，斯里蘭卡第一期「臺
灣村」舉行落成啟用典禮，斯里蘭卡總理馬欣達・拉
賈（Mahinda Rajapaksa）、水利都市發展建設部副部
長馬欣達・阿瑪拉維拉（Mahinda Amarawira）以及斯
里蘭卡其他重要官員均蒞臨祝賀。法鼓山由慈基會副
會長楊黃玉淑、主任委員曾照嵩代表出席典禮，聖嚴
法師親筆撰文，為斯里蘭卡祝福，並強調將持續推動
「人心重建、安定人心」工作。

九月十一日，東初禪寺舉行大悲懺法會為卡翠娜颶風受難
者祈福消災、祝禱重建家園。超級颶風卡翠娜造成紐
奧良市重大災情，東初禪寺和北美護法會立即成立賑
災捐款專戶，投入救災行列。

九月十三日，上午八時，第二度被送進開刀房，進行正式切除手術，將前次膀胱鏡檢查發現之左腎腫瘤、左側輸尿管及一部分膀胱切除。手術由蒲永孝醫師主刀，歷時四小時，非常順利。發現腫瘤為第三期。

　　手術前一日，我的內心非常平靜，經常觀想《心經》所講的五蘊皆空，空裡沒有我，身體很輕鬆，心情很安定。當我被送進手術房，只覺得眼前每位身著綠色手術袍的醫護人員都是菩薩，他們都在救人性命；我也祈禱，但願世上所有進開刀房的病人都沒有怖畏恐懼，手術後能及早康復；又祈禱這個世界，沒有人需要進開刀房。（〈一、我的病〉，《美好的晚年》，法鼓文化，2010 年 2 月初版一刷，頁 22）

九月十五日，手術後疼痛三天。肺部積水須穿刺，隨即開始洗腎。

　　那幾天，持續吊著營養針與生理食鹽水等補充液，而我的左腎已切除，剩下的一個腎突然要負擔大量的水分是吃不消的，血液中的尿毒指數也愈來愈高，看來是要馬上洗腎了。

　　接著，再從四樓外科加護病房轉入三樓內科加護病房，進行洗腎前的廔管手術。（〈一、我的病〉，《美好的晚年》，法鼓文化，2010 年 2 月初版一刷，頁 24-26；另參見〈病中手書〉，《美好的晚年》，頁 88-89）

　　我曾請示師父，怎麼面對洗腎這件事？師父說，就是

「面對它、接受它、處理它、放下它」。師父常說，人老了以後，往往就是老病相隨，既然生了病就要去面對，該怎麼做就怎麼做，該去看病就去看病，假使有的病連醫生也無法處理，那怎麼樣？只有放下它。

師父說過：「生病的時候，要把身體交給醫生，把性命交給佛菩薩，自己完全沒有事的。」師父真的是說到做到，對醫療人員非常信任，很少過問醫療上的事情，盡可能不去麻煩醫療人員。（〈常存心中的經典〉，常願法師，《今生與師父有約（一）》，聖嚴教育基金會，2011年2月初版一刷，頁135-137）

九月二十一日，脫離危險，轉換至普通病房。計住加護病房九天。

十月一日，法鼓山成立青年部，將現有「大專青年會（法青會）」擴大發展。

十月二日，即日起至五日，法鼓山印尼棉蘭安心服務站站長李徒前往災區亞齊（Aceh）訪視，並拜訪相關華人慈善單位，擬定興建多功能安心服務站計畫。

十月九日，向醫院請假至農禪寺主持和喜自在祈福皈依大典，並帶領一千三百位新皈依弟子，誦念「阿彌陀佛」為前一天因中亞強震，以及美洲颶風而罹難受災者祈

福。

　師父在皈依大典中，對新皈依弟子開示，做為三寶弟子要做：最壞的打算、最好的準備。凡事太樂觀容易忘記危機感；太悲觀則容易絕望。「人生難得、佛法難聞」，師父勉勵在場弟子要珍惜生命，任何事情不要一廂情願地希望順利，凡事要正面解讀、逆向思考。（〈皈依大典為中亞震災受難者祈福〉，《法鼓》，192 期，2005 年 12 月 1 日，版 1）

十月十日，僧團於農禪寺召開之九十四年度「第二屆僧團代表會議」，會中就「法鼓山寺組織章程」第一次修正案討論與決議。

十月十五日，法鼓山園區首度舉辦瑜伽焰口法會，於接待大廳祈願觀音殿進行，約有一千七百多位來自全臺各地信眾參加。此項法會為九月二十五日開始連續二十一日「大悲心起精進 21」活動之總迴向，同時也為法師之健康祈福。（〈全球連心護持　持大悲咒〉，《法鼓》，191 期，2005 年 11 月 1 日，版 9）

十月十六日，上午，於法鼓山園區為即將開館啟用之「開山紀念館」祖堂，舉行灑淨及安位儀式，由僧團副住持果暉法師主法，共有總本山全體僧眾、僧大學僧及專職義工等近二百人參加。

十月十九日，即日起，經主治醫師許可，提示注意事項後，
自醫院請假四天參加落成大典系列活動。

**晚間，至臺北圓山大飯店主持「法鼓山落成開山大典」
迎賓晚宴，接待近百位世界各宗教領袖、佛教領袖、
學者。法師以「在多元文化的地球村共存共榮」致詞
感謝來訪貴賓，揭櫫開山大典主題為「大悲心起」，
期以慈悲心促進世界和平。**

法鼓山落成開山大典的主題為「大悲心起」。是指廣
大的慈悲心，但願全人類都能有廣大的慈悲心。

今晚出席的貴賓，都是世界各宗教的精神領袖。任何
宗教的產生，自有其文化背景，因此而有不同的宗教理
論和觀念。但是，所有宗教的目的和功能，都是為了保
護人類永久的平安、快樂與幸福，這是所有宗教共同的
價值。

過去，我曾經在美國紐約聯合國總部聽到一位穆斯林
學者告訴我，穆斯林講的「聖戰」，是指「戰勝自己邪
惡的心」。這在佛教亦有相同的說法。

這許多年來，我接觸到許多偉大的世界宗教領袖，他
們都是那麼慈悲，那麼心胸廣大，都是為了全體的世界
人類著想，而不會只關愛自己宗教的信徒。這些偉大的
宗教領袖，包括我在泰國見到的伊朗宗教領袖，我們的
觀點完全相同，這讓我相當驚訝。和天主教、猶太教的
宗教領袖們相處時，我也發現他們非常地慈悲。這不禁

讓人慨嘆，人與人之間所以隔閡，都是因為缺少互動，如果彼此能多了解對方，都把自己的優點奉獻給他人，便處處都有路，處處都是淨土。（〈在多元文化的地球村共存共榮〉，《我願無窮》，法鼓文化，2011 年 4 月初版一刷，頁 14-16）

十月二十日，上午，於臺北圓山飯店參加「世界佛教領袖座談會」，為法鼓山落成開山系列活動國際座談會第一場，討論主題為「全球問題的概觀」及「從心探索解決全球問題的方針」，座談會由世界華僧會會長淨心長老及緬甸西達古國際佛學院院長涅尼薩拉法師主持，邀佛光山宗長星雲長老、日本淨土宗宗長水谷幸正等兩岸三地及西藏、美、日、韓、緬甸、印尼、泰國等各地佛教領袖參與。座談會約有近四百人與會。

在場的佛教領袖皆不約而同地指出，當前的世界所面臨的問題與危機有來自核武的威脅、國家與種族之間的衝突、自然環境的破壞。星雲法師對此表示，佛法的「平等」、「生權」可協助人們解決問題。日本淨土宗宗長水谷幸正則表示，人們必須擁有「愚者的自覺」、「世界共生」的觀念；西藏甘丹赤巴法王、越南智廣法師皆表示，人類的貪欲與思想的惡念，是造成問題的起因，應對此有所覺醒。

聖輝法師指出佛法的生死輪迴觀為現代人重新找到生命的意義、解除對死亡的恐懼；定盛法師認為，實踐謙

遜、無貪、分享等價值觀，可讓人們的生活品質更加提
昇；美國羅契斯特禪中心住持 Ven. Bodhin Kjolhede 則表
示，淨化自心、共生共存是面對問題之道。（〈三場國際
座談會　格局恢弘〉，《法鼓》，191 期，2005 年 11 月 1 日，
版 8）

**法師於開幕致詞發表「四環即佛法」，說明法鼓山「四
種環保」理念，其由來即是佛經「五蘊界」、「有情界」
和「器世間」。**

　　現在世界人類的問題，大致有三類。第一是觀念的問
題。許多的人很痛苦，彼此之間有衝突，便是因為價值
觀的偏差和觀念的不正確。

　　第二是人與人之間的關係問題，包括族群與族群之間、
宗教與宗教之間，或國家與國家之間的不和諧。

　　第三是人類與自然之間產生的衝突和矛盾。人類想要
征服自然，反而製造更多自然的災害。

　　今天在座有一位貴賓是「地球憲章（The Earth Charter
Initiative）」的委員，「地球憲章」目前正致力於實踐
聯合國的五年計畫以及十年計畫。法鼓山推動的四種環
保，既呼應且配合著聯合國和「地球憲章」的主張，希
望促使人類社會能夠更和諧、更繁榮。

　　我所提倡的「四種環保」，其實就是根據佛法中所說
的「五蘊」、「有情界」和「器世間」等觀念而來的。

　　第一、五蘊。五蘊實際上就是身心。如果心理平衡，

內心的問題解決了，身體的問題便容易處理。即使身體
有病，但心是平安的，也就不以為苦了。因此，身心的
協調，便是五蘊的調和。

第二、有情界。即是人與人之間的關係，從家庭生活
到社會生活，以及種族與種族、國家與國家之間各種不
同的人際關係，實際上指的就是有情世界。

第三、器世間。自然環保，實際上就是佛法所說的器
世間。從佛教的角度來說，身體五蘊身心是正報，器世
間是指我們生命的依報，也就是所處的大環境，正、依
二報都是我們的果報體。我們愛護社會環境及自然環境，
應該像愛護照顧我們自己的身心一樣。如果能夠如此，
世界人類便能夠真正的和諧、幸福了。（〈四環即佛法〉，
《我願無窮》，法鼓文化，2011 年 4 月初版一刷，頁 17-19）

下午，第二場「世界佛學學術座談會」，主題為「從
佛教教育、文化談災難救助與終止貧窮」及「從佛教
教育、文化談和平與人類永續發展」，由中華佛研所
副所長惠敏法師與美國維吉尼亞大學（The University
of Virginia）榮譽教授傑佛瑞・霍普金斯（Jeffrey
Hopkins）共同主持，邀請世界各地佛教學者，從佛教
教育與文化針砭人類當下面臨之問題，提供未來和平
發展對策。（〈三場國際座談會　格局恢弘〉，《法鼓》，
191 期，2005 年 11 月 1 日，版 8）

十月二十一日，上午九時起，「法鼓山落成開山大典」於
　法鼓山世界佛教教育園區舉行，典禮以「大悲心起」
　為主題，全場禁語。典禮中進行揭佛幔、開光儀式及
　音樂禮讚等活動。包括總統陳水扁、臺北市市長馬英
　九等國內政要，以及來自世界各地宗教領袖、佛教界
　諸山長老、藝文界人士、各大媒體負責人及近萬名遍
　布海內外之法鼓山信眾參加。

　　政經界人士：多位國內政經界人士參與了此次盛會，
總統陳水扁先生、臺北市市長馬英九先生一同為佛像揭
佛幔並觀禮。除此之外，包括：國策顧問蔡清彥、國民
黨副主席蕭萬長及吳伯雄、立法委員蘇起，太子建設董
事長莊南田、監察委員李伸一。另外，亞都麗緻飯店總
裁嚴長壽更協助招待國際貴賓。

　　國際貴賓：典禮中，地球憲章委員會委員、猶太教拉
比奧拉罕‧索敦多普（Awraham Soetendorp），美國維
吉尼亞大學榮譽教授傑佛瑞‧霍普金斯、西藏黃教格魯
派教主甘丹赤巴法王（Tri Rinpoche Longrig Namgay）、
日本淨土宗宗長水谷幸正、塞內加爾「非洲跨宗教和平
運動」協調人穆斯林教長薩利烏‧馬巴卡（Sheikh Saliou
Mbacke），獲邀上台揭起佛幔，參與莊嚴殊勝的一刻。

　　共襄盛舉的國際貴賓，包括來自中國大陸、日本、南
韓、泰國、越南、印尼及美國的佛教僧眾，其中還有在
今年曾授頒法師榮譽博士的泰國朱拉隆功佛教大學，其
校長泰梭蓬法師、日本立正大學佛學部教授三友健容、

來自香港、臺灣及中東地區的基督宗教主教；和來自美國、塞內加爾的穆斯林教長等人。此外，印度、美國、中國大陸和日本等國的知名佛學學者皆到場觀禮。

十八位開光長老：開山大典最重要的一環——佛像開光，特地邀請十八位國內外教界諸山長老，一同為全山的六座佛像開光主法，世界華僧會會長淨心長老，則受邀擔任這次開光主法的榮譽總召集人。

大殿的三寶佛，邀請到仁俊長老、守成長老、真華長老、淨心長老、圓宗長老、明義法師、聖輝法師、心定法師、廣聲法師等九位長老，和聖嚴法師一起進行開光。淨良長老、淨海長老、傳道法師三位長老，則為祈願觀音開光主法。廣元長老、明光法師、全度法師三位，則為開山觀音開光主法。為禪堂釋迦牟尼佛開光的則是寬裕長老、晴虛長老、心茂法師三位。

當天特別邀請今能長老、廣慈長老、宏印法師、淨耀法師四位，協助法鼓山接待十八位長老。

教界代表：在臺灣方面的教界代表，包括：佛光山心定法師、慈濟精舍德宣法師、中台山住持見燈法師、華梵蓮華學佛園園長修慈法師、香光寺等道場，皆前來共與盛會；福嚴佛學院的厚觀法師、淨照法師，弘誓學院的昭慧法師，更是親自出席與會。

臺灣之外，中國大陸的宏度法師、心澄法師、俊才法師、新加坡的廣聲法師、明義法師、越南的智廣法師、印尼的學源法師、定盛法師等，也都不遠千里前來。

媒體界人士：在揭佛幔的儀式中，特別邀請了十三位
臺灣各大媒體的負責人及代表，有台視董事長賴國洲、
中視總經理江奉琪、華視總經理江霞、民視總經理陳剛
信、公視董事長胡元輝、東森董事長張樹森、中天總經
理王克捷、三立總經理張榮華、八大總經理特助劉忠繼、
ERA 董事暨執行副總經理嚴智經、《中國時報》社長林
聖芬、《聯合報》總編輯黃素娟、《自由時報》發行人
吳阿明等貴賓。

藝文界人士：影星李連杰、林青霞、雲門舞集創辦人
林懷民、琉園王俠軍、名書法家杜忠誥等來自藝術、文
化界人士，一早便專程從各地前來見證法鼓山開山的歷
史時刻。

地方代表：金山鄉代表包括金山鄉鄉長游忠義、金山
鄉代表會主席黃文欽及八位鄉民代表、九位村長及臺北
縣議員唐有吉、許春財、金山高中校長鍾雲英、臺北縣
警察局金山分局長葉爾煙、連同當地醫界等地方人士
五十餘人，蒞臨落成開山大典，參與當地難得一見的盛
會。（〈各界貴賓雲集　同心祝福〉，《法鼓》，191 期，
2005 年 11 月 1 日，版 4）

九點三十分，鼓聲與鐘聲齊鳴，聖嚴法師與國內外貴
賓共同揭開佛幔，而後邀請護法會及事業體對法鼓山
建設有卓越貢獻者共四十八位擔任迎佛幔代表。

落成開山當日邀請了護法總會、事業體、早期護法、

大護法以及海外分會等代表，共四十八位護法菩薩擔任迎佛幔的代表。護法總會的貴賓，分別是首任護法會會長楊正，護法總會總會長陳嘉男、副總會長黃楚琪、葉榮嘉、楊正雄、周文進；慈基會會長王景益，以及菁英禪修營共修會會長鄭丁旺、法緣會前會長柯瑤碧、現任會長謝碧璘；而法鼓山事業體的代表則為中華佛研所所長李志夫、法鼓大學校長曾濟群等。

更有多位早期護法菩薩，包括李陳溫溫、施建昌、陳照興等，還有大護法葉山母、呂美月、吳一賢、施炳煌等。另外，海外分會代表，分別是加拿大溫哥華的林美惠、美國分會的孫果明、墨爾本的鞠立賢。（〈全球護法信眾　共同參與〉，《法鼓》，191 期，2005 年 11 月 1 日，版 5）

大殿三尊佛像，佛身二百三十五公分，須彌座一百三十五公分，總高度三點七公尺，各重二點五噸。係以二〇〇二年送返山東四門塔之阿閦佛為模本，展現隋唐風格；須彌座則係正方造型，浮雕臺灣本地原生受保育動植物。

銅鑄佛像專案小組，是由施建昌負責，果懋法師協助配合。

現在法鼓山大殿的三尊佛像是非常莊嚴而獨具特色的；能有這樣的莊嚴、圓滿的塑像，乃是經過幾個階段的工程接力而成。先是由雕塑家謝毓文居士製成泥塑初胚，

然後翻製成玻璃纖維；再交給焊唐鑄造公司鑄像，最後
交由聖光鑄造廠進行佛像表面的特殊處理，才大功告成。

　一開始我就強調，法鼓山的大殿佛像要有自己的特色，
那就是一方面要展現中國隋唐時期恢弘的佛像風格，同
時也要兼融當代臺灣的本地特色。就在那時期，我們正
準備把一尊大陸山東省四門塔的阿閦佛頭送回山東，讓
我有了靈感！因此，我就想到以阿閦佛作為法鼓山大殿
佛像的模本，甚至身形與衣褶，也都一併參考，由此呈
現我們所希望的「本來面目」原則：造型是質樸的，氣
勢乃是大方的。而我們以阿閦佛為藍本的想法，陳清香
教授也贊成的。

　其次，三尊佛像的須彌座四周皆刻作浮雕，題材全是
臺灣本地原生受保育的動植物種，共有十二幅。這十二
幅生態圖，每一幅都像是山水畫，畫裡有游魚、爬蟲、
飛鳥，還有臺灣獨有的臺灣藍鵲、梅花鹿、帝雉、羌等
等，每一幅都栩栩如生，極具有藝術欣賞價值。我真是
為我們作畫雕刻的藝術家謝毓文居士讚歎，他實在表達
得太好了。（〈獨一無二的大殿三佛〉，《法鼓山故事》，
法鼓文化，2007 年 2 月初版一刷，頁 93-98）

**揭佛幔禮成時，法師左、右手分別牽著總統陳水扁與
臺北市市長馬英九，同時步下禮台。隨後邀請十八位
國內外教界諸山長老，為全山六座佛像開光主法。**

　當司儀唱出「諸山長老禮佛三拜」時，我非拜下不可。

當時在台下的劉偉剛菩薩，他非常擔心我才剛剛拔掉右
腿上的管子，此時要禮佛拜下，憂心我的傷口可能會出
血。真是菩薩保佑，我完全沒有事的。（〈二、法鼓山落
成開山〉，《美好的晚年》，法鼓文化，2010年2月初版一刷，
頁39）

典禮最後，致詞歡迎國內外貴賓與海內外信眾前來參
加典禮，感謝因集合眾人心力而有法鼓山創建，開山
後，需要更多人護持與投入；而後以「法鼓山要做對
世界有用的事」為題闡明「開山大典」以「大悲心起」
為主題，在於呼籲世人發起大悲心，以期世界和平。

「法鼓山落成開山大典」是以「大悲心起」為主題，
這個主題有二層意義：一是希望我們每個人從內心昇起
大悲心。有了大悲心，就能平等地看待和愛護家人、朋
友、社會、以及所有的族群，如果能夠做到這樣的境界，
世界就能和平。

第二，我們要呼籲全世界的人都能發起大悲心，如此
我們的社會與世界才能有永遠的和平。雖然我們無法以
人為的力量來掌握自然天災，但是透過觀念的轉變，仍
能有效減少自然災害的發生。（〈法鼓山要做對世界有用
的事〉，《我願無窮》，法鼓文化，2011年4月初版一刷，
頁22-24）

法師於同日發行之《法鼓雜誌・落成開山專刊》特發

表專文〈大悲心起的意義——學習觀音菩薩的大慈大悲〉闡述大典主題「大悲心起」之意義在於學習觀音菩薩大慈大悲。

法鼓山從開山開始，就是觀世音菩薩道場，就是要學習觀世音菩薩的大慈大悲、千手千眼。

我從小就修行觀音法門，觀音法門可深可淺，像《心經》是觀音法門，《楞嚴經》也是觀音法門，而禪宗的開悟、見性，悟前要發大慈悲心、大菩提心，以及悟後度眾生，這些都是觀音法門。

禪宗有個名詞叫作「手眼」，而〈大悲咒〉全名叫作〈千手千眼大悲心陀羅尼〉，所以禪宗的「手眼」，即是學習觀音菩薩的圓通法門；禪修中的開悟，就是開「手眼」的悟，就是知道手眼的著力點是什麼。修行如果沒有大菩提心、大悲心，手眼便生不起來，所以發心「自己未度先度人」，便是菩薩初發的大菩提心、大悲心。

法鼓山鼓勵人發菩提心，也鼓勵人修行，我們的理念「提昇人的品質」，就是運用一切的事物、時間、場所，做為修行的著力點。因此自己還沒開悟，首先要學習千手千眼的觀世音菩薩，放下自私心、自我中心，這便是法鼓山禪修道場的根本精神，也就是「大悲心起」。所以說，「大悲心起」是整體法鼓山的精神，並不是十月二十一日那天的活動才叫「大悲心起」。

「大悲心起」的意義則是指廣大的慈悲心，但願全人類都能有大慈悲心，把所有人當成自己，待人如己，因

此，不管世間任何一地、任何一人遭受苦難，我們都要
想辦法予以濟助。如果自己能力有限，則呼籲有能力、
有錢、有智慧的人一同參與奉獻，這就是大悲心起。

「大悲心起」是法鼓山的核心精神，我們的三大教育、
四種環保，都是在「大悲心起」的原則下運作，將我們
這個觀音菩薩道場、禪修道場，以及法鼓山的理念，完
完全全結合在一起。（〈大悲心起——學習觀音菩薩的大慈
大悲〉，《法鼓雜誌 · 落成開山專刊》，2005 年 10 月 21 日
出刊，版 1；另參見：〈大悲心起的意義——學習觀音菩薩的
大慈大悲〉，《我願無窮》，法鼓文化，2011 年 4 月初版一刷，
頁 20-21）

國立故宮博物院亦精心策畫「佛光普照：院藏佛經佛
畫珍品展」，於同時間於正館展出。（〈故宮展出國寶
珍品　共襄開山盛事〉，《法鼓》，191 期，2005 年 11 月 1 日，
版 6）

十月二十二日，上午，落成開山系列國際座談會第三場，
邀請佛教、印度教、東正教、天主教、伊斯蘭教與猶
太教等世界宗教精神領袖與會。基督教代表艾阿沙主
教（Abu El-Assal）、印度教代表薩拉瓦地（Swami
Dayananda Saraswati）、伊斯蘭教代表薩利烏 · 馬巴
卡及東正教代表矗基道（Nikitas Lulias）等各宗教領
袖提出「慈悲」、「寬容」等普世價值，咸認為此普

世價值之生根須從人心開始。法師提出二十一世紀社
會組成三大結構有政府、企業,以及非營利事業組織
(NPO)及非政府組織(NGO),其中宗教扮演角色,
屬第三類,法師呼籲由宗教力量結合另外兩種社會支
柱資源,才能使世界地球村、全球共同體理想,在人
間早日實現。(〈三場國際座談會 格局恢弘〉,《法鼓》,
191 期,2005 年 11 月 1 日,版 8)

同日,並以「世界宗教領袖理事會」主席身分於圓山
大飯店主持年會,討論理事會各項行政事務。與會者
包括耶路撒冷地區聖公會主教艾阿沙、千年和平基金
會顧問拉斐・梭內(His Excellency Ravi Sawhney)及
其夫人馬杜(Madhu)、印度宗教領袖理事會主席布
蓬德拉・庫瑪穆迪(Bhupendra Kumar Modi)、印度
瑜伽靜心運動(AIM for Seva)創辦人薩瓦拉地、紐
約市立大學教授、信奉伊斯蘭教之阿米奧・歐伊斯南
(Amir Al-Islam),以及世界宗教領袖理事會祕書長
巴瓦・金(Bawa Jain)等,共八位。(〈2005 年世界宗
教領袖理事年會 圓山召開〉,《法鼓》,191 期,2005 年
11 月 1 日,版 7)

即日起,一連兩晚,至臺北國際會議中心參加榮譽董
事會舉辦之「大悲心起音樂感恩晚會」。由葉樹姍主
持,節目有天才神童牛牛鋼琴演奏、愚韻交響樂團演

奏《法鼓山開山交響詩》，還有法鼓山合唱團演出等，每場皆有近三千人參加。（〈音樂感恩晚會　供養大眾〉，《法鼓》，191期，2005年11月1日，版7）

十月二十七日，從臺大醫院辦理出院，遷至臺北市仁愛路中正精舍靜養。自九月二日入院迄今，住院五十六日。期間已排定重要行程均向醫院請假出席。

　　出院後，便搬入臺北市仁愛路的中正精舍靜養。此處原是護法總會副總會長黃楚琪菩薩的私人住宅，後來他發心提供，做為法鼓山中正精舍，另外一處中山精舍，也是由他提供。當他獲悉我出院後，需要在市區找個地方靜養，就近回院洗腎及治療，便把中正精舍重新整修，讓我入住。（〈一、我的病〉，《美好的晚年》，法鼓文化，2010年2月初版一刷，頁30）

十月二十九日，上午，於法鼓山園區舉辦「供佛齋僧暨心靈饗宴大會」，邀請諸山長老及教界法師約一千七百多位接受供養，約有一千八百位義工參與服務。法師致詞報告「法鼓山所發揮的教育功能」，感謝諸山長老法師對法鼓山之關愛護持。

　　以往，法鼓山與佛教界一向互動偏少，可以說是佛教界的獨行俠。原因是我們辦的教育與各種弘化活動，在型態上與傳統教界有些不同；而我們辦的許多開創性的活動，常使各界眼睛一亮，也可以說，我們這個團體往

前走的步伐比較快一些。在我的想法，如果不跟社會密切互動，不帶動社會往時代的前端走，佛教的未來是有隱憂的。因此，我們對開創性的活動投注不少時間和心血，也就跟傳統佛教界比較疏遠了；或者說，由於我們往前走的步伐比較快一些，教界可能也不大習慣。

在法鼓山落成以後，我們希望與教內的諸山長老及法師多一點互動，便想起多年來，臺灣北、中、南各地的許多道場都在辦齋僧大會與僧眾結緣，因此有了辦齋僧的想法。為此，我曾特地拜會淨心長老，向他請教。長老推薦他的法子，高雄縣佛教會理事長心茂法師為我們指導，他也帶來幾位法師協助我們，開了幾次籌備會，另外，也敦聘廣慈長老協助指導。

當天應供的法師，有很多長老許久沒有見面了，他們能夠賞光蒞臨，真使我驚喜，也讓我意外。（〈二、法鼓山落成開山〉，《美好的晚年》，法鼓文化，2010 年 2 月初版一刷，頁 41-42；另參見：〈法鼓山所發揮的教育功能〉，《我願無窮》，法鼓文化，2011 年 4 月初版一刷，頁 25-27）

下午，舉辦「五大士焰口」法會，共有五千多人參與，圓滿系列落成開山活動。

開山大典之圓滿與法鼓山工程如期完工，法師感謝所有工務人員全力配合，特別感謝顧問易力行於工程後半期全力協助訂出完工次序。而大典「大悲心起」主

題，由法行會劉偉剛、連智富和段鍾沂幾位共同發想，
「大悲心起」大字，出自書法名家董陽孜女士書迹。
（〈二、法鼓山落成開山〉，《美好的晚年》，法鼓文化，
2010 年 2 月初版一刷，頁 35-36；另參見：〈落成開山大典的
推手：活動幕後英雄　萬行菩薩〉，《法鼓》，191 期，2005
年 11 月 1 日，版 11）

十月，《1989 ～ 2001 法鼓山年鑑》由法鼓文化出版，以
編年體例共分三大冊五十多萬字，完整記錄法鼓山開
山歷程。

十一月一日，由法鼓山文化中心製作新型態之《大法鼓》
節目，本月起正式於華視頻道播出，仍由趙大深擔任
製作人。

十一月三日，上午九時半，巡視新農禪寺（雲來寺）工程，
並至農禪寺及基金會辦公室關懷。

十一月四日，即日起，開始於臺大醫院每週三次規律性洗
腎療程。（〈一、我的病〉，《美好的晚年》，法鼓文化，
2010 年 2 月初版一刷，頁 30）

十一月七日，即日起至九日，「地球憲章」五週年會議於
荷蘭阿姆斯特丹召開，法師受邀演說。然因身體狀況

未便遠行，指派機要祕書果禪法師、英文祕書常濟法師代表出席。「地球憲章」係以關懷全人類共同命運、維護地球生態為目標之國際組織，此次年會共有來自全球五大洲五十三個國家，五百人出席。(〈果禪法師、常濟法師代表出席地球憲章會議〉，《法鼓》，192 期，2005年 12 月 1 日，版 1)

常濟法師於會中代表法師宣讀〈大悲心起〉。

慈悲心是什麼意思？如果站在地球的立場來講，便是愛護這塊土地，並不是口說空話，而是實際保護土地不受破壞，能做到這點，自然災害就可少一些，這便是環保。還有，人與人之間，多些慈悲心，也是環保。人的社會環境也需要保護，但是如果我們的心不安定，而說要發慈悲心，去愛土地、愛人，乃至於愛所有族群，是很難的，所以要自己的心先安定。

人的心怎麼安定？面對逆境，要用正面解讀；處於順境，要逆向思考，這樣我們的心就會安定。如果實在沒辦法定下心來，可以借助自己信仰宗教的祈禱方式，例如佛教徒持念「觀世音菩薩」或〈大悲咒〉，以學習觀世音菩薩的慈悲精神，為我們全人類祝福。

現在人類問題不出三類，第一是人的身心問題；第二是人與人互動產生的問題，小至家庭、社會，大至世界各種族、宗教的關係。第三是人與自然的問題，大家都覺得自然是外在環境，其實自然就是我們的身體，為此，

每位宗教領袖莫不呼籲全世界，要把環境大地當成自己
的身體，好好照顧、珍惜，才能減少自然災難。

為此，我們提倡四種環保，首先是「心靈環保」，讓
我們的心安定。第二「禮儀環保」，人跟人之間要和諧
相處。第三「生活環保」，少用、重複使用自然資源。
第四「自然環保」，少破壞自然資源。一般人破壞自然
資源，大都是丟垃圾、製造垃圾，而工商業、大企業，
或是政府錯誤的政策，則可能造成整體大自然環境的破
壞。如果每個環節都能夠照顧到，就能把自然環保做好
了。法鼓山以這四種環保，為我們這個世界祝福。(〈大
悲心起〉，《我願無窮》，法鼓文化，2011 年 4 月初版一刷，
頁 28-30)

十一月十四日，代表出席「地球憲章」五週年會議之果禪
法師及常濟法師陳報與會成果。法師過目後極為肯定，
表示將全力支持國際事務推動。此外，對靜養期間無
法出席之國際會議，指示由常濟法師代表出席。

十一月十五日，上午，於法鼓山園區國際會議廳以「共同
承擔法鼓山未來的使命」為題，對全體僧俗弟子、專
職人員、義工等悅眾擴大舉行「精神講話」，各分院
並同步視訊連線。法師感恩大眾對落成開山大典所付
出之辛勞，再度闡明法鼓山存在之意義，更期許大眾
朝普及化、國際化、年輕化努力。

在這段期間，從策畫、演練到呈現的過程，足足歷經一年半的時間。值得欣慰的是，在落成開山系列活動之中，我們已經把法鼓山的特色、理念和精神，做了幾近於一百分的示範，使得國內外貴賓、教內外人士，以及臺灣所有的媒體等，都讚歎法鼓山帶給他們無比的意外和驚喜，而海內外信眾的向心力也因此倍增。特別是國際貴賓們回去以後，紛紛來信讚歎致謝！

因此，我除了要感恩我們團體各單位人員的盡心盡力，同時也要勉勵諸位：一定要把一〇二一落成開山大典中呈現出來的精神，在每一個人的生活中，持續地保持下去，並且發揚光大，這樣子才是法鼓山真正的落成、真正的開山。一〇二一落成開山大典絕不是句點，而是一個開始。

開山的意義

開山的意義，有兩個層面。第一，向教內外宣告，法鼓山已落成，歡迎廣大的社會大眾來此接受淨化心靈的教育。但是下一步要做的就是，當社會大眾來到法鼓山，如何讓他們接收心靈淨化的理念，如何體認心靈淨化的方法，這就要靠我們規畫出一系列課程有層次地引導。

第二，向國內外宣告，法鼓山的理念和功能，是協助全人類開發自心慈悲與智慧的寶山。這層意義，已在落成開山系列活動之中做了部分的呈現。

四種環保的著力點

四種環保的著力點在哪裡？即「大學院、大關懷、大普化」三大教育。此三大教育不是各自為政，乃是三個連體的嬰兒，彼此生息相通、共生共榮。

我們的大學院教育，目的不僅是造就學究式的讀書人、學者，乃為大普化、大關懷培養專業人才，厚植大普化、大關懷的實力基礎。我也期許在法鼓山體系中的每一位僧俗四眾，都是大學院教育的支持者與參與者，也都是從事大普化及大關懷教育的當然成員，否則建設人間淨土，便會淪為空洞的口號。

三大教育與四種環保，二者互為體用，乃是一體的兩面，唯有以三大教育為著力點，來推動四種環保，才是真正實踐和推廣法鼓山的理念。

法鼓山存在的意義

法鼓山的存在，不是依靠硬體建築物的雄偉，也不是依仗堅強的組織和精明強勢的領導人，而是我提出的理念，大家是以理念的認同和實踐推廣而進入法鼓山，所以大家不必擔心人亡政息，只要尚有僧俗弟子堅持實踐法鼓山的理念，法鼓山便會永遠存在。

因此，我們共同的理念才是法鼓山的靈魂，只要你們自己對法鼓山的理念有信心，這個團體便會因你們而存在、光大。

普及化、國際化、年輕化

面對新的時代，希望有新的作法，作法可以推陳出新適應環境，但是理念、目標、方向不能改變，一改變就不是法鼓山了，因此未來我們有三項必須努力的方向。

第一，要普及化。佛教一定要走入人間，走入大眾，不能曲高和寡、孤芳自賞，或是自己關起門來做學問、了生死，或者專門去奔走權門，雖然自稱是大乘，但在宗教情操的表現上，還不如小乘。這種消極、逃避而與社會脫節的心態，正是中國佛教的悲哀。

佛教如果跟社會脫節，不去關懷社會大眾的疾苦，慈悲心和智慧如何增長？如何運用？智慧一定要運用在人與人的互動，處理複雜問題時而不起煩惱，就是智慧。關起門來念佛、了生死，這是自私，也談不上自利，既沒有智慧，也沒有慈悲，根本不能解脫，這與佛法，特別是大乘佛法的精神是相違背的。

我們佛教徒，若不能將學法、護法、弘法，視作每一個人的基本責任，佛教到了二十二世紀，很可能在地球世界會有消失的危機。

第二，要國際化。漢傳佛教的法師人才本來就少，尤其很少出席國際會議，即便出席國際會議，也不會使用國際語言；或者具有國際語言，卻不敢主動發言，無法言之成理，言之有物。因此，未來必須從佛法民間化、普及化、大眾化以及國際化方向去努力，才能挽救佛教可能滅亡的命運。

第三,要年輕化。過去世界潮流是十年一更迭,現已縮短成五年。一個團體如果十年之內沒有吸收及培養出新的人才、傑出的人才,這個團體就是老化、退化了,就是團體的危機。

我們一定要從各層面去接引年輕人,培養、重用年輕人。如果沒有青年的活力,團體很快就會被時代社會淘汰。現在法鼓山有僧伽大學佛學院、中華佛學研究所,以及將來的法鼓大學和佛教研修學院,都是為了吸收及培養青年。年輕的人才進來以後,要給他們法鼓山的理念、方法和法鼓山的教育,成為下一代的接棒人。(〈共同承擔法鼓山未來的使命〉,《我願無窮》,法鼓文化,2011 年 4 月初版一刷,頁 92-98;另參見:〈三、漢傳佛教的未來〉,《美好的晚年》,法鼓文化,2010 年 2 月初版一刷,頁 46-48)

十一月十九日,法鼓山園區自落成開山大典之後,至十一月止,全山開放民眾假日參訪,且各定點由法師或義工菩薩導引解說。今日基金會主辦專職及眷屬、義工參訪法鼓山一日遊,有四百多人參與;此外,臺灣北、中、南信眾約有七千人上山參訪。法師因特別上山與所有專職合影,並前往接待大廳及大殿巡視關懷來山大眾。

下午三時,應福嚴精舍住持厚觀法師之請,為《印順

導師永懷集》供稿。唯因近期法體有恙,故指示隨行
記錄口述,以〈印順長老與我〉為題,敘述過去數十
年間與印順長老互動往事,並建議將長老著作編成各
級佛學院之教材,乃至成為一般社會大眾讀物,以
及轉譯成國際語文,以使印順長老智慧,常留人間。
(〈三、漢傳佛教的未來〉,《美好的晚年》,法鼓文化,
2010 年 2 月初版一刷,頁 48;另參見:〈印順長老與我〉,《印
順導師永懷集》,福嚴精舍,2006 年,頁 44-47)

十一月二十日,早齋時,於法鼓山園區對全體僧眾早齋開
　　示:「解脫道與菩薩道」,闡述「出家的好處、初出
　　家的種種障緣,如何處理?解脫道的觀念與菩薩道的
　　方法及法鼓山的理念與心靈環保」等,共有僧眾、僧
　　大學僧、行者、中華佛研所之出家師生一百八十位參
　　加。(〈三、漢傳佛教的未來〉,《美好的晚年》,法鼓文化,
　　2010 年 2 月初版一刷,頁 49)

十一月二十二日,晚上七時,外交部領事局楊司恭組長至
　　農禪寺拜會。法師對領事局於法鼓山落成開山大典期
　　間,協助國際貴賓通關,特致感謝。

　　七時十分,外交部非洲司司長李辰雄與蔣維瀾夫婦前
　　來拜會。李司長盛讚法鼓山落成開山大典展現恢弘與
　　莊嚴之氣度。法師則對法鼓山開山國際座談會期間,

承非洲司的鼎力協助,使來自塞內加爾貴賓通關順利,向司長致謝。

八時十分,至農禪寺出席「一○二一落成開山大典奉獻義工感恩分享活動」,為工作人員主持皈依,並以「感恩、期待與勉勵」為題開示:感恩每位參與開山大典工作人員,而由榮董會擔綱之一○二一專案小組、基金會、僧團以及護法總會等單位之投入,共同創造各界肯定與回響系列活動。

為有效執行開山大典的各項事務,籌備小組中特別設立了「一○二一專案小組」,總執行長由劉偉剛、媒體首席公關陳韋仲、大典活動節目策畫陳麗華、大典活動總幹事連智富等人共同擔任,是這次大典的重要推手。

總執行長劉偉剛,負責大典的統籌與執行,從活動的規畫設計、節目的進行、文宣、媒體、視訊等,是整個籌備工作的靈魂人物。

媒體首席公關陳韋仲,負責大典活動的各項宣傳。

節目活動策畫陳麗華,負責大典節目的籌畫和執行、事前的排練等;而大典當天現場能以全區十六處看台同步進行節目,乃由陳麗華事前邀請國內數位資深導播、製作人、工程和後製人員,共同完成典禮的現場播放和呈現。

專案小組總幹事由連智富擔任,此次闡述落成開山大典精神內容、幕後策畫的文宣、企畫,皆出自連智富之

手。

　　大典當天，法鼓山上共有十六處看台，要讓所有參加人士可以從螢幕上同步看到大殿、禪堂、開山觀音、祈願觀音等四處現場的活動，同時還可看到法鼓山全區的山景，以及灑淨開山時布滿全山各處的路線人潮，對收錄轉播作業來說，是非常高難度的工作。

　　這項艱難的任務，由兩百位專業人員組成的團隊共同完成。大典活動的藝術設計，由設計師林克華擔任。從山下入山處，遠遠即可望見名書法家董陽孜題的「大悲心起」四個大字，懸掛在大殿外的大帳上；而貴賓們揭下的三面「大悲心起」佛幔、由護法菩薩們接佛幔，鋪蓋於眾人頭頂，莊嚴的氣勢、樸實的風格，在在都為大典增添許多視覺上的效果。（〈專案執行小組〉，《法鼓》，191 期，2005 年 11 月 1 日，版 11）

　　即日起至二十八日，僧大舉辦「水陸法會梵唄唱誦」課程，邀請廣慈老法師於法鼓山園區為僧團法師及僧大學僧授課，每天進行五個半小時密集課程，約有六十人參加。

十一月二十四日，上午十時，至臺北安和分院出席法鼓人文社會學院董事會議，果肇法師、果光法師，及政治大學前校長鄭丁旺、凌陽科技創辦人施炳煌、何周瑜芬等董事與會。會議除聽取半年來法鼓人文社會學院

工程、佛教研修學院申請籌設等各項工作進度報告，並就佛教研修學院與法鼓人文社會學院學制關係進行討論。

下午三時，雲門舞集創辦人林懷民榮獲亞洲版《時代》（*Time*）雜誌遴選為亞洲英雄人物，法師親筆致函恭賀，並讚歎林老師虛懷若谷之得獎感言，稱許為菩薩行儀。

五時四十分，為法行會成立六週年慶及新舊任會長交接活動開示錄音。活動於十二月八日舉行，法師未克出席。

十一月二十五日，僧團執行副都監果廣法師建請法師在療程前持誦〈大悲咒〉，祈求觀世音菩薩加持，早日恢復康健。法師慨然說道：「我求菩薩、誦〈大悲咒〉，從來不是為了自己，而是為了眾生。」

「我沒有罣礙，沒有恐懼。」師父說，假若需要開刀，我就觀空，觀色身非我；既然色身不是我，又怎會有罣礙和恐懼呢？師父明白許多常住眾為了師父的法體安康而持咒、祈福，迴向給師父，師父接受了這份孝心，但還是強調：「不為自身求安樂，但願眾生得離苦。」（《隨師日誌》未刊稿）

下午四時，前往北投丹鳳山爬山健行。

十一月二十六日，於安和分院召開「聖嚴教育基金會」董事會籌備會。

受聘董事有：楊蓓、林其賢、黃楚琪、施炳煌、施建昌及果廣法師，許仁壽菩薩因公職在身，無法兼任董事，故以顧問身分協助，果毅法師同任顧問。會中選出，施建昌為該基金會董事長，黃楚琪為祕書長。（《隨師日誌》未刊稿）

十一月二十八日，下午，立法委員蔣孝嚴至安和分院拜訪，邀請法師會見即將來臺演出《千手觀音我的夢》之大陸傷殘人士表演團演員。法師允可。

蔣立委對兩岸交流非常用心，他對在大陸的臺商做了很多關懷。他原來是從母姓，去年復歸蔣姓，真正地認祖歸宗。他告訴我，去年夏天當他回復蔣姓，他的內心非常激動，開車經過北投途中，特別繞進農禪寺一趟，為的是向我分享他人生中的這椿大事。只可惜當時我在美國，沒能接待他，而他願意把心中的激動與喜悅，同我分享，是把我當成長輩看了。（〈三、漢傳佛教的未來〉，《美好的晚年》，法鼓文化，2010 年 2 月初版一刷，頁 50-51）

晚上七時，為《聯合報》「方外看紅塵」專欄訪問錄音。

十一月，法鼓山環保生命園區，經四年多奔走努力，於本
月獲得臺北縣政府正式許可。

案：依據「臺北縣骨灰拋灑植存實施辦法」規定，只有
公有地才能進行骨灰拋灑或植存。因此，捐贈法鼓山
園區土地給臺北縣政府，由縣府依法成立環保生命園
區。經許可後，臺北縣政府委託法鼓山規畫管理，於
二○○七年十一月二十四日正式啟用。詳見該日譜文。

十二月一日，於中正精舍修改〈二○○六年新春開示〉文
稿。

十二月二日，於中正精舍批閱公文。就《走進法鼓山的故
事》（未出版）一書文稿，指示採訪對象應加入廖今
榕祕書、施建昌、謝淑琴、何周瑜芬、洪平森夫婦、
劉偉剛、連智富、柯瑤碧等人，均是陪伴法鼓山從無
到有，乃至成長、茁壯之菩薩。

下午五時半，開始口述《法鼓山故事》，先從「土地篇」
開講。由隨行記錄胡麗桂錄音、整理。

我們法鼓山有許多事都是誤傳，如果我不講，恐怕以
後都是誤傳。（〈楔子〉，《法鼓山故事》，法鼓文化，
2007 年 2 月初版一刷，頁 13）

十二月二日，法鼓山園區禪堂──「選佛場」啟用，即日

起連續舉辦默照禪十、默照禪十四,共有三百多位學員參加。法師今日前往關懷開示。

十二月四日,上午六時,至法鼓山大殿參與全山早課。

八時五十分,應《康健》雜誌新年企畫,法師以「信仰的價值」為題錄音,指示整理文稿提供。訪問主題有:安太歲、點光明燈、算命及如何安身立命等。(〈信仰的價值〉,《我願無窮》,法鼓文化,2011 年 4 月初版一刷,頁 99-104;原刊於《康健》,第 86 期,2006 年 1 月號,頁 72-75,題為「心可以打太極拳」)

下午五時半,於中正精舍口述《法鼓山故事》──建築及道路景觀篇。

行政院新聞局安排「縣市長選舉歐美觀選團」等八位國際媒體人士及政治學者,前往法鼓山園區參訪。
　　來訪者有:德國漢堡亞洲研究所所長根特・舒荷(Gunte Schucher)博士、委內瑞拉《瑪格麗特太陽報》(Sol de Margarita)、副社長阿拉米塔・西拉諾・卡斯朵(Araminta Serrano Castro)女士、美國費城外交政策研究所亞洲部主任暨賓州大學法學院教授賈克・得利茲(Jacques deLisle)博士等。
　　新聞局祕書劉緯陵表示,臺灣有相當多比例的民眾信

仰佛教,法鼓山是臺灣具有重要影響力的佛教團體之一,
藉由參訪法鼓山,將有助於歐美人士對於臺灣人民的認
識和了解。(〈國際知名媒體、政治學者人士訪法鼓山〉,《法
鼓》,193 期,2006 年 1 月 1 日,版 1)

十二月五日,於中正精舍口述《法鼓山故事》──建築、
佛像及景觀篇。

就《聯合報》「方外看紅塵」專欄訪題錄音回答,包括:
「五年級」的中年危機、「三明治人生」、外遇時代
來臨了嗎?以及年老父母的奉養問題等。

十二月六日,至安和分院出席獎基會董事會。增選新董事
兩人:李伸一及曾濟群,聘請李伸一擔任祕書長。

十二月七日,即日起至九日,一連三天,至臺大醫院定期
回診。仍由臺北市副市長葉金川為法師捐血小板。前
交通部部長葉菊蘭至醫院探望。(〈三、漢傳佛教的未
來〉,《美好的晚年》,法鼓文化,2010 年 2 月初版一刷,
頁 52-53)

十二月八日,法行會成立六週年慶暨新舊任會長交接典禮
於臺北空軍官兵活動中心舉行。共有四百位成員出席,
僧團首座惠敏法師、副都監果東法師到場關懷。新任

會長由前行政院院長蕭萬長接任。法師預錄開示祝福
勉勵。

十二月十二日，於中正精舍閱讀十二月號《國家地理雜
　誌》，藥石後口述〈讀後心得與期許〉，指示供《僧
　報》使用。法師指示，《國家地理雜誌》具國際視野，
　可讀性高，可由僧團訂閱。（《隨師日誌》未刊稿）

十二月十四日，至臺大醫院洗腎後，至病房探望前外交部
　常務次長歐陽瑞雄，歐陽次長因罹患癌症住院，已至
　末期。法師勸念〈大悲咒〉，把生死看開；並開導：「不
　要怕死、不要等死、不要尋死，活著一天就有一天的
　價值。」次長於一九九九年四月法師前往新加坡弘法
　時皈依，法名「果順」。
　　歐陽瑞雄的夫人因多年前的一場車禍，此後必須借助
　輪椅，她本來非常倚重先生，可是歐陽次長生病以來，
　她反而變得很堅強，轉而安慰先生不要牽掛，她會活得
　堅強。這很不簡單。（〈三、漢傳佛教的未來〉，《美好的
　晚年》，法鼓文化，2010 年 2 月初版一刷，頁 53）

十二月十五日，於中正精舍口述〈我的病〉。口述時，端
　嚴穿戴念珠，如臨萬人法會。
　　師父於中正精舍口述〈我的病〉一文時，那樣端嚴地
　在胸前穿戴著念珠，彷彿登臨一場萬人法會。

　　這段口述，歷時約一個半小時，師父囑我不必急著整理，目的只讓日後有人為師父作傳時充做參考資料。同一時期，師父亦一鼓作氣口述了法鼓山開山過程中的種種，即已出版的《法鼓山故事》。師父如此急於大病初癒後立即口述，只為憂心若不及時留下記錄，只怕日後關於法鼓山的種種「傳說」，都只是誤傳。（〈後記：但盼沒有辜負這份福報〉，胡麗桂，《美好的晚年》，法鼓文化，2010 年 2 月初版一刷，頁 324-325）

十二月十六日，下午，至安和分院與教育部部長杜正勝會談，就剛通過立法之「私立學校法」與宗教藝術交換意見。

　　杜部長過去在中央研究院服務期間，對於中華佛學研究所的辦學留下深刻印象，他除了推崇中華佛研所在佛教學術研究扮演重要的角色之外，對於法鼓山收藏原始佛典貝葉經的努力，也多所讚歎。（〈教育部長杜正勝訪聖嚴師父〉，《法鼓》，193 期，2006 年 1 月 1 日，版 1）

十二月十七日，至法鼓山園區禪堂，為默照禪十四禪眾開示。

高雄縣縣長楊秋興偕同民政課課長蔡振坤至法鼓山園區參訪。下午三時許，縣長一行於創辦人辦公室與法師晤面，分享當日參訪心得，並讚歎法鼓山落成大典

展現的莊嚴氣氛，使人動容。（〈三、漢傳佛教的未來〉，
《美好的晚年》，法鼓文化，2010 年 2 月初版一刷，頁 55）

十二月二十日，觀賞文化復興總會製作之《二〇〇三總統
文化獎獲獎者影片──聖嚴法師專輯》。

十二月二十一日，口述《法鼓山故事》──山神廟與農禪
寺。

十二月二十二日，十一時，為慈基會出版《感恩與分享：
走過 2005 年》特刊，口述〈感恩與分享〉文稿：不僅
感恩奉獻者，需將受災戶、貧民戶或者清寒學生，視
為佛菩薩化身成就，如此自能生起感恩、尊敬心情。

下午五時，前往文化館及法鼓文化辦公室關懷。

十二月二十三日，即日起至二十九日，接受美國新澤西學
院（The College of New Jersey）李世娟（Rebecca Li）
副教授系列採訪，供法師英文傳記作者參用。

十二月二十四日，李世娟向法師報告西方法子送法師年節
賀禮：克羅埃西亞查可‧安德列塞維克以自己道場名
義出版法師 *Subtle Wisdom*（《禪門第一課》）一書；
瑞士麥克斯‧卡林則以〈佛道與科學之道〉一詩為賀。

常濟法師隨後呈上僧大學僧求受三壇具足戒報名表，係僧大之禮物。

下午，於法鼓山園區漫步健行，常寬法師、常濟法師及李世娟隨行。

十二月二十五日，中午，駐美代表李大維大使偕同夫人池琳及公子李兆崧，至法鼓山園區參訪，並拜會法師。僧團首座惠敏法師、禪堂板首果元法師，以及中華佛研所所長李志夫、護法總會總會長陳嘉男等陪同午齋。（〈三、漢傳佛教的未來〉，《美好的晚年》，法鼓文化，2010 年 2 月初版一刷，頁 55-56；另參見：〈駐美代表李大維訪法鼓山〉，《法鼓》，193 期，2006 年 1 月 1 日，版 1）

下午二時，於法鼓山園區第二大樓國際宴會廳會見香港分會參訪團。參訪團一行六十餘人，由陳天明帶領參訪開山後法鼓山各項建設，並參訪臺灣各地道場、分院。

十二月二十八日，國際知名藝術家蔡國強，由誠品畫廊經理趙琍及法行會洪致美陪同，上午參訪法鼓山，下午至安和分院拜會法師。蔡國強讚賞法鼓山園區各種景色皆具藝術之美，而建築群更是與大自然融洽結合。法師邀請蔡國強為山上創造作品，讓參訪信眾在享受

自然美同時，藉由觀賞藝術作品，達到沉靜心靈效果。
（〈旅美藝術家蔡國強訪法鼓山〉，《法鼓》，194 期，2006
年 2 月 1 日，版 1）

十二月三十一日，《不一樣的聲音》節目製作人張光斗向
法師報告《不一樣的聲音》十週年特別節目企畫。

法師巡視法鼓山園區各主要朝山步道。

民國九十五年／西元二〇〇六年

聖嚴法師七十七歲

國內外重要大事

- 泰國軍事政變。
- 北韓核試驗、六方會談。
- 前行政院院長孫運璿逝世。
- 雪山隧道正式通車。
- 反貪倒扁行動民眾集結於總統府前凱達格蘭大道進行靜坐。

法師大事

- 中國佛教協會在浙江省杭州市舉辦首屆「世界佛教論壇」，法師撰寫主題演說文，由果品法師代表宣讀。
- 於法鼓山園區舉行「第二任方丈接位大典」，將職位交付果東法師。
- 在象岡道場舉辦為期三天之「青年領袖促進和平論壇」發表開幕、閉幕演說。
- 成立聖嚴教育基金會。
- 於母校日本立正大學成立「聖嚴法師獎學金」，鼓勵獎助攻讀佛學碩博士學位之華裔學生。
- 出版：《承先啟後的中華禪法鼓宗》、《華嚴心詮——原人論考釋》、《從心溝通》、《禪無所求——聖嚴法師的〈心

銘〉十二講》、《完全證悟——聖嚴法師說圓覺經生活
觀》、《聖嚴法師教禪坐（簡體字版）》、《戒律學綱要
（簡體字版）》、*Attaining the Way: A Guide to the Practice
of Chan Buddhism*（《參悟之道》）。

訂定本年度主題為「和平吉祥」，勉勵和氣與人相處，才
能平安，日子好過，吉慶有餘，祥樂豐足。

一月一日，於《法鼓》雜誌發表〈歲末談話：法鼓山的展
望與回顧〉，感謝大眾之奉獻，向大眾報告去（二
○○五）年法師個人行程與法鼓山整體之工作成長；
同時展望未來，勉勵持續護持團體、提昇自我。（〈聖
嚴師父歲末談話：法鼓山的展望與回顧〉，《法鼓》，193
期，2006 年 1 月 1 日，版 1、版 7；另參見〈回顧 2005 展望
2006〉，《2005 法鼓山年鑑》，法鼓山基金會，2006 年 9 月
初版，頁 3-9）

於法鼓山園區對全體僧眾早齋開示：「本來面目」。
首先說明，法鼓山園區建築宗旨為「本來面目」，呈
現之風格為簡樸、自然；因勉勵大眾以佛之清淨身、
語、意三業為範，此亦「本來面目」。

《華嚴心詮——原人論考釋》由法鼓文化出版。此書
與《天台心鑰》均為法師七十歲後完成之學術性著作，

《天台心鑰》係對明末蕅益智旭大師《教觀綱宗》所作貫註，《華嚴心詮》則是對唐代圭峰宗密大師《原人論》所作考釋。期接引研究漢傳佛教思想者，建立一整體融貫之認識。

早期我也寫了一本唐代玄奘大師《八識規矩頌》的註釋，書名是《探索識界》。在漢傳佛教來講，《八識規矩頌》可說是唯識學的綱要書。本來我還想寫一本關於三論宗的中觀思想註釋，希望把印度佛學的各大系，各寫成一本概論書。但是在完成《華嚴心詮》以後，因為害了病，已經沒有力氣再往下寫了。

《華嚴心詮》我也是同樣下了很大的工夫，做了非常深厚的研究，有人認為也應獲獎，但是對我來說，此書能夠發行已是欣慰。這是我七十歲以後對學術界的研究回饋。（〈四、晚年的貢獻〉，《美好的晚年》，法鼓文化，2010 年 2 月初版一刷，頁 62-63）

《華嚴心詮》係於二〇〇四年十一月至十二月，二〇〇五年五月至六月所撰述，有〈序〉說明取名「心詮」，係因華嚴學均以「佛心」、「眾生心」為主題，而《原人論》對儒、道二家、佛教人天善法、小乘法、大乘法相、中觀學派，一一評論，逐層引導，攝歸於直顯一乘佛性如來藏，其所彰顯漢傳佛教消融性及包容性，與世界佛教趨勢特有啟發。〈序〉云：

宗密思想，對於近一千二百年以來的東亞佛教，影響

極為深遠，不僅中國，也影響了韓國的高麗佛教及李朝佛教，還有日本的鎌倉佛教。

在中國，對於宗密提倡三教融合論的《原人論》，雖然研究弘傳的人不多，但在論主的五教判之中，納入人天教，並收攝儒、道二教，影響卻極深遠，乃至到了二十世紀的太虛大師，將佛法判為五乘三等：五乘共法、三乘共法、大乘不共法，於五乘中，皆以人天乘為基礎；太虛大師所説「人成即佛成」之思想，亦以此為著眼點，似乎即是受到《原人論》五教判的影響，這不也就是我們提倡人間佛教及人間淨土的先驅嗎？

在撰著本書的考釋之中，每每會提出我對於論主的親切感受，並與今日的佛教所需而作詮釋。例如我對印順長老（西元一九〇六～二〇〇五年）所判的印度大乘三系之説，在服膺感戴之餘，也有自己的看法；對於《原人論》會通了唯識唯心之見，除了欽服讚歎，亦持有不同的想法。目的是為緬懷釋尊化世的悲心，是為誘導諸種根性的眾生，離生死煩惱的苦海，而登無生無滅的彼岸。在不同的時代，有不同的視角，古人與今人，大家都是為了佛教普及人間而擔負了共同的任務。（〈自序〉，《華嚴心詮》，法鼓文化，2006 年 1 月初版一刷，頁 3-9）案：本書於頁二六二至二七四解說「如來藏」及「佛性」，解說綦詳。

於母校日本立正大學成立「聖嚴法師獎學金」，感謝

立正大學之栽培及多方師友之協助、支持，同時鼓勵
獎助在立正大學攻讀佛學碩、博士學位之華裔學生。

當年我赴日本留學，最初並未獲得支持，後來才有一
筆無名氏提供的獎學金支持我，那是沈家楨居士提供的
雪中送炭。因此，日後我於海內外廣設獎學金，除了表
達一份感恩，也是飲水思源。

這筆獎學金的總金額是五十萬美元，提供在立正大學
研讀碩、博士學位的華裔學生申請。

除了支持人才深造，也要為他們留意鋪設學成歸國後
的奉獻機會，而且不僅是考慮到本國的學生，對於海外
年輕的學人，也要同等照顧。（〈四、晚年的貢獻〉，《美
好的晚年》，法鼓文化，2010 年 2 月初版一刷，頁 63-64；另
參見：〈感恩日本立正大學栽培　師父設置獎學金〉，《法
鼓》，196 期，2006 年 4 月 1 日，版 1）

聖嚴教育基金會（簡稱「聖基會」）於本日成立。基
金會成立旨在推廣、弘傳聖嚴法師思想與理念。主要
工作為整理、研究、推廣、弘揚法師著述與思想；再
則為獎助與此理念相契之佛教教育與學術研究。

我這一生對漢傳佛教所花的時間是相當多了，我的碩、
博士論文都是研究漢傳佛教，我倡導的禪宗與淨土法門
也都屬於漢傳佛教，我在這方面有不少著作。

我的目的是希望鼓勵下一代的學者，投入漢傳佛教的
研究，以及探究漢傳佛教中的聖嚴思想、聖嚴著作對於

當代社會產生的影響，以及可資貢獻於未來佛教的內容是什麼？這些都要去做，否則等我百年以後，這些書全都進了圖書館，成了冰冷的文獻，就無法被佛教與社會所用，那就非常可惜了。我看到歷代祖師大德的著作相當多，可惜研究的人通常只選定其中幾本，並沒有做出整體性的研究，也很少從不同角度來看待這些大師們的貢獻，實在可惜。

雖然目前我們已有中華佛學研究所和法鼓佛教學院，也都是屬於佛學的研究教育，但是我不想打擾教育體系既定的研究計畫，再者，如果由我們的學生或老師來研究我的思想，必會招人非議，所以我把這部分獨立出來，成立了聖嚴教育基金會。（〈四、晚年的貢獻〉，《美好的晚年》，法鼓文化，2010 年 2 月初版一刷，頁 64-67）

在法鼓山園區經行散步。途經大寮、禪堂，關懷工作信眾。

一月三日，上午九時，僧團營建院監院果懋法師、果治法師和建築規畫小組李孟崇特助，就法鼓山園區工程諸事至中正精舍請示。法師就法華鐘樓設計如樓台、台階數，以及開山寮、園區石材景觀、開山觀音竹林公園、園區建築影像導覽等規畫，逐一指示原則。

十時，接受天下文化潘煊「漢傳佛教」系列專訪。

案：此即日後出版之《聖嚴法師最珍貴的身教》。（天
下文化，2009 年 3 月 31 日）

一月四日，返農禪寺與監院果昌法師談話，了解彌陀佛七
精進組與隨喜組參與情形。

　　果昌法師說明，清明佛七與彌陀佛七，除農禪寺舉行
之外，尚有高雄紫雲寺、臺中分院也同步舉行，致使參
與人數分散，農禪寺今年精進組菩薩比往年減少許多。
師父表示，各地同時舉行相同法會，各自吸收信眾參與，
乃是正常的。各地道場應思索如何針對當地信眾需求，
開發出自己的特色，此乃當務之急。（《隨師日誌》未刊
稿）

　　下午四時，前往北投貴子坑環山步道健行。

一月五日，上午十時，於安和分院召開法行會及獎基會聯
合會議，果東法師、果廣法師、法行會會長蕭萬長與
執行長藍福良、基金會執行董事曾濟群與祕書長李伸
一、護法總會總會長陳嘉男與副總會長黃楚琪、專案
祕書廖今榕等與會。就法行會、僧團與護法總會三者，
如何整合聯繫、相互支援、群策共事等議題，進行討
論。

一月六日，全球女性和平促進會創始人迪娜・梅瑞恩專程

來臺，至中正精舍拜會，討論合辦全球婦女會議事宜。惠敏法師、果廣法師等與會，英文祕書常濟法師擔任翻譯。

一月七日，上午，於法鼓山園區創辦人辦公室與全球女性和平促進會創始人迪娜・梅瑞恩再度會談，果廣法師與會。

下午，前往金山鄉五湖村尋找石材，供「靈山勝境」題字碑石。

一月八日，下午四時，於法鼓山園區大殿與第三屆第一梯次生命自覺營學員合影。「生命自覺營」由僧大主辦，於一月七日至十三日、一月十四日至二十日，分兩個梯次舉行，共有二百零四位來自臺灣、美國、加拿大、波蘭、澳洲、馬來西亞、新加坡、香港等海內外青年踴躍參加。

一月九日，為第二屆僧才養成班結業典禮預錄開示。

下午，於安和分院接受《中國時報》記者專訪，談二○○六年法鼓山「和平吉祥」年意涵、法鼓山教育人才培養，以及「鐘生幸福」之「幸福」真義。
問：有的人在追求感官物質享受或者名牌時，會有種

幸福感,幸福跟外在感官的享受,如何看待?

　師:物質享受是感官的刺激,不一定是心滿意足的幸福,追求物質刺激、官能快感也許能有一時的心滿意足,但維持不了多久,刺激一過就沒有了,那就成了空虛。因此,我奉勸當權者,上台很好,下台也很好,有機會很好,沒有機會也很好,這才是真自在。其實,名利權位勢並非不好,如果是實至名歸,自己有多少努力就有多少收穫,但是收穫也只是暫時的,並非永遠的。

　名利權位勢就如手上的一捧水,如果貪圖名利而捲進其中,那是痛苦,不是幸福。幸福是知足,多也足、少也足;有也好,沒有也沒有關係。觀念正確,隨時就是在幸福中;觀念不正確,就是自己把幸福放走了。(〈鐘生幸福〉,《我願無窮》,法鼓文化,2011 年 4 月初版一刷,頁 262-267;另參見:〈追求終生幸福,時時可行——聖嚴法師新年開示〉,《中國時報》,2006 年 1 月 24 日,版 E5)

一月十一日,下午三時半,前往北投貴子坑環山步道健行。

一月十二日,法華鐘自日本運抵法鼓山園區,舉行「迎請法華鐘法會」,法師開示《法華經》之包容性、普門濟世、圓頓法門,為法鼓山人間淨土思想之根源。

　《法華經》不捨任何一個眾生,因而為我們這個世界的眾生帶來了希望。在今天這樣多元化的社會環境和時代中,《法華經》的包容性和消融性,正為我們所需要。

　　法鼓山是一處觀音道場，而《法華經》中的〈觀世音菩薩普門品〉，象徵普門示現、平等救人濟世的功能。

　　法鼓山也是一處禪宗道場，禪宗主張頓悟成佛，《法華經》的〈方便品〉云：「一稱南無佛，皆已成佛道。」這就是禪宗思想：一念與佛相應，即是佛心，可以說《法華經》也講圓頓法門。（〈為什麼法鼓山的鐘以法華經銘文〉，《2006法鼓山年鑑》，法鼓山基金會，2007年8月初版，頁284）

上午九時，於聖基會會見旅居巴西商界華僑張勝凱與陳淑麗伉儷。兩人甫從印度、尼泊爾朝聖歸來，指法師《佛國之旅》一書，儼然成為最佳旅行指導。張居士並發心將法師英文著作譯成葡文在巴西出版，獲法師允可。

晚上七時，至農禪寺出席「農禪寺改建工程會議」。
案：此時所指農禪寺改建為現地改建。前此之「新農禪寺」建築則指在北投公館路，日後名為「雲來寺」之工事。「雲來寺」於今年十一月落成啟用。

一月十四日，上午於法鼓山園區大殿主持第十一屆聯合佛化婚禮，為現場三十三對新人授三皈依及祝福。
　　此係佛化聯合婚禮首度在法鼓山上舉行，除了有師父為新人開示祝福，典禮亦邀請伯仲文教基金會董事長吳

伯雄先生擔任證婚人，富邦集團蔡明忠、陳藹玲伉儷和法鼓山護法總會總會長陳嘉男、陳美智伉儷擔任男女方主婚人。（〈第 11 屆佛化聯合婚禮　法鼓山上舉辦〉，《法鼓》，194 期，2006 年 2 月 1 日，版 2）

下午三時，前往中視攝影棚，錄製《不一樣的聲音》十週年特別節目。節目由葉樹姍主持，邀請歷任主持人，以及曾參與對談的特別來賓共四十餘人，與法師一同回顧節目精華，分享心得。

「這個節目廣邀不同領域的代表人物，各自代表不同的立場，我們提供這個社會更多不一樣的想法。雖然我們的聲音不一樣，但對於人、對於社會的關心，一同建立心靈環保、人間淨土的理念卻是一樣的。」第二任節目主持人蘇偉貞則相當讚歎師父，是位關懷社會的出家人，鋪設了一條不一樣的軌道來建設社會、濟度眾生。

節目最後，製作單位特別準備了壽桃作為賀禮，並在師父的帶領之下，眾人將新年心願卡結在樹上。師父同時期勉大家，「我們的社會看起很亂，但重要的是我們的心能否平靜。《不一樣的聲音》就是提供這樣的管道，讓我對這個社會充滿了信心，因為在這社會上平息紛爭的人多，製造紛爭的人少。」（〈枯木開花·妙語繽紛——「不一樣的聲音」十週年慶〉，《法鼓》，194 期，2006 年 2 月 1 日，版 1）

案：《不一樣的聲音》自一九九六年三月三日首播，十

年來,歷經三位主持人,邀請三二七位與談嘉賓,製播五百集,透過法師與社會政治、經濟、文化、醫療、環保等各領域代表性人物對談,讓大眾更了解心靈環保理念,以及佛法關懷社會本願。然因法師身體狀況,無法如昔每週提供一集節目而告中止。

傍晚,返回農禪寺,出席「第五十一次法鼓山社會菁英禪修營共修會」,與大眾共進藥石。並以「只要有願心,就有學法、弘法熱忱」開示。

居士的學佛之路,從信佛、學法到護持、弘法,乃是一貫相連。期勉菁英菩薩既已學佛,就要深入佛法的認知,用心於佛法的修持,同時為社會、為周遭付出關懷,才是真正福慧雙修。師父舉例,民初太虛大師與倓虛大師,所以能將佛法弘化四方,不可忽視居士的護法力量,雖僅少數人護法,卻也建功厥偉。政界人士戴季陶、李子寬、趙樸初,以及工商鉅子沈家楨居士,皆是自己學佛,而護法懇切。(《隨師日誌》未刊稿)

一月十五日,上午七時,於法鼓山園區大殿為第三屆第二梯次生命自覺營學員開示,而後合影。

九時,錄製臺中法行會三週年會員大會開示祝福,以及除夕夜「鐘生幸福」開示。

十一時，會見工商聯誼團體「春秋會」與「金石會」。兩會係經監察院委員李伸一安排訪問。午後，來訪貴賓用齋結束後，法師再度前往關懷。（〈四、晚年的貢獻〉，《美好的晚年》，法鼓文化，2010 年 2 月初版一刷，頁 69）

一月十六日，午後三時半，前往貴子坑環山步道健行。

六時，於農禪寺口述《正信的佛教》英譯本出版〈序〉。案：該書於二〇〇七年八月七日出版。

一月十七日，上午九時半，於聖基會辦公室出席「農禪寺改建第二次工程會議」。

晚上七時半，於中正精舍書寫「雲來寺」題額。

一月十八日，午後四時半，至貴子坑環山步道健行。

一月十九日，上午九時半於法鼓山園區國際會議廳，為全山及全臺各分支道場法師、專職及悅眾舉行「精神講話」，談及：1. 建立義工制度，善用義工資源；2. 加強橫向溝通，互通有無；3. 推動「生活佛法化」；4. 訂定年度各階段努力目標。

十時半，於法鼓山園區海會廳出席中華佛研所、文基
會、佛基會臨時董事會議，討論法鼓佛教研修學院籌
設事宜。

下午二時，勘察法鼓山園區步道及公園用地。

四時五十分，曾任中華佛研所時期護法理事會代理理
事長賴燕雪，由姪女吳文勉陪同，上山拜會。吳文勉
請教以動物實體進行醫學解剖實驗問題。

　師父表示，醫學實驗之中藉著動物實體解剖，用以研
究病理，動機是為了救助更多眾生免於病疾，乃是可以
接受的。如果全然否定動物實體實驗，可能對醫學進步
產生影響。譬如有些實驗，經由人為方式使動物身上長
出癌細胞，而後進行化療實驗，這是動物代人類受苦，
醫學人員應心存感恩與慈悲，慎重對待動物實體實驗。
（《隨師日誌》未刊稿）

同時來訪者有近年弘法於菲律賓之廣學法師，請教大
陸青年前來法鼓山參學事宜。法師以現實法規尚有難
處，建議可從菲國先行。法師並對佛化家庭下一代無
心學佛而嘆。

　廣學法師近年赴大陸東南弘法，與當地學佛青年有所
接觸，他問及法鼓山僧伽大學是否開放大陸青年就讀？
師父表示，原則上是歡迎的，可有現實的困難，因為兩

岸三通通不了，現實窒礙難行。倒是師父鼓勵廣學法師可將菲國弟子送來法鼓山就學，比較容易些。「我們都老了，要趕快把年輕一代培養出來。」

另一方面，師父也慨嘆佛化家庭的下一代無心學佛，致使佛法無法傳承。「佛法這麼好，為什麼沒給孩子種下善根，及至年老，發現孩子不學佛，後悔已來不及了。」期許學佛的父母，從小就要引導孩子親近佛法，要經常地溝通，應機施教。（《隨師日誌》未刊稿）

一月二十日，於中正精舍錄音回答《聯合報》「方外看紅塵」專欄。訪題有：菸商團體主張吸菸者人權，反菸團體則主張吸菸及二手菸危害，如何看此爭議？保育團體主張，不該讓動物離開天然棲息地；也有人認為，民眾到動物園接近、認識動物，是推廣保育重要方法；應如何看待？

原國有財產局郭武博副局長榮陞局長，法師下午五時半於中正精舍致電祝賀，並親寫「清涼自在」書法贈送。

一月二十一日，十一時二十分，於法鼓山園區會客室口述法華鐘簡介文案，另就園區步道提出命名。

晚上七時，至法鼓山園區齋堂出席「生命自覺營感恩

聯誼會」關懷學員。

一月二十二日，於法鼓山園區對全體僧眾早齋開示。

十一時，至農禪寺出席護法總會聯席會議暨歲末感恩圍爐活動。法師指出法鼓山落成開山大典接待上有某些明顯失禮處，應引以為鑑，並叮嚀：法鼓山各項活動應從各方面設想，讓所有參與者感受賓至如歸。同時，亦自述近日病情。

開示時，談到護法總會設定的新年目標。師父不提勸募人數、金額要成長多少，反而說這些是次要的，「最重要的是人人發起大悲心，從自己開始落實佛法、感受佛法，否則法鼓山只是一個吸金組織，不如請檢察官早早起訴好了！」師父說畢，為之哄堂大笑。

師父不避諱談起自己的健康。「你們看我像是重病的人，還是彌留的人？」師父說得逗趣，大家直呼「沒有、沒有！一點都不像。」

會中，師父也建議護法總會和各地護法會、甚至法行會多聯繫溝通，不斷稱讚大家和法行會幫他這個「什麼都不懂的人」辦了隆重莊嚴的落成開山大典。（〈看見不一樣的師父〉，《法鼓》，197 期，2006 年 5 月 1 日，版 8）

下午四時，陶塑家連寶猜至農禪寺拜會。法師讚歎連老師奉獻兩件大作《耕心田》與《人間淨土》，乃是

法鼓山珍藏,請連老師受訪談作品意涵,俾觀賞者進
入作品世界。

一月二十四日,下午三時五十分,前往北投照相館拍攝新
身分證照片。而後前往文化館禮祖並關懷住持鑑心法
師。

四時四十分,巡視北投雲來寺工地。

一月二十五日,資深信眾陳文、胡秋玉夫婦前來中正精舍
拜會。訪客發心提供法鼓山園區禪堂地板,所供養柚
木全從印尼進口。法師開示佛教徒事業經營心態。

　　陳文菩薩夫婦發心護持,除了家具事業穩定成長,三
個孩子也貼心懂事,近年都陸續參加法鼓山「卓越‧超
越」成長營,讓他們相當欣慰。師父表示,經營事業,
有人成功,有人失敗。能夠在經營事業之中,使更多人
獲益,提昇人生品質,乃是最大的成功;錢財則是經過
我手,不是我有。能這樣想,一定快樂。而管理者要有
慈悲心及菩提心,知道錢是眾生的,非自己一人獨有。
有錢賺的時候,是因大環境的條件好;哪天賺不到錢了,
也能明白是因緣聚散使然。(《隨師日誌》未刊稿)

七時,於中正精舍寫「回頭是岸」、「回頭」、「安
心石」書法數件。

一月二十六日,上午十時五十分,至法鼓山園區禪堂為
「卓越‧超越青年成長營」學員開示。該成長營由
青年部主辦,於一月二十二日至二十六日舉行,共有
二百一十五位參與。琉園創意總監王俠軍、統一超商
總經理徐重仁、法鼓山僧團首座暨臺北藝術大學教務
長惠敏法師、資深媒體人葉樹姍、科技界施炳煌等為
成長營講師。法師以「超越自己,便是智慧」為題開示:
及早認清價值觀與大方向,對世界有責任感,感恩順
境與逆境。(〈超越自己,便是智慧〉,《我願無窮》,法
鼓文化,2011 年 4 月初版一刷,頁 268-269)

中午,與全山僧眾、專職及義工於法鼓山園區齋堂一
起歲末圍爐。

下午四時,率全山僧眾、專職及義工於開山紀念館祖
堂舉行辭歲禮祖,此為首度於法鼓山園區舉行。法師
於行禮後開示辭歲禮祖意義。

　　一是為了感恩,感恩諸佛菩薩的佛力加被,感恩釋迦
牟尼佛修行證道而有佛法,也感恩歷代祖師的弘法護法,
使得十方常住的智慧與法脈得以綿延長流;其次,要報
恩,就是把弘法、傳法的責任肩負起來,讓現在與未來
的眾生能夠同享佛法的利益,這既是報恩,也是我們的
責任。(〈四、晚年的貢獻〉,《美好的晚年》,法鼓文化,
2010 年 2 月初版一刷,頁 70-71)

歲末辭歲禮祖，歷年於禮祖謝師後，例皆有「比丘尼、
沙彌、沙彌尼、居士頂禮比丘」之儀節，今年起改為
「沙彌、沙彌尼、居士頂禮比丘」。

四時半，於法鼓山園區男寮會客室聽取美國象岡道場
住持果峻法師報告，就道場未來經營方向、禪修規畫，
如何接引西方人，以及獨立財物運作管理等，逐一報
告。

　　果峻法師表示，象岡正規畫多元的禪修課程，如聽禪、
禪三、禪五、禪七等開發，並將邀請各佛教系統老師前
來主持禪修，達成以象岡為「北美法鼓之家」的努力目
標。

　　師父聽聞法師的報告頗感欣慰，覺得多元開發是象岡
的希望，不過針對象岡的財務運作、募款等，希望法師
多用點心，否則營運會有問題。（《隨師日誌》未刊稿）

一月二十八日，除夕，於法鼓山園區巡視大殿、教育行政
　　大樓，指導年節活動場地布置。

晚十二時，於法鼓山園區大殿舉辦「大悲心起──和
平吉祥迎新年」之「鐘生幸福」活動。法師於現場播
放開示影片後，簡短致詞。此為首度在山上舉行跨年
活動，參加者多為內部信眾。（〈四、晚年的貢獻〉，《美
好的晚年》，法鼓文化，2010 年 2 月初版一刷，頁 72）

一月二十九日，大年初一，於法鼓山園區「新春向師父拜年」活動會見來山拜年信眾。

　　今天是初一，警政署署長謝銀黨先生與夫人林薇萍女士、臺大醫院心臟內科廖朝崧醫師闔家，以及為我們主持「鐘生幸福」活動的靳秀麗菩薩和其夫婿前新聞局局長邵玉銘先生等人，都到山上來看我，向我拜年。雖然靳秀麗菩薩是佛教徒，邵玉銘先生是基督徒，但是他們在信仰上彼此尊重，家庭生活很和諧，除夕的跨年活動邵先生也一起參加了。（〈四、晚年的貢獻〉，《美好的晚年》，法鼓文化，2010 年 2 月初版一刷，頁 72）

警政署署長謝銀黨來訪，慨嘆當前社會存在嚴重「冤枉」現象，法師開示當以主動、誠懇、友善為化解之道。

　　署長慨嘆，大家互相猜忌、冤枉，造成整個社會極大的不安，為此請益解決之道。師父表示，冤枉是因不清楚、不明究理而起，化解之道便是主動去了解，而態度誠懇、友善。從佛教徒的立場，寧可自己被冤枉，也不冤枉人。自己被冤枉的時候要去了解，也要諒解對方會冤枉人，必有其原因。（《隨師日誌》未刊稿）

一月三十日，大年初二下午，返農禪寺為參與慈悲三昧水懺法會菩薩開示，法師讚歎新年拜懺，既培福也消惡業，如獲重生。

法會後會見訪客,有早期護法信眾王士祥、方甯書教授及黃詹愛家人等;廣達電腦董事長林百里與執行長楊秀月等。林董事長當日全程參加水懺法會,身心頗為感動,表示今年對學佛與實踐心靈環保會更用心。

　　我與企業界的往來並不多,過去曾與聯電的曹興誠董事長有過數面之緣,曹董事長日後也參加了我們三天的禪修營。至於我與林百里先生的結緣,最早是由一位臺灣科技大學的教授為我引介楊秀月菩薩,而由楊菩薩接引林董事長到農禪寺來看我。曹興誠與林百里董事長,日後都贊助了法鼓山的公益及青年活動,我非常感謝他們。(〈四、晚年的貢獻〉,《美好的晚年》,法鼓文化,2010 年 2 月初版一刷,頁 72-73)

一月三十一日,大年初三,於法鼓山園區大殿為當日上山民眾舉行新春開示。

　　早年護持法師之老居士王澤坤後人一行,同與大眾接受法師新春祝福。法師開示後,特別關懷致意。

一月,聖嚴教育基金會經教育部許可正式成立。該會以推廣聖嚴法師著作為目標,同時獎助與法師思想理念相契合之佛教教育活動,籌辦佛學學術研討會、論壇等,並提供碩、博士生獎助學金,獎助研究法師思想,期使佛法教育之「普化」與「深化」同時並進。董事會

成員有：施建昌（董事長）、黃楚琪、許仁壽、果廣
法師、施炳煌、林其賢、楊蓓等七人。

　　師父表示，人間淨土的實現，必然在於人心的淨化；
而人心的淨化，首重教育及理念的傳達。理念的建立，
並非一年十年、一生一世可以完成，人心的教育亦是如
此，所以長遠性、持續性的運作，是聖嚴教育基金會所
期許的。（〈聖嚴教育基金會成立〉，《法鼓》，196 期，
2006 年 4 月 1 日，版 1）

二月一日，大年初四，前往桃園齋明寺，為信眾舉行新春
　　開示。

　　師父談起近期害病，經常要上醫院，雖然生理有病，
然心中無事，所以一切平安；經此勉勵大家，不管面對
什麼大風大浪，日子仍平平安安地過，這就是佛教徒的
信心。（《隨師日誌》未刊稿）

二月二日，大年初五，前往法鼓山園區接待大廳巡視二樓
　　簡介館、活動大廳及行願館，了解年節使用情形及成
　　效。

　　下午，於大眾拜見法師會場，恭喜眾人「新春自在，
和平吉祥」，談恭「喜」之意，在健康、平安、快樂、
幸福，也勉勵大眾以「大悲心起」達成「和平吉祥」
願行。

國有財產局局長郭武博，以及臺大醫院胸腔外科主任
李元麒、金山醫院院長林忠熙等人，相繼上山拜年。
（〈四、晚年的貢獻〉，《美好的晚年》，法鼓文化，2010
年2月初版一刷，頁74）

二月三日，為四月十三日至十六日在浙江杭州舉行之「首
屆世界佛教論壇」致詞撰文稿。（參見二〇〇六年四
月十三日譜文：〈從「心」溝通的世界大趨勢〉）

二月四日，上午十時，至法鼓山園區禪堂為「大專青年精
進默照禪七」禪眾開示。大專禪七於二月三日起至十
日舉行，約一百八十位青年參加。

　　師父讚歎學員們的善根與智慧，並鼓勵大家好好把握
這難得的七天，「年輕是人生的黃金時期，所以更要努
力用功、努力學習。」師父表示，年輕人參加禪修，可
以更清楚知道人生的方向與目標，而能夠清楚知道自己、
認識自己的人，就是最幸福的人。（〈青年禪修，能量加
分！〉，《法鼓》，195期，2006年3月1日，版7）

十一時，臺大醫院蒲永孝醫師偕同義母嚴張美珥一行，
上法鼓山園區參訪。嚴張女士為已故董氏基金會創辦
人嚴道先生遺孀，法師盛讚該基金會績效卓著。（〈四、
晚年的貢獻〉，《美好的晚年》，法鼓文化，2010年2月初
版一刷，頁74-75）

下午三時半，巡視法鼓山園區開山觀音景觀布置及指示步道之規畫。果廣、果肇、果旭、果尚、果慨諸法師隨行。

二月五日，上午十時，禪堂堂主果醒法師報告傳燈院課程規畫。

十時半，臺灣大學地質系教授陳宏宇偕同夫人及母親，前來拜會，果暉法師、果鏡法師及廖今榕祕書陪同。陳教授提起國土復育植樹計畫，並對法鼓山園區建築如祈願觀音殿水池等提出建議。

身為國土復育植樹計畫主持人，陳教授表示，以法鼓山形象為號召，相信可接引大眾及民間企業共同投入。

師父表示，法鼓山義工過年期間身兼數職，原本關懷及勸募時間都減少了，因此是否參與植樹計畫仍需考慮。「植樹是一樁好事，但是可做、應做的好事太多，必須量力而為。」師父指示，待法鼓山內部討論之後，再行回覆。（《隨師日誌》未刊稿）

下午三時，陶藝家連寶猜偕同夫婿陳秋吉，以及工作室學生一行二十餘人，上法鼓山園區拜年。法師歡迎眾人，並偕同前往連老師作品前合影留念。

法鼓山上展示的畫作，到目前為止只有三件，其中的兩件便是連寶猜老師的心血，即《人間淨土》與《耕心

田》。這兩件作品都是由我提出想法，之後請連老師構
思呈現出來。作品完成後，一開始我覺得氣勢還不小，
可是一掛上去以後，因為我們的場地實在太大了，作品
頓時顯得小了。（〈四、晚年的貢獻〉，《美好的晚年》，
法鼓文化，2010 年 2 月初版一刷，頁 75-76）
案：法鼓山園區目前藝術展品，法師指示只能三件，除
前述兩件外，另一件為：大陸旅美畫家李斌《法鼓山禮
讚圖》。

三時三十五分，新竹法源寺住持寬謙法師偕同俗家兄
嫂王維尼女士，前來拜會，並帶來楊英風大師創作銅
鑄觀音像一尊贈法鼓山紀念，法師回贈銅鑄祈願觀音。
　師父感念楊英風大師與法鼓山的深厚因緣，除了早期
投注於法鼓山佛像專案，法鼓山山徽的確立，也因楊大
師的賞識，即與師父看法相同，從眾多設計案中脫穎而
出，始有現在令人眼前一亮的法鼓山山徽。（《隨師日誌》
未刊稿；另參見：〈四、晚年的貢獻〉，《美好的晚年》，
法鼓文化，2010 年 2 月初版一刷，頁 76）

二月六日，*Hoofprint of the Ox*（《牛的印跡》）一書之愛
沙尼亞文版即將付梓，為該書口述新序。此書係由曾
任中華佛研所外籍研究員愛沙尼亞人士林西華自英文
版轉譯。

中華佛研所長期護法李春金女士上午往生，法師致電李老居士公子林幸雄慰問關懷。

二月七日，出席臺南佳里道場籌建規畫會議，果廣法師、果懋法師、果治法師、果舟法師、李孟崇特助，捐贈者黃福昌、臺南地區前兩任召委邱素雲、邱素華，現任召委施瓊華，和兩位副召委姚雅文、陳發勝、悅眾楊燕雪，以及營造業等人與會。法師指示佳里道場籌建應掌握原則。

一、由地方自行募款。二、不可與既有募款體系重疊。三、工程監督由黃福昌菩薩負責，不宜由臺北派人。四、未來道場由法鼓山僧團住持，關於空間用途規畫，最好能尊重僧團想法，符合法鼓山建築統一風格。（《隨師日誌》未刊稿）

二月八日，聖基會董事於中正精舍向法師拜年。

二月九日，上午十時，前往法鼓山園區開山寮場勘。

下午三時，青年默照禪七圓滿，前往法鼓山園區禪堂開示並合影。

二月十二日，元宵節，於法鼓山園區大殿舉辦皈依典禮。近年，每年舉辦四次祈福皈依大典，今年首度於法鼓

山園區舉行。典禮透過視訊，與臺中分院、高雄紫雲寺連線同步舉行，計有兩千餘人參加。（〈法鼓山園區首度舉辦祈福皈依大典〉，《法鼓》，195 期，2006 年 3 月 1 日，版 1）

二月十四日，上午九時半，天南寺籌建委員邱仁政、邱仁賢、黃平璋、劉偉剛及張國洋建築師一行，至安和分院拜年，並報告天南寺籌建進度。法師指示天南寺定位為禪修中心，然與法鼓山園區禪堂有所區隔。法鼓山園區禪堂為長期禪修空間，天南寺則是經常性使用之短期訓練、修行中心。（《隨師日誌》未刊稿）

十時，於安和分院大殿會見法緣會會眾並拜年。法緣會創會會長柯瑤碧之堂姊，今已出家之恆康法師一同前來。

　　恆康法師一見到師父當場激動落淚，此舉牽動現場情緒，多人陪著落淚。師父則道：「我很好啊！」

　　師父為法緣會祝福開示，提起這段期間因為害病，行程減少，年節也是選擇性會客。師父也語勉大眾發願，許一個今年的願，也許一個今生的願。今年的願就是自己成長，對家人、眾生有利，對三寶護持。一生的願則是堅定學佛的道路，一天天持續學法、護法和弘法，為世界多做一些有意義的事。（《隨師日誌》未刊稿）

二月十六日，錄音回答《聯合報》「方外看紅塵」訪題。
計有丹麥媒體刊載有關伊斯蘭教先知漫畫事、隔代教
養、反毒運動……等提問。

二月十七日，於聖基會辦公室召開工程事務會議。
案：自法師養疴中正精舍後，有些會議就近於聖基會辦
公室舉行。

二月十八日，上午十時，前往求受大戒學僧於法鼓山園區
男寮佛堂向法師告假，法師開示勉勵。

十時半，於男寮四樓會客室召開僧大招生會議。

下午三時半，於法鼓山園區大殿錄影拍攝僧大招生影
片。

五時，於男寮方丈寮批示公文，並為「第五屆中華國
際佛學會議」致詞錄稿。（致詞見三月四日譜文）

二月十九日，第二屆「僧才養成班」畢業典禮暨感恩茶會
於法鼓山園區國際宴會廳舉行，共有十名學僧畢業。
典禮播放法師錄影勉勵：「畢業，僅僅是一個段落的
結束而已，真正要修行、奉獻、學習，是從畢業後才
開始。」（〈第二屆僧才養成班畢業典禮〉，《法鼓》，195期，

2006 年 3 月 1 日，版 6）

下午，至法鼓山園區大殿參加護法總會「新任悅眾成
長營」為護法總會正副會團長、正副召委及委員共
四百八十三人授證及開示，感謝奉獻護持而有硬體之
完成，今年起當加強軟體建設，營造無言之境教。

　　法鼓山的一切，不論建築或者景觀、道路，乃至一磚
一瓦、一草一木，都是來自護法菩薩的奉獻和護持。法
鼓山落成以來，上山的訪客都認為法鼓山的建築素樸高
雅，自然形成一種「法鼓山的氣質」。我希望法鼓山能
營造成一個景觀的道場，發揮境教的功能，讓所有來山
參訪的人，都能夠感受建築與環境散發的清淨氛圍，進
而有所體會，有一些收穫，因此稱這裡為「法鼓山世界
佛教教育園區。（〈四、晚年的貢獻〉，《美好的晚年》，
法鼓文化，2010 年 2 月初版一刷，頁 77；另參見：〈新任悅
眾自我期勉　要做相互扶持的大森林〉，《法鼓》，195 期，
2006 年 3 月 1 日，版 2）

法行會中區分會成立二週年慶暨會長就任典禮，播放
法師錄影開示。

二月二十一日，上午，於法鼓山園區為僧團法師開辦「僧
活營」授課，並與大眾一起環山。講授課程為「承先
啟後的中華禪法鼓宗」。法師開示，當在承先啟後原

則下，將漢傳佛教建立為法鼓山主體，承繼中國禪宗，但非十九世紀山林式禪宗，乃法師經數十年練習整理，將漢傳佛教禪法重新發揚光大之禪宗。

　　法鼓山存在的意義與使命是「承先啟後」。人類的歷史、文化，就是不斷地是在「承先啟後」，我們運用前人先聖先賢的智慧而走出新的路來，特別是作為一個佛教徒，如果說拋開佛及祖師們的智慧，全由自己開創，那便是新興宗教不是佛教。我曾經在二〇〇四年九月為常住大眾上四堂課，我講的是佛教，發展的佛教，中國的佛教，也就是漢傳的佛教，漢傳佛教之中的禪佛教，然後從法鼓山的禪佛教跟世界接軌，被世界的佛教接受，成為未來世界整體佛教中的一大主流。

　　釋迦牟尼佛時代之後，漸漸成為發展的佛教，在印度成為小乘阿毘達磨的、大乘中觀的、唯識的、如來藏的。然後輸出到南方成為南傳佛教，到漢地成為漢傳佛教，到藏地成為藏傳佛教。漢傳佛教又發展出十大宗或者八大宗，禪宗便是其中之一，其實禪宗也在不斷地發展變化，可是在發展變化之中，不會放棄釋迦牟尼佛的根本原則。那便是《緣起經》以及《稻稈經》等所講的：「見緣起即見法，見法即見佛。」也就是說，發展佛教的各系各宗，都是從緣起思想開展出來的，見緣起法即是悟道，悟道即等於見到了佛。

　　禪佛教則是帶有漢傳諸宗之長，並且加以素樸化及生活化了的集大成者。漢傳佛教諸宗的諸大師們，是用儒、

道二家作為營養和工具，而把印度的佛教在漢地蓬勃發展開來，形成本土的漢傳佛教。

我們大家必須在承先啟後的原則下，將漢傳佛教建立為法鼓山的主體，我們是承繼中國大陸的禪宗，但已不是十九世紀中國大陸那樣的禪宗，那時的中國禪宗，是山林式的，尚沒有接觸到南傳及藏傳佛教的優良面及實用面，但是我接觸到了。同時我也接觸到了韓國、日本、乃至越南的禪佛教。我把這些新見聞，運用在傳統的禪法之中，故當禪修者初用話頭不得力時，可以用呼吸法、可以禮拜、可以經行、可以念佛等等方法作輔助。還有，默照禪，在中國已經失傳八百多年，但是，我在日本曹洞宗的禪堂看到，我也參加了他們稱為「只管打坐」的修行，實則便是默照禪的別名。我到美國後也接觸到南傳的內觀禪。我把它們分析整合起來，便是法鼓山所傳的中華禪法。同時我在閉關修行的時候，用的即是類似於默照禪。因此我把話頭禪及默照禪整理之後，便在頓中開出次第化的漸修法門，是任何根器的人都適合用來起信實修的好方法。在修證過程中，我也標明了從淺至深的四個階次，那便是散亂心、集中心、統一心、無心，每一階次各有修行及進階修行的方法。

我又得不斷地思考著，要開創出哪些新局面，如果不開創，我們就落伍，我們落伍，社會大眾就不睬我們。

未來的法鼓山，除了現有的中華佛學研究所，還有法鼓佛教研修學院、法鼓人文社會學院、僧伽大學，最後

發展成為法鼓大學。

今後的佛教研修學院，雖像佛研所一樣，分有印度、漢傳、藏傳三組，但是出家人、學生的生活管理及生活方式，必須是漢傳佛教的。比如說飲食，南傳和藏傳的如果要求吃葷，我們要絕對禁止。法鼓山是由漢傳佛教的僧團經營，我們的信眾主要也是支持我們的漢傳佛教，我們可以接受南傳、藏傳佛教的人士來修學，但其生活的管理方式一定得接受漢傳禪佛教的，此事在法鼓山上，必須永久堅持。

以下是叮嚀：山上的每一項硬軟體設施、房屋建設、空間用途、道路配置、景觀設計等，都是經我及十方護法大德們費盡心血奉獻出來的，既然承先啟後，法鼓山的子孫，可以在此基礎上做得更完美、更好用，切不可為了表現個人的聰明意願，便廢掉了既有的，改變成自己想要的。那是否定傳承，而非承先啟後了。

案：本文原刊於《法鼓》雜誌一九八、二○○期（2006年6、8月，版8），題為〈承先啟後的中華禪法鼓宗〉，後改題為〈承先啟後〉，與二○○四年對法鼓山僧團開示之〈中華禪法鼓宗〉、二○○六年四月下旬之〈我的使命與責任〉，併收入《承先啟後的中華禪法鼓宗》小冊（聖嚴教育基金會，2006年10月初版一刷）。

下午五時，於法鼓山園區合署辦公室出席「二○○六新春活動回顧檢討會議」。

二月二十三日，即日起至二十六日，於法鼓山園區禪堂主
持第二十六屆社會菁英禪修營。

上午十時半，於法鼓山園區合署辦公室召集法華鐘會
議。

二月二十四日，主持第二十六屆社會菁英禪修營並開示。

上午十時，大陸工程殷琪董事長於法鼓山園區創辦人
辦公室第六度向法師請法，天下文化特約撰述潘煊記
錄。

二月二十五日，主持第二十六屆社會菁英禪修營並開示。

下午四時，於法鼓山園區男寮四樓會客室會見自美來
訪之弟子俞永峯。

二月二十六日，於法鼓山園區禪堂為第二十六屆社會菁英
禪修營學員開示。開示後於祈願觀音殿與全體學員合
照。

二月二十八日，至聖基會辦公室出席榮譽董事會會議。

二月，《從心溝通》由法鼓文化出版。此書係由電視節目

《大法鼓》談話集結成書。法師讚許該節目效益卓著。

　　《大法鼓》這個節目所產生的效益，遠遠在我預期之外，除了在臺灣播出，也在美國當地的有線電視台播出，此外，電視訪談的內容除了整理成書，也製成影音光碟。之前出版的《找回自己》，也是從《大法鼓》節目講錄集結而成。（〈四、晚年的貢獻〉，《美好的晚年》，法鼓文化，2010 年 2 月初版一刷，頁 73-74）

三月二日，上午，獎基會與臺中亞洲大學合作辦理「法鼓人文講座」，締約儀式於法鼓山園區海會廳舉行，由法師與亞洲大學校長蔡文祥代表雙方簽署協議書。亞洲大學為臺灣地區第三所設置「法鼓人文講座」之高等學府，前已有臺灣大學與成功大學。中國大陸則有北京大學、清華大學、南京大學、廣州中山大學。

　　（〈四、晚年的貢獻〉，《美好的晚年》，法鼓文化，2010 年 2 月初版一刷，頁 77-78）

下午二時半，於法鼓山園區中華佛研所校史館接受聖基會董事楊蓓「聖嚴法師禪修法門傳承與開創歷程之研究」計畫採訪，陳麗華組成攝影小組錄影。

　　訪問題綱包括：法鼓山禪修之法門種類？法鼓宗的傳承？師父如何觀察社會與世界脈動，而這些觀察與思考又如何影響禪修法門的現代性？師父獨立創建的部分為何？師父本身的禪修經驗歷程與獨立創建部分之連結？

師父在世界各地帶領禪修,其於東西方世界推展之形式
與功能,有何差異?(《隨師日誌》未刊稿)

**三月三日,新加坡光明山舉行「光明山普覺禪寺全山殿宇
落成暨宏船老和尚紀念堂開山大典」,法鼓山由果東
法師代表出席大典。**(〈新加坡光明山落成 法鼓山出
席〉,《法鼓》,196 期,2006 年 4 月 1 日,版 1)

**三月四日,上午九時半,金山鄉鄉長許春財由法鼓人文社
會學院籌備處主任曾濟群陪同,至法鼓山園區拜會法
師請益支持金山醫院興設事,法師允代轉促成。**

許鄉長希望法鼓山能夠協助推動地方建設,支持金山
醫院的興設,但是我說,我們是一個非營利團體,目前
也正在募款興建法鼓大學,實在力有未逮,這點鄉長也
了解。另外,鄉長也希望我能向臺大醫院代為轉達,由
臺大醫院來接管金山醫院。我也確實為此向臺大醫院院
方提起兩次,現在金山醫院也已成為臺大醫院的分院。
(〈四、晚年的貢獻〉,《美好的晚年》,法鼓文化,2010
年 2 月初版一刷,頁 80)

十時,於法鼓山園區國際會議廳出席第五屆「中華國
際佛學會議」開幕典禮。中華國際佛學會議於一九九
〇年由中華佛研所創辦,永久主題為「從傳統到現
代」,本次會期一連三天,主題為「觀世音菩薩與現

代社會」。除邀請專研觀音之美國哥倫比亞大學教授
于君方主題演說，另有來自日、美、澳等地二十四名
學者發表中英論文二十四篇。法師開幕致詞即說明本
次會議主題緣於個人與法鼓山，均與觀音因緣深厚。

此次大會以「觀世音菩薩與現代社會」為題，具有數
層的意義：其一，我個人從小修學觀音法門，實踐觀音
法門，也用觀音法門來指導修行；其次，法鼓山的出現
是從觀音菩薩感得的因緣，使我們在一九八九年找到金
山這塊地；其三，二〇〇五年法鼓山的落成開山大典，
便是以觀音菩薩道場為立足點，推動「大悲心起」的精
神主軸，因為不論是否具有佛教信仰，大悲心是人人都
需要的。（〈四、晚年的貢獻〉，《美好的晚年》，法鼓文化，
2010 年 2 月初版一刷，頁 78-79）；〈觀音菩薩與現代社會〉，
《我願無窮》，法鼓文化，2011 年 4 月初版一刷，頁 31-37）

晚上六時半，於法鼓山園區國際宴會廳出席第五屆「中
華國際佛學會議」歡迎晚宴，各國嘉賓及學者蒞臨。
席間，日本立正大學教授三友健容當眾呈上一幅法華
經句墨迹，係三十年前法師取得博士學位離日前夕，
書贈三友教授。法師請三友教授將複本留贈法鼓山，
紀念同學情誼。

晚宴中有個插曲，我在日本立正大學的學友三友健容
教授，突然當眾展示一幅書法。那是三十年前當我取得
博士學位之後，就要離開日本，而在臨行前夕寫了這幅

字送給三友教授，內容是從《法華經·如來壽量品》而來：
「一心欲見佛，不自惜身命，時我及眾僧，俱出靈鷲山，
我時語眾生，常在此不滅。」不過，這事我老早忘了，
現在看起來，字寫得還可以。我也請三友教授把複本留
給法鼓山，這也是一個紀念。（〈四、晚年的貢獻〉，《美
好的晚年》，法鼓文化，2010 年 2 月初版一刷，頁 79-80）

一九六九年，師父隻身赴日，年長師父兩歲、當年擔
任學校助理的三友教授，為師父的博士論文提供日文修
潤上的協助，「他常給我許多的指教和照顧，他的家人，
已把我當做最親近的好友，他不但是我的知交，也是我
的老友。」師父多次公開表示對三友教授的懇謝，還有
兩人之間的深厚情誼。

「法師非常用功，每天在圖書館待到很晚。每年十一
至隔年二月是日本最寒冷的季節，尤其立正大學位居山
丘，北風勁冷，瘦弱的法師依舊正襟危坐，我都擔心他
會被風吹走。」三友教授憶起當年，還提到有一回前往
師父住處，師父親手做素水餃招待他，「現在回想起來，
能吃到法師親手做的料理，應該沒有幾人吧！」（〈師
父與三友教授　緇素情誼 30 年不變〉，《法鼓》，197 期，
2006 年 5 月 1 日，版 8）

三月五日，上午九時半，美國加州大學傑森·卡貝松（José
I. Cabezón）教授、澳洲雪梨大學愛德華·克蘭格
（Edward Crangle）教授、澳洲昆士蘭大學 Pekenko 教

授，以及澳洲莫靇瑜等人至法鼓山園區拜會。

　　二〇〇四年暮春，師父行腳澳洲，曾訪問雪梨及昆士蘭兩所大學，雪梨大學乃中華佛研所姊妹校，有兩位校友在此深造；昆士蘭大學亦有佛研所校友於此進修，晤談間，師父表達對於日後雙方締結姊妹校的期待。

　　首次來訪的加州大學傑森・卡貝松教授說道，法鼓山園區規模，與此次盛大的中華國際佛學會議，讓他印象深刻。他說美國現今有七所佛教大學，希望未來召開一會，聯合七佛教學府討論佛教教育的未來，但盼師父能蒞臨演講。師父表示樂見其成。（《隨師日誌》未刊稿）

下午四時，日本「山喜房佛書林」負責人淺地康平、立正大學三友健容教授，以及日本佛教大學小野田俊龍教授等一行拜會法師。

　　淺地康平先生建議行願館展示的師父留日文獻，譬如博士論文（由「山喜房佛書林」出版），可將山喜房出版文本與師父的原稿一併展出。師父欣然接受。

　　三友健容教授帶來由師父捐贈立大的華人博士獎助學金書面合同，讓師父簽署。此獎學金自二〇〇六年四月一日起生效，刻在立大進修的中華佛研所校友周柔含菩薩，將是第一位受惠者。（《隨師日誌》未刊稿）

三月七日，即日起至十一日，至臺大醫院定期回診追蹤檢查，因須切除息肉，再度手術並化療。

　　我是每三個月需要回診一次，回診時需做膀胱鏡追蹤
檢查，必要時則進行手術。在每次膀胱鏡檢查前，都需
要接受輸血，因為我的血小板不足，止血不易。這次為
我捐血小板的是我的出家弟子常持，他為我捐了二十四
個單位血小板。這次檢查結果，發現在我膀胱長了三個
○‧二公分的息肉，疑似腫瘤，必須切除。接著連做三
天的雞尾酒化療，把藥劑打進我的膀胱，約一小時後抽
出，這個過程很不舒服。一方面是因為我的膀胱腫瘤已
經切除，形成傷口，再經藥物注射，非常不舒服。在過
程中，醫生要我忍耐一小時，但至第十五分鐘，實已無
法忍受，只能告訴自己這是在治病，是在救命，應該忍
受。就這樣捱過一小時，覺得痛，但是不苦。這段期間，
臺北市副市長葉金川先生也到醫院來探視我，他曾兩度
為我捐血小板，使我非常感念。我曾想親自到市政府登
門致謝，但他說我是長輩，讓長輩來訪不成體統，而且
這是他私人的事，與市府職務無關。所以市政府的拜會
我沒去成，反倒是讓他到醫院來探望我了。（〈四、晚年
的貢獻〉，《美好的晚年》，法鼓文化，2010 年 2 月初版一刷，
頁 80-81）

三月十一日，出院後，於下午三時前往法鼓山園區開山寮
　　巡視，果懋法師、果治法師陪同。

三月十二日，於中正精舍撰〈告誡眾弟子書〉，告誡當重

視歸敬傳承法脈，興復漢傳佛教。

數十年來使吾憂心而晝夜不已者有四：漢傳佛教人才寥落，其一也。漢人佛教界能通宗通教而對其本末源流得識權實者極少，其二也。漢人佛教徒中願意探索漢傳佛教而予以重新為現代人釐清脈絡次第者極稀，其三也。淺學自驕者流競相奔走於南傳及藏傳門下則成群成隊者，其四也。

緣此憂心吾即開創中華佛學研究所，培育研究佛學之基礎人才，首開重視梵、巴、藏、日、英等研究佛學之語文工具，中華佛學研究所能有今日國內外之好評，足徵吾之所為，未曾白費工夫。然於其辦學目標則尚未達成，乃為「立足中華（漢傳）」佛教之復興，頗有一段距離，殷盼吾之弟子群，當以印度佛學為基礎，漢傳佛教為資產，南傳及藏傳佛教佐參考，走出具有漢傳佛教特色之世界佛教大局面來也。

吾見不少身著漢僧服裝者，並以漢寺及漢人社會為衣食資生，然其口口聲聲批評漢傳佛教之不是純佛法，漢傳僧尼生活方式不合佛制律儀，彼等不時讚揚南傳佛教純正，藏傳佛教有內涵有次第。外人扣以汝曾深入漢傳佛教諸宗文獻否？答云：既不合原始佛教又不合現代價值，豈用深入也。

其實彼等確係無知淺聞，殊不知漢傳佛教本出於印度大乘亦融貫大小三乘，乃為發展中產生之適時適境而又不違根本之佛教。此種漢傳佛教之特色，尤其是禪宗百

丈的戒律觀，乃為不違大小乘戒律，亦不墨守大小乘戒律，允為隨時隨方而又不失清淨及精進之最佳芳規，亦為今後世界佛教之必行也。

　　凡吾弟子當以吾此告誡，自勉勉人，庶幾漢傳禪佛教之法鼓宗，得以綿延不絕。否則，否定祖脈源而自以為高明者，非吾弟子也。（〈代序：告誡眾弟子書〉，《美好的晚年》，法鼓文化，2010 年 2 月初版一刷，頁 6-8）

三月十三日，下午，外交部舉辦感恩茶會，感恩二月中旬前往菲律賓南雷伊泰省土石流救災各單位，僧團男眾部副都監暨關懷中心監院果東法師代表法鼓山與會。
（〈外交部感恩法鼓山協助菲律賓救災〉，《法鼓》，196 期，2006 年 4 月 1 日，版 2）

三月十六日，上午十時，至安和分院出席獎基會董事會。

三月十八日，上午，臺北縣副縣長李鴻源偕同夫人李慧馨，由淨耀法師陪同，前來拜會，果廣法師陪同。
　　臺北縣副縣長李鴻源先生上午到法鼓山來拜訪我。李副縣長過去曾在省政府服務，也曾任教於臺灣大學，他對生態環境非常關注。他來看我，是希望藉由法鼓山的影響力，呼籲各界重視生態保護，同時對當前臺灣社會的外籍新娘及新住民等問題，與我交換意見。（〈四、晚年的貢獻〉，《美好的晚年》，法鼓文化，2010 年 2 月初版

一刷，頁 81）

下午三時，於法鼓山園區主持「中華佛學研究所遷建工程委員會」及「工程發包委員會」感恩茶會，同時宣布「遷建工程委員會」任務圓滿，功成身退。與會者有：楊正、施建昌、莊南田、林顯政等十五位成員及家屬，以及擔任顧問之今能法師、鑑心法師、陳朝威等。法師感謝委員協力成就法鼓山建設。「遷建工程委員會」於一九八九年成立，「工程發包委員會」於一九九七年成立。

　　「中華佛學研究所遷建工程委員會」的由來，是因早期護法菩薩們對我的愛護，他們擔心我太忙，因此建議法鼓山的工程遷建，從發包、採購等事項，不勞我費心，就由他們居中協調，而以楊正菩薩為遷建主委，施建昌菩薩擔任副主委，還有幾位熱心的居士擔任委員。他們是一片赤忱希望替我分憂解勞，初期也確實發揮功效，為我分擔一些工作。但是後來隨著工程日益繁複，涉及的層面也愈來愈廣，遷建委員會內部也出現不同的見解，致使事情本來只有一樁，卻演變成由我來協調委員會，再由委員會去協調工程事宜，反而更繁複。因此我把工作收回，但是委員會仍存在，至今日宣布解散。另外，一九九七年成立的工程發包委員會，則單純地負責發包事項，也在下午一併舉辦了感恩茶會。（〈四、晚年的貢獻〉，《美好的晚年》，法鼓文化，2010 年 2 月初版一刷，

頁 81-83）

聖嚴師父在會中一一感恩每位菩薩的奉獻，其中，擔
任主任委員長達十六年的楊正菩薩，一路護法、關懷工
程進度，更接引了陳嘉男菩薩擔任護法總會總會長，同
時接任發包委員。

具建築業背景的太子建設董事長莊南田提供許多專業
規畫的意見。擔任發包委員的陳朝威、律師林玫卿，也
都以他們各自的專業，發揮了詢諮的角色。師父最後並
感謝擔任委員會祕書一職的廖今榕，在土地的處理中，
十分辛苦。另外還要感謝林玫卿律師專業的奉獻，及施
建昌副主任委員的付出。（〈感恩法鼓山工程的開路菩薩〉，
《法鼓》，196 期，2006 年 4 月 1 日，版 7）

晚六時四十五分，召集法鼓山園區開山寮會議，果懋
法師、果治法師與會。法師指示開山寮室內設計原則
為古樸、明朗、簡單，切不可花俏，「我要的就是看
起來像一間老房子」。

三月十九日，上午十時，內政部部長李逸洋及兒童局局長
黃碧霞、民政司司長黃麗馨一行至法鼓山園區拜會，
就臺灣社會諸多令人憂心現象，如自殺、臺灣新住民、
高風險家庭、賭博、吸毒與家暴等議題，交換意見，
希望借重法師與法鼓山影響力，與政府共同配合，導
正社會風氣和人心價值。惠敏法師、果品法師、果廣

法師、果光法師、李志夫所長、曾濟群主任等陪同。
（〈四、晚年的貢獻〉，《美好的晚年》，法鼓文化，2010
年 2 月初版一刷，頁 83）

下午，前國安局局長蔡朝明、數位退休將軍，以及法
師昔日軍中同袍王辦仁至法鼓山園區拜會。法師以「退
而不休」勉勵大眾：「人生有如登山，爬山過程固然
令人驚喜，過了巔峰往下走，又是另一番風光。」（〈前
國安局長蔡朝明訪法鼓山〉，《法鼓》，196 期，2006 年 4
月 1 日，版 1）

三月二十日，法師領取新身分證。

三月二十一日，下午三時半，前行政院院長孫運璿二女兒
　　孫璐筠與表姊楊奕正、劉穎，由資深媒體人葉樹姍陪
　　同，前來農禪寺拜會致謝。孫院長二月十五日辭世，
　　享壽九十三歲，法鼓山助念團前往助念關懷。
　　　前行政院長孫運璿先生的千金孫璐筠女士等一行人，
　　下午到農禪寺來拜訪我。這是因為孫前院長的身後佛事，
　　法鼓山的蓮友做了關懷，為此向我致意。其實，法鼓山
　　能夠參與協助孫前院長的佛事，這是我們的光榮。孫前
　　院長一生清廉，毅力堅韌，尤其在他中風生病以後，還
　　是投入於公益活動，使人感佩。孫女士告訴我，他們全
　　家在這場佛事中深受感動，尤其助念的力量，實非言語

可以形容，往後她也會把學佛當成生命中一件重要的事。
我聽了覺得很欣慰，也為他們闔家祝福。（〈四、晚年的
貢獻〉，《美好的晚年》，法鼓文化，2010 年 2 月初版一刷，
頁 84）

四時五十分，於農禪寺錄音回答《聯合報》「方外看
紅塵」訪問。訪題有：消費與經濟成長，流浪動物安
樂死，老人安養、整形……等。

三月二十三日，於法鼓山園區教職員宿舍七樓佛堂，為佛
學研究所「創辦人時間」精神講話，以「法鼓山是一
個弘揚漢傳佛教的道場」為題，期勉中華佛研所，加
強漢傳佛學師資陣容，於世界佛學多幾張響亮「紅
牌」，帶動全世界對於漢傳佛學認識與了解。

　　建立對漢傳佛教的信心
　　當我們還在陽明山，中華學術院佛學研究所（中華佛
學研究所的前身）的時候，就非常重視佛教語文的訓練，
引進了梵文、巴利文、藏文的老師，也培養了不少這方
面的人才。
　　我們的學生畢業以後到國外留學，在語文的運用上，
就非常輕鬆便利。但是，這與佛研所辦學的目標還是有
差距，因為我們主要是希望漢傳佛教能夠在世界復興，
也就是讓國際的佛教界了解，在漢傳佛法的寶庫之中，

有永遠採不完的寶礦，尤其有一些漢文原典，是藏文、巴利文所沒有的。

我們的目標是弘揚漢傳佛教

這幾十年來，我不斷提倡漢傳佛教，但是非常遺憾，雖然我們佛研所的重點是平均地放在印度、藏傳、漢傳三個系統。但是現在我們同學們提出來的論文，相較於藏傳、印度或日本，漢傳的比例相當少。

我們的所訓是「立足中華，放眼世界」，漢傳佛教是我們的基礎，就該以漢傳佛教為專長，如果以藏傳佛教或南傳佛教為專長，那是非常顛倒。

深入漢傳佛教的內涵才能建立品牌

我們深入研究漢傳佛教的內涵時，一方面可以研究它本身的來龍去脈、探究它演變的原因，以及如何把印度的大乘三系及原始、部派佛教融合在同一個系統裡？漢傳佛教怎麼會有這樣大的器度？

我們佛研所既然名之為「中華」，就是要立足於中華。我們號稱世界佛教教育園區，人們到我們這裡來不是要學藏傳佛教，而是學漢傳佛教，因此我們必須打下漢傳佛教穩固的基礎，在國際上亮出幾張響亮的牌來，這樣法鼓山才有號召力。什麼是響亮的牌？就是老師，還有論文。這樣在國際上，大家只要一提到研究漢傳佛教，就想到中華佛學研究所，就必須到法鼓山。

漢傳佛教的智慧

佛法是通的，包括龍樹的中觀，世親和無著的唯識，以及我們認為是馬鳴、龍樹所代表的如來藏。但是以現在學者們的角度，他們認為凡是如來藏的東西都與龍樹沒有關係，也不承認馬鳴這個人的存在。因此對於漢傳佛教，特別是《大乘起信論》、《楞嚴經》、《圓覺經》幾部書，都採取否定的態度，對於我們平常誦念的《藥師經》、《地藏經》，也認為是偽經，都不是印度的經典。因此，中國的佛教就不能認祖歸宗，變成了外道的佛教！

其實，如來藏系在印度本來就有，印順法師的《如來藏之研究》，還有日本高崎直道的《如來藏的形成—印度大乘佛教思想研究》，都是以印度如來藏思想為基礎做的研究。實際上，就我所見，如來藏思想的最根本應該是《楞伽經》；但《楞伽經》不僅有如來藏，也講唯識和空，把這三系整合起來，只是通常都把它看成是如來藏經典。

如果你們想要了解佛法各系統是不是真的講得通，可以參考《華嚴心詮》。我在《華嚴心詮》裡，特別將如來藏思想與中觀、唯識，還有與中國禪宗有關的部分指出來，證明這三系是互通的，而這都是經典自己說的。根據經典，佛說有如來藏，是為了方便接引執我的外道，如來藏只是一個假設的名字。否則告訴一般人成佛以後就空了、就沒有了，大家會覺得成佛是一樁很可怕的事，而沒有人願意成佛了；如果告訴他，因為有如來藏，成

佛以後就變成如來，而如來是永遠不會消失的，那麼大家都願意成佛了。結果就與外道的神我相同，但這是為了接引計我的外道，所以不能把如來藏當成實有的東西，否則會有問題，實際上它是與空相通的。還有禪宗的「明心見性」，所見的是自性，自性是佛性，而佛性就是無性！此外，唯識宗講三性三無性，所以唯識宗也講無性。雖不一定與中觀說法相同，但就是無自性空，所以佛法是相通的。

漢傳佛教發展的困境

漢傳佛教並沒有像藏傳佛教那樣穩定地培養人才，甚至從少年就開始培養起。而找來的轉世者，也一定會肯定自己的前生，不會把自己的前生推翻掉。但是我們找來的徒弟，對於師父所做的事，往往說：「師父的時代已經過去了，現在是我的時代，我有自己的想法，不一定要接受師父的想法。」這在漢傳佛教是很平常的事，特別是臺灣，最好把前人的功績或思想推翻，自己的新東西才能呈現。

漢傳佛教未來的研究走向

但願諸位同學聽完這一次精神講話後，能夠在漢傳佛教上用功。我們的重心、主力點是擺在漢傳佛教。我們對漢傳佛教要有信心，漢傳佛教內容之豐富，足以寫出幾百部博士論文，而要實踐的話，也很容易，它是有次

第的。你可以把藏傳佛教當成一個橋樑，做漢傳與藏傳
的比較研究，對我們了解漢傳佛教有很大的幫助。（〈法
鼓山是一個弘揚漢傳佛教的道場〉，《我願無窮》，法鼓文化，
2011 年 4 月初版一刷，頁 105-116）

大陸工程董事長殷琪第七度向法師請法，天下文化特
約撰述潘煊記錄。

三月二十六日，下午，臺北縣縣長周錫瑋偕同夫人李珊珊，
由友人黃平璋、莊子慧伉儷陪同，來法鼓山園區拜會。
法師並於會談後陪同參觀大殿、接待大廳、祈願觀音
殿、禪堂等建築群。

　　臺北縣縣長周錫瑋夫婦下午到法鼓山來看我，與我談
起了單親家庭、原住民、中輟生、外籍新娘及新住民等
等的社會隱憂。我向周縣長建議，中輟生的問題，不僅
僅是小孩與學校的問題。許多社會問題的發生，都是源
於父母疏於管教。因此要改善青少年的問題，父母也要
一起成長。（〈四、晚年的貢獻〉，《美好的晚年》，法鼓
文化，2010 年 2 月初版一刷，頁 84）

即日起至二十八日，全球女性和平促進會於美國紐約
曼哈頓舉行「伊拉克·美國女性高峰會」（Iraqi-U.S.
Women Summit）；法鼓山應邀參加，由東初禪寺監院
果明法師、僧團機要祕書果禪法師、國際事務特助常

濟法師代表出席，表達對伊國人民深切關懷及祝禱。
（〈法鼓山受邀出席「伊拉克・美國女性高峰會」〉，《法
鼓》，197 期，2006 年 5 月 1 日，版 1）

三月二十七日，即日起兩天，獎基會與廣州中山大學共同
主辦第三屆「心靈環保與人文關懷研討會」。法師同
時應聘為該校講座教授。（〈法鼓人文講座簽署儀式、心
靈環保與人文關懷研討會　廣州中山大學舉行〉，《法鼓》，
197 期，2006 年 5 月 1 日，版 6）

三月二十八日，於法鼓山園區錄製《大法鼓》電視節目。
製作人趙大深、法鼓文化總編輯果毅法師現場陪同。

三月，親筆撰寫〈病中手書〉，詳盡記述二〇〇五年九月，
因左腎腫瘤至臺大醫院住院治療過程。（〈病中手書〉，
《美好的晚年》，法鼓文化，2010 年 2 月初版一刷，頁 85-
89）

四月一日，靈泉禪寺住持晴虛長老偕同弟子一行四人至法
鼓山園區拜訪，推薦年輕比丘弟子報考法鼓山僧伽大
學。僧團副住持果品法師陪同。

下午三時四十分，法鼓人文社會學院榮董何周瑜芬至
法鼓山園區拜會，請益人生最後一件大事。何居士直

言已著手準備自己後事，然因有些疑問，故請開示。
對何居士擬不舉辦告別式，法師勸勉其發慈悲心，因
告別式係予亡者親屬及周遭眾生安慰。

何菩薩問：人死之後，何時可火化？可否不辦告別式？
如何不讓自己的後事成為子女的負擔等。師父開示，人
往生以後，最好能待遺體冷卻再行火化。對於告別式舉
辦與否，師父勸勉何菩薩發慈悲心，因為告別式的功能，
往往不是為了往生者自己，而是給予亡者親屬及周遭眾
生的一種安慰。

何女士為《不一樣的聲音》節目長期贊助者。（《隨
師日誌》未刊稿）

四時二十分，漫步法鼓山園區華八仙步道，一以健行，
一則為法鼓山建築群攝影取景。法師指出，此步道通
往生命環保公園，可使原不認同灑葬者，從漫步過程
中漸生嚮往。（《隨師日誌》未刊稿）

四月二日，新受具足戒學僧返寺，於法鼓山園區男寮佛堂
向法師謝戒。

四月三日，早期護法許仙女偕同公子郭鵬志建築師，由謝
水庸居士陪同，至聖基會辦公室拜會。許居士為已故
中華佛研所遷建工程委員會郭超星遺孀，法師慰勉道，
「只要提起法鼓山開山，就會想起郭菩薩一家人之奉

獻。」

四月四日，於法鼓山園區階梯教室為僧大學僧授課「高僧
　　行誼」。

四月六日，於法鼓山園區國際會議廳為全山專職、僧團法
　　師及護法會悅眾舉行「精神講話」，各分支道場視訊
　　聯播。開示重點有二：一，盡心盡力，盡職盡分。二，
　　做一名真正法鼓山菩薩，便要接受、實踐、推廣、維
　　護法鼓山理念。（〈五、珍惜生命〉，《美好的晚年》，
　　法鼓文化，2010 年 2 月初版一刷，頁 92）

四月八日，上午，前往內湖「年代」電視台，接受新聞部《解
　　讀年代》節目專訪，談當前臺灣存在諸多亂象，以及
　　如何在渾沌環境中，尋求安心之道。節目於九日晚上
　　八時播出。
　　　年代電視台的《解讀年代》，過去多邀請政論名家上
　　節目，以討論臺灣政治情勢、兩岸關係議題為主，這次
　　該節目改變製作方向，邀請宗教師上節目，以佛法觀念
　　來談論卡債問題，不但是該節目的創舉，更是肯定聖嚴
　　師父、法鼓山長年來致力於安定人心所發揮的功效。
　　（〈師父提出面對困難、化解問題　心安就有平安〉，《法
　　鼓》，197 期，2006 年 5 月 1 日，版 1）

傍晚五時，回農禪寺為「第五十二次法鼓山社會菁英禪修營共修會」開示。以「病得很健康」為題，說明近日住院醫療及信眾患病為例指出，「不要怕死，不要等死，每天都過得認真，在佛教徒來講就是充分發揮修福修慧的生命功能，一刻也不放棄。如此，即使死亡當前，也能不畏懼、不恐怖。」（《隨師日誌》未刊稿）

四月九日，上午，臺大醫院護理人員及眷屬一行二十餘人，上法鼓山園區參訪。來訪者多為法師住院及診療期間結緣或皈依。（〈五、珍惜生命〉，《美好的晚年》，法鼓文化，2010 年 2 月初版一刷，頁 92）。

下午四時，於農禪寺召集影視傳播會議，討論決議組成網路教學小組，並釐清網路教學與遠距教學差異及區隔。（《隨師日誌》未刊稿）

四月十一日，上午，由駐我國使節夫人及外交部官員夫人組成之「臺北市迎新會」（Welcome to Taipei International Club）一行七十餘人，包括十二位使節夫人及六十四位外交部官員婦女眷屬，由會長外交部政務次長高英茂夫人高黃紫金領隊，至法鼓山園區參訪拜會。法師以：「Take it easy! Take everything easy!」勉勵，只要安心當下，時時刻刻都是禪。（〈五、珍惜

生命〉,《美好的晚年》,法鼓文化,2010 年 2 月初版一刷,
頁 93;另參見:〈駐華使節夫人來訪　聖嚴師父以禪為禮〉,
《法鼓》,197 期,2006 年 5 月 1 日,版 1)

下午,臺北高等行政法院佛學社一行四十餘人,由院
長葉百修及佛學社社長許瑞助領隊來法鼓山園區參
訪,法師於第二大樓簡介館為眾開示。

四月十二日,下午四時,出席於聖基會辦公室召開之法鼓
人文社會學院工程會議,惠敏法師、籌備處主任曾濟
群、李孟崇特別助理與會。法鼓人文社會學院工程即
將動工,法師指示,法鼓佛教研修學院及法鼓人文社
會學院應併案處理,由曾主任負責,對於空間配置與
使用人數,須考量出家眾與在家眾不同需求。未來山
上園區所有教育事業體一律吃素,建築群必須是綠色
環保建築。對於臺灣將可設立單一宗教之研修學院,
法師認為是臺灣教育一大突破,相對於日本,有後來
居上之勢,令人振奮。(《隨師日誌》未刊稿)

四月十三日,即日起至十六日,第一屆世界佛教論壇在中
國大陸杭州舉行,法師因身體狀況無法出席,由僧團
副住持果品法師、中華佛研所所長李志夫等五位代表
出席,並由果品法師代為宣讀〈從「心」溝通的世界
大趨勢〉一文。法師指出,佛法即是心法,唯有個人

內心和諧，才能與他人、團體、世界環境和諧，更強調在多元世界中，人際、國家之間，唯有多包容、關懷、尊重、體諒別人，才能化解人與人、國與國、民族與民族間矛盾與衝突，世界才能和平幸福。

宗教交流，增進友誼

這對佛教而言，特別是對於大乘佛教而言，在理論上並不困難。但在西方宗教的三大一神教而言，他們都希望彼此和平相處，也相信最高的神，便是愛和正義；各族群之間，應該都是兄弟姊妹的關係，是可以和平相處的。可是談到「愛」，不會有異議，一涉及「正義」一詞，就會各有各的立場了！不過，堅持不同立場的人士，若能常常有機會聚在一起討論共同的切身問題，至少可以增進彼此間的友誼。

無我精神，尊重他人

如果從佛法所說心的角度來看待世間的一切，討論人間的每一個族群、文化與觀念的時候，也就不會堅持有一個絕對不變的立場，因為每一個立場所持的見解，對當事人而言並沒有錯，但是從他人的立場來看，尤其是從整體人類的角度來衡量，則可能有再討論與修正的空間。

文化交流，宗教接軌

　　世界佛教論壇在中國大陸發起，也在中國大陸首先召開，我認為其中的意義非常重大，因為中國境內便具備了漢傳、藏傳和南傳三大系統的佛教傳承，雖然這三個系統的文字不同，民族也不同。我們大家也都知道，中國大陸歷經文化大革命的十年動盪，使得佛教出現了二、三十年的斷層，現在正是急起直追的時刻，也漸漸會集了世界佛教的菁英在此開會，使得大陸佛教產生一個復興的大運動，起而帶動了世界佛教的大趨勢。（〈從「心」溝通的世界大趨勢〉，《我願無窮》，法鼓文化，2011 年 4 月初版一刷，頁 38-44；另參見：〈法鼓山出席首屆世界佛教論壇〉，《法鼓》，197 期，2006 年 5 月 1 日，版 1）

四月十五日，上午及下午，於法鼓山園區教育行政大樓四樓佛堂，約見僧大一、二年級學僧談話。

四月十六日，上午，臺灣大學校長李嗣涔伉儷、副校長陳泰然、包宗和伉儷，及學務長馮燕伉儷等一級主管近二十人，至法鼓山園區拜訪，邀請為該校應屆畢業典禮專題演說。該校首度邀請宗教師擔任畢業典禮演說貴賓。

　　「數十年來我的工作，就是把古老的佛學名詞，轉換成現代人可接受、理解的觀念和方法，讓一般人在生活中應用，而快樂多一些，煩惱少一些。」包宗和副校長聽得深入，想起師父著作中的兩句話：「勿為宗教學者，

當做宗教師」，引為回應。師父則說，其實這兩句話適用於各行業。如對政治人物，「勿為政客，應做政治家」；對教育工作者，「勿為教書匠，當做教育家」。因為利他的奉獻心，所以格局不同。

師父認為，大學之本，在於人生價值觀的建立。可惜當前年輕人往往只關注畢業後的現實層面，以工作、財富、功名與愛情為追尋的四個大夢，很少思考生命存在的價值，譬如對人類歷史的貢獻，或最基本者，這一生是否過得愉快、自在、踏實——這些，都是生命的價值所繫。（《隨師日誌》未刊稿）

下午，於法鼓山園區簡介館為經常上山服務義工開示，期勉每位義工成為觀音菩薩化身，感動來山參訪者，進而接引加入學佛、護法行列，約有三百多人參加。（《隨師日誌》未刊稿）

四月十八日，下午，於農禪寺指示副都監果廣法師及早建立僧團制度，使法鼓山法脈傳承早日上軌道。（《隨師日誌》未刊稿）

於農禪寺小禪堂為即將舉行皈依大典，贈予新皈依弟子之佛牌項鍊，持觀音聖號祝福。（同上）

於農禪寺指示機要祕書果禪法師，將過去閉關時期所

穿衣物，含自己手染、手縫僧服，以及床巾、棉襖、日本同學饋贈南傳比丘僧服、日本真言宗修行服、工作服等舊物，供作開山紀念館展示用；另有東初老和尚兩箱遺物，如僧鞋、放大鏡、墨水、牙刷、水杯及筆記本等生活用品，可一併展示。（同上）

四月十九日，慈基會獲內政部評鑑為九十四年度優等全國性財團法人社會福利慈善事業基金會。此為內政部針對相關基金會三年一次之評鑑。

四月二十日，上午，前往大元建築師事務所拜會姚仁喜建築師。

四月二十二日，為振法法師《天台四部止觀導讀》撰〈序〉。振法法師為中華佛研所學生，求學期間受法師「創辦人講話」啟發而有此作，法師亦因而詳述漢傳佛教特色與價值。

　　晚近因為有人指評漢傳佛教的缺失，是在於沒有修證次第及教學次第，甚至也不合印度阿含中觀等之法義，於是便有人對於漢傳佛教失去研修的信心。其實並非如此簡單地便可將漢傳佛教揚棄了的，如若真的如此的不堪，漢傳佛教兩千年來的光輝歷史，又是如何形成的呢？

　　例如隋代的天台智者大師（西元五三八～五九七），早於印度的月稱（西元六〇〇～六五〇）、寂護（西元

七〇〇~七六〇）而晚生於彌勒無著二百年。智者大師被譽為東土小釋迦，他的禪慧之宏深，悲願之廣大，思想之縝密，在佛教史上少有匹敵。他是漢傳佛教第一位將教理禪觀作了整體組織及次第化的大師。他的名著號稱有三大部九小部，單以止觀一門，除了《摩訶止觀》為其三大部之一，尚有《釋禪波羅蜜次第法門》、《六妙門》、《修習止觀坐禪法要》。縱覽天台的四部止觀，乃是大小乘統攝，頓悟與漸次兼顧的。基礎的數息法即可悟入大涅槃境，基礎的四禪八定、四聲聞果位，實即是通於無上大菩提果的過程。

我們知道，佛教原同一味，即是解脫味，唯其經歷印度大小乘諸論師以及中國諸宗各大善知識的整理、修證、體悟，而化為文字的寶典，都是我們應當學習的資糧。只緣我是漢傳佛教的子孫，我必須珍惜漢傳佛教的遺產，故我創立中華佛學研究所伊始，即以「立足中華，放眼世界」，作為所訓的開端語。我們若拋開了漢傳的華文佛教而高談與世界的現代佛教接軌，恐怕很難找到自己被他人尊重的立場了！

使我欣慰的是，本所也有一位研究生振法法師，在學期間，於緊密的課業之餘，抽出時間，精讀了天台大師的四部止觀，於本所老師陳英善博士的悉心指導之下，經歷數年而完成了現在這套《天台四部止觀導讀》。據她自稱是受了我在創辦人開示時間的啟發。她也跟我類似，編著這套書的目的，是讓現代人很容易讀懂天台止

觀並且循文會意而能實修天台止觀。

其實禪者之中,不經熏聞的次第修習戒定工夫,而能頓悟本心的為數極少。禪門中人之為古今諸賢詬病之者,端在暗證狂禪以及徒玩機鋒話頭而欠真參實學之流。所以我要主張,禪門學者最好能兼修天台的教觀基礎,庶可免墮於以凡濫聖及諸禪障邪見之稠林。(〈序振法法師的「天台四部止觀導讀」〉,《天台導讀(一)——次第法門》,法鼓文化,2006 年 6 月初版一刷,頁 3-7)

案:此〈序〉經摘要後,收錄為《承先啟後的中華禪法鼓宗》(二〇〇六年十月)第一篇〈我的使命與責任〉。

四月二十三日,下午,於農禪寺主持「祈福皈依大典暨會團迎新博覽會」,共有一千三百七十五人皈依三寶。

四月二十五日,上午,於農禪寺召集農禪寺新建水月道場及法鼓人文社會學院工程會議,籌備處主任曾濟群、果廣法師、李孟崇特助及姚仁喜建築師與會。

下午,於農禪寺新簡介館召集僧伽大學定位會議,惠敏法師、果暉法師、果品法師、果鏡法師、果肇法師等十位法師與會。

四月二十六日,為法鼓文化「經典人物故事」《大師密碼系列》撰寫推薦序〈大師的密碼:成功的特質〉。該

叢書共有二十六冊，每冊五位經典人物，共計呈現一百三十位大師美好人格特質。法師〈序〉中指出：自律、認真、寬大、懂得回饋，為高僧必具條件，亦正是所有成功人士必備條件。

在我還是青少年時，就很喜歡閱讀佛教大師的傳記故事。可以説，我的人格就是從閱讀大師的史傳故事，點點滴滴建立起來。

我曾指出佛教的高僧必須具有四大條件：持戒清淨、修行精進、慈悲濟眾與護持佛法；如果轉換成現代人的語彙，就是自律、認真、寬大、懂得回饋，而這些正是所有成功人士必備的條件。

很多家長以為孩子學佛會變得消極、不具競爭力；如果從大師的四大條件來看，孩子接觸佛法絕對會更積極、健康，能為他們的一生奠定穩固的基礎。

大師們的成就絕非偶然，也沒有人一出生就是大師，父母應該提供這樣的環境，讓人格正在成長形塑中的孩子，吸收歷代大師們的生命菁華，轉化為他們自己的。我相信這一套《大師密碼 A—Z 系列》，能夠成為孩子們成長的助緣！（〈推薦序：大師的密碼　成功的特質〉，《大師密碼 A》，法鼓文化，2006 年 5 月初版，頁 4）

四月二十七日，下午，西藏流亡政府宗教文化部祕書長慈仁敦珠、達蘭薩拉辯經學院副院長格桑占堆法師，以及達賴喇嘛基金會祕書長索朗多吉（Sonam Dorjee）

三人，參訪法鼓山園區，由中華佛研所所長李志夫及
僧大師生接待。

四月二十八日，於聖基會辦公室，接受民視新聞部採訪，
談「什麼是佛教徒？」「正信與迷信之不同？」並為
臺灣社會祝福。法師表示：正信與迷信之不同，在於
正信的佛教必定有其原則，即皈依佛、法、僧三寶，
主要是依據佛教導的觀念與方法為生活的準則，而不
講神通、不講怪力亂神。

即日起至五月三日，僧大至新加坡護法會及馬來西亞
護法會舉辦海外擴大招生說明會，由副院長果鏡法師
帶領僧大五位法師出席，期間並進行多場弘法及關懷
活動。

四月三十日，上午，美國萬緣寺住持聖琉長老參訪法鼓山
園區。法師力邀為全山僧眾開示，並陪同導覽園區。

聖琉長老是我的舊識，也是好友。他早年在臺灣親近
印順長老，他的弟子也都非常優秀，比如現在僧團的常
賡法師和信眾施碧珠菩薩，道心都很堅固，很有凝聚力。
二十多年前當聖琉長老準備赴美弘法，特別交代他的弟
子到農禪寺親近我，結果他的弟子真的都來了。現在長
老長年在美國，萬緣寺在他的經營下，已產生一股不小
的影響力。（〈五、珍惜生命〉，《美好的晚年》，法鼓文化，

2131

2010 年 2 月初版一刷，頁 95）

晚間，行政院新聞局局長鄭文燦由獎基會祕書長李伸一陪同，至臺北安和分院拜訪，就近來臺灣社會諸多不安現象，討論政府與民間團體共同努力的方向和作法。

五月一日，《法鼓》雜誌刊載法師專訪談「心目中的法鼓大學」。就「現在大學這麼多，為何法鼓山還要辦大學？」此一問題，談法鼓大學創辦理念、規畫，以及法鼓大學對臺灣社會發揮之功能和意義。全校師生不逾千人，「法鼓大學將是一所『走入人間』的精緻大學。」

　　許多人感慨，現在大學教育和社會脫節，學生不再關懷社會，畢業後也沒有追求理想的熱忱，對於未來沒有憧憬、責任；再加上現在社會無論是經濟生活、家庭型態、價值觀念，都迅速變遷，有些人因無法適應，而引發諸多社會問題。

　　「法鼓山看到了社會的問題和需求」，聖嚴師父表示，培養心理健康、熱心社會服務的青年才俊，一同探索現代人的心靈，尋找解決之道，是現代大學教育應走的方向，因此，法鼓山結合了僧伽大學豐富的弘化經驗、深刻人心的教學成果，創立符合社會所需的法鼓大學。

　　「法鼓大學從創校宗旨、課程規畫、招生對象等，都

和一般的大學有別。」聖嚴師父指出,法鼓大學不只培養高等知識人才,同時也培育能服務人群、關懷社會的健康青年,「法鼓大學將是一所『走入人間』的精緻大學。」

這間「小而美」的精緻大學,全校師生不逾千人,藉由住宿的校園團體生活,和心靈建設、社會服務、學術研究的教學學程,可以想見,未來品德、專業、學術思辨兼備的法鼓學子,將成為淨化人心、建設淨土的一批生力軍。「教育是百年基業,不只對於法鼓山,對於佛法、社會長遠的發展更是重要。」師父表示,支持法鼓大學培育優秀青年人才,就是以清淨心堆砌社會的一磚一瓦,朝向人間淨土邁進。(〈聖嚴師父心目中的法鼓大學〉,《法鼓》,197 期,2006 年 5 月 1 日,版 6)

五月二日,下午四時,於農禪寺召集僧團代表臨時會議,說明行使同意權事宜。

五月三日,下午三時半,於中正精舍,聽取聖基會工作報告,果廣法師、施建昌、蔡清彥、施炳煌、楊蓓、黃楚琪等董事與會。

施炳煌分享,影音傳播效果立時可見,紙本推廣,則往往三、五年後才能見其回響,因此建議法鼓山能多出版影音產品。

師父表示,影音傳播確實是當務之急,卻也指出,禪

七期間的開示，原則上皆不可外流，原因是禪堂的開示都是連續性的，只對禪堂裡的禪眾有用，對外流通則有問題。「我一向不主張，照著書本、影像來禪修，禪修還是要回到禪堂，比較安全。」（《隨師日誌》未刊稿）

即日起至八日，由峇里全球改造學院（Bali Institute for Global Renewal）創辦人馬西雅・傑富（Marcia Jaffe）發起之「追尋全球性療傷會議」（Quest for Global Healing Conference），於印尼峇里島烏布阿貢拉伊美術館（Agung Rai Museum of Art，簡稱 ARMA）舉行，法鼓山受邀參加，由僧團機要祕書果禪法師及國際事務特助常濟法師代表出席，共有來自十五個國家約六百五十多人參加。

五月四日，上午，於法鼓山園區會客室會見殷琪董事長，此係其第八度向法師請法，天下文化特約撰述潘煊隨行記錄。天下文化主編項秋萍為請法內容集結出版事宜，前來拜會，並隨堂旁聽。

下午，於法鼓山園區海會廳，出席中華佛研所所務會議，以所訓「立足中華，放眼世界；實用為先，利他為重」，期勉加強漢傳佛學師資，以與現有南傳組、藏傳組等量齊觀，始不負中華佛研所為全球漢傳佛教研究重鎮。

　　法師強調：學術目的當為現實所用，落實生活應用。
同時指示佛研所未來方向，一是與政府及民間企業「建
教合作」，開設心靈環保課程，既能弘化亦且開源；其次，
加強外語能力，未來將全程採英語上課。（《隨師日誌》
未刊稿）

五月七日，即日起至十日，「第三屆聯合國國際衛塞節世
　　界佛教大會」（International Buddhist Conference on
　　United Nations Day of Vesak Celebration）於泰國曼谷
　　佛教城舉行，來自全球四十餘國及地區一千五百多名
　　佛教代表，共同討論大會主題「佛教對世界和平與可
　　持續發展做貢獻」。法師受邀參加，由僧團副住持果
　　品法師代表出席。
　　南傳佛教國家，將每年五月月圓日定為衛塞節，紀念
佛陀誕生，東南亞諸國皆舉行祈福活動，今年泰國更擴
大舉辦相關慶典，典禮莊嚴隆重。由於去年聖嚴師父曾
訪問泰國曼谷，並接受朱拉隆功佛教大學頒授榮譽博士
學位，受到當地教界的重視，今年委派僧團副住持果品
法師代表出席盛會。（〈果品法師參加泰國衛塞節慶典〉，
《法鼓》，198 期，2006 年 6 月 1 日，版 1）

五月十一日，上午，於臺北安和分院召集法鼓大學辦學理
　　念與方針共識會議，與會者有惠敏法師、果廣法師、
　　籌備處主任曾濟群、護法總會總會長陳嘉男、劉偉剛、

連智富等。法師提出法鼓大學興學基本理念。

（一）法鼓山以環環相扣的三大教育實踐理念，其中大學院教育，並非單一獨立的學府，而是為了培養人才來落實大普化和大關懷的教育。

（二）確立漢傳佛教的主軸辦學，要培養自己的人才，也兼顧其他學系的辦學品質。西方禪修弟子給的回饋有二，一是將原來艱澀難懂的佛學名相，轉化為現代人可接受明白的語詞，融入一般人的生活之中；其次將漢傳佛教之中的中觀、唯識、如來藏予以融貫，合而為一，乃是我的兩大特色。

日本立正大學由日蓮宗創辦，董事長及校長皆由日蓮宗宗務所人士擔任，主要設有佛學部，學部下設相關學系，以佛學院為中心。僅辦佛學院無法撐起辦學經費，必須由其他學系來支持佛學院的興辦。

（三）將來的法鼓大學除了一般招生之外，也將有推廣教育課程，和政府及民間的工商企業合作，推出各種普化及關懷的課程，學校不會是孤立的象牙塔，而是走入社會，奉獻給社會。將來的學生會偏重社會服務與關懷的人才，包括對於社會弱勢階層的照顧，都是課程規畫重點。從多元性、多層次的角度興學，才能使法鼓大學一辦學，即獲社會肯定。

（四）我要求所有教授都要參加法鼓山的禪修活動，如果不參加禪修，無從知道師父的深度，無從探索法鼓山的豐富，這是非常可惜的。

（五）創新。我永遠是靠著創意帶動法鼓山；勿墨守成規，機會永遠不會等著我們。（《隨師日誌》未刊稿）

即日起至二十一日，法鼓山醫療團一行十三人，第四度至斯里蘭卡展開災區義診工作，由數度前往災區之潘文中醫師帶領，為約近二千位民眾看診。

五月十二日，下午，於聖基會辦公室，會見曹慰祖建築師。曹建築師出生於香港，曾任國際知名建築師貝聿銘助理，參與北京香山飯店、香港中國農民銀行等知名建築設計。對談建築、環境與人三者關係。

師父談起法鼓山工程，包括法鼓大學及市區農禪寺改建工程。曹建築師也表達三點心聲：一，現在已少有人能使佛教發揚光大；其次，建築之難，在於把無形的想法化現成有形的建築，又以有形的建築表達無形的理念；第三，往昔爬山，本來都很舒暢，直見寺廟拔地而起，反而心煩。「會不會是我的想法錯了？」曹建築師問。

師父表示，「這正需要你發揮創意。」房子與環境如果是和諧的，就會讓人住得舒服，後代也會用心維護，即使建築物倒了，也會修建。但如果無法呈現建築與環境的和諧關係，則今人住不舒適，後人也就不會用心維護和修建了。（《隨師日誌》未刊稿）

五月十三日，法務部調查局二百零八位員工由局長葉盛茂

領隊,參訪法鼓山園區,並由禪堂板首果元法師、果祺法師指導八式動禪、禪坐練習。法師至禪堂為大眾介紹禪修基本觀念與方法。(〈調查局訪法鼓山 體驗禪修〉,《法鼓》,198 期,2006 年 6 月 1 日,版 1)

五月十七日,下午,行政院院長蘇貞昌由新聞局局長鄭文燦陪同,至臺北安和分院拜訪,就目前社會自殺頻傳等議題請益。

院長雖才上任不久,但是他對這些現象非常關切,親自主持了幾次跨部門會議,研議解決的辦法。他也希望能由我來呼籲大眾珍惜生命,多想兩分鐘,你可以不必自殺。後來我拍攝《珍惜生命》公益廣告,當中的幾句話:「多想兩分鐘,你可以不必自殺,還有許多活路可走!」其靈感就是來自蘇院長的這一席話。(〈五、珍惜生命〉,《美好的晚年》,法鼓文化,2010 年 2 月初版一刷,頁 97)

五月二十日,上午於法鼓山園區接受殷琪董事長第九度請法。

於法鼓山園區出席「合唱團成長研習營」開示:法鼓山合唱團成立宗旨在推廣、實踐法鼓山理念,功能則在帶動法鼓山成員傳唱法鼓山歌曲,以音聲供養大眾;而能在歌唱中,制心一處,心無二用,也是禪修。

五月二十三日，即日起至二十八日，獎基會邀請十二位中
　國大陸北京、清華、南京大學，獲得該會獎助學金之
　博士班學生，來臺進行為期一週參訪交流。

五月二十四日，下午，臺灣科技大學校長陳希舜與教務長
　彭雲宏等一行，至安和分院拜訪，會談科技與人文教
　育整合。

　　師父表示，人文並不等於藝術、文學、舞蹈等人文學
科或者藝文領域，而是以人為本，展現人品的價值。法
鼓山提倡心靈環保，搭配禮儀環保、生活環保與自然環
保，用以提昇人品，在人間建設淨土，易言之，即是讓
自己與他人都過著平安、健康、快樂、幸福的生活。

　　當前社會缺乏具有影響力的意見領袖，以其言行使人
信服，乃是主因；其次，倫理道德淪喪，如校園中能尊
師重道者已是少數，因此社會多元，但是價值混亂。而
人格的教育，實際上便是倫理教育，倫理是對自己負責，
也對自己周遭的人與環境盡責。（《隨師日誌》未刊稿；
另參見：〈五、珍惜生命〉，《美好的晚年》，法鼓文化，
2010 年 2 月初版一刷，頁 97）

五月二十五日，於臺北安和分院接受國史館纂修兼口述歷
　史組主持人卓遵宏與侯坤宏訪談，就臺灣戰後佛教人
　物口述歷史專案，訪錄法師生平。

五月二十七日，於法鼓山園區會客室會見殷琪董事長，為
　　其第十度向法師請法。

五月二十八日，至臺北縣泰山鄉「吉羊廣告」成功片場，
　　拍攝「你可以不必自殺——還有許多活路可走」公益
　　廣告。《大法鼓》節目製作人趙大深、戴玉琴全程陪
　　同。

五月三十日，中午，於法鼓山園區設宴邀請香光寺悟因法
　　師、朝元寺融智法師、臺中佛教會館達和法師、士林
　　報恩寺普瑛法師、慈雲寺照智法師、弘誓學院昭慧法
　　師等近五十位比丘尼法師，感謝長年護持關懷法鼓山。
　　法師特別換上美濃閉關時期一襲古樸僧袍與眾會面，
　　表示感念。

　　　中午，僧團在法鼓山上設宴款待了長年護持法鼓山的
　　比丘尼法師們，其中包括悟因法師、普瑛法師、昭慧法
　　師、普暉法師、依道法師、照智法師、融智法師、達和
　　法師、廣學法師及果方法師等。這些法師之中，有的是
　　給我們建言，有的是給我們資源，有一些是從財務上支
　　持我們，當天有近五十位比丘尼法師給我們賞光，而香
　　光寺就到了二十五位，都是香光寺僧團的幹部執事，他
　　們清晨就從嘉義出發，真是給足我面子。（〈五、珍惜生
　　命〉，《美好的晚年》，法鼓文化，2010 年 2 月初版一刷，
　　頁 97-98；另參見：〈師父感謝長年護持的比丘尼法師〉，《法

鼓》，199 期，2006 年 7 月 1 日，版 1；〈慈悲沒有敵人——
聖嚴長老與昭慧法師會談記〉，陳悅萱，《弘誓》，81 期，
2006 年 6 月，頁 92-94）

即日起至六月六日，法鼓山慈基會前往印尼日惹災區。
日惹地區於五月二十七日發生芮氏規模六點二強震，
外交部於第一時間聯繫法鼓山，與國內其他單位共組
救援團隊，並委託新竹空軍基地派遣軍機，將第一梯
次救援物資、救難人員直接送抵災區。（〈印尼日惹震
災　法鼓山、外交部共同動員協助〉，《法鼓》，199 期，
2006 年 7 月 1 日，版 2）

六月三日，上午，至臺灣大學畢業典禮專題演說。法師以
「認清價值觀與大方向，感恩順境與逆境」為題，提
供青年學子面對未來方針，約有一萬五千位師生及家
長出席聆聽。

　　所謂人生價值的建立，便是清楚了解生命的意義，換
句話說，就是清楚「人活著是為了什麼？」。活著的目
的，僅僅為了財富、地位及名望嗎？其實人的生命，從
出生時便負有一項任務，那就是「承先啟後」，也就是
我們每個人在歷史上、社會上、家族中，所扮演的角色、
須盡的義務、應負的責任。

　　建立人生價值觀

可能諸位都曾經思索過這類的問題：「人生在世，為什麼要學這、學那？」「為什麼會發生種種的經歷？」「為什麼要接觸各種各樣的人和事？」從我的立場來說，答案很簡單，就是為了讓自己過得平安、幸福、快樂、健康，同時也使那些和我接觸、相關的人，同樣過得平安、幸福、快樂、健康。這是不能改變的價值觀，因為一旦失去這個原則，很可能就會傷害自己，也傷害他人，這對人生是負面的減分，也不容易見到層層加分的豐富人生了。

確認人生大方向

在確定了價值觀的立足點後，要有一個大方向。所謂大方向，並不一定得立志當總統、做大企業家，或者成為大富豪、大人物，而是這一生之中，要做一個人品健康者，那才是終身受用的最大財富。如何經營人品的財富？我的建議是：絕不做損人不利己之事，也不可有意無意之間做出損人利己的事來。凡事必須考慮到自利的同時，兼利他人，至少要做到利己而不損人的處世原則，否則會得不償失，甚至引來失足之憾。

感謝順境也感恩逆境

在生命過程中，要學習對順境感謝、對逆境感恩。處順境時，例如有貴人相助、好運連連、一路上平步青雲，在這種情況下，更要謙虛謹慎，並心懷感謝每一個相關

的人，不可過河拆橋、得意忘形，更忌驕傲自大，否則很容易出狀況。

　　遇到逆境之際，也一樣要感恩，因為逆境會使人成長得更快，磨鍊得更勇敢、更堅強。但如果遇到逆境，自己卻不會檢討反省，不能從中學取經驗，只是一次又一次接受相同挫折，這就不是在接受逆境的考驗，反而是自己的愚癡、無知了。

　　有時候的情況是自己沒犯錯，但因時空環境變了、人事狀況變了，一時間會有無法適應的痛苦。遇到這種情形，就要趕快調整自己的想法和作法，來適應現實的大環境。

　　如果還在牽掛、怨恨，自己就會雙倍倒楣，因為自己的信心不見了、勇氣也沒有了。在最困頓的時候，我形容自己就像是被五花大綁，在這樣的情形下，我的心還能自在地打太極拳。只要不以為自己倒楣，也就沒有什麼事可以困擾自己。（〈認清價值觀與大方向，感恩順境與逆境〉，《我願無窮》，法鼓文化，2011 年 4 月初版一刷，頁 270-274）

下午，中華民國僑務委員會「宏觀」電視台社長簡許邦至法鼓山園區拜會。簡社長為多年舊識，一九七七年法師赴加拿大弘法，即由簡社長擔任粵語翻譯。

（〈五、珍惜生命〉，《美好的晚年》，法鼓文化，2010 年 2 月初版一刷，頁 98-99）

六月四日，下午，鄉土文學作家黃春明與夫人林美音由國
立交通大學教授楊雪梅陪同，至法鼓山園區拜訪。

　　我們即將舉辦一場「你可以不必自殺——還有許多活
路可走」珍惜生命座談會，他們夫婦倆提前來看我，我
也勉勵他們早日走出喪子之痛。因為他們有一個兒子在
幾年前自殺了，失去這個孩子，夫婦倆始終難以釋懷，
尤其黃夫人這幾年都是以淚洗面，沒辦法接受事實。我
告訴他們，人生無常，每個人來到世上都有任務，等到
任務完成就走了。就像是搭公車，有的人上車以後，過
一、兩站就下車，但是有的人一路乘至終點，甚至下車
以後繼續轉乘，真正共同乘車的時間是不多的。（〈五、
珍惜生命〉，《美好的晚年》，法鼓文化，2010 年 2 月初版
一刷，頁 99-100）

六月六日，即日起至十三日，至臺大醫院回診，住院一週，
進行前列腺切除及膀胱鏡檢查。（〈五、珍惜生命〉，《美
好的晚年》，法鼓文化，2010 年 2 月初版一刷，頁 100）

六月十三日，於華視攝影棚接受《華視新聞雜誌》節目專
訪，主題為「珍惜生命」，此亦「你可以不必自殺
——還有許多活路可走」座談會相關議題。公共電視
廣播集團董事長陳春山及華視總經理李遠（小野）全
程陪同。（〈五、珍惜生命〉，《美好的晚年》，法鼓文化，
2010 年 2 月初版一刷，頁 100）

西方最具規模之內觀禪修中心（Insight Meditation Center）與精神磐石中心（the Spirit Rock Center）創始者傑克・康菲爾德（Jack Kornfield）將於後年（二○○八）四月，在加州・舊金山精神磐石中心舉辦禪七，禪眾將挑選百位西方各教派最優秀佛教老師參加，擬邀請聖嚴法師主七，帶領禪眾修習。法師考量身體狀況，婉謝邀請。

六月十日西方最大的內觀禪修社內觀禪修中心和精神磐石中心的創始老師之一傑克・康菲爾德來信謂：「這兩間內觀禪修中心裡，有幾位內觀禪修老師，很榮幸是師父的學生，向師父修學禪宗多年。因此希望邀請師父，二○○八年四月下旬，在加州・舊金山精神磐石中心帶禪七。此禪七的對象是透過特別挑選後，邀請一百位西方各派最優秀的佛教老師來參加。師父會與一位七十四歲的大圓滿教法藏傳長老（Tibetan Dzogchen Master）和一位七十二歲的泰國林居傳統長老（Thai Forest Master）一起帶領禪七。這次禪七是以南、漢、藏的傳統與學員指導『心性』（nature of mind）和『解脫』（liberation）的教義和修行方法。

此禪修營的緣起，是在一九九○年代和二○○○年，很榮幸曾經為達賴喇嘛，在達蘭薩拉和美國舉辦過一系列佛教界老師的會議。當時大家有一個共識，除了在會議親近佛教界大德高僧以外，也必須要在修行的環境之下親近。

師父具有深厚的智慧和修行,且相信未來參加此禪修營的佛教界的西方老師,也會很感恩有這麼殊勝的機會可以向師父求法。」

聖嚴法師指示覆函:

「我早已知道 Kornfield 博士的名字,以及他開創的內觀中心,也非常感謝他計畫邀請我與另外兩位藏傳及南傳的長老禪師共同主持二〇〇八年四月下旬在舊金山精神磐石中心舉行的高層次禪七,無奈那時我已七十九歲,目前的健康情況就不太好,到時恐怕無法把握能夠依約前往,故請見諒。」(據來往電子郵件)

於中正精舍口述追憶作家琦君。琦君女士於今年六月七日過世。

六月十五日,上午,邀請《中華佛學學報》與《中華佛學研究》二學報歷屆作者共二十四人至法鼓山園區聚會餐敘,討論兩份學報合併或停刊事宜,並構想支持漢傳佛教研究計畫。

師父有感而發地表示,《中華佛學學報》早年財務困難,承蒙許多學者發心投稿,讓學報長期維持良好的內容品質,現在學報已廣為國內外所重視,除了獲得國科會優等評鑑,在所有佛學研究當中,被徵引的文章也是最多的,這些都是很大的肯定。

為了邁向國際化、和世界接軌,同時也讓世界了解漢

傳佛學研究的成果，法鼓佛教研修學院成立後，將計畫以外文出版《法鼓佛學學報》，雖然當今電子化、數位化的趨勢，使研究環境日益便捷、研究成果日益豐盛，但學報一樣秉持嚴謹的審查、強調研究內容的新意，持續保持專業化和高水準。

最後，師父提到法鼓山將支持漢傳佛教研究的計畫。此構想一提出，立即引起學者們熱烈討論，佛光人文社會學院宗教系副教授藍吉富、中華佛研所老師楊郁文皆發言呼應。藍吉富老師表示，漢傳佛教不僅經論豐富、議題多元，還有許多深入民間文化的部分，值得研究。

師父表示，漢傳佛教悠遠深厚，尚未被世界所認識，法鼓山新的研究計畫，將以印度佛教為基礎，藏傳佛教為參考，深入研究漢傳佛教，使臺灣成為世界漢傳佛教研究的重鎮。（〈法鼓山加強推動漢傳佛教研究〉，《法鼓》，199 期，2006 年 7 月 1 日，版 6）

下午四時，於法鼓山園區會客室接受「年代」電視台新聞部主播顧名儀專訪，談「珍惜生命」座談會期望傳達訊息與作法。

訪題包括：如何有效向有意尋短者積極勸說生命的可貴價值？如何走出人生的幽谷？生命誠可貴，自由價更高，生命的結束算不算是一種自由？整個世界大環境對生命並不友善，如何走出一條希望大道？現代人是否比較脆弱？減法生活，會不會快樂些？如何界定正確的價

值觀？（《隨師日誌》未刊稿）

六月十六日，下午，於聖基會辦公室接受捐款，中華佛研
所董事悟明長老（前中國佛教會理事長暨前海明寺住
持）委請海明寺副住持聖玉法師、護法委員會主任委
員郭俊次、黃淑媛三位代表，捐贈新臺幣一千萬元護
持法鼓大學建設；聖嚴法師當場致電悟明長老感恩。
（〈悟明長老捐款千萬護持法鼓山〉，《法鼓》，199 期，
2006 年 7 月 1 日，版 1）

六月十七日，下午，出席獎基會（案：十月十九日更名為
人基會）於臺北圓山飯店國際會議廳舉辦之「你可以
不必自殺——還有許多活路可走」珍惜生命座談會。
座談會以「呼吸即是財富，活著就有希望」為題，另
邀請行政院衛生署自殺防治中心主任李明濱、作家黃
春明、導演吳念真與法師對談，此為法鼓山針對臺灣
社會自殺事件頻傳所展開之系列關懷首場活動。法師
指出：應多為別人想，正面思考，找出生命價值。
　　此一系列活動緣起於今年三月十九日，內政部部長李
逸洋偕同兒童局局長黃碧霞、民政司司長黃麗馨等一行
來訪法鼓山，以最近自殺事件頻傳等社會問題請益聖嚴
師父。
　　面對社會環境快速變動、經濟不景氣、感情、家庭、
壓力及精神憂鬱等種種因素所引發的自殺事件，師父憂

心地表示，自殺看似個案，但事實上每個人的內心都可能有自殺的念頭出現，在遇到困難挫折時，特別容易爆發。師父強調這除了要靠個人自己內心的轉換，旁人適時的關心與幫助也很重要。

除了座談會之外，法鼓山將與國內各大電視台合作，預計自六月起至九月，在電視、平面、網路媒體上播放，刊登聖嚴師父的法語「呼吸即是財富，活著就有希望」。（〈珍惜生命系列活動及廣宣　六月陸續展開〉，《法鼓》，198 期，2006 年 6 月 1 日，版 1）

六月十八日，上午，於法鼓山園區與全球女性和平促進會創始人暨執行長迪娜·梅瑞恩會談。

下午，出席僧伽大學禪學系會議，針對禪學系錄取標準及禪修人才養成方向、訓練、管理、運作等給予原則指示，禪學系籌備小組成員、禪堂堂主、板首、佛學院學務長等人與會。

六月二十日，「法鼓佛教研修學院」歷經五年籌設，通過教育部審查，正式獲准設立，成為國內第一所依法申設之宗教研修學院。法師特別對過去二十年來，爭取立法，使宗教研修課程納入正規教育之宗教界及教界人士表達感恩。

聖嚴師父曾經表示，法鼓佛教研修學院並非單獨孤立

的學院,而是法鼓山大學院教育的另一主軸,本著專精的佛學研究,配合即將成立的法鼓大學,共同培育「淨化社會、淨化人心、關懷社會、服務社會」的現代人才。

　　過去二十年來,宗教界爭取立法,期使宗教研修課程納入正規教育。如今法鼓研修學院申設通過,聖嚴師父十分感恩,包括佛教、天主教、基督教、道教等各宗教團體之齊心協力、共同成就。對於教界各方大德勤勞奔走,如臺大哲學系退休教授恆清法師、臺大哲學系退休教授楊惠南、中華佛學研究所所長李志夫、臺北藝術大學代校長惠敏法師等人,亦表達感謝之意。(〈法鼓佛教研修學院　獲准設立〉,《法鼓》,199 期,2006 年 7 月 1 日,版 1)

即日起至二十二日,法鼓山與全球女性和平促進會於法鼓山園區共同舉辦「全球女性慈悲論壇」。論壇以「心懷大悲,世界大慈」為主題,共有來自全球十國二十五位不同宗教女性修行者與和平運動者,與國內二十位與談人,共同討論如何將「慈悲」概念轉化為行動,治癒因戰爭等所造成之傷痛。

六月二十二日,下午五時,出席「全球女性慈悲論壇」閉幕典禮,並以「心懷大悲,世界大慈」致詞,指出宗教中男女性別尚未平等,並說明慈悲依範圍大小有三層次:有一定對象、有對象而無範圍、無對象無目的。

有與會者轉述講詞重點如下：

一、慈悲與女性有很特別的連結關係。觀音菩薩在中國，即以女身示現。

二、在臺灣，男女平等，但不表示佛教中之男女已經平等。各宗教的男女似乎都不平等。

三、臺灣比丘尼與比丘的地位是平等的，有兩個原因，一是比丘尼人數多，對社會的貢獻大，獲得社會大眾的肯定；一則是比丘尼主動向比丘爭取權利、廢除八敬法，代表性的人物就是昭慧法師。

講到這裡，大眾不禁熱烈鼓掌。長老打趣道：「所以我也有點怕她的，但她對我還是尊敬的。」大家聞言，哄堂大笑。這是長老首度公開對昭慧法師廢除八敬法，表達他的看法，而且是在國際性的公開場合，殊為難得。筆者更感佩的，是長老吞吐日月的器度！

四、慈悲心可大可小，層次也有高有低。範圍小的指普通的「愛」，愛自己的親人、家人，相關的小團體。有條件之愛，往往淪為投資，因此高層次，範圍大的愛，是愛所有的人，對象沒有固定的範圍，乃至沒有宗教的界限，而且不求回饋。無條件的照顧，方能名為「慈悲」，心中沒有奉獻的自己、奉獻的事、被奉獻的人，而只是永遠奉獻，而且做完了「船過水無痕」。

五、法鼓山祈願觀音殿有一幅畫，各宗教的特徵都涵括在內。這表示一切宗教都在觀音菩薩的大慈悲心裡。這不是要使所有人成為佛教徒——因為那不是「大悲

心」，而是「大自私心」。

六、最高層次的是偉大的佛陀與菩薩，我們或難企及，但可練習第一、二層次，否則世間將永遠有戰爭與衝突。而且一個人不愛父母，而卻聲稱愛所有的人，那也是個笑話。（〈慈悲、正義、獅子吼──法鼓山「女性慈悲論壇」隨行記〉，釋傳法，《弘誓》，84 期，2006 年 12 月，頁 57-62；另參見：〈「全球女性慈悲論壇」法鼓山舉行〉，《法鼓》，199 期，2006 年 7 月 1 日，版 1；法師致詞〈心懷大悲，世界大慈〉收入《我願無窮》，法鼓文化，2011 年 4 月初版一刷，頁 45-48）

「全球女性慈悲論壇」與談人，泰國比丘尼達摩難陀（Ven. Dhammananda）於離臺前拜會法師，請益有關南傳比丘尼受戒及教育等事宜。

六月二十四日，上午十時，總統陳水扁至法鼓山園區拜訪法師。陳總統對朝野上下不滿聲浪，感到無奈。法師以佛教徒三項基本修行項目：懺悔、發願、迴向與陳總統分享，勉勵在衝突、矛盾世界中，起大悲心，關懷眾生。（〈師父以懺悔、發願、迴向　贈陳總統〉，《法鼓》，199 期，2006 年 7 月 1 日，版 1）

六月二十八日，下午，浙江普陀山方丈戒忍法師率同七位法師，由臺灣中華佛教護僧協會二十餘位居士陪同，

至法鼓山拜訪。果品法師、果東法師、果廣法師等全
程接待。稍後於第二大樓方丈室拜會。戒忍法師敬稱
聖嚴法師為「師父」，因其為焦山茗山長老法子，而
聖嚴法師與茗山長老同為東初老人法子。（〈五、珍惜
生命〉，《美好的晚年》，法鼓文化，2010 年 2 月初版一刷，
頁 103）

七月一日，下午，出席法鼓山於臺北圓山大飯店舉辦之「臺
灣青年領袖促進和平論壇」，主題為「經濟與環保的
創新作為」。論壇由法行會會長蕭萬長主持，邀請聖
嚴法師、宏碁集團創辦人施振榮、中央大學產業經濟
研究所教授朱雲鵬，以及前環保署署長張祖恩對談。
法師提出以「四要」──需要、想要、能要、該要，
作為兼顧經濟和環保平衡發展之原則。（〈臺灣青年領
袖促進和平論壇〉，《法鼓》，200 期，2006 年 8 月 1 日，版 1）

七月五日，慈基會協助南亞海嘯災後重建，與印尼菩提心
曼荼羅基金會（Bodhicitta Mandala Indonesia）、中華
民國紅十字總會簽訂合作備忘錄，共同協助重建印尼
棉蘭菩提學校學童宿舍。

七月六日，上午，於法鼓山園區國際會議廳，對法鼓山僧
團法師、全體專職人員舉行「精神講話」，主題為「法
鼓山的立場」，各分院道場並同步視訊連線，約有

七百九十多人參加。

　師父舉近日至臺灣大學演講、陳水扁總統來訪、宏碁集團創辦人施振榮自承深受師父觀念影響……，乃至因提出理念受重視而被推選為世界宗教領袖理事會理事長為例，請全山僧俗四眾，對正推動之理念應有信心，且務必親身實踐，此即是提昇自己人品，進而建設人間淨土。（《隨師日誌》未刊稿；另參見：〈六、承先啟後，繼起有人〉，《美好的晚年》，法鼓文化，2010 年 2 月初版一刷，頁 106）

七月八日，傍晚，於農禪寺為「第五十三次法鼓山社會菁英禪修營共修會」開示，從法鼓山建築群匾額說明法鼓山修行方法與次第。（〈六、承先啟後，繼起有人〉，《美好的晚年》，法鼓文化，2010 年 2 月初版一刷，頁 106）

七月九日，中午，邀請臺大醫院醫療團隊，包括腎臟內科蔡敦仁教授夫婦、前腎臟科主治醫師林水龍夫婦、洪冠宇醫師，以及住院期間提供資源協助之洪淑娟醫師及黃淑媛菩薩餐敘。當日並以書法「佛心醫師心」致贈林水龍醫師。（〈六、承先啟後，繼起有人〉，《美好的晚年》，法鼓文化，2010 年 2 月初版一刷，頁 107-108）

七月十一日，至法鼓山禪堂為大專青年禪七圓滿開示。青年禪七自四日起舉行，共有近二百位在學和社會青年

參加，其中有遠從澳洲、加拿大前來青年，以及新加坡、馬來西亞多位外護義工。（〈大專青年暑期禪七200位海內外青年參加〉，《法鼓》，200期，2006年8月1日，版1）

七月十二日，即日起至十九日，慈基會一行包括僧團副住持果品法師、果器法師及慈基會總幹事陳果開等共十三人至斯里蘭卡，關懷災區民眾，並參與臺灣村落成灑淨法會。

七月十三日，上午，至法鼓山園區海會廳出席「九十五學年度中華佛學研究所新生講習」，以「中華佛學研究所的目標是什麼？——談所訓的意涵」勉勵新生：三年研究生涯，應從佛說因緣觀明辨正法，進一步建立正知正見人生觀。

　　佛研所注重「解行互資、悲智雙運」，研究學問的同時也要身體力行，親身體會佛法的利益，以慈悲心生起真智慧，否則學問便是死知識。師父以自身研究明末蕅益智旭大師倡行「性相融會」、「禪教合一」以振興佛教為例，說明研究學問需秉持「實用利他」的精神，並因應時代需求。（〈師父勉新生：做學問須身體力行〉，《法鼓》，200期，2006年8月1日，版6）

七月十四日，歷經一年多策畫，整建、搬遷，法鼓山斯里

蘭卡安心服務站落成啟用，舉行灑淨法會，由僧團副
住持果品法師主持，斯里蘭卡總統府祕書長、都市發
展部部長 Jagath Puspakumara 及水利局副局長 Mahinda
Amarawira 等多位政要參加，將近一千五百位當地居
民觀禮。（〈斯里蘭卡安心站落成了！〉，《法鼓》，200 期，
2006 年 8 月 1 日，版 2）

七月十六日，下午，國際知名建築照明設計公司 BPI
（Brandston Partnership Inc.）總裁暨法鼓山照明顧問
周鍊至園區拜訪法師，討論法鼓山整體照明規畫與照
明思維。美國象岡道場照明，經其協助，節省三分之
二能源。（〈六、承先啟後，繼起有人〉，《美好的晚年》，
法鼓文化，2010 年 2 月初版一刷，頁 108）

七月十八日，於農禪寺邀請前教育部部長楊朝祥、前臺北
大學校長李建興、前政治大學校長鄭丁旺、前花蓮師
範學院校長陳伯璋、宏碁集團創辦人施振榮等人餐敘，
就法鼓人文社會學院建設與方向討論。

　　會議緣於七月一日臺灣青年領袖促進和平論壇座談會
後，宏碁集團創辦人施振榮建議，法鼓人文社會學院不
應定位成一般大學，而以心靈提昇教育，朝研究所或者
在職進修深造的方向辦學，才能走出自己的路。師父感
其建言可貴，希望擴大聽取各界寶貴諍言。

　　僧團首座和尚惠敏法師、行政中心副都監果光法師、

中華佛研所副所長果肇法師及法鼓人文社會學院籌備處
主任曾濟群陪同與會。（《隨師日誌》未刊稿）

七月二十日，下午，至臺大醫院為該院職工以「身心自在」
為主題演講，約有三百多位醫護人員參加。此係法師
為感謝臺大醫院於其住院期間之關懷而開講。

　　唯有建立正確人生觀、價值觀，認清人在大環境中，
只能掌握一半，因此在這一半中，盡心盡力，以利人來
利己，便不會斤斤計較。至於另一半因緣是無法預期，
所以無須太過在意，若能有此認知，無常發生，才能坦
然面對和接受，如此，身和心便可以自由自在。（〈身
心自在〉，《我願無窮》，法鼓文化，2011 年 4 月初版一刷，
頁 117-122）

　　即日起至二十三日，法鼓山園區禪堂舉辦首屆「社會
菁英精進禪三」，法師蒞臨開示，來自企業界、醫界、
學術界、文化界人士共有一百五十九人參加。（〈社會
菁英精進禪三　159 位各界人士參加〉，《法鼓》，200 期，
2006 年 8 月 1 日，版 1）

七月二十二日，於法鼓山園區為九月加拿大溫哥華道場落
成祝福預錄開示〈法鼓山道場的功能〉。

七月二十五日，下午，佛教高僧弘一大師俗家孫女李莉娟

及天津佛教學會一行，至臺北安和分院拜訪。（〈六、
承先啟後，繼起有人〉，《美好的晚年》，法鼓文化，2010
年 2 月初版一刷，頁 109）

**七月二十八日，於聖基會召集劉偉剛、連智富，就「漢傳
佛教教育實施辦法」專案、法鼓大學興學，以及方丈
交接典禮等議題討論。對法鼓大學與研修學院關係亦
清楚定位。**

　　師父說明「漢傳佛教教育實施辦法」之目的有二，一
為獎勵研究生、研究人員發表論文，二為創辦英文學報，
與國際學術接軌；希望能在十年內看到漢傳佛教起步。
師父表示，漢傳佛教即中國佛教，含華嚴、天台、淨土
及禪宗等宗派，而今能對世界文化起大影響者，唯有禪
宗。

　　對於專業的學術研究，如何能走入民間，為普羅大眾
所用？師父以日本佛學研究為例，指出「二多」：一、
研究人員多，二、通俗文章多，使日本佛學與民間文化
產生聯繫，不至隔閡。「如何讓學術研究推及民間，被
普及通俗運用，且分享社會、國際所用，是最重視的目
的。」

　　其次，未來法鼓大學辦學以後，法鼓佛教研修學院將
併入其中，如美國哈佛大學最初以神學院起家，之後才
有哈佛大學；大學成立以後，神學院仍然存在。師父表
示，法鼓大學一定要辦成，現在最需要的是大願力、大

魄力、大執行力，「法鼓大學將是未來法鼓山世界佛教
教育園區的一大重心。」（《隨師日誌》未刊稿）

七月二十九日，出席於法鼓山園區舉辦之「二○○六全球
　　青年領袖高峰會——臺灣青年領袖促進和平論壇」。
　　該論壇於二十八日至三十日舉行「國際青年領袖會
　　議」，邀請十七位具有參與非營利組織（NPO）經驗
　　外籍青年代表，與七十五位臺灣青年分享如何將年輕
　　人活力熱情，轉化為具體行動。

　　師父與地球憲章委員、猶太教歐盟主席奧拉罕‧索敦
多普共同接受地球憲章總部青年團主席米歇爾‧斯拉比
訪問。師父提醒：「年輕人要具有影響力，就要先認知
這個世界、了解這個世界。」索敦多普則表示，「我們
心中都有慈悲，這是大家共同的語言，希望未來有一天，
大家可以因為具體的行動而看見彼此，也看到自己的內
心。」（〈青年可以為世界和平做什麼？〉，《法鼓》，201
期，2006 年 9 月 1 日，版 5）

下午三時，於法鼓山園區簡介館會見慧炬出版社及雜
誌社成員。該社一行二十七人，由董事長莊南田帶領，
參訪法鼓山。

七月，公告制定「法鼓山方丈敦聘辦法」。

七月，法鼓山僧伽大學招收新生。今年度於佛學系、僧才
養成班外，增設六年制禪學系。共一百三十餘人報考，
錄取五十二人。（〈僧伽大學九十五年招生放榜〉，《法
鼓》，200 期，2006 年 8 月 1 日，版 6）
案：原佛學院改為佛學系。

七月，美國佛教修行雜誌 *Buddhadharma*（《佛法》）今年
夏季號刊出法師二〇〇四年五月於俄國莫斯科主持禪
七之開示，向北美讀者介紹漢傳禪法。

八月四日，為《禪無所求》撰〈序〉。《禪無所求》為法
師第十四本英文著作 *Song of Mind* 之中文譯本，由單
德興翻譯，今年九月出版。（〈序〉文見九月譜文）

八月八日，撰《聖嚴法師教禪坐》〈大陸版序〉。該書於
今年十一月，由北京宗教文化出版社出版。（〈序〉
文見十一月譜文）

八月十日，於法鼓山園區階梯教室為僧團比丘尼講授比丘
尼戒。

八月十二日，即日起至二十日，於法鼓山園區禪堂舉辦「第
二屆法鼓山卓越‧超越成長營」。成長營分兩梯次舉
行，每梯次五天，共有三百多位青年參加。法師蒞臨

關懷開示，從「佛教、佛法、學佛」說明「佛教是根據佛陀教導的方法，幫助大家修正自我偏差觀念，得到平安快樂的人生」，並勉勵學員積極投入公益活動，以成為領袖自許，找到自我人生意義與價值。（〈帶領大學新鮮人　航向心中的喜馬拉雅〉，《法鼓》，201 期，2006 年 9 月 1 日，版 6）

為楊蓓《親密、孤獨與自由》撰〈推薦序〉。（〈推薦序：熟悉的名詞，化為解決問題的鎖匙〉，《親密、孤獨與自由》，法鼓文化，2006 年 9 月初版一刷，頁 3-6）

八月十三日，上午，臺北縣婦聯會一行，有臺北縣縣長周錫瑋夫人林珊珊、新店市市長王美月，以及北縣各鄉鎮市長眷屬等二十餘人，至法鼓山園區參訪並拜會。法師開示指出，參與公益不是因為閒散、沒事做而做公益，而是關心大眾福祉而積極投入，卻不求回報。「忙人時間最多」，做公益事業的人是家裡忙、工作忙，為公眾熱心忙，也歡迎諸位上法鼓山來忙。（《隨師日誌》未刊稿）

下午，於法鼓山園區會客室，邀請福嚴佛學院院長淨照法師及慧日講堂負責人厚觀法師談話。
　厚觀法師一行向聖嚴師父請益：男眾佛學院學僧報考者，一年更少一年，該如何改善？師父表示，此種現象

不獨今日才有，也非佛教界獨有。出家人才的日益減少是社會變遷的事實，只有加強出家眾的道心與悲願心，並且多培養在家居士弘法人才，才是因應之道。

「法鼓山現今蓬勃發展，僧眾會不會覺得時間不夠用？」厚觀法師提問。師父指出，一個精進的僧團，是因每位僧眾都非常積極。但積極不是忙碌，而是在奉獻的過程中成長；愈是奉獻投入者，其道心愈堅固。法鼓山出家眾看似很忙，除了弘法，當中也有個人的修行生活。「只要心情不緊張，保持愉快，出家人的生活，無時無刻不在弘法，卻不覺得忙、有壓力。」（《隨師日誌》未刊稿）

八月十四日，「法鼓佛教研修學院」經教育部來函同意籌設，為全臺第一所教育部通過成立之單一宗教研修學院，正式進入設校程序。

八月十五日，法鼓山獲內政部頒發九十四年度「績優宗教團體獎」，由文化館住持鑑心法師代表參加於臺灣大學醫學院附設醫院二樓國際會議中心舉行之「興辦公益慈善及社會教化事業表揚大會」，接受表揚並領獎。

八月十七日，前行政院院長謝長廷來訪安和分院拜會。謝長廷決定參選臺北市長，法師勉勵，服務人民當有悲願心，從事選舉當扭轉惡質文化。

師父指出，願心的達成，尚需福德因緣具足，若福德因緣未成熟，光有願心，未必能成事，但是悲願心一定要有。

對於當前惡化的選舉風氣，師父頗感憂心，期勉謝菩薩能帶動健康、正面的選舉，以政見訴求為主，勿做對手人身攻擊，扭轉臺灣惡質的選舉文化。「心量大，才能起大悲心；能容人，才能被人包容。」(《隨師日誌》未刊稿)

八月十八日，下午，率僧眾弟子至張國英老居士府致悼，並於張老居士靈位前誦《心經》迴向及開示說法。張老居士為文化館早期信眾，由東初老人證皈依，日前往生，享年八十八歲，法師感念張老居士一生愛教護法，對東初老人及法師之全心護持。

八月二十二日，於法鼓山園區海會廳為中華佛研所新生「宗教學」專題授課。說明研究各種宗教及歷史之重要性。

研究佛學，不能只懂得佛學，對於其他宗教，如一神教、印度教、新興宗教及臺灣的民間信仰，均應涉獵，才能知己知彼，借他山之石攻錯，讓佛教發展更穩固。師父也提及佛教學者，必當重視戒律及佛教史，因為歷史上佛教的衰微，其因不離佛教徒的不持戒、腐化及佛教的教團散漫等，因此戒律相當重要。如果佛教徒有心探究佛教史，就會生起強烈的責任感。「我常有一個願：

正確的佛法不能在我這一代斷失，必須一代一代往下傳
承，因此辦教育培養人才是非常重要的。」(《隨師日誌》
未刊稿)

八月二十五日，於聖基會辦公室召開僧團各類祕書職務會
議，討論：創辦人機要祕書、新任方丈祕書、僧團祕
書之確定人選；前述各項祕書需要條件、主要業務與
分工。並將討論結果作為機要祕書室移轉交接及僧團
整體運作原則。

八月二十六日，即日起至二十九日，僧團副住持果品法師
與常智法師代表法鼓山應邀至日本京都參加「第八屆
世界宗教和平大會」(8th World Assembly of Religions
for Peace)，針對當前的國際形勢、政治以及社會議
題，與世界各大宗教領袖交換意見及看法。

八月二十七日，上午，於農禪寺主持「祈福皈依大典暨會
團迎新博覽會」，並與臺中分院、臺南分院、高雄紫
雲寺、臺東信行寺等視訊連線同步舉行，總計皈依人
數超過三千人，為歷年舉辦皈依大典人數最多一次。

新加坡國防部財政司司長廖俊文、新加坡資政吳作棟
私人祕書蔡艾伯，以及法鼓山新加坡護法會召集人謝
世裕、悅眾吳一賢與夫人黃淑玲等，至農禪寺拜訪法

師。

八月二十九日,出席僧大主辦「生命自覺營」圓滿日之捨
　　戒典禮。「自覺營」自二十一日起舉行九天,共有
　　一百五十七位來自臺灣、香港、馬來西亞等地青年,
　　體驗九天出家生活。法師以「大海盲龜」譬喻,強調
　　佛法珍貴難聞,「戒可以捨,但是出離心不可以捨,
　　回家之後,應該要繼續精進佛法」,不要被逆勢因緣
　　牽著走。(〈僧僧不息的生命自覺營〉,《法鼓》,202 期,
　　2006 年 10 月 1 日,版 5)

　　是日,於中正精舍書寫「靈山勝會今猶未散,法華鐘
　　鳴眾聖涌現」等書法三件。

八月三十日,即日起一連二天,內政部於法鼓山園區舉辦
　　「九十五年度財團法人社會福利慈善事業基金會聯繫
　　會報暨九十四年度評鑑績優單位頒獎典禮」,共有
　　三十個慈善團體代表與會。法鼓山慈基會獲頒優等獎。
　　法師以「忙得快樂、累得歡喜」,勉勵從事慈善工作,
　　「不為自己,而為社會,持續獻身,奉獻社會」。(〈內
　　政部於法鼓山舉辦慈善團體評鑑頒獎〉,《法鼓》,202 期,
　　2006 年 10 月 1 日,版 1)

八月三十一日,僧團於法鼓山園區舉辦三年一次之僧團大

會，約有一百二十多位執事法師參加，修訂「法鼓山
僧團共住規約」，並由全體僧眾行使同意權，選出果
東法師為第二任方丈。接位典禮於九月二日舉行。

　　法鼓山第二任方丈是依據「方丈敦聘辦法」所選出，
新任方丈先由僧團代表推選五位，再由聖嚴師父遴選一
人，最後於八月三十一日舉行的僧團大會行使同意權通
過任命。（〈聖嚴師父傳承　果東法師接位〉，《法鼓》，
201 期，2006 年 9 月 1 日，版 1）

八月，法師與各界專家、賢達合著《不一樣的人生旅程》、
《不一樣的教育理念》、《不一樣的文化藝術》、《不
一樣的社會關懷》、《不一樣的親密關係》等五本，
由法鼓文化出版。此系列書稿內容原係達明傳播公司
張光斗策畫製作，於中國電視公司播出之談話性節目
《不一樣的聲音》，經謄錄編輯後發行。（〈總序：為
二十一世紀開新思路〉，《不一樣的人生旅程》，法鼓文化，
2006 年 8 月初版一刷，頁 1-6）
　　案：本《世紀對話》系列共出版十三冊，前三冊為《聖
　　嚴法師與人文對話》、《聖嚴法師與科技對話》、《聖
　　嚴法師與宗教對話》係應各界邀請舉行之演講對談；後
　　十冊為《不一樣的聲音》電視節目內容，今出版五冊，
　　另五冊於二〇〇七年二月出版。

九月一日，《法鼓》雜誌本期（二〇一）起刊出〈法鼓山

禪佛教的宗教師〉。

案：此係二〇〇四年九月為僧團講授〈法鼓山的禪佛教〉
四堂課，後來改題為〈中華禪法鼓宗〉收入《承先啟後
的中華禪法鼓宗》小冊於今年十月發行。參見二〇〇四
年九月二十三日譜文。

**九月二日，法鼓山第二任方丈接位大典於法鼓山園區大殿
舉行，法師於典禮中將方丈一職與信物交付果東法師，
並正式任命為法鼓山第二任方丈和尚。**

當天的接位大典由聖靈寺今能長老擔任送位和尚，共
有三千多位護法信眾前來觀禮，儀式在鐘鼓齊鳴及梵唄
聲中進行，場面十分莊嚴隆重。新任方丈果東法師自聖
嚴師父手中承接「法鼓山僧團組織章程」及「法鼓山創
辦人之指導方針」，並由聖嚴師父手中親自承接一〇八
粒的念珠，象徵著法務交接。

師父勉勵新任方丈，應時時提起戒、定、慧三學正念，
息滅貪、瞋、癡三毒，若能依「法鼓山創辦人之指導方
針」擔任方丈職務，必定能防墮落、防腐化，使法鼓山
教團法務日日增長。（〈聖嚴師父傳承　果東法師接位〉，
《法鼓》，201 期，2006 年 9 月 1 日，版 1）

**果東法師宣誓「將傳承實踐聖嚴師父創辦法鼓山的理
念、精神、方針和方法為依歸。奉獻自己，成就大眾。
以延續弘揚漢傳禪佛教，永住於世為任務。」並於致**

謝辭時表示，法鼓山僧團之組織發展已相當完整，未
來仍懇請十方大眾能夠一起合作，共同為法鼓山教團
及天下眾生做貢獻。（〈聖嚴師父傳承　果東法師接位〉，
《法鼓》，201 期，2006 年 9 月 1 日，版 1）

**新任方丈接位前，法師勉勵新任方丈擔負起推動法鼓
山理念、住持三寶、弘傳漢傳佛教使命，同時說明，
雖然退位，仍是法鼓山創辦人，會擔負指導四眾弟子
修行以及關懷大眾之任務。**

　　回想十七年前，我聖嚴雖然已屆花甲高齡，而且衰病
忙碌集於一身，為了作育佛教繼起之人才，不畏艱辛，
不受阻難，開始籌建法鼓山世界佛教教育園區。在眾多
善緣促成之下，第一期硬體工程，已於去年舉行了落成
大典。又經過一年的時間，法鼓山僧團的各項制度、規
章、原則、辦法等，也已陸續完備。在我的健康狀況尚
能出席新任方丈接位儀式的今天，親眼看到法鼓山領導
人的世代交替，成為事實，我相信不僅是我個人的福報，
也是法鼓山四眾弟子的福報，甚至是二十一世紀的人間
福報。

　　法鼓山僧團中，有各種領域的傑出僧才，從任一角度
看，都是繼起有人的。例如各別專長於學問、教育、文
化、禪修、弘講、組織管理、溝通協調，勇於任事，以
及對於法鼓山理念及方向的熟悉等，也有一人兼具數種
長才的。為了分工合作，各適其所適，我們不要求新方

丈是面面具優的全才，但求方丈的人格健全、戒行清淨、
氣度恢弘、有大悲願。方丈的責任是傳承法鼓山的法脈
法統，是秉承創辦人的理念宗旨，依據法鼓山的共識，
結合僧團內外的資源，為僧團內外，為一切眾生，提供
淨化人心、淨化社會的服務。不調和的使之調和，不通
暢的使之通暢，不清淨的使之清淨，不精進的使之精進，
未成長的使之成長，走偏了方向的將之糾正過來。

　　方丈扮演的角色，對內是領眾焚修，攝眾、和眾、安眾；
對外是代表法鼓山清淨團體，接引大眾，淨化社會。也
就是執行僧團大眾交代的住持職務。萬一發生窒礙難行
之事，則依情節的大小輕重，可分別召開綱領執事會議、
僧團代表會議、僧團大會，依制度辦法商討處理，有必
要時尚可邀聘專業顧問，來協助處理。

　　今天接位法鼓山第二任方丈的果東法師，雖不一定是
法鼓山最優秀的人才，但我相信是非常恰當的人選。他
出家受比丘戒十多年來，對於三寶，信心堅固；對於修
持，道心堅固；對於師父的教法，從不懷疑；對於僧團
及道場的向心，忠誠不二；身體健康，勤於奉獻，何處
需要他，他就去何處；不辭辛勞，經年累月對廣大信眾
做了許多不分晝夜的關懷工作，故代表法鼓山為體系內
外的社會各界，結了不少善緣。

　　我要代表法鼓山的僧俗四眾，謝謝新任方丈，勉勵新
任方丈；也要代表新任方丈，謝謝法鼓山的僧俗四眾，
勉勵法鼓山的僧俗四眾，應把新任方丈當作法鼓山這個

團體的中心支柱，共同來信賴他、護持他。

至於我聖嚴師父，卸任後依舊是法鼓山的創辦人，依舊是僧團及教團的導師，依舊有權管教徒眾的行儀，依舊有責任照顧大家的道心，依舊是一個關心眾生苦難的出家人。若干尚未完成的工程以及正在規畫的教育事業，暫時還會負責。（〈聖嚴師父開示：繼起有人〉，《法鼓》，201 期，2006 年 9 月 1 日，版 1）

新任方丈接位後，法師以四點勉勵新任方丈以及法鼓山僧俗四眾：遵行組織章程及創辦人之指導方針，應時局需要創新，同心協力，永續奉獻。

第一，剛才新任方丈從我手中接下的信物有三項：（一）法鼓山僧團組織章程；（二）法鼓山創辦人之指導方針；（三）一〇八粒的念珠一串。一、二兩項是由僧團代表大會通過，交代方丈遵行實施。第三項是勉勵方丈，時時提起戒、定、慧三學的正念，息滅貪、瞋、癡三毒的一〇八種煩惱障礙。若能依此三項信物來擔任方丈職務。必定能使法鼓山教團及方丈個人的慧業福業，日日增長。

第二，我們不要隨俗說：「創業維艱，守成不易。」那是不夠正確的，因為我們法鼓山這個團體是在時代環境的希求下，以及社會大眾的支持下，水到渠成的，這不是我聖嚴的創業，而是這個時代社會的共同資產。因此，我要勉勵新方丈，不用迷信「守成不易」，只要本

著法鼓山的理念，推動三大教育及四種環保，就可隨時順勢而為、應時而生，結合教團內外的各項資源，經常開創新情勢，為今後的世界社會，帶來新風氣新局面。

第三，我們不要說，新方丈是法鼓山的唯一接班人，而要認知我的下一代乃至每一代的每一位成員，都是我們法鼓山的接班人。我們是共同體的僧團，是依眾靠眾，是共同分擔工作、分擔權責，每一個領域的每一個層面，都有各司其職各負其責的人，方丈只要鼓勵全體四眾，同心協力，為法鼓山的理念努力，就會如同載著一船人，每個人都划著一支槳，順風順水似的那麼容易。

第四，我們的時代社會，希望我們用佛法來奉獻的事很多，我們的人力物力及時間卻很有限，應當判斷選擇輕重、緩急、先後次第來做，個人做不完的，勸大家來做；這一代做不完的，勉勵下一代的人來做；這一輩子做不完的，發願永生永世繼續來做——眾生有盡，我願無窮。每一個職位可以換手做，淨化人心淨化社會的悲願弘誓，是盡未來際做不完的。（〈聖嚴師父勉新任方丈：眾生有盡 我願無窮〉，《法鼓》，201期，2006年9月1日，版1）

方丈接位大典後，法師即搬出原住方丈寮，以建立制度。至十月七日開山寮完工進住前，暫住男眾部貴賓寮。

由於這個時期開山寮尚未完工，因此我暫時搬入男眾部的貴賓寮。另一方面，我也思考到新任方丈要有自己

的辦公室、會客室,以及祕書、座車等配備,才能執行
方丈的任務。這是一開始就要制度化,否則馬馬虎虎,
方丈就不像是方丈了。(〈六、承先啟後,繼起有人〉,《美
好的晚年》,法鼓文化,2010 年 2 月初版一刷,頁 112-114)
案:法師卸下方丈一職後,僧服即改回灰色長衫,齋堂
座位亦移至大眾區,以表對僧制之實踐。

九月三日,於法鼓山園區創辦人辦公室,與西方法子吉伯·
　　古帝亞茲談話。東初禪寺住持果明法師下午加入會談。
　　(《隨師日誌》未刊稿)

九月四日,於中正精舍撰聯〈寫法鼓山大冠鷲〉並書寫:「大
　　冠鷲山頂盤旋,白鷺鷥林野穿梭」等書法二十件。

九月五日,希望基金會董事長紀政等人,至臺北安和分院
　　拜訪,就該基金會將於十月舉行「萬步寶島,有您真
　　好」健行活動,請益佛法「行」之觀點,並請法師支持。
　　法師當場書寫「走路即是環保,走路即有健康,走路
　　就是修行」以為響應。(〈六、承先啟後,繼起有人〉,《美
　　好的晚年》,法鼓文化,2010 年 2 月初版一刷,頁 114)

九月八日,於聖基會辦公室召開法鼓佛教研修學院第一屆
　　第一次董事會,通過聖嚴法師擔任第一屆董事長,惠
　　敏法師擔任首任校長,並依規定呈報主管機關核備。

九月十日，上午，獎基會呼應「世界防治自殺日」，在臺
　灣大學綜合體育館辦「關懷生命健走祈福」活動。法
　師出席並致詞，呼籲「傳遞慈悲和愛的鐘聲」，關懷
　身旁親友。

　　行政院長蘇貞昌、臺北市長馬英九、衛生署長侯勝茂
等多位政府官員，以及「飛越羚羊」紀政、國際口足畫
家謝坤山、美國紐約「瑪莎 · 葛蘭姆舞蹈團」首席舞者
許芳宜等知名人士共同參與；董氏基金會、臺灣憂鬱症
防治協會、國際生命線台灣總會、張老師基金會、希望
基金會、三五二○地區扶輪社等團體也一同加入活動行
列。

　　佛教界由法鼓山方丈和尚果東法師擔任代表，首先引
領全場民眾誦念「南無觀世音菩薩」聖號，為自殺往生
者及其家屬祈福，天主教修女葉寶貴、伊斯蘭教教長馬
孝棋、基督教牧師星 · 歐拉姆、中華道教總會理事長張
檉等代表，也分別從各宗教的觀點出發，為民眾闡述生
命的意義，並進行祈福默禱。（〈多關懷身邊的人　共同
防自殺〉，《法鼓》，202 期，2006 年 10 月 1 日，版 1）

九月十一日，即日起至十四日，至臺大醫院定期回診。檢
　查結果正常，未發現腫瘤，亦無需輸血。（〈六、承先
　啟後，繼起有人〉，《美好的晚年》，法鼓文化，2010 年 2
　月初版一刷，頁 115）

九月十二日，至法鼓山園區出席僧伽大學佛學系、禪學系
及僧才養成班九十五學年「新生講習」，勉勵新生「發
願做一個宗教師」。

　　法鼓山具有宗教的功能、有宗教的生活、有宗教的任
務；但是主要是辦理教育的。法鼓山的教育有三大項目：
大學院教育、大關懷教育、大普化教育。三大教育全都
擁有「心靈環保」的功能，也就是用佛法來淨化人心、
淨化社會的功能。僧伽大學的同學接受了兩年的僧才養
成班、四年的佛學系，或是六年的禪學系教育之後，就
必須要負起宗教師的責任。法鼓山辦學的目標，就是因
著諸位同學而實踐，並且達成目標，這對我們這個時代、
對這個世界，都是大貢獻。佛教對世界、社會的貢獻是
什麼？並非僅成為出家人的樣子就叫做有貢獻，而是要
拿佛教修行的方法與觀念來幫助世界，讓世界因此而改
善，那才是佛教的貢獻。（〈發願做一個宗教師〉，《法
鼓山僧伽大學九十三～九十五學年度年報》，法鼓山僧伽大
學，2008 年 10 月，頁 3-6）

九月十六日，上午，法鼓山大學院教育（中華佛研所、僧
大、漢藏佛教文化交流班）舉行九十五學年度聯合畢
結業典禮，由中華佛研所所長李志夫主持，大雄精舍
住持明光法師、法鼓山僧團副住持果品法師、蒙藏委
員會科長徐榮松、慈基會會長王景益等人受邀觀禮。

法師以錄影開示，勉勵培養並保留自己基本專長外，擴大視野，並以宗教師心態從事讀書、研究、行政等學習。（〈法鼓山大學院 95 學年度聯合典禮〉，《法鼓》，202 期，2006 年 10 月 1 日，版 6）

同日，加拿大溫哥華新道場舉行落成開光典禮。

新道場落成開光典禮，由方丈和尚果東法師主法，邀請溫哥華市副市長黎拔加（B. C. Lee）擔任主持人，美國紐約象岡道場住持果峻法師、紐約東初禪寺果謙法師、護法總會總會長陳嘉男、三位副總會長周文進、劉偉剛、楊正雄等人，以及臺北經濟文化辦事處處長羅由中、列治文市市長馬爾康・布洛迪（Malcolm Brodie）、國會議員陳卓瑜等多位當地貴賓，共近六百人到場觀禮。（〈溫哥華道場啟用　方丈和尚親臨灑淨〉，《法鼓》，202 期，2006 年 10 月 1 日，版 2）

法師為溫哥華道場落成，錄製影片〈法鼓山道場的功能〉，勉勵居士護法有三大任務：修學佛法、護持佛法、弘揚佛法。

如果你不修學佛法，就不會有熱忱來護持佛法，也沒有信心來護持佛法。只有自己修學佛法之後，你才會認同、護持佛法。同時也要弘揚佛法，如果自己在用佛法而缺乏弘揚的熱忱，佛法是沒有明天的。（《隨師日誌》未刊稿）

九月十七日,於中正精舍撰文並書寫〈山中漫步觀鳥〉。

> 法鼓山棲鳥類多,美姿美聲與美色,山中日夜駐嬌客;
> 鬥妍爭艷凌空舞,鳥名計有二十多;藍鵲樹鵲白頭翁,
> 烏秋翠鳥五色鳥,文鳥夜鷺綠繡眼,燕子竹雞白鶺鴒,
> 畫眉八哥貓頭鷹,麻雀斑鳩白鷺鷥,紅嘴黑鵯大冠鷲。
> (〈山中漫步觀鳥〉,《遊心禪悅——法鼓山珍藏聖嚴法師
> 墨迹》,法鼓山文教基金會,2007 年 2 月初版,頁 62)

> 下午,前往泰山五股「吉羊廣告」片場,拍攝「珍惜
> 生命」公益廣告系列(二)。

九月十九日,於法鼓山園區階梯教室為僧大「創辦人時間」
講授「法鼓山的精神、堅定信願、悲智和敬、三儀」。

九月二十三日,於法鼓山園區蓮華藏(校史館)為年底即
將舉行的法鼓大學募款活動辦理書法評鑑會議,邀請
藝術鑑賞家暨建築家葉榮嘉夫婦、書法家張禮權夫婦
等,評選法師兩個月書寫之成果。

> 師父自述,寫書法不是為了興趣,而是為法鼓大學募
> 款,因此每天得空便寫,往往是站著寫,通常每件書法
> 都要寫上三、四次才有及格之作。至於書寫篇幅,有長
> 有短,有大有小,若是書寫經典,往往費時。如寫《心經》
> 歷兩小時,《無相頌》則四小時。(《隨師日誌》未刊稿)

九月二十五日，於中正精舍撰白話詩〈夕照中〉並書寫：

> 透過五色繽紛的晚霞，夕陽把漫谷滿崗，渲染得莊麗無
> 比，裝飾得寶光萬丈。宿鳥破雲歸巢忙，訪客登車返家
> 鄉，山間的僧眾，整在準備，黃昏時的梵唱；似見西方
> 的彌陀，遙放眉間的毫光，把全山的建築，化成了浮空
> 的宮殿，把全山的景物，化成了寶樹寶網。夕照的黃昏，
> 為我們山中，帶來光明和永恆的希望。（〈夕照中〉，《遊
> 心禪悅——法鼓山珍藏聖嚴法師墨迹》，法鼓山文教基金會，
> 2007 年 2 月初版，頁 66）

九月二十六日，於農禪寺邀集法鼓山十一個基金會董事會
　　成員餐敘。法師指示，各董事會組織應隨新任方丈上
　　任而調整。法師重申法鼓山方丈遴選之條件與特質，
　　並說明，首座和尚惠敏法師擔任職務之考量。（《隨師
　　日誌》未刊稿）

九月二十八日，於法鼓山園區階梯教室為中華佛研所「創
　　辦人時間」講授「法鼓山的靈魂、佛法的存續」，說
　　明中華佛研所為法鼓山起源、為法鼓山靈魂所在；勉
　　勵佛研所學生以身為中華佛研所一分子為榮。研究佛
　　學，但莫狹猛封閉，應發願續佛慧命，將佛法與現實
　　社會結合，方符合「實用為先，利他為重」之所訓。

　　你們在這裡讀書，心中要有這樣的大悲願：佛法的興
亡存滅，都在我一個人的身上。不要認為自己是在家居

士，好像沒有什麼關係。三寶、佛法需要四眾弟子共同來支持，並不都是出家人的責任。我們必須要一肩承擔，承擔佛法慧命的繼續，就是續佛慧命。

佛法慧命的意思，就是用佛法來修行；除了自己用，還要幫助眾生除煩惱。研究是必要的，主要是做為建築社會上層文化的背景，如果沒有研究的背景，上層的文化、思想就站不住腳，下層也沒有著力點。所以研究是為了有用於我們現實的世界、現實的社會。

如果教界只重視研究，我們就變成了學術的佛教、學問的佛教，很難與整個現實社會結合。但是如果沒有先行的研究，當要實踐時，還必須自己花時間去研究。所以研究不是沒有用，可是如果沒有顧慮到它的實用性，就無法通俗化。通俗化是另外一種層次的工作，這是我們法鼓山應做的。

也因此有人認為我沒有深度、沒有學問、沒有研究，對於佛教也沒有什麼貢獻，這樣的推論對我來說非常不公平。以化學工廠為例來說，我雖然不是最上游的原料供應公司，但至少是中間的製造廠、補給廠，或者生產公司，這樣的身分、地位，當然也值得重視和研究。如果沒有像我這樣的人，今天臺灣的佛教不會這麼盛行。又譬如星雲法師和證嚴法師，被學界認為不具學術背景，但是他們將佛法實踐到整個社會，對佛教界、社會、國際，影響非常深遠，當然有研究的價值，事實上現在已經有人在研究了。

　　我們不要把自己封閉起來，即如我們所訓裡說「實用
為先，利他為重」。（〈法鼓山的靈魂、佛法的存續〉，《傳
燈續慧──中華佛學研究所卅週年特刊》，中華佛學研究所，
頁 285-288）

九月二十九日，召集僧團法師及法行會、護法總會等成員，
　　於聖基會辦公室召開「護法體系未來發展與運作會
　　議」，包括方丈和尚果東法師、執行副都監果廣法師，
　　以及護法總會總會長陳嘉男等人與會。討論：加強關
　　懷護法體系；接引、吸收、培養年輕人才；檢討護法
　　信眾流失原因。

　　美國知名佛教雜誌季刊 Buddhadharma（《佛法》）記
　　者蒂芭拉・蘿絲（Debra Ross），來函請益未來赴美
　　國弘法行程；法師回覆並向美國讀者表示，即使卸下
　　行政工作，弘法行程仍會持續。（〈六、承先啟後，繼
　　起有人〉，《美好的晚年》，法鼓文化，2010 年 2 月初版一刷，
　　頁 115）

九月，《禪無所求──聖嚴法師的〈心銘〉十二講》由法
　　鼓文化出版。該書為法師英文著作 Song of Mind 中文
　　譯本，內容為法師在美國主持禪七時，講解牛頭法融
　　禪師〈心銘〉之記錄。原著於二○○四年在美發行，
　　今由名譯家中央研究院歐美研究所研究員單德興中譯

發行。法師有〈序〉述其英文禪學講錄中譯因緣，並
向譯者致謝：

　我的英文禪學講錄，迄今為止已在美國及英國，出版
了十五種，有人以為是由中文翻成的，其實正好相反，
其中有幾種被譯成了中文，都是先出了英文版才有中文
版的。

　一九七〇年代我到美東初期，由於跟我學佛修禪的多
係美國大學青年，我便運用他們的語文能力，陸續地翻
譯了中國禪宗史上若干精彩的禪門詩歌，集印出版，名
為《開悟的詩偈》。接下來我在西方世界主持的禪七之
中，多半便依據這本詩偈的英譯，逐篇講出，陸續在美
國的法鼓出版社（Dharma Drum Corp.）、香巴拉出版社
（Shambhala Publications）、雙日出版社（Doubleday）、
牛津大學出版社（Oxford University Press）、北大西洋
出版社（Atlantic Publishers）以及倫敦的出版社，出版
問世。

　在華文界，一者由於我的中文著作已經夠多，二者教
內的文化界，似乎對我的英文講錄也沒有多大興趣，所
以無人想到要譯成中文。後來在中央研究院服務的單德
興博士，於訪問歐洲期間，留心佛教相關的出版物，在
書市僅見到我的一本書是出於華人作者，其他國家的作
者所寫倒還不少，因此開始選擇了我的幾種英文講錄，
陸續譯成中文，在臺灣出版。現在，除了單博士譯的數
種，交給法鼓文化，也有商周出版公司為我出版了一冊

中譯本。

十月一日，於中正精舍撰並書〈法鼓山擁多重山〉、〈曹
　　源法印兩溪合抱〉、〈法雲普覆廣度眾生〉、〈白雲
　　起處黑雲起〉、〈大雨傾盆瀉〉、〈颱風過境時〉、〈走
　　路健康〉。

〈法鼓山擁多重山〉：
法鼓山擁多重山，縱臥中央是鼓山，左側聳懸乃鐘山，
鐘山迤邐是龍山，右側前迴名象山，右後主峰七星山，
峰前雙面觀音山，前方筆架萬里山，地名所依稱金山，
近前明珠翡翠灣，眾山環抱星拱月，靈山勝境法鼓山。

〈曹源法印兩溪合抱〉：
曹源法印兩溪合抱，龍溪曲折引流穿橋，
溪聲水色都在說法，有生無生是道非道。

〈法雲普覆廣度眾生〉：
法雲普覆廣度眾生，法霧圍繞益我慧命，
今在正法雲霧中住，智慧漸開煩惱日輕。

〈白雲起處黑雲起〉：
白雲起處黑雲起，輕者雲霧重為雨，
雲端浮臥無塵累，雲霧深處凡俗稀。

〈大雨傾盆瀉〉：

大雨傾盆瀉，細雨煙濛濛，觀雨賞雨景，人境兩俱空。

〈颱風過境時〉：

颱風過境時，滿山樹搖風；應風隨勢響，剛柔波濤湧。

〈走路健康〉：

走路健康鍊身，更可修行鍊心，快走驅遣妄情，慢走發慧習定。首先放鬆放空，處於無事狀中。快走不作思想，快走身心一致，快走心在境中，快走心境雙忘。慢走垂眉抱拳，慢走呼吸舒暢，慢走意在腳步，不管沿途風光。對境不作取捨，必能心境兩忘。

（《遊心禪悅——法鼓山珍藏聖嚴法師墨迹》，法鼓山文教基金會，2007 年 2 月初版，頁 64、65、70、74、76、77、78）

即日起，法鼓山行政中心、文化中心，以及僧團相關行政單位辦公室搬遷至北投公館路新落成啟用之雲來寺。

在農禪寺面臨可能被拆也可能不拆的十多年間，我們也在北投公館路買了一塊地，建了一座現代型態的寺院；先是稱「新農禪寺」，後改名「雲來寺」，已於二〇〇六年秋天啟用，現為法鼓山在臺北市的行政中心。

法鼓山以農禪寺為發源地，有了法鼓山，農禪寺也轉

變成為正式寺院，同時又在北投增建了一座雲來寺；因緣的如此發展，真非我始料所及。（〈法鼓落成，農禪增建，雲來不思議〉，《法鼓山故事》，法鼓文化，2007年2月初版一刷，頁206）

案：雲來寺於十月七日落成啟用，參見該日譜文。

原僧團「青年部」更名為「青年發展院」（簡稱「青年院」）。

十月三日，邀請逢甲大學前任校長劉安之教授於法鼓山園區晤談，並勘查法鼓人文社會學院校地建設工程現況，另有前政治大學校長鄭丁旺、政治大學圖書資訊與檔案學研究所教授楊美華，以及僧團都監果廣法師、法鼓山人文社會學院籌備處主任曾濟群等人陪同。

十月四日，於雲來寺落成前夕前往巡視關懷，以了解遷入後專職辦公與辦道環境。

於中正精舍撰並書〈法鼓山世界佛教教育園區〉、〈大寶山〉、〈法鼓山的公園〉。

法鼓山既是世界佛教教育園區，所供聖像亦必賦予教育的功能。釋迦是佛教的教主，彌陀乃往生西方的願主，藥師則消災延壽的依怙，觀音乃家喻戶曉的大慈母。因此法鼓山僅供此三佛一菩薩，唯以其材質及所供場地，

分為銅鑄石雕的兩類，一共九座。

　　大殿三大佛六尊像：精銅釋迦藥師彌陀佛，頭面模仿四門阿閦佛，身相綜合隋唐石窟佛。蓮華台下四方須彌座，浮雕臺灣十二景物圖。禪堂釋迦及蓮堂彌陀，純石玉雕坐立各一佛。西崖北魏石雕藥師佛，無論銅鑄石雕新或舊，同構莊嚴柔美及古樸。

　　觀音道場三尊觀音：法鼓山的觀音有三名，開山觀音靈感找我們，原是塑膠的坐姿巨像，乃為明清的觀音造型，為了紀念開山的因緣，原模銅鑄安座於山頂。觀音殿內祈願觀音像，仿唐代頭面宋世身姿，左手瀉瓶及右手結印，左腳半跏及右腳踩蓮，寓意許願祈願及還願。飄逸的立像來迎觀音，聳峙於入口象山鼻端，是從佛國遙飛來人間，聞聲救苦來幫助人間，隨時隨處來迎接人間，無緣有緣來度化人間。祈願觀音及來迎觀音，本山新創卻普應人間。（〈法鼓山世界佛教教育園區〉，《遊心禪悅──法鼓山珍藏聖嚴法師墨迹》，法鼓山文教基金會，2007 年 2 月初版，頁 68-69）

十月五日，上午，於法鼓山園區國際會議廳，對法鼓山僧團法師、全體專職人員舉行「精神講話」，主題為「尊重倫理，承先啟後」，各分院道場同步視訊連線，約七百七十人參加。

　　午後，中國大陸國家宗教局局長葉小文偕同外事司司

長郭偉一行,至法鼓山園區參訪,並拜會法師與方丈
和尚果東法師。

中國大陸國家宗教局局長葉小文先生偕外事司長郭偉
女士一行人,借著到臺灣出席會議之便,上法鼓山來看
我。葉小文局長及齊曉飛副局長,每回到臺灣訪問,必
定會來看我。葉局長此行來訪,特別擬了一則文稿,題
為〈法鼓印象〉,並且當眾讀出。(〈七、最後一次美國
行〉,《美好的晚年》,法鼓文化,2010 年 2 月初版一刷,
頁 118)

即日起至八日,「法鼓山第二十七屆社會菁英禪修營」
於法鼓山園區舉辦,法師每日舉行開示,共有一百一
十四人參加。

十月七日,上午,法鼓山雲來寺歷經十年建設,舉行落
成啟用暨佛像開光儀式,典禮由方丈和尚果東法師主
持,各界人士暨護持信眾等近千人參加。法師未克到
場,播放預錄祝福及開示:

過去二十多年來,我們隨時做著遷建的準備,也因此
找到了法鼓山這塊地,但在市區,我們還是需要一個可
以共修的地方,找了好久,終於找到了位在北投公館路
山腳下的這塊地。

最初我們把這個地方喚為「新農禪寺」,因為它是因
農禪寺而有的。沒想到鄰近居民一聽說是「新農禪寺」,

以為準備建廟，又想著農禪寺的信徒很多，參加法會的
人不少，將來這裡起了廟，進出的人多了，憂心平靜的
生活會被打擾。……（因此）我們急流勇退，把這個地
方改為辦公的行政大樓，如此一來，鄰居的疑慮既可消
解，而我們原來租用承德路七段的行政中心，以及租於
大業路上的法鼓文化，也一併整合在此辦公，農禪寺也
有一部分的單位遷移過來，使雲來寺成為法鼓山在市區
的行政管理中心。（〈七、最後一次美國行〉，《美好的晚
年》，法鼓文化，2010 年 2 月初版一刷，頁 118-120）

十月十日，於中正精舍，對侍者弟子們解說日前寫成三件
　　書法意境：「身如玉樹臨風，心如平湖秋月」為世俗境；
　　「身是菩提樹，心如明鏡台」為修行境；「菩提本無樹，
　　明鏡亦非台」乃悟後境。

十月十一日，於臺大醫院進行血液透析診療，同時檢查聽
　　力。開始配戴助聽器。

十月十四日，出席於園區舉辦之「二〇〇六法鼓山佛教建
　　築研討會」。研討會即日起舉行兩天，法師為召集人，
　　副召集人為新竹法源寺寬謙法師。內政部建築研究所
　　李玉生、世界宗教博物館館長漢寶德、中央研究院臺
　　灣史研究所副研究員黃蘭翔、文化大學史學系教授陳
　　清香及古建築研究室負責人李乾朗等多位建築、佛教

藝術學者專家與會。

法師於開幕典禮演講「法鼓山建築理念及目的」，詳
述籌建階段參訪學習歷程，取法隋唐佛寺及東西方博
物館、圖書館、大教堂和修道院；建材顏色則限定使
用與當地本色相同之三色；珍惜保護山上水資源及動
植物等資源；建築像是大地生長出之景觀，與當地景
致、地形林貌融合協調。

　　我並不是佛教建築的專家，但是我深切關心著佛教的
建築。我心目中的法鼓山建築要能夠反映這個時代、臺
灣這個地方的佛教教育建築群，是寓有教育功能的當代
佛教建築群。

　　有些原則一定要把握。首先是環保理念的落實。我告
訴工程人員，絕對不可破壞山上原有的地形、地貌，甚
至在不破壞地形、地貌的原則之下，我們逐一選擇適當
的位置。

　　在選定所有建築物的位置以後，我們隨即組成一個考
察團，前往中國大陸進行佛教古建築的考察之旅。

　　我特別留意的是唐代的古佛寺建築。

　　接著，我們又組成一個考察團到了日本京都、奈良。
今日要想一見中國唐朝古寺建築，大概不在中國大陸，
而是日本奈良了。

　　除了參考佛教古建築形式，到中國大陸與日本考察外，
對於建材的選用、建築物的空間感及世界性，我則到了

世界各國參訪。特別是歐美國家,因為法鼓山要的建築物,不是傳統的中國古寺,而是現代化的佛教建築。而我每到一個地方,一定要參觀當地的博物館、圖書館、大教堂和修道院。

由於臺灣地處亞熱帶季風型氣候,因此我們的建材無法全都使用石材,也不能全部都用木製建材,而是各種材質一起搭配,如鋼筋、水泥、鋼骨、瓷磚、石頭、木材各種都有。在建築外觀上,雖帶有一點歐洲古堡的形式,卻也不盡然如此,其中又有一種本土的特色在裡面。

我希望我們的建築物,能讓人感覺就像是大地之上生長出來的景觀,是不突兀、不刺眼的,是與當地的景致、地形林貌融合協調的,同時也要與金山本地的人文環境密切配合,和諧共存;而對於整體的臺灣文化要有啟發性,使得日後的臺灣佛教建築在這個基礎之上,仍可有往前走的餘地。

對於法鼓山建材,我有一個原則:建築群不能超過三種顏色,當中以青灰色石材為主,而以淺咖啡系及些微的米白色瓷磚為輔。選用青灰色石材,主要是考慮到山上自然環境的色調,要能與此地的天空、林木山色相映襯;其次是淺咖啡色系的瓷磚,要與金山當地的土壤顏色呼應;而一點點微量的米白色瓷磚,則可呈現建築物的清新感,不至於讓人覺得沉重。同時臺灣多颱風、多地震,北海岸多雨量,必須兼顧防風、通風、防震、防潮濕的功能。

　　我還有一個要求，對於山上的各種資源務必珍惜保護，包括水資源和動植物資源。以水資源來説，假使有一天山上沒有自來水了，我們還有地上水、井水、溪水和屋頂雨水可供循環使用。而山上的動植物種，不至於有生態衝突的問題發生。根據最新的統計，現在法鼓山上計有植物二百二十六種，動物七十二種，尚不包括水底的生態物種。

　　至於山上的兩條溪流，水中的生態相當豐富，而且水質清澈見底。另外，山上的佛像，也是大家注目的焦點。我們的佛像也很單純，有三尊主佛，即大殿供奉的釋迦牟尼佛、藥師佛和阿彌陀佛，以及一尊觀世音菩薩，但有三個名字：「開山觀音」、「祈願觀音」和「來迎觀音」，而所有佛菩薩聖像供奉的位置，都是山上非常恰當、理想的位置，室內、戶外皆是如此。（〈法鼓山建築理念及目的〉，《2006法鼓山年鑑》，法鼓山基金會，2007年8月初版，頁250-254）

案：法師日後另於《法鼓山故事》中說明法鼓山建築原則：首先，房子既建於臺灣北部，就要有此地的色彩與特色。其次，要用現代化的建材，表現出中國傳統寺宇的大器格局。三，環保優先，盡量不破壞自然。法鼓山的建築，要像是從大地生長的有機體，與大自然融諧無礙；也不蓄意替大自然化妝。盡量不建高樓。四，房子與房子之間要有呼吸的空間。五，重視實用性的功能，每一處空間都是實用的。六，建築物的裡外環境，不可有讓人生

起歹念、意圖作惡的死角；不論白天、夜晚，處處都是
光明磊落、氣氛莊嚴的修行道場。七，重視採光、通風
和景觀的功能，使得建築物的設計、配置和門窗，無一
不是賞心悅目的構圖；不論從室內向外閱覽，或者從戶
外看建築，都像是欣賞一幅幅的風景畫，而有「一窗一
景」、「一門一景」的視覺饗宴。這便是我最初的構想。
（〈法鼓山建築的一些想法〉，《法鼓山故事》，法鼓文化，
2007 年 2 月初版一刷，頁 47-48）

「亞洲法青悅眾大會」於臺東信行寺舉行，法師錄影
開示。

十月十六日，於聖基會辦公室出席心六倫運動第二次廣告
提案會議。心六倫運動由獎基會策畫；法師首度出席，
以「心六倫運動的目的與期許」為主題，向與會者說
明本懷。

　　與會人員有，公益廣告協會評審代表：前「聯廣」董
事長賴東明、「奧美」廣告副董事長葉明桂，彙編心六
倫手冊老師等。獎基會則有祕書長李伸一、副祕書長藍
福良、陳錦宗等人出席。（《隨師日誌》未刊稿）

十月十七日，中午，於法鼓山園區會客室會見大陸俗家眷
屬，外甥黃成忠與甥媳婦龔雅蘭、外甥黃成義、黃成
佳，姪女黃玉蘭與姪女婿徐國昌、姪女黃庭珍與姪女

婿馮培明等一行八人。

晚八時,於中正精舍接受惠敏法師訪問,憶道安長老。

十月十八日,聖基會於臺北圓山大飯店舉辦第一屆「聖嚴
　　思想與當代社會」國際學術研討會,邀請中央研究院
　　院士楊國樞、王汎森及美國哥倫比亞大學宗教系教授
　　于君方、堪薩斯大學(University of Kansas)教授丹‧
　　史蒂文生(Dan Stevenson)等十七位中外學者,就聖
　　嚴法師思想與社會關聯,展開深度探討與對話,並透
　　過系統學術研究,引導更多人了解法師理念與精神。

法師於下午閉幕式時蒞會致詞,以「如何研究我走的
　　路」自述並非「學問家」,而是宗教師、思想家。「宗
　　教師」是以漢傳佛教禪佛教為基本立場結合印度佛教,
　　將佛法介紹給現代社會,讓各階層得分享佛法;「思
　　想家」則是「關心別人沒想到的事,了解別人沒了解
　　的事,然後提出想法引導社會,希望對社會有幫助。」

　　我走的路:結合印度佛教和漢傳佛教
　　我受印老思想的影響,可謂相當之深。我十分感恩印
順長老帶給我的啟發,然而我走的路,一開始就跟長老
不同。我走的是太虛大師的路,也是我師父東初老人的
路,因為我認知到:漢傳佛教的包容性、涵融性及適應

性，可以順應我們這個時代，發揮其普及化、人間性及人性化的功能

　　將佛法普及於人間，是漢傳佛教的特色，特別是漢傳佛教中的禪佛教。不過，禪佛教本身的理論依據，與原始印度佛教密切相關，也與中國其他宗派交互影響，因此我走的路，便是將印度佛教和中國漢傳佛教的特質結合起來。

我的工作：分享佛法給各階層的人

　　我個人雖然擁有博士學位，但是我既不是學問家，也不是專門學者。我不是為了博士學位出國留學，我留學的目的，是為了使漢傳佛教的佛法在這個時代、在今天的社會，能為各階層的人士所接受、所分享。

　　有些學者讀我的書，覺得面向太紛雜，不知道從何研究起？這次活動的主辦人楊蓓教授曾向我表示：「師父寫了上百冊的書，教我們從何研究起？主要的綱目是什麼？從何研究？這麼多的內容，怎麼研究？」為我編撰《七十年譜》的林其賢教授他大概看過我所有的著作，但是關於我的思想次第、思想脈絡，則未必清楚；其實這個問題，連我自己也無法回答。

　　在我年輕的時候，我一心只想要把佛法分享給人。過去很多人寫的佛教文章，只有受過高等教育的知識分子看得懂，我則希望把佛法分享給每個人，即使是小學、中學生，也都能看懂。

　　記得在英國的時候，我的第一位西方法子約翰 · 克魯克（John H. Crook）說：「師父有一項天賦，那就是能將艱深的佛學名詞和觀念，轉變成淺白易懂的現代語言，讓一般人都能接受。」他真是我的知音，因為我做的工作就是這些。

自我定位：一個帶動思想的人

　　我不是學問家、不是學者，但我承認自己是一個宗教思想家。思想家的責任，就是先設想別人還沒想到的事、還不知道如何處理的事，以及尚未有的解釋法。

　　西元二○○○年以後，我出席了多場國際會議，與跨宗教、跨領域的領導人士接觸、座談、討論及交流。在出席每場會議之前，我總是思索：「會議目標是什麼？」「有哪些人參加？」「希望達成哪些效果？」因為設想到這些，所以每次出席的國際會議，我的發言常有「一鳴驚人」的效果，而且能止息爭論，大家也經常把我的發言當成了會議結論。

　　不管是臺灣的佛教史也好，中國佛教史也罷，還是現在的世界佛教史，我對自己的定位是一個帶動思想的人、帶動我們這個時代往前走的人，走出一條別人尚未設想的康莊大道。

　　以漢傳佛教來說，如何走出一條新路？這幾年來，法鼓山非常重視年輕法師和青年居士的培植，希望增強漢傳佛教在國際社會的能見度，這是漢傳佛教的希望。此

外，法鼓山也積極和世界各國、各界、各層面的人士交
流，並參與、主辦各式各樣的跨宗教、跨國際會議，這
些都是幫助漢傳佛教增加國際曝光度的方法之一。

關切的事：佛教薪火的承傳

在我六十歲那年，才創立法鼓山，才開始建設法鼓山
園區。當時，法鼓山工程緊鑼密鼓，我自己也有各式各
樣的弘法行程，這麼忙碌的情況下，每年我還是出版兩、
三本著作。我為什麼寫這麼多書？目的是為了分享佛法、
用佛法來因應我們這個時代和社會的需要。

出書的另一層目的，是希望留下今天這個時代的佛教
文明、佛教發展軌跡。無論是訪問中國大陸，或是在歐
美各國演講、主持禪修，我都會用心觀察當地的佛教訊
息、發展，試圖了解佛教在這個時空環境中留下的歷史
軌跡。

我每到一個地方，大概都會寫一本書，不是我有寫作
狂，而是我有一種不得不然的感受：我要把佛法分享給
人，我想為當代佛教留下記錄的痕跡。

唯一目的：將佛法介紹給現代社會

至於怎麼研究我這個人？其實很簡單，我既然不是學
問家，所以不要把我當成一名學問僧，不一定只研究我
的學術成果——雖然我曾撰寫十多本研究性著作。建議
應從更多元性、實用性、需要性的角度，來研究我聖嚴

這一生最終的目標是什麼。

我所做的每一件事情、推動的任何一項工作，我的目標都相同。譬如我寫了百餘冊的書，雖然時間點不同、材料不同、寫作的角度不同，涉及的廣度及深度也不同，但目的只有一個：就是藉由各種層面，將佛法介紹給現代社會。

例如，早期所寫關於戒律學的書，是觀察到當時臺灣與中國大陸的出家人多半不懂戒律，講戒律的人也都在咬文嚼字、食古不化，只講究枝微末節，不重視現實生活的實用性。所以，我開始著手研究戒律，先出版《戒律學綱要》，後來又結集出版了《律制生活》及《菩薩戒指要》。另外，約在三、四十年前，當時的基督教、天主教都對佛教提出嚴厲批判，認為佛教已經到了窮途末路，在這種情況下，我陸續寫了幾本宗教學的書，包括《基督教之研究》、《比較宗教學》，晚近幾年，我非常關心跨宗教的交流合作。

基本立場：漢傳佛教的禪佛教

研究我這個人的思想，可以從禪修理論及方法、戒律的觀念、宗教學、歷史等角度，或是淨土、天台、華嚴的角度；也可以從我對佛經及祖師的諸種講錄、註釋、考詮的角度；還可以從慈善救濟、社會關懷、兩岸交流、世界和平、佛教復興等，以及我所從事的四種環保、三大教育、心五四運動等角度，分別來研究我的思想。不

管從哪一個角度，漢傳禪佛教是我的基本立場。

我所創的「中華禪法鼓宗」，並非要否定一切、獨尊自宗；相反的，是要結合一切，而與今日乃至未來的世界佛教接軌。其目的只有一個，就是法鼓山的理念：「提昇人的品質，建設人間淨土」。

我對明末佛教的研究，在國際佛學界有一定的定位；我的禪學系列中、英文講錄，在國際上也頗受重視；我的傳記及遊記，也有其史地的價值；我寫佛教入門書、宗教批判書、序文、悼文、短評、隨筆，以及有關將禪活用在生活中的演講稿，尚有超過十家報章、雜誌、電視、電台進行專欄刊載或訪問，這些過程和結果，均可看出我對活用佛法、對現代人間的用心。

我的存在：不專注某一特定領域研究

佛教的中心思想是：好好地生活，生活在當下；少煩惱、少造業；增智慧、增慈悲。基於這樣的中心思想，在我的書裡，既講「空」，也講「有」，譬如漢傳佛教的主流，無論天台、華嚴、禪及淨土等，都是講有佛性、如來藏；所依諸經《楞嚴經》、《圓覺經》、《法華經》、《涅槃經》、《華嚴經》和《維摩經》等，都是講「有即是空」。此外，我對太虛大師「大乘三大系」及印順長老「大乘三大系」，每一系都涉獵，但每一系都不深入，我只借用自己需要的部分，用不上的便不去研究。

我這一生一世，從來沒有鍾情或專情於哪一門學問。

（〈如何研究我走的路〉，《聖嚴研究第一輯》，法鼓文化，
2010 年 3 月初版一刷，頁 19-26；另參見：〈七、最後一次美
國行〉，《美好的晚年》，法鼓文化，2010 年 2 月初版一刷，
頁 122；〈「聖嚴思想與當代社會」研討會〉，《法鼓》，203 期，
2006 年 11 月 1 日，版 1）

十月十九日，下午三時，至臺北安和分院以董事長職主持
　　法鼓人文社會學院董事會，與會者另有董事李亦園、
　　鄭丁旺、何周瑜芬、施炳煌、果光法師、果肇法師，
　　及主任曾濟群。

　　四時五十分，繼續出席獎基會董事會，出席董事有王
　　景益、李亦園、吳俊億、陳維昭、執行長曾濟群，以
　　及祕書長李伸一、副祕書長藍福良。會中決議「法鼓
　　山人文社會獎助學術基金會」更名為「法鼓山人文社
　　會基金會」。
　　　除保留已設獎助學金項目，工作主軸調整為以「心靈
　　環保」為核心理念，推動「關懷生命」與「心六倫的社
　　會運動」，來落實「人文社會化、社會人文化」願景，
　　向「提昇人的品質，建設人間淨土」的終極實現邁進。
　　（「基金會簡介」，網址：http://ddmhsif.org/?page_id=62）

十月二十一日，上午，出席法鼓山園區「靈山勝境暨來迎
　　觀音開光落成啟用典禮」。方丈和尚果東法師主持，

來賓有宋立民（代表菲律賓航空公司總裁陳永栽）、
知名演員林青霞、護法總會總會長陳嘉男、四位副總
會長周文進、楊正雄、王景益、黃楚琪等，約一千多
位信眾觀禮。法師到場關懷。

　　法鼓山三門口外的來迎觀音銅鑄像和靈山勝境石揭幕
式，典禮結束後，我也見了林青霞菩薩及其友人陶敏明
女士一行，林青霞菩薩問了我對生死的看法。她的雙親
近年相繼辭世，她的父親是基督徒，所以我們的佛教儀
式幫不上什麼忙，那段時間她很憂傷，我給了她一些慰
勉的話。（〈七、最後一次美國行〉，《美好的晚年》，法
鼓文化，2010 年 2 月初版一刷，頁 122-123）

下午，聖基會於法鼓山園區舉辦「與佛法相遇──學
者說故事」活動，邀請美國堪薩斯大學教授丹·史蒂
文生、普林斯頓大學（Princeton University）宗教研究
所博士候選人俞永峯，北京大學教授湛如法師分享學
佛歷程。法師於活動結束前蒞臨會場向三位學者致意。
（〈國際學者說故事分享學佛體驗〉，《法鼓》，203 期，
2006 年 11 月 1 日，版 7）

十月二十三日，晚間，自中正精舍出發，由桃園機場出發
　　往美國。為法師最後一次美國行旅。此次行程預計至
　　十二月四日。同時並帶領十五位「法鼓山青年領袖代
　　表團」前往紐約，參加十月二十九日至三十一日於聯

合國總部大樓召開之「聯合國全球青年領袖高峰會」，
與全球青年領袖共同討論「聯合國千禧年發展目標」
（UN Millennium Development Goals，簡稱 MDG）相
關議題。

十月二十五日，即日起至二十八日，法鼓山與全球女性和
　　平促進會於象岡道場，共同舉辦「青年領袖促進和平
　　論壇」，有七十五位來自歐、美、亞、非各國青年領
　　袖參加，邀請促進會召集人迪娜・梅瑞恩、前任聯合
　　國「兒童與武裝衝突事務」特別代表歐拉爾・歐敦孚
　　（Olara Otunnu）、世界穆斯林會議祕書長阿米爾・奧
　　歐伊斯南（Amir Al-Islam）教授等多位國際性非政府
　　組織成員擔任論壇引導人，進行跨文化、跨宗教對話，
　　並針對貧窮、性別、環保等問題，提出如何在「和平」
　　精神架構下，謀求改善。此論壇為「聯合國全球青年
　　領袖高峰會」之會前會。（〈法鼓山青年領袖代表團　參
　　加聯合國高峰會〉，《法鼓》，203 期，2006 年 11 月 1 日，
　　版 1；〈青年領袖促進和平論壇　象岡圓滿成功〉，《法鼓》，
　　204 期，2006 年 12 月 1 日，版 1）

十月二十六日，於象岡道場為「青年領袖促進和平論壇」
　　開幕致詞。法師以「世界和平如何可求？世界和平該
　　如何促成？」提問，說明以暴無法止暴，和平當從心
　　內和平啟始。

　　未來諸位在出席聯合國青年領袖高峰會議時，或許可提出這樣一種觀念：造成人類貧窮的主因，不在於天災，而是人類挑起的戰爭。因此根本的解決之道，乃在於消弭戰爭。

　　消弭戰爭，需要有一顆富足、不貧窮的心。也許物資的救濟、糧食的供給，能一時處理貧窮的現象，但是真正徹底解決世界貧窮的問題，則要從我們的內心開始，從每一個人內心的不貧窮與內在和平開始。祝福大家，為世界和平祈禱。（〈和平，從我們的內心開始〉，《我願無窮》，法鼓文化，2011 年 4 月初版一刷，頁 49-51）

上午，前往曼哈頓康乃爾大學教學醫院（Cornell University Hospital）接受血液透析診療。經三日嘗試，今日終得順利進行。昨日原已準備替代方案：若仍無法進行透析，將立即返臺。法師於象岡道場方丈寮講述心境「彷若再世為人」。

　　我在抵達紐約的翌日（二十四日）上午，即前往曼哈頓康乃爾大學教學醫院接受洗腎，由王忠烈醫師來照顧我。護理人員對我的狀況並不清楚，尤其對我透析的血管也不了解，下針時狀況很多，試了幾次都不順利，只有作罷。第二天我又到了醫院，情況仍是相同，王醫師便讓我休息一天。而我自己也做了決定，如果翌日還是不順利，我便提前返回臺灣，否則體內毒素持續升高，會有生命危險。因此當晚就預訂了返回臺北的機票。

到了星期五，下針就順利多了，也可能是換了一位資深的護理人員，她對我的血管好像很熟悉似的，同時王醫師為我加了一種抗凝血劑，此後我在美國洗腎都很順利。替我下針的護理長是艾莉絲・內利亞（Iris Nelia）女士，另有一名護士優波離・都塔（Upali Dutta）女士從旁照顧我。（〈七、最後一次美國行〉，《美好的晚年》，法鼓文化，2010 年 2 月初版一刷，頁 123-124）

十月二十八日，於象岡道場為「青年領袖促進和平論壇」閉幕致詞，感謝與會貴賓，並呼籲青年：「用慈悲心拯救世界」。

現在全世界有六十五億人口，其中有半數以上的人，都深陷貧窮的苦難；其餘一半，雖然物質條件不至貧乏，精神的生活卻很苦悶。從我的角度來看，全球六十五億人口，全皆處於苦難之中。在任何艱苦的狀況下，當你們的內心生起苦的感受時，不妨提醒自己：「在這個世界上，還有許多的人、許多的事，比我的遭遇更痛苦，這點苦不算什麼。」這麼想時，你就不會抱怨，而會隨時想到還有許多的苦難者需要我們的幫助。

任何一個時代，只要有幾位優秀的領導者，就能把當代的人類社會救濟起來。所以，今天在象岡的七十多位青年領袖，你們來自全球不同的國家，請你們每一個人都發願，發願拯救這個世界。

用什麼來拯救呢？用你們的慈悲心來拯救世界、用和

平非暴力的方式來拯救世界、用內心的和平來促進世界
和平,以及,讓我們的內心不貧窮,從而使得這個世界
不貧窮。(〈用慈悲心拯救世界〉,《我願無窮》,法鼓文化,
2011 年 4 月初版一刷,頁 52-55)

會後,來自不同國家七位青年領袖代表前來,報告「青
年領袖和平會議」組織正式成立。青年代表並感恩法
師兩場開示以及象岡論壇之啟發,禮請法師擔任該組
織精神領袖,給予鞭策與期勉。

　　與會青年為:Barbara Hachipuka(女,尚比亞籍)、
賽達・德拉米尼(Cedza Dlamini,男,南非籍)、
Tamao Koyama(男,日本籍)、索蘭格・馬奎斯(Solange
Márquez,女,墨西哥籍)、范氏清(Nhung, Pham Thi
Thanh,女,越南籍)、亞緹・貝絲(Arti Bakshi,女,
印度籍)、 Nishantha Mallawaarachchi(男,斯里蘭卡
籍)。

上午,法鼓山邀請世界知名保育推廣教育家珍古德博
士(Jane Goodall)於法鼓山園區國際會議廳演講,
分享保育計畫「根與芽」(Roots & Shoots)理念與
推廣成果,方丈和尚果東法師亦出席致歡迎辭,約有
五百四十多位民眾到場聆聽。

十月三十一日,由全球女性和平促進會創辦人迪娜・梅瑞

恩女士居中安排，於其紐約寓所，與多位貴賓會晤長談。包括聯合國官員歐拉爾·歐敦孴先生、聯合國和平大學校長茱麗亞·拉菲弗（Julia Lafavre）女士、伊朗駐聯合國大使夫人瑪麗亞·扎里夫（Maryam Zarif）、華爾街金融人士克里斯·史塔默斯（Chris Stamos）先生、納林德·卡克爾（Narindar Kakar）教授伉儷等。全程晤談歷四小時。（《隨師日誌》未刊稿）

十月，《承先啟後的中華禪法鼓宗》由聖基會出版。內含〈我的使命與責任〉、〈承先啟後〉、〈中華禪法鼓宗〉三篇重要著述。

十一月一日，黎明即起，於東初禪寺書房，書寫「山高水長福壽綿延」、「風調雨順世界和平」、「天下太平」等三幅字。

東初禪寺舉行「青年領袖促進和平論壇」惜別晚會，歡送「法鼓山青年領袖代表團」，全球女性和平促進會創辦人迪娜·梅瑞恩、聯合國和平大學納林德·卡克爾、德國米歇爾·斯拉比（Michael Slaby）、印度亞緹·貝絲，以及越南范氏清，亦出席分享參與此次會議豐收與感動。與會者有一百人。法師蒞會關懷。

簡體版《聖嚴法師教禪坐》及繁體版《完全證悟》分

別由中國大陸北京宗教文化出版社及臺北法鼓文化出版。

《聖嚴法師教禪坐》簡體版，由法鼓文化授權北京宗教文化出版社出版，主要在中國大陸發行。法師有〈序〉說明禪定學與禪學修學差別，以及禪學之特勝。

　　禪，可以分作禪定學及禪學的兩門學問來看。在印度佛教經論中所介紹的禪那，乃屬於禪定學，稱為禪觀、禪數，是以修習禪定為目的，必須是長年累月，退隱山林，修呼吸法、住心，以九次第定為階梯，以四聲聞果為目標。乃是解脫道的修行途徑。

　　另一種則是盛行在中國中唐以來的禪宗，雖是根源於梁武帝時代來華的菩提達摩，卻成熟於第六祖惠能，立基於百丈懷海建立了叢林式的農禪制度，將禪法的修行，轉成為生活化、人間化、普及化的型態，禪修者不必離群獨居，不必逃避世間，甚至不一定要終身出家。只要隨時隨地承擔一切也放下一切，活生生地過生活，踏踏實實地生活在當下現在的一念、一物、一事、一境之中，而不以主觀的自我與客觀的他者，來規範判斷其善惡好壞，你便是一個從煩惱獲得解脫的自由人，此乃屬於大乘菩薩道的修行法門。

　　如果要修行禪定學，不論依據大乘或小乘經論的步驟，都很繁瑣，要獲得禪定的身心利益，必得花上長時間的功力。至於中國的禪法，只要掌握到《六祖壇經》所説：

「不思善不思惡」而練習體驗「無相」、「無念」、「無住」的原則,你即可立時頓悟。

如果開始時無法立即承擔一切放下一切,不妨首先從體驗自己的身心狀況(例如呼吸)和觀察自己的身心反應,來了解自己的存在,只不過是一連串的生理現象及心理行為。如此則你會肯定你的存在是事實,卻不會執著你的存在是永恆不變。在肯定自我的同時,也在成長自我及消融自我。

所以本書中所介紹的課程,雖只有三天及一天,假如用之順利,可在你的日常生活中,每天早晚練習,隨時隨地可用。(〈簡體版序〉,《聖嚴法師教禪坐》,北京:宗教文化出版社,2006 年 11 月 1 日初版一刷,頁 1-2)

《完全證悟——聖嚴法師說圓覺經生活觀》為一九九七年紐約法鼓出版 *Complete Enlightenment* 之中譯本,由常華法師及葉文可居士中譯。原著係法師於紐約東初禪寺對西方佛子講解《圓覺經》開示精華。

十一月四日,上午,前往美國新澤西州「同淨蘭若」拜會仁俊長老;隨後至紐約「莊嚴寺」拜會沈家楨居士。
(〈七、最後一次美國行〉,《美好的晚年》,法鼓文化,2010 年 2 月初版一刷,頁 125-126;另參見:〈師父探望兩位師友〉,《法鼓》,204 期,2006 年 12 月 1 日,版 4)

聯合國種族事務人權特派調查員杜度·迪恩（Doudou
Diène），由全球女性和平促進會創辦人迪娜·梅瑞恩
陪同，至象岡道場拜訪法師，就人權問題、世界和平，
以及世界青年領袖所扮演責任等議題交流意見。

下午，東初禪寺住持果明法師代表法鼓山致贈聖嚴法
師著作《法鼓全集》一百冊予臺北駐紐約經濟文化辦
事處圖書館。（〈東初禪寺贈書紐約經文處〉，《法鼓》，
204 期，2006 年 12 月 1 日，版 1）

十一月五日，法師二位西方法子，約翰·克魯克教授與賽
門·查爾得醫師自英國至象岡道場拜會，請示漢傳佛
教西傳法脈傳承，以及禪法如何融入西方人生活等問
題。

　　我告訴他們，當我在世的時候，他們要傳法，必須讓
我知道；我過世之後，他們可以直接向西方人傳法，但
是要有條件，這是當初我傳法給他們已經訂出的規定。
第一，對佛法要有正確的知見；第二，要有老師的認可；
第三，要有弘法的熱忱。具備這三個條件，就可以傳法
給下一代的人。

　　禪法西傳以後，原則上和西方人是沒有衝突的，因為
佛法到任何一個地方，都是包容當地的風土、民情、文
化及宗教，主要就是分享禪的利益。至於在日常生活中
如何應用禪法？過去我已講了很多，禪法從來不離生活，

就是在生活中使用的。(〈七、最後一次美國行〉,《美好的晚年》,法鼓文化,2010 年 2 月初版一刷,頁 126-127)

十一月七日,於東初禪寺書寫〈楞嚴經觀音菩薩圓通章〉,自謂近期書法進步許多,全拜害病之賜,才有時間常寫書法。該件計三十紙。書後有跋述書寫因緣云:

我曾在美國東岸講楞嚴經至觀音菩薩耳根圓通章暨文殊讚觀音偈講畢我即不復續講,因此念念於茲二〇〇六年十一月上旬我寓美東東初禪寺數日間,利用療病之餘,敬錄此章用致紀念並期對觀音耳根圓通法門弘揚有所助也。(〈楞嚴經觀音菩薩圓通章〉,《遊心禪悅——法鼓山珍藏聖嚴法師墨迹》,法鼓山文教基金會,2007 年 2 月初版,頁 50-51)

十一月九日,觀世音菩薩出家紀念日,在東初禪寺開示觀音法門,講解觀世音菩薩經典出處、修行方法,提出觀音法門之四層次:念觀音,求觀音,學觀音,做觀音。並鼓勵所有信眾學習觀音菩薩精神。

觀世音菩薩的修行方法,可以由深入淺,亦可由淺漸深;可以是自力救濟,也可以是他力救濟。所謂自力救濟,如《楞嚴經》講的「耳根圓通法門」;也有比較簡易的方法,如持〈大悲咒〉,也一樣可以得解脫,除一切罪障,成就無上佛道。

修行菩薩道即是觀音法門的重點。雖然我經常鼓勵大

家在自己沒有信心、無法自主、沒有辦法自己除煩惱的狀況下，可以求觀音菩薩、念觀音菩薩，或者持〈大悲咒〉，但是我們持〈大悲咒〉、念觀音菩薩、修觀音法門，目的是為了修學菩薩道。

　　大乘菩薩道的精神是念菩薩，求菩薩，學菩薩，做菩薩，這才是修學菩薩道的積極態度。光是念菩薩求菩薩，希望自己得平安、得安樂，希望家庭得平安、得安樂，而往生的時候希望阿彌陀佛、觀世音菩薩趕快來接引我們，這不是菩薩道的實踐。(〈念觀音・求觀音・學觀音・做觀音〉，《我願無窮》，法鼓文化，2011 年 4 月初版一刷，頁 123-132；另參見：〈聖嚴師父美國弘法活動〉，《法鼓》，204 期，2006 年 12 月 1 日，版 4)

首度於法鼓山園區大殿舉行剃度大典，共有十位男眾行者、十四位女眾行者剃度，由方丈和尚果東法師代表聖嚴法師授戒，首座和尚惠敏法師擔任教授阿闍梨。

　　我因人在美國，沒有辦法親自主持，但是這些人仍然是我的弟子。我不在臺灣的時候，由方丈和尚代替我授戒，我在世的時候，仍是大眾的依止師。(〈七、最後一次美國行〉，《美好的晚年》，法鼓文化，2010 年 2 月初版一刷，頁 127)

十一月十一日，下午，出席於東初禪寺舉辦之「深秋心靈饗宴」聯誼會。聯誼會邀請紐約華僑親近、了解、熟

悉東初禪寺，駐紐約臺北經濟文化辦事處處長夏立言
夫婦、新澤西州州長辦公室代表陳瑞芳、知名散文作
家王鼎鈞夫婦，以及法拉盛華僑文教中心主任張景南
等一百多位貴賓出席。法師並於會中向大眾介紹前一
晚抵達紐約之方丈和尚果東法師。（〈七、最後一次美
國行〉，《美好的晚年》，法鼓文化，2010 年 2 月初版一刷，
頁 127-129；另參見：〈聖嚴師父美國弘法活動〉，《法鼓》，
204 期，2006 年 12 月 1 日，版 4）

十一月十二日，即日起至十四日，由黎巴嫩亞美尼亞東正
教主辦「重塑心靈之約──增進相互了解與和平／中
東暨亞洲宗教領袖高峰會」（2006 Middle East-Asia
Dialogue ─ A Re-Commitment to Spirituality: Building
Mutual Understanding and Peace）於黎巴嫩舉行，來自
亞、歐、美洲等國之佛教、印度教、天主教、東正教、
伊斯蘭教等代表與會。會議主席為黎巴嫩亞美尼亞東
正教大主教亞利安一世（His Holiness Aram I）。法鼓
山由僧團果元法師、常度法師、常聞法師代表參加。

法師受邀擔任開幕典禮演說貴賓，然因美國行程不克
出席，因此於象岡道場錄製演說影片：《一條共同的
道路》於開幕典禮中播放。法師聲明不因佛教立場而
強調佛教信仰，而是關注整體人類共同需求，找出交
集、奉獻人類社會。

我們這個世界，從現在直到未來，全人類一定要走出一條共同的道路來，依我所見，這條大同之道就是超越宗教、種族與文化的全球性倫理。

全球倫理的產生，並不是由某一個單一宗教來主導，而是由不同的宗教領袖相互討論，由此產生一種適用於全人類的倫理價值，使得不同的國家、不同的宗教信仰，乃至不同的族群，彼此在互動時有共同的軌道可依循，從而減少甚至避免許多衝突產生。

建立全球性倫理的目的，並不是要新創一個宗教，也不是要否定所有宗教，而是在尊重、保持所有宗教的現況之餘，另外找出一條共同道路。（〈一條共同的道路〉，《我願無窮》，法鼓文化，2011 年 4 月初版一刷，頁 56；另參見：〈法鼓山出席中東暨亞洲宗教領袖高峰會〉，《法鼓》，204 期，2006 年 12 月 1 日，版 1）

上午，東初禪寺舉辦皈依大典，由方丈和尚果東法師主持，約近六十位信眾皈依，法師亦與會祝福、開示。

平時只有十幾位信眾一起皈依。這次皈依人數所以增多，原因是我已返回美國。有很多新的信眾是在我離開美國期間才親近東初禪寺，這些信眾之中，不少是看了當地有線電視第二十五頻道播出的《大法鼓》節目，這個節目配上了英文字幕，接引了不少人。當他們知道我返回紐約，都來參加了這場皈依。（〈七、最後一次美國行〉，《美好的晚年》，法鼓文化，2010 年 2 月初版一刷，

頁 129）

十一月十六日，即日起至十九日，於象岡道場舉辦第四屆
菩薩戒，正授儀式由聖嚴法師與方丈和尚果東法師共
同主持，共有一百三十四位來自美、英、法、加拿大、
克羅埃西亞等國東西方人士圓滿受戒。（〈七、最後一
次美國行〉，《美好的晚年》，法鼓文化，2010 年 2 月初版
一刷，頁 129-130）

十一月十八日，臺中市市長胡志強偕同夫人邵曉鈴，赴高
雄市助選回程途中，發生車禍。邵曉鈴傷勢嚴重，接
受左臂截肢手術，昏迷不醒，情況危殆。法師當即於
象岡道場寫信慰問交正要返回臺北之信眾帶回送達。
　　去年底，我在美國第一時間獲悉了胡市長夫婦車禍的
消息，當下即寫了慰問信，交由正要返回臺北的信眾帶
回。在車禍發生後第四天，這封信就送到了胡市長手中，
這讓他很驚訝，說這是無法想像的事，師父人在美國，
怎麼數日間，就收到了我的親筆慰問函。他還開玩笑地
說，法鼓山傳送效率之高，可以開快遞公司了。（〈十、
不一樣的法鼓大學〉，《美好的晚年》，法鼓文化，2010 年
2 月初版一刷，頁 185）

十一月二十四日，即日起至十二月三日，象岡道場舉辦話
頭禪十，共有七十五位分別來自美、英、加拿大、克

羅埃西亞、印尼、新加坡及臺灣人士參加。法師固定每週三次洗腎療程，仍每天到場開示指導。此為法師在美主持第一百一十一場禪修，禪期開示以「大慧宗杲禪師語錄」為主。（〈七、最後一次美國行〉，《美好的晚年》，法鼓文化，2010 年 2 月初版一刷，頁 130）

十一月二十六日，法鼓山僧團公告法師制定之「防墮落防腐化原則」。

十二月一日，簡體字版《戒律學綱要》由中國大陸北京宗教文化出版社出版發行。（〈七、最後一次美國行〉，《美好的晚年》，法鼓文化，2010 年 2 月初版一刷，頁 130）

十二月三日，上午，於象岡道場約見洪聖焜建築師。十餘年前，法師邀請洪建築師為法鼓山工程預作建築導覽圖，如今法鼓山園區落成啟用，邀請再作全山建築群圖。洪建築師允於近日往訪法鼓山，實地勘查蒐集相關資料。

案：後完成繪製三幅白描圖。

晚六時，美國哥倫比亞大學副校長保羅・安德爾（Paul Anderer）、東亞語言文化系主任羅伯・哈默斯（Robert Hymes），以及宗教系教授于君方等三人，至東初禪寺拜訪，討論聖基會與哥倫比亞大學合作成立「聖嚴

漢傳佛學講座」事宜。法師建議研究主軸可擬為臺灣
與中國大陸佛教發展、漢傳佛教傳統與現代及當代人
間佛教。

　向國際社會推廣漢傳佛教是我的心願，恰巧在哥大任
教的于君方教授獲悉哥大有意設置一個漢傳佛學講座，
正在尋求合適的合作夥伴。因此她在十月返臺時徵詢我
的意見，我覺得真是太好了，便責由聖嚴教育基金會進
行接洽此事。

　這個講座的設置基金是三百萬美元，由哥大與捐贈者，
雙方各提出一半對等基金。過去哥大曾設置藏傳及日本
佛教的佛學講座，帶動了一股研究風潮，這回的漢傳佛
學講座是首辦。至於經費，一部分是由我籌措，另外，
聖嚴教育基金會也做了專案募款，一共籌足新臺幣五千
萬元。這次會晤，主要是了解講座的設置事宜，也交換
彼此對於推動漢傳佛學的見解和看法。（〈七、最後一次
美國行〉，《美好的晚年》，法鼓文化，2010 年 2 月初版一
刷，頁 132；另參見：〈哥倫比亞大學成立聖嚴漢傳佛學講座
教授〉，《法鼓》，205 期，2007 年 1 月 1 日，版 1）

晚八時，散文名家王鼎鈞與夫人王棣華至東初禪寺拜
訪，並以親書書法「亦佛亦聖，大勇大哲」致贈。

　王鼎鈞老先生，人稱「鼎公」，是紐約華人界的聞人，
他寫的書在全球華人社會都享有盛名，過去也曾擔任《中
國時報》的副刊主編。

　　他是一位基督徒，也是藝文界的前輩，他能夠賞光聽我演講，又幾次專程來看我，使我受寵若驚。

　　鼎公是那麼謙虛，他們夫婦倆來看我的時候，還帶著一份親題的墨寶送給我，上面題有「亦佛亦聖，大勇大哲」八個大字，下端則寫：「聖嚴法師，學究天人，圓滿究竟，博大精深，弘法救世，無我忘身；大師難逢，大法難聞，弱水一瓢，澤及藝林，破相得真，捨形求神，同體大悲，萬花是春，典型巍巍，掖我出塵。」末後署名：門外後聞王鼎鈞、王棣華。這份厚禮，又讓我受之有愧了。

　　我在美國這一個多月，鼎公來看我三次，每次都是依依不捨，好像覺得每次都是不可再得的機會。有句話說「謙謙君子」，在我心中，鼎公正是這般。（〈七、最後一次美國行〉，《美好的晚年》，法鼓文化，2010 年 2 月初版一刷，頁 132-134）

十二月四日，上午，先至康乃爾大學醫院，進行血液透析診療；十一時自東初禪寺啟程赴紐華克機場，飛返臺灣。東初禪寺住持果明法師率常住法師及信眾等送駕，並隨侍至機場送行。

離美前，於象岡道場為 *Footprints in the Snow*（《雪中足跡》）口述撰〈序〉。該書為法師英文自傳，由肯尼‧威普納（Kenneth Wapner）主筆，提出書面問題，

請李世娟教授以中文訪問法師後，翻譯成英文，提供主筆編輯後成書。該書於二〇〇八年十月二十一日，由紐約市雙日出版社出版。（〈序〉文請見該日譜文）案：該書原序末簽署為「二〇〇六年十二月十四日，於紐約象岡道場禪中心」。然法師美國行程至十二月四日止，因此撰〈序〉時間有可能為十一月十四，或十二月四日。姑繫於此離美之前。

最後一次赴美期間，為護持東初禪寺募款而書法題寫不斷。

從二〇〇六年初開始，師父有空就寫書法，早上起床寫，午睡醒來也寫，有時晚上睡不著也起來寫。秋天去美國東初禪寺時，有一次是洗腎隔天的清晨，早齋前師父已經在寫書法，我請師父是不是先吃飯再寫？師父很嚴肅的說：「常願你不要吵，師父剛起床頭腦比較清醒，我不知道自己明天是不是還活著，現在還可以寫就多寫一些。先寫書法，寫完再吃飯，把菜端下去！」其實，師父前一天洗腎非常疲累，尤其這次的洗腎時間很久，回來時都已經下午四點多了，我印象非常深刻。師父在臺灣寫的書法，是為了護持法鼓大學興學而寫，在美國寫的書法，則是為了東初禪寺的遷建募款而寫。（〈常存心中的經典〉，常願法師，《今生與師父有約（一）》，聖嚴教育基金會，2011 年 2 月初版一刷，頁 138-139）

十二月六日，清晨返抵臺灣。

十二月十三日，即日起連續三週週三（十三、二十、二十七日），法鼓山人文社會基金會於臺北安和分院共舉辦三場諮詢會議，推動二〇〇七年「倫理專案」系列活動，邀請各方專家學者就推動「心六倫」，提供意見。各場主題分別為「家庭倫理、族群倫理」、「校園倫理、自然倫理」、「企業倫理、生活倫理」。首場由人基會祕書長李伸一主持，法師特別出席，指出倫理是以「奉獻、服務、關懷」為原則。

　　「心六倫」，指的是家庭、校園、生活、職場、自然和族群等六種倫理，這是涵蓋著傳統的五倫，同時配合著現代社會所需要的價值。心六倫推出以後，得到各界的響應支持，我們請教各領域的專家來探討這項運動的推廣，可以說就在這次諮詢會議中確立了「心六倫」的架構。

　　心六倫運動是由法鼓山人文社會基金會主導，由前任監察委員李伸一菩薩擔任人基會的祕書長，他曾經創辦消費者文教基金會，目前仍是消基會的義工。「心六倫」以外，防治自殺運動也是請他負責的。（〈七、最後一次美國行〉，《美好的晚年》，法鼓文化，2010年2月初版一刷，頁134-135）

十二月十四日，美國舊金山佛山寺般若講堂智海法師偕同

臺北甘露寺僧俗四眾一行十餘人至法鼓山園區參訪並
拜會法師；法師自述初往美國時，長老多次在紐約接
機，情誼永誌不忘。（〈七、最後一次美國行〉，《美好
的晚年》，法鼓文化，2010 年 2 月初版一刷，頁 136）

下午，法國 KAHUNAVISION 出版社總裁賈智良
（Patrick Jagou）至法鼓山園區拜訪，就「心靈環保」
理念與「聖嚴法師一○八自在語」中「忙得快樂，累
得歡喜」工作態度，向法師請益，希望為法文讀者介
紹心靈環保。

　　師父表示，一般人都從自我中心出發，而「心靈環保」
則是愛、關懷與奉獻，若能將自私心淡化，使得不健康
的心理、觀念轉變為健康、快樂的人生態度，如此便是
「心靈環保」。（〈法國媒體訪師父談「心靈環保」〉，《法
鼓》，205 期，2007 年 1 月 1 日，版 1）

十二月十六日，晚間，於法鼓山園區祈願觀音殿為「第
十二屆在家菩薩戒會」說戒，強調「持受菩薩戒，當
發菩薩願」，提醒眾人受戒目的，是在生生世世學菩
薩行、行菩薩道。

　　「第十二屆在家菩薩戒會」第一梯次，由方丈和尚果
東法師、首座和尚惠敏法師、副住持果暉法師擔任尊證
師，來自臺灣、香港、馬來西亞、溫哥華等地共約有
五百多人受戒。（〈第十二屆在家菩薩戒法鼓山舉行〉，《法

鼓》，205 期，2007 年 1 月 1 日，版 1）

十二月十七日，於中正精舍撰並書聯「來法鼓山觀音道場，參北臺灣第一聖地」。（《遊心禪悅──法鼓山珍藏聖嚴法師墨迹》，法鼓山文教基金會，2007 年 2 月初版，頁 27）
案：法師指示，將此幅文句做為《法鼓》雜誌刊頭。

十二月十八日，天下文化特約撰述潘煊記錄浩然基金會董事長殷琪求法於聖嚴法師之新書《慢行聽禪》即將出版，法師為撰〈序〉。該書二〇〇七年一月二十一日由天下文化出版。（〈序〉文見二〇〇七年一月二十三日譜文）

十二月二十三日，下午，於法鼓山園區法華公園舉辦「法華鐘落成典禮」，僧團法師灑淨後，來自日本東京本納寺住持桐谷征一、立正大學理事長及川周介等六位嘉賓，誦念〈法華經・無量壽品〉，而後聖嚴法師與貴賓、一百五十六位護持法華鐘信眾代表進行撞鐘儀式。晚上，舉行「大願和敬平安感恩晚會」，感恩大眾護持，共有來自全球一萬三千多人參加。
「法華鐘」高四・五公尺，直徑二・六四公尺，重二十五噸外，還有一個殊勝的數字七〇一五二，那是由《妙法蓮華經》一部，全經文六萬九千六百三十六字；加上〈大悲咒〉一卷四百二十四字。「妙法蓮華經」經題，

由國內書法名家杜忠誥題字;有《妙法蓮華經》原始字體書寫作者元僧元浩;以及,繪作多寶塔雙佛並坐圖的畫家鄧承恩也在鐘上留名。最後銘刻的是,「二○○五年法鼓山落成,聖嚴師父率四眾佛子恭鑄。」經典、經題、原始的書寫者、當代的書法家,與恭敬鑄鐘的三寶弟子,集所有鑄造條件而成的數字:「七○一五二」。(〈法華鐘,一個夢想的實現〉,《法鼓》,202 期,2006年 10 月 1 日,版 7;〈法華鐘響　渾厚清淨遍山林〉,《法鼓》,205 期,2007 年 1 月 1 日,版 1)

法師有〈《法華經》對漢傳佛教的六層意義〉說明鐘體鑄刻《法華經》之緣由。

《法華經》對漢傳佛教來講,意義非常重大,它的重要性包含了幾層意義:

一、天台宗的思想依據

天台宗是以《法華經》為依據,從而開展出基本的架構,即「會三乘歸一乘」、「開權顯實」。《法華經》既融合整體佛教,又將各層次的佛教貫穿起來,成為一個可大可小、能大能小,且貫通大小的整體佛教。這種思想,唯有以《法華經》為依據的天台宗才有。

二、主張一切眾生皆能成佛

此外,《法華經》主張兩性平等,女性亦可成佛,這

與其他經典認為女子不能成佛的說法不同。《法華經》甚至認為曾經謗佛、毀佛、傷害佛的人，將來也能成佛，也就是說，無論過去造了何等惡業，只要開始學佛，就有成佛的可能。

三、講說重要的修行方法

《法華經》非常重視「受持」、「讀誦」、「書寫」、「為人解說」等修行方法。

四、相信佛永在人間

在〈如來壽量品〉中提到，釋迦牟尼佛常在靈鷲山上，凡夫的肉眼雖然看不見，但是他不曾離開人間。

五、人間淨土思想的根源

〈見寶塔品〉中描述，久遠以來，有一位古佛名叫「多寶如來」，曾在無量世之前發願：凡是有人宣講《法華經》之處，他必將現前護持。

六、觀音菩薩的信仰

最讓一般民間感受無限慈悲和救濟力量的觀世音菩薩，在《法華經》〈觀世音菩薩普門品〉裡描述道：若是遭遇任何大火、大水、強盜、惡鬼等困厄時，只要一心稱念「觀世音菩薩」聖號，便能夠及時得救。

我們的法華鐘在鐘體內外，鑄刻《法華經》一部和〈大

悲咒〉一卷，總字數七○一五二字，是當今世界的一個創舉，也是目前全世界僅有的一座法華梵鐘。

因此，我們每拜一次法華鐘，就等於禮拜了一部《法華經》和一卷〈大悲咒〉；每當撞響一聲法華鐘，就彷彿聽到了整部《法華經》和〈大悲咒〉。（〈《法華經》對漢傳佛教的六層意義〉，《2006法鼓山年鑑》，法鼓山基金會，2007年8月初版，頁281-283）

十二月二十六日，出席於法鼓山園區海會廳舉行之「中華佛研所所長交接典禮」，擔任監交人。榮退所長李志夫將印信交接給代理所長果肇法師。方丈和尚果東法師、首座惠敏法師、僧團都監果廣法師、護法總會總會長陳嘉男等人均到場觀禮。李志夫教授長期為佛教事業投注心力，應法師邀請，擔任中華佛研所榮譽所長。

「李所長可以說是法鼓山教育體系之中的『教父』！」典禮上，聖嚴師父特別感恩李所長在佛研所創辦過程中付出的心力，師父細數佛研所從開始設立、招生、爭取學位認可、到教授資格認可等，一步一步的辦學過程，無不由李所長一點一滴投入時間和心血，包括甫通過教育部核准成立的法鼓佛教研修學院，以及法鼓大學的設立，都由李所長與教界人士共同催生法案、提出企畫構想才得以順利推動。

「這是我的承諾！」在法鼓山努力近三十年的李志

夫所長，感性述說自己之所以有持續的動力，是因為
一九六八年時寫了一封信給師父，說要當師父的護法。
由於這一句承諾，讓李所長全心奉獻。與教界合作建立
「CBETA 中華電子佛典協會」、製作《臺灣佛教年鑑》、
執行國科會研究計畫等，李所長的這些努力，不僅讓佛
研所奠定深厚的研究基礎，也讓佛研所在華人佛教研究
領域保持領先地位。

　　典禮之後，隨即進行李所長榮退感恩茶會。佛研所師
生特別為李所長製作《法海泛舟——李志夫教授特輯》，
並致贈禮物、獻上歌聲，感恩李所長對於佛研所的貢獻。
（〈佛研所所長李志夫榮退　果肇法師接任〉，《法鼓》，
206 期，2007 年 2 月 1 日，版 6）

十二月二十七日，即日起兩天，至臺大醫院定期回診，膀
　　胱鏡檢查，結果正常。（〈七、最後一次美國行〉，《美
　　好的晚年》，法鼓文化，2010 年 2 月初版一刷，頁 137）

十二月三十日，上午，長期贊助 *Chan Magazine*（《禪》
　　雜誌）之美國護法信眾——印度籍阿如・達斯瓦尼
　　（Aju Daswani）伉儷，至法鼓山園區拜訪法師。

十二月，結緣新書《如何超越人生困境》、《珍惜生命
　　——聖嚴法師與吳念真、黃春明、李明濱的對話》、
　　《經濟與環保的創新作為——聖嚴法師與蕭萬長、施

振榮、朱雲鵬、張祖恩的對話》，以及《禪宗對俱解
脫的看法》（VCD）、《心經觀自在》（CD）等，由
聖基會出版。

民國九十六年／西元二〇〇七年

聖嚴法師七十八歲

國內外重要大事

- 臺灣高速鐵路通車營運。
- 美國次級房貸風暴。
- 全球金融海嘯。
- 美國佛教會創辦人沈家楨居士往生（十一月二十七日）。
- 美國紐約莊嚴寺首任住持顯明長老往生（十二月十九日）。

法師大事

- 創辦臺灣第一所教育部核可單一宗教學院——法鼓佛教研修學院。
- 推動環保自然葬，與臺北縣政府合作規畫「金山環保生命園區」正式啟用。
- 於法鼓山園區舉辦之「亞非高峰會」中開幕演說。
- 聖基會與美國哥倫比亞大學合作設置「聖嚴漢傳佛學講座教授」。
- 提出「心六倫」運動。
- 推動防治自殺，創辦「關懷生命獎」。
- 「遊心禪悅書法展」於法鼓山園區、農禪寺及臺南、高雄、臺中及臺北巡迴展出。

- 於法鼓山園區啟建回歸佛法、合乎環保理念之「大悲心水陸法會」。
- 出版:《遊心禪悅──聖嚴法師　法語・墨緣・興學　墨迹全輯》、《法鼓山故事》、《禪門第一課》、《方外看紅塵》、《慢行聽禪》、《學佛群疑(簡體字版)》、《法鼓山故事(簡體字版)》、*Orthodox Chinese Buddhism*(《正信的佛教》英文版)。

訂定本年年度主題為「和敬平安」,勉勵要彼此和敬,才能「平等看待一切眾生,安養世界成為淨土」。

一月一日,即日起,護法總會推出「5475大願興學計畫」,邀請社會大眾響應每天捐五元,三年捐五千四百七十五元,共同成就建設法鼓大學大願。

一月二日,立法委員林炳坤、黃昭順,至安和分院拜會。林炳坤為澎湖選區立委,邀請法師今夏赴澎湖舉行專題演講,分享法鼓山淨化人心理念。法師表示,若健康許可,樂見其成。(〈八、遊心禪悅〉,《美好的晚年》,法鼓文化,2010年2月初版一刷,頁140)

於中正精舍接受東森新聞台採訪,錄製新年賀詞。
　　新年之際,人人都想要平安、幸福、健康、快樂,但是,平安、幸福、健康與快樂,如何可得?

一、要用平常心，面對不平常事。這個世間，天災、人禍、衝突不斷，不如意事乃是正常，面對各種逆境、挫折，要能坦然面對。

二、要用「四它」，處理問題。面對它、接受它、處理它，才能放下它。

三、只要心安，就有平安。不論外在環境如家庭、社會、人際關係等如何改變，只要內心安穩，冷靜面對，就能夠想出解決之道。（《隨師日誌》未刊稿）

一月四日，下午，立法院院長王金平至安和分院拜訪。

王院長過去曾參加法鼓山菁英禪三，是一位佛教徒。我建議他如果遇到任何的狀況，就念觀世音菩薩，我也送了他一尊陶塑微笑觀音。（〈八、遊心禪悅〉，《美好的晚年》，法鼓文化，2010 年 2 月初版一刷，頁 140）

一月六日，上午十一時，前往華嚴蓮社拜會成一長老。長老對法師身體轉為安康十分欣喜，為法鼓山已有新方丈傳承，亦表欣慰。

自二〇〇五年秋害病以來，師父已數年未探望長老，知道長老念記掛心，特別登門禮座。長老叮嚀：「現在你行政的事都不要管了，但是弘法不能停。」師父收下長老的關心，表示自己已退休，現在只做自己想做的事——單純弘法。（《隨師日誌》未刊稿）

下午三時半，至法鼓山園區合署辦公室出席新春布置規畫會議。

「聖嚴書院」於高雄紫雲寺舉行成立典禮。該書院為法鼓山信眾系列教育一環，採常態性學期學年制課程規畫，將於全臺各分院陸續開班。

　　法鼓山僧團弘化院與聖嚴教育基金會在今天成立了聖嚴書院，讓體系內外的菩薩都能夠有機會選修書院的課程。這個課程，最早是由聖嚴教育基金會發起，同時僧團弘化院也在規畫如何把我的著作思想，透過大學院的形式呈現出來，就在此時做了連結，負責人是林其賢老師。聖嚴書院的成立典禮，是在高雄紫雲寺舉行。也率先在南部的高雄、屏東開課，現在法鼓山及各縣市也都陸續開設了相同課程。（〈八、遊心禪悅〉，《美好的晚年》，法鼓文化，2010年2月初版一刷，頁140-141）；另參見：〈紫雲寺1/6成立「聖嚴書院」〉，《法鼓》，205期，2007年1月1日，版3）

一月七日，上午，應邀出席西蓮淨苑「道安長老百齡誕辰暨西蓮教育中心啟用典禮」，與寬裕長老及西蓮淨苑住持惠敏法師共同主持揭幕典禮。

　　惠敏法師的師父是西蓮淨苑開山智諭老和尚，他是道安老法師的剃度弟子。

　　道安長老過去與白聖長老、東初老人及印順長老，並

稱為臺灣佛教四大老。他對公共事務非常熱心，很敢講
話，對於年輕的後輩非常看重。例如當年我剛從關房出
來，在臺北善導寺有個講座，那時南亭長老、白聖長老、
道源長老、道安長老都來聽我演講，日後我又到慧日講
堂演講，印順長老和道安長老也來了。這表示這些長老
對年輕人非常重視，鼓勵年輕人弘法。（〈八、遊心禪悅〉，
《美好的晚年》，法鼓文化，2010 年 2 月初版一刷，頁 141-
142）

下午，在安和分院會見鄭石岩教授及其夫人高秀真。
鄭石岩為融合心理學、教育學與禪學之名作家，夫人
現任司法院行政訴訟及懲戒廳廳長。二位及好友臺大
醫院廖朝崧伉儷，由護法總會副總會長黃楚琪陪同參
訪法鼓山園區。

　　鄭教授這麼形容：「法鼓山的出現，是一位高僧拿了
一頂衣，往那裡一披，就出現了這麼好的道場；法鼓山
是在這一頂衣下出現的。」他說歷史上許多名山都是這
麼出現的。我說法鼓山可是經過十六年才建成，很不容
易。但是他又講，十六年不過一轉眼，一下子就過去了。
　　鄭教授會如此形容法鼓山，因為他看到山上的建築，
如此莊嚴而簡樸，而園區裡的種種設施，都是非常自然
而又令人感到心曠神怡，就像真正走進了靈山勝境的氛
圍，彷彿是人間仙境。我很感激鄭教授的抬愛，他本身
是研究禪學的專家，也從事禪的修行和教學。（〈八、遊

心禪悅〉,《美好的晚年》,法鼓文化,2010年2月初版一刷,
頁142-143)

一月八日,中國國民黨黨主席馬英九由法行會副會長何美
　頤陪同,至安和分院拜會請益:「如何忙而不亂、忙
　中有序?讓自己沉澱思索?」法師建議馬主席練習打
　坐。「打坐,看起來是浪費時間,其實是沉澱思緒的
　過程,把自己放空以後再去看、去想,反而比較客觀,
　更有靈感。」
　　馬英九先生和法鼓山向來都有互動,他曾到過農禪寺,
　去過法鼓山,也參加我們許多的活動,幾乎每年都會見
　面的。他的父親馬鶴凌先生同我也有交誼,一九七五年,
　我回臺灣出席海外學人國家建設研究會,當時,馬鶴凌
　先生代表中央全程陪著我,一起去了阿里山及中部橫貫
　公路。後來他寫了一副對子送我,內容是:「聖明開悟
　無邊法,嚴正修持萬古心。」現在這副對子就掛在農禪
　寺客堂。因為我與馬鶴凌先生有這段交誼,因此,馬英
　九先生也把我當成長輩看了。(〈八、遊心禪悅〉,《美
　好的晚年》,法鼓文化,2010年2月初版一刷,頁143-144)

一月九日,上午,以「用人、募款、成事」為題,在法鼓
　山園區國際會議廳為全體僧眾、專職及護法體系悅眾
　舉行「精神講話」,各地分院道場連線轉播。
　　講話主題為「用人、找錢、成事」。這是老生常談,

我會一次一次地重複講,是因為我們的工作人員流動率
頗大,往往半年以後,又換了一批新人,所以每隔一段
時間,這樣的題目我便再講一次。

「用人、找錢、成事」是經營任何事業的基本原則。
首先要找到人才,方能成事;一邊成事,還要一邊找錢。
這個原則,在營利事業或者非營利事業組織都是相同的。
(〈八、遊心禪悅〉,《美好的晚年》,法鼓文化,2010 年
2 月初版一刷,頁 144)

下午,加拿大英屬哥倫比亞大學(UBC)教授暨加
拿大精神與治療研究學會會長邱麗蓮博士,至法鼓山
園區拜會請益:「如何以科學方法驗證開悟?」法師
以開悟為深層之純心靈體驗,無法以物質層面之科學
分析檢證。(〈八、遊心禪悅〉,《美好的晚年》,法鼓文
化,2010 年 2 月初版一刷,頁 144-145)

一月十一日,上午,於安和分院召開法鼓人文社會學院第
二次籌備會議。會中宣布聘請逢甲大學前校長劉安之
為執行顧問,負責並參與各研究所籌備工作。另增聘
臺灣大學地質科學系教授陳宏宇擔任環境與永續經營
研究所召集人。

下午五時,建築師洪聖焜夫婦至中正精舍,就去年底
法師於美國象岡道場交付法鼓山全區建築圖,向法師

報告並請示。

一月十四日，下午，馬來西亞繼程法師至安和分院拜見，
　　法師就主持禪七及書法二事，諸多叮嚀。

　　　　他是檳城三慧講堂竺摩長老的剃度弟子，也是我的法
　　子。他出家以後，曾在臺灣親近印順長老和星雲法師等
　　知名法師，也到了文化館參加我主持的幾次禪七，有一
　　些身心的反應，對佛法有較深入的體驗。他是我的第一
　　個法子，在他的自傳裡也提到我是他禪修的師父。（〈八、
　　遊心禪悅〉，《美好的晚年》，法鼓文化，2010 年 2 月初版
　　一刷，頁 145）

一月十五日，作家吳若權偕同圓神出版社社長簡志忠至安
　　和分院，提出訪談寫作計畫，由吳若權採訪整理著書，
　　法師欣然同意。訪談自次週起展開，預計十次採訪，
　　文稿集結後交「圓神」出版。（〈八、遊心禪悅〉，《美
　　好的晚年》，法鼓文化，2010 年 2 月初版一刷，頁 145-146）
　　案：此即今年八月於圓神出版之《甘露與淨瓶的對話
　　——聖嚴法師開示，吳若權修行筆記》。

一月十六日，口述《正信的佛教》英譯本出版〈序〉。該
　　書於今年八月出版。（〈序〉文見八月譜文）

一月十八日，下午，前江蘇省副省長，現任中國政協常務

委員張緒武一行，至臺北安和分院拜會並請法。張常
委的祖父，為清末商界名人張謇，百年前創辦中國第
一所師範學校及博物院，晚年對佛學頗有研究。張此
行特別請教入世與出世人生。

　　許多人認為，佛教是消極出世的，甚至是厭世、棄世
的，似乎只有政治與經濟的作為，才是入世。這真是一
種誤解。

　　在佛教來講，出世，是對世俗的一切不貪戀、不執著，
也不在乎、不占有，但在抱持出世心態的同時，卻對世
間產生一種奉獻、感化的功能，叫作淨化社會、淨化人
心，因此也是入世的。試問如果佛教不參與世間，如何
能夠化世？佛教的本懷是入世，它不戀世，卻有著奉獻
的化世功能，但不執著於結果。（〈八、遊心禪悅〉，《美
好的晚年》，法鼓文化，2010 年 2 月初版一刷，頁 146-147）

一月二十日，於法鼓山園區為「第十二屆佛化聯合婚禮」
　　新人祝福開示。五十六對新人參加，邀請伯仲基金會
　　董事長吳伯雄證婚，臺北縣縣長周錫瑋、臺北縣民政
　　局局長黃麗足為男、女雙方主婚人，介紹人為法鼓山
　　護法總會總會長陳嘉男。（〈八、遊心禪悅〉，《美好的
　　晚年》，法鼓文化，2010 年 2 月初版一刷，頁 147）

一月二十一日，上午，於農禪寺主持「和敬平安──祈福
　　皈依大典」，二千二百五十位信眾皈依。（〈師父祝福

皈依者：增智慧　樂觀生活〉，《法鼓》，206 期，2007 年 2
月 1 日，版 1）

一月二十三日，至安和分院出席《慢行聽禪》新書發表記
　　者會。此書探討無常、憂患、生死、教育、管理、企
　　業影響力等層面，亦包涵人生終極意義、修行實踐等
　　面向，為臺灣高鐵董事長殷琪將自己生命與生活疑
　　問，自二〇〇三年九月至二〇〇六年八月跨時三年、
　　歷十一次向法師請法，經潘煊女士整理成書，由天下
　　文化與法鼓文化共同發行。聖嚴法師與殷琪董事長、
　　記錄者潘煊、天下出版發行人王力行、主編項秋萍等，
　　均與會發言。法師有〈序〉述成書因緣：

　　二〇〇三年，浩然基金會殷琪董事長邀請我與天主教
單國璽樞機主教進行一場座談，分就兩個不同宗教的立
場來看相同的問題。那次殷董事長的邀請，非常慎重，
不僅先以書面及電話聯繫，更在百忙中親自訪晤面邀，
誠意之殷，我很受感動。就這樣開啟了互動的因緣。

　　她接觸、修習的是藏傳佛教，一開始即閱讀英文的藏
傳佛教書籍。對所聽、所看到的漢傳佛教有諸多疑問，
由於她的精進一念：「我想向師父請法。」這本書於焉
開始。

　　殷董事長從過去閱讀英文佛書已得到豐富的知識，因
此在對談過程中，並非全然由她提問由我解答，每當她
有看法時，也會分享自己的心得，與我交換意見。她渴

望了解漢傳佛教的現實面與理論面，非常重視修行的方法、經驗與結果，常以藏傳佛教的《菩提道次第廣論》與漢傳佛教的觀念相對照。同時，她關心漢傳佛教的修行次第，佛法在生活中如何運用？作為家庭主婦、公司職員、政府官員、老闆、部屬，在心態上如何調整？諸如此類問題，我都一一為她開解。

我是漢傳佛教禪宗的傳人，希望以禪宗法門來指導修行。修行人把自己與佛法融成一體，並非僅在臨終時希望往生佛國淨土，日常生活中即可體驗到「心淨國土淨」的境界，這是我主張「人間淨土」的根源所在。心要清淨，須以觀念、理論作疏導，用方法勤練習，使自己的心常保寧靜，不隨境轉而起煩惱。當自己過得自在快樂，連帶也會影響周遭的人，乃至整體社會。這正是法鼓山所弘揚的漢傳佛法。

於我而言，與殷董事長這樣一位企業名人對談，而她受的又是外國教育，她以現代的、西方的眼光來看問題、問問題，在在都有其新鮮的角度。（《慢行聽禪》，天下遠見，2007 年 1 月 20 日第一版，頁 6-10；另參見：〈八、遊心禪悅〉，《美好的晚年》，法鼓文化，2010 年 2 月初版一刷，頁 148-149）

一月二十三日、二十五日，於中正精舍接受作家吳若權系列訪談。

一月二十六日，法鼓山於斯里蘭卡臺灣村興建之「菩提心
　　健康服務中心」落成啟用。

一月二十七日，於法鼓山園區國際會議廳為導覽人員「法
　　鼓山參學禪修」課程講授「參學禪修的原則和方法」。
　　（〈參學禪修的原則和方法〉，《如何導覽法鼓山》，法鼓
　　山佛教基金會，2008 年 4 月，頁 8-43）

一月二十八日，於法鼓山園區對全體僧眾早齋開示：「修
　　行在平常日用中」。

一月二十九日，至聖基會辦公室出席法鼓佛教研修學院董
　　事會。

一月三十一日，於中正精舍接受《自由時報》記者專訪，
　　談新年心願、「心六倫」運動與自殺防治專案，以及
　　給新任方丈和尚評分。

　　修訂法鼓文化出版之「世紀對話系列叢刊」總序：〈為
　　二十一世紀開新思路〉。該叢書包括從《不一樣的聲
　　音》電視節目編輯成書十冊；以及「聖嚴法師與名人
　　對談」等大型座談實錄三冊。
　　　在知識多元的時代，要弘揚佛法、普及佛法，就得和
　　世間各個領域中的專業人士結合，經由互相的接觸、對

話、交流、了解之後,才能幫助普遍的社會大眾,認知佛法、認同佛法、接受佛法,至少是不排斥佛法。因此在各種因緣的促成下,從一九九六年開始,我參加了二百多個場次的對話與座談。其中場次最多的對談,是由達明傳播公司張光斗先生策畫製作的一個連續性電視節目《不一樣的聲音》,在中國電視公司頻道中,每週播出一次三十分鐘,選定一個主題,邀請國內乃至國外各種行業領域中的名人專家一至四位,和我交換意見。舉凡政治、文教、藝術、社會、宗教、環保、醫療衛生、家庭婚姻、親子、青少年、兩性、犯罪、民風,乃至尖端科技、基因工程、網路資訊等,均在其中。

不是我要針對社會大眾關心的每一個主題,提出什麼個人的看法,而是以這個節目為各個領域的專業人士提供論壇和發言的機會,然後由我站在佛法的立場,來呼應他們的論點,將各種不同角度的聲音,串連整合成為現實社會大家都想聽到的福音。

除在中視定期播出《不一樣的聲音》之外,尚有法鼓山文教基金會、法鼓人文社會學院籌備處以及幾個教育和文化機構,也舉辦了好多場次邀我參加的大型座談會。其間,和我座談過的人士之中,包括有西藏精神領袖第十四世達賴喇嘛、現任總統陳水扁先生、前總統府祕書長游錫堃先生、前中央研究院院長李遠哲先生、前副院長楊國樞先生、院士李亦園先生、三位前後任教育部長吳京先生、楊朝祥先生、曾志朗先生、前臺灣大學校長

陳維昭先生、交通大學校長張俊彥先生、前清華大學校
長劉炯朗先生、雲門舞集藝術總監林懷民先生、歌神張
學友先生、智融集團董事長施振榮先生、聯電名譽董事
長曹興誠先生、前臺北市市長馬英九先生、人權運動知
名作家柏楊先生等二百多位，無一不是當今社會各界的
傑出之士。

　　由於內容精彩豐富，故授權法鼓文化編輯部，著手將
錄影整理成文，以專題分類的方式，取名為「世紀對話
系列」，分冊發行。（〈總序：為二十一世紀開新思路〉，《不
一樣的生活主張》，法鼓文化，2007 年 1 月初版一刷，頁 1-6）

二月一日，於《法鼓》雜誌刊載二○○七年新春祝福〈迎接大願年　成就大願力〉，回顧去年、策勵今年。

　　回顧二○○六年，法鼓山成就了許多功德，這都是我
們大家共同的成就。我雖然在害病之中，仍出席、參與
乃至主持了許多活動，包括公益的、國際的、佛教的，
以及跨宗教領域的，當中像是全球婦女和平運動、全球
青年領袖促進和平會議等，我們甚至身居主辦或者協辦
的重要角色。

　　就公益活動來講，去年我們辦了一場防治自殺的活動，
由我拍攝了公益短片，結合國內各大電視媒體持續的響
應和報導，呼籲大眾「多想兩分鐘，你可以不必自殺，
還有許多活路可走」。在國內引起相當大的回響。

　　去年法鼓山最大的成就，可說是僧團制度的完成。舉

行了新任方丈的接位大典，這是法鼓山非常重要的歷史
焦點。

我們的教育事業，去年也邁入一個新的里程碑，「法
鼓佛教研修學院」正式獲得教育部核准設立，這在中華
民國佛教史上是一大創舉。

近況：靜養練書法，興學籌經費

去年一年，誠如諸位所知，我在害病靜養之中。行政
中心的專案祕書室和僧團的機要祕書室都來問我：是不
是可以辦一次書法展，為建大學籌經費。由於這樣的建
議，我便從去年八月開始寫書法，幾乎每天都寫，有時
可寫上十來幅字。

大願力：推動生活佛法，圓滿「百萬人護持」

去年十二月二十三日法華鐘落成典禮上，我們推出一
個「大願力」活動，希望配合法華鐘的落成為起點，讓
榮譽董事的人數持續增加。我們鼓勵大家都來種福田，
不僅僅是自己種福田、再種福田，也希望大家能廣邀親
朋好友一起共襄盛舉，為整體佛教教育事業貢獻一份力
量。（〈迎接大願年　成就大願力〉，《法鼓》，206 期，
2007 年 2 月 1 日，版 1、2）

二月三日，下午，於法鼓山園區國際會議廳為導覽課程講
授「法鼓山全山導覽」。（〈八、遊心禪悅〉，《美好的

晚年》，法鼓文化，2010年2月初版一刷，頁152；講詞收
入：〈法鼓山全山導覽〉、〈導覽人員的責任〉，《如何導覽
法鼓山》，法鼓山佛教基金會，2008年4月，頁44-79、112-
117）

二月四日，於法鼓山園區對全體僧眾早齋開示：「傳統與
創新」。

上午十一時，中華佛研所長期護法李春金老菩薩令媳
李陳溫溫偕同家人，上山參訪並拜會。

下午五時，至農禪寺出席「第五十四次法鼓山社會菁
英禪修營共修會」，以「禪法即是心法」為題開示。

二月五日，於中正精舍，為《聯合報》「方外看紅塵」專
欄訪題錄音。

二月六日、八日，於中正精舍接受作家吳若權系列訪談。

二月七日，於中正精舍接受《中華日報》記者專訪，以「尊
重生命」為主軸，談生命的面對與放下，如何從「肯
定自我」到達「無我」？如何有效說服他人珍惜生命，
不要自殺等。《中華日報》董事長詹天佑一同前來致
意。（〈八、遊心禪悅〉，《美好的晚年》，法鼓文化，

2010 年 2 月初版一刷，頁 152）。

二月九日，至法鼓山園區禪堂，為僧大主辦之「生命自覺營」學員開示。

二月十日，東森集團一級主管四十餘人在法鼓山舉辦一日禪活動。

十時，法鼓山資深義工陳正雄偕同兒子至法鼓山園區拜會。陳有孫兒一歲大，出生即患腦性麻痺，帶給全家沉重考驗。法師抱起孱弱嬰兒慈悲開示：「小菩薩是幫助你們生起更大慈悲心，長養更多耐心；多念觀世音菩薩，祝願他平安長大。」

上午十時半，太子建設董事長暨法鼓山工程顧問莊南田，偕同廖瑞揚博士及德籍建築設計師魯道夫‧魏南茲（Rudolf Wienands）和庫爾特‧史塔潘（Kurt Stepan），至法鼓山園區參訪，就如何將更多環保理念運用在法鼓山建設，貢獻寶貴意見。

下午四時，海基會副董事長張俊宏至法鼓山園區拜會，並請求皈依三寶。（〈八、遊心禪悅〉，《美好的晚年》，法鼓文化，2010 年 2 月初版一刷，頁 152-153）

二月十一日，至臺北縣三峽參加天南寺動土典禮。與方丈
　　和尚、臺北縣縣長周錫瑋、板橋市市長江惠貞、三峽
　　鎮鎮長陳佳烜、邱家兄弟代表等十八位，共同執鏟；
　　政府首長與各方嘉賓五百餘人觀禮。本處預計做為法
　　鼓山禪修中心。（〈八、遊心禪悅〉，《美好的晚年》，
　　法鼓文化，2010 年 2 月初版一刷，頁 153）

二月十三日，中午，於法鼓山園區國際宴會廳出席僧團及
　　園區義工除夕圍爐，方丈和尚、首座、副住持等僧眾
　　一百數十人、園區義工數十名出席。法師開示，年菜
　　重要原則：「對自己節省，對他人慷慨，要捨得給人
　　吃。」除了慷慨，也要開源，方能維持法鼓山營運。

　　傍晚，率領方丈和尚及常住法師等一百多人，於開山
　　紀念館舉行辭歲禮祖，並開示「堅守漢傳佛教與法鼓
　　山道風」，勉僧團不可動搖：一、僧團章程不能改；二、
　　漢傳佛教根本不能動搖；三、法鼓山道風不能變；四、
　　道場要有謀生之道。（《隨師日誌》未刊稿）

　　德貴大樓屋主謝玫玫，由人文社會基金會祕書長李伸
　　一及董事鍾明秋陪同，至中正精舍拜會。
　　案：德貴大樓位於臺北市中正區延平南路，為臺北市中
　　心地區。法鼓山基金會於此設立德貴學苑，於二〇〇九
　　年落成啟用。

二月十五日，下午二時，至安和分院出席「遊心禪悅：聖嚴法師書法展」記者會。故宮博物院院長林曼麗、臺北藝術大學美術系系主任林章湖、鳳甲美術館創辦人邱再興，書法名家杜忠誥、林隆達、連勝彥、張禮權、周澄、曾中正等人到場推薦。書法展由法鼓山護法總會副總會長葉榮嘉擔任籌備召集人，邀集臺北市立美術館館長黃才郎、臺北當代藝術館館長賴香伶、周澄、杜忠誥等名家擔任顧問，本月起在法鼓山園區展出半年，向國人公開近三年內所寫四百多件作品，而後至臺中、臺南、高雄等地巡迴展出，籌募法鼓大學建設經費。

　　近兩年間，我在臺、美兩地，經常都是起早帶晚地寫，共寫了近五百幅書法。這是因護法總會一位副總會長葉榮嘉菩薩，他本身是收藏家，也是建設公司的負責人，他很欣賞我的字。但是我說我很慚愧，只是勸大家捐款，自己卻沒有能力為大學興建貢獻一點錢。他跟我講，師父的字可以募款。因此，我便大膽把我的字向書法名家獻醜，請他們指教，結果居然通過專家的門檻。此後，我便不斷地寫，始有這次書法展的規模。（〈八、遊心禪悅〉，《美好的晚年》，法鼓文化，2010 年 2 月初版一刷，頁 153-154）

同時，由法鼓山文教基金會出版發行《遊心禪悅——聖嚴法師　法語‧墨緣‧興學　墨迹全輯》、《遊心

禪悅——聖嚴法師　法語‧墨緣‧興學　墨迹選》、
《遊心禪悅——法鼓山珍藏聖嚴法師墨迹》一套三冊，
載有法師〈我的書法〉自述義賣展中，「應該不是由
於書法藝術值得收藏，乃是為了贊助佛教的教育事業，
而來共襄盛舉。」

下午四時，出席法緣會於安和分院舉行之新春拜見師
父及方丈和尚活動。法師以防治自殺活動及即將推出
之「心六倫運動：家庭倫理、生活倫理、校園倫理、
自然倫理與職場倫理、族群倫理」，勉勵協助募款，
共同推動兩項年度重點工作。

二月十六日，於中正精舍召集僧團首座惠敏法師、都監果
廣法師及行政中心副都監果光法師，討論法鼓大學辦
學理念與方向。

二月十七日，除夕，前往文化館關懷四眾弟子，並關心春
節各項活動籌備。

晚間十時，出席於法鼓山法華鐘樓首次舉行之「除夕
撞鐘祈福」活動，邀請行政院院長蘇貞昌、內政部部
長李逸洋、臺北縣縣長周錫瑋、衛生署署長侯勝茂、
立法委員尤清、故宮博物院院長林曼麗、財政部國有
財產局局長郭武博、亞都飯店總裁嚴長壽、鴻海集團

總裁郭台銘、法鼓山法行會會長蕭萬長、中國文化大學校長李天任、導演吳念真、名主持人張小燕及新聞主播胡婉玲等,與方丈和尚等接力擊響法華鐘聲一〇八響,象徵消解過去、現在與未來一〇八種煩惱。接連兩小時撞鐘祈福,於子夜十二時整,由聖嚴法師叩響第一〇八聲鐘響。現場共有四千多人觀禮。

法師致詞歡迎貴賓,並說明撞鐘為社會祈福意。

（〈祝禱人人平安幸福〉,《法鼓》,207 期,2007 年 3 月 1 日,版 1；另參見：〈八、遊心禪悅〉,《美好的晚年》,法鼓文化,2010 年 2 月初版一刷,頁 155）

二月十八日,年初一,上午八時半,捷克籍性空法師,由中華佛研所榮譽所長李志夫教授一行陪同,至法鼓山園區向法師拜年。

一九四九年出生於捷克的性空法師,曾於一九九二年邀請師父至捷克弘法。法師來亞洲學法弘法已久,熟悉緬甸語、印度語、泰語、中文、巴利文、梵文等多種語文。

師父勉性空法師,年歲不小,最好能安住固定道場,若回歐洲弘法,或可幫助佛法在歐洲生根。（《隨師日誌》未刊稿）

上午十一時,第一場「新春拜見師父活動」,在法鼓山園區大殿舉行。法師勉勵大眾勤布施、多供養,把

功德留山上，把平安帶回家。

下午五時，第二場「新春拜見師父活動」，在農禪寺大殿舉行。法師讚歎現場參與慈悲三昧水懺上千位民眾，虔誠修行，是有福報之人。

六時，從東初老人時期即護持文化館至今之信眾賴燕雪與「春暉印經社」翁嘉瑞、程淑儀夫婦一行，來訪農禪寺拜年。

二月二十日，年初三，上午十一時，出席法鼓山園區大殿「新春拜見師父」活動，以「和敬平安」為題，開示大眾心安才有平安。如何安心？人與人之間，要彼此互敬互愛、禮讓包容，首先要跟自己和，接著才能與其他人、社會相處和諧。心和方能敬人，彼此才有平安。

下午五時，至農禪寺出席「新春拜見師父活動」，期勉大眾，以和敬、和樂、和喜自待待人，人間處處有平安。

二月二十二日，前往桃園齋明寺，為大眾開示，祝福新年。

二月二十四日，雲門舞集藝術總監林懷民，向法師與方丈

和尚拜年。法師與方丈和尚陪同參觀法華鐘樓及首次個人書法展。

我與林懷民菩薩的結緣，最初是由救國團的張葆樺菩薩接引。此後，我與林懷民菩薩曾有一次公開的對談，雲門也曾在中正文化中心為法鼓山舉辦過一場義演。他的父親林金生先生往生時，法鼓山的菩薩也去做了關懷。（〈八、遊心禪悅〉，《美好的晚年》，法鼓文化，2010年2月初版一刷，頁155-156）

溫哥華悅眾林美惠、陳照興、施建昌等一行三十餘人，含溫哥華道場董事會、前籌建委員會成員及義工菩薩，專程返回臺北過年，並上法鼓山園區向法師及方丈和尚拜年。

二月二十五日，於法鼓山園區對全體僧眾早齋開示：「成熟眾生、莊嚴國土」。

二月二十六日，美國紐約護法信眾姚世莊發心回臺整理法師文稿，至中正精舍請示文稿整理事宜。

二月二十七日，上午十一時，於法鼓山園區階梯教室為僧大「創辦人時間」開示。

下午三時半，於法鼓山教職員宿舍七樓佛堂為中華佛

研所「創辦人時間」精神講話。

二月,《不一樣的佛法應用》(聖嚴法師與柏楊、李志希、
　　鄭石岩等合著)、《不一樣的環保實踐》(聖嚴法師
　　與柴松林、賴青松、李偉文等合著)、《不一樣的生
　　死觀點》(聖嚴法師與王浩威、陳菊、坣娜等合著)、
　　《不一樣的生活主張》(聖嚴法師與郎祖筠、陸弈靜、
　　紅膠囊等合著)、《不一樣的身心安定》(聖嚴法師
　　與胡因夢、許佑生、張怡筠等合著)由法鼓文化出版。
　　此係由《不一樣的聲音》電視節目系列內容編輯而成。

　　《法鼓山故事》由法鼓文化出版。此係由法師口述,
胡麗桂整理,敘述法鼓山十六年來建設歷程。
　　這是由我口述,道出法鼓山的創建,這個過程非常艱
苦,並不是袈裟一披,道場現成就有了。但我還是覺得
很慶幸,在古代,一座名山的完成,常是經過好幾世代
出家眾的努力。
　　法鼓山歷經十六年終於開山了,這不是我一個人的本
事,我既不會水泥工,也不懂木工,更看不懂建築圖,
許多的事都是由僧俗弟子一起參與,尤其建設經費,都
是從十方信眾布施而來。
　　法鼓山初建的頭兩年,大家對我們是沒有信心的,因
為地面上看不到任何建築,甚至過了五、六年,還在打
地基,因此便有傳言紛起,說法鼓山是建不起來了。

　　最初我們計畫在五年內完工，結果遲至第十六年才落成。

　　十六年過去了，不得不說這是最好的安排，雖然時間拖長了，但是工程品質相當好，而我們所需的募款也能夠應付，不至於落得舉債建設，的確是最理想的了。（〈八、遊心禪悅〉，《美好的晚年》，法鼓文化，2010 年 2 月初版一刷，頁 149-151）

三月一日，於法鼓山園區國際會議廳為導覽人員講授「什麼是法鼓山的景觀？」（〈什麼是法鼓山的景觀？〉，《如何導覽法鼓山》，法鼓山佛教基金會，2008 年 4 月，頁 80-110）

三月二日，至法鼓山園區禪堂，為「社會菁英精進禪三」開示，該禪三為第二屆舉辦。

三月三日，於法鼓山園區對全體僧眾早齋開示：「適應時代潮流的僧團」。

　　上午十時，行政院環保署署長張國龍，偕同綜合計畫處處長黃光輝等人至法鼓山園區拜會，就環保議題及舉辦國際環保會議事宜向法師請益，邀請蒞臨演講。方丈和尚在場陪同。法師表示：「照顧落後國家，響應地球村計畫也是一種深層環保。」（〈八、遊心禪悅〉，

《美好的晚年》，法鼓文化，2010 年 2 月初版一刷，頁 157-
158）

翌日為元宵，下午，巡視法鼓山園區各年節布置景點。

晚上八時，至法鼓山園區禪堂，為「社會菁英精進禪
三」開示。

三月四日，元宵節，上午十一時，法鼓山園區大殿舉行平
安觀音法會，有五百多位民眾參與。法會由方丈和尚
主持，法師到場關懷開示。

近期捐贈新莊一棟五層樓公寓，供護法會地區運用之
楊世村及其家人來訪園區拜會。法師讚歎楊居士發心，
以「福慧世家」書法致贈。（〈八、遊心禪悅〉，《美好
的晚年》，法鼓文化，2010 年 2 月初版一刷，頁 158-159）

下午四時四十五分，至法鼓山園區禪堂，為「社會菁
英精進禪三」開示。

三月五日，於中正精舍為《聯合報》「方外看紅塵」專欄
訪題錄音。

三月六日、八日，於中正精舍接受作家吳若權系列訪談。

三月六日，於「蘇丹青年和平論壇」會議閉幕典禮發表致
詞：「友誼是和平的基礎」，由常聞法師代表宣讀。「蘇
丹青年和平論壇」隸屬於全球女性和平促進會，會議
於非洲肯亞戈曼召開。

包容多元文化種族和信仰

舉辦蘇丹青年和平論壇，希望促使蘇丹青年能夠站起
來向世界呼籲，讓世界各國重視蘇丹的問題。蘇丹這個
國家，本身就是宗教多元化、種族多元化、語言多元化。
多元化是非常好的，能夠彼此學習、互相包容合作，能
夠使得社會更繁榮、使得國家更富強，但如果說多元之
中不能和諧相處、不能和平相待、不能彼此合作互助，
那就會使得這個國家社會更殘暴、更混亂。目前蘇丹國
內就是這樣的狀況。但願雙方都能心平氣和，來討論共
同求生存的問題、共同達成和平相處的問題。如果蘇丹
在非洲東北部能夠很穩定、很繁榮，它會影響整個非洲，
甚至整個全球人類都能獲得利益。

以心靈環保面對問題

我們這個團體是在推廣「心靈環保」的運動。心靈環
保就是我們的內心不受環境的影響，環境的影響就是種
種的刺激、誘惑、折磨。如果我們自己的內心是和平的、
是不受影響的，才能夠保持真正的客觀。當我們與對方
接觸時，即使對方不友善或不理性，還是仇恨我們，我

們仍然要伸出溫暖友誼的手，與對方協商，至少不會一
碰到就衝突。（〈友誼是和平的基礎〉，《我願無窮》，法
鼓文化，2011 年 4 月初版一刷，頁 58-61；另參見：〈八、遊
心禪悅〉，《美好的晚年》，法鼓文化，2010 年 2 月初版一刷，
頁 157；另參見：〈蘇丹青年和平論壇　法鼓山熱情參與〉，
《法鼓》，208 期，2007 年 4 月 1 日，版 1）

三月十日，即日起，護法總會舉辦二○○七年全臺巡迴關
　　懷，法師與方丈和尚為各地區新進勸募會員授證，並
　　舉行皈依典禮。下午三時半，於法鼓山園區大殿舉行
　　北部地區首場關懷，北三、北六、北七轄區及「和喜
　　自在」組召委、委員小組長和勸募會員八百多人與會，
　　法師以興建法鼓大學目的、宗旨和願景為題開示。

　　　「我發了一個願，但願我的身體狀況許可，能讓我巡
　　迴各地做關懷的工作」，這是聖嚴師父在新春許下的第
　　一個願望。去年，護法總會基於師父健康上的考量，將
　　原訂巡迴關懷的行程取消，讓許多引頸期盼的會員深感
　　惋惜。今年一開春，為了圓滿師父的心願，護法總會全
　　力籌備，希望將師父的祝福加倍傳遞給「永遠站在第一
　　線」的勸募會員。（〈聖嚴師父巡迴關懷　祝福傳送第一線
　　勸募會員〉，《法鼓》，208 期，2007 年 4 月 1 日，版 1）

三月十一日，於法鼓山園區早齋開示：「關懷勸募體系
　　（一）」。

中午，邀請臺大醫院醫療團隊至法鼓山園區參觀並餐敘以致謝忱。臺大醫院院長林芳郁，率同兩位副院長何弘能、蔡克嵩，以及各科部主任、主治醫師及其眷屬等一行四十餘人應約。林院長並就如何「樂在工作」請益。

如何才能夠樂在工作？為人服務真誠而有笑容？師父推薦禪修。「要對自己的人生有不一樣的體驗，乃至讓醫病關係更和諧，帶給病人更好的幫助，請諸位都來參加禪三、禪七，這是最好的方法。」師父道出，如果無法撥出時間參加禪三，就是半天、一日來山參訪，也能有所體驗。法鼓山設有各種心靈環保課程，可以讓人在非常忙碌、緊張或是煩惱的狀況下，把心安定下來，不受外界環境影響，而這樣的體驗，對自己的身心、工作都有幫助。（《隨師日誌》未刊稿；另參見：〈八、遊心禪悅〉，《美好的晚年》，法鼓文化，2010 年 2 月初版一刷，頁 160）

下午，知名作家龍應台來訪法鼓山園區拜會，並就生死、信仰與知識分子之間關係，有深入對談。方丈和尚在場陪同。

龍應台表示，三年前自己的父親過世，促使她直接面對生死這門逃不掉，卻又巨大無比的功課。過程中的思索，讓她連帶去思考自己與寫作、社會評論的關係。習慣理性思考的她，謙虛表示自己在這個題目上，三年進

展不大,卻從沒忘記此一重要課題。

「僅僅依憑思想、理性方式去思索,希望生命能有新的啟發,那是很難的。」師父提到,在宗教信仰上,東方的知識分子往往抱持著懷疑的態度,然而,所有宗教信仰的本質即是「相信」,「那是一種體會生命的態度,而不是拿來當成學術研究的態度」,因此,師父鼓勵龍應台,繼續從自己的生命經驗深入體驗。

另外,龍應台也提出「寂寞」、「自我懷疑」等心靈層面的問題,師父說明,雖然寂寞包括思想上的、情感上的、修行上的,但只要有宗教信仰,以及往自身內在探尋的力量,即使寂寞也能甘之如飴,也不會對自己的作為感到懷疑,反而會因為信仰而更具信心,尤其在修行閉關中,外相上雖是孤獨的,但只要踏實修行,將能體會到與諸佛菩薩同在。(〈龍應台訪師父 請益生命和信仰〉,《法鼓》,208 期,2007 年 4 月 1 日,版 1)

案:本次請益內容,由胡麗桂整理後,首於四月十三、十四日在《聯合報》副刊連載,香港《明報》亦於四月十七、十八日連續刊出。並由聖基會出版智慧對話系列《生命與信仰的探究》。

三月十二日,中午,洗腎時,休克兩分鐘,為洗腎以來,最危急狀況。

今天發生了我洗腎以來,最危急的一次狀況。我於上午八時開始洗腎,中午十一時五十五分,忽然覺得很累、

很冷，接著便失去意識。常朗見我瞳孔放大，眼白往上翻，趕緊呼叫護理人員。醫護到了以後，有一位資深護士，立即把洗腎機上管子裡的血液，送回我體內，沒多久，我就醒轉過來了。醒來以後，我聽到有人說：「好了！好了！已經救回來了！」這是腎臟科主治醫師洪冠宇醫師說的。

這次突發狀況，前後僅只兩分鐘。因為我的血壓太低，抽血時，體內血液一時來不及供應，心跳便停止了。這是一次很奇妙的經驗。在我休克的這兩分鐘，什麼也不知道，如果就這樣走了也很好，我並沒有感到心臟不舒服，什麼感覺都沒有。（〈八、遊心禪悅〉，《美好的晚年》，法鼓文化，2010 年 2 月初版一刷，頁 161）

三月十三日，於中正精舍接受作家吳若權第七次訪談。

三月十四日，至聖基會辦公室出席法行會會議，討論法行會定位與未來發展方向。

三月十五日，即起兩天，至臺大醫院回診，檢查結果正常。
（〈八、遊心禪悅〉，《美好的晚年》，法鼓文化，2010 年 2 月初版一刷，頁 161）

三月十七日，上午，青年院於農禪寺為新近皈依青年舉辦「皈依新手快樂上路」活動，法師錄影開示：「在這

樣一個有福報的時代,青年除了學佛修行,更應負起
護法、弘法的一份責任。」

　師父道出,三十年前佛教的社會地位低落。

　然現在已經不同,大眾普遍接受佛教,認同學佛的好
處,學佛的人既多,需求也跟著增加,甚至部分師父的
著作,已登上暢銷書排行榜。「在這樣一個有福報的時
代,青年除了學佛修行,更應負起護法、弘法的一份責
任。」時代需要青年,青年創造時代,師父作語勉勵新
時代的學佛青年。(《隨師日誌》未刊稿)

　下午,「聖嚴師父與方丈和尚全臺巡迴關懷」,於農
禪寺舉行北區第二場。為新勸募會員舉行授證後,法
師以「勸募如心臟般重要」及「勸募要有三心:信心、
熱心、恆心」為眾開示,期勉每位護法菩薩回到初發
心,「找回最初參與勸募的感動,重拾信心、熱心,
並且持以恆心」,人間菩提路才能走得堅定遠長。
(〈八、遊心禪悅〉,《美好的晚年》,法鼓文化,2010 年
2 月初版一刷,頁 162)

三月二十日,上午,至聖基會辦公室出席人基會董事會。

　下午,接受《聯合報》「方外看紅塵」專欄梁玉芳採訪。
本專欄原為現場採訪,自二〇〇五年秋因病改為據訪
題錄音供稿。即日起,恢復當面採訪。

三月二十二日,上午,哈佛大學數學權威丘成桐教授,偕
　　同交通大學教授林松山及臺灣大學講座教授崔茂培,
　　至聖基會辦公室拜訪。應丘教授央請勉勵其姊（案:
　　丘成瑤,為法師之香港弟子）就醫療病,果如所請,
　　順利就醫。（〈八、遊心禪悅〉,《美好的晚年》,法鼓文
　　化,2010 年 2 月初版一刷,頁 162）

　　於中正精舍接受作家吳若權第八次訪談。

三月二十三日,於農禪寺,向新春假期在各分院道場持續
　　工作之三百位義工代表,表達深切感謝與祝福。（〈新
　　春義工「重量級付出」　師父親自表達感謝〉,《法鼓》,
　　209 期,2007 年 5 月 1 日,版 4）

三月二十四日,「聖嚴師父與方丈和尚全臺巡迴關懷」北
　　區第三場,於農禪寺舉行,法師向大眾說明法鼓大學
　　興學理念,希望大家一起護持。（〈八、遊心禪悅〉,《美
　　好的晚年》,法鼓文化,2010 年 2 月初版一刷,頁 163）

三月二十七日,下午,一代佛學大師林子青女兒林志明,
　　偕夫婿喬尚明及女婿蘇耿德至法鼓山園區拜訪,感謝
　　法鼓文化允諾協助出版林子青居士珍貴手稿。（〈八、
　　遊心禪悅〉,《美好的晚年》,法鼓文化,2010 年 2 月初版
　　一刷,頁 163）

案：林子青居士為法師少年時期就讀靜安佛學院時師長。
法師於二〇〇〇年林居士九十壽辰時促成出版《林子青
居士文集》三冊，為壽禮；二〇〇二年林居士往生後，
法師又敦促其子女為林子老編寫年譜、整理遺稿，並助
成擴編之《林子青文集》四巨冊出版。（參見：〈感師情
意淚長潸——沉痛悼念聖嚴法師〉，林志明，《香港佛教》
586 期，2009 年 3 月；〈林志明代序——讀其書而知其人〉，
《人間此處是桃源——林子青詩文集》，法鼓文化，2008 年
8 月初版一刷，頁 10-14）

於法鼓山園區階梯教室為僧大「高僧行誼」課程講授
「太虛大師行誼」。

四月一日，至法鼓山園區禪堂，為「第二十八屆社會菁英
禪修營」開示並合照。

四月七日，上午，經濟部資深專員曹四洋伉儷等一行，至
法鼓山園區參訪拜會。曹專員曾任駐梵蒂岡大使館組
長，一九九七年法師訪義大利時，即由其接待。

中午，為感謝臺、美兩地醫事人員細心照護，設宴邀
請美國康乃爾大學醫學教授王忠烈醫師，以及臺大醫
院醫師廖朝崧、外科主治醫師蔡孟昆等人餐敘及參訪
法鼓山園區。鴻海集團郭台銘董事長偕同母親及子女，

來山拜會，同席餐敘。（〈九、我最開心的一天〉，《美好的晚年》，法鼓文化，2010 年 2 月初版一刷，頁 166）

四月八日，佛陀誕辰。上午，法鼓佛教研修學院舉行揭牌暨首任校長惠敏法師就職典禮。由聖嚴法師、惠敏法師、方丈和尚果東法師、文建會主委邱坤良、教育部高教司司長何卓飛、聖靈寺住持今能長老、前教育部次長范巽綠等貴賓共同揭牌。隨後，於國際會議廳舉行校長就職典禮，聖嚴法師以創辦人暨董事長職主持。

法師於典禮致詞回溯一九七八年啟始之投注佛教教育興學史，以及二十餘年爭取立法過程表示：「等了三十年，今天是我最高興的一天！」「一輩子的心願，終於實現！」並感謝中華佛研所前所長李志夫所長和方甯書教授多年之協助，與臺灣大學恆清法師共同努力奔走。

　　法鼓佛教研修學院（現更名為法鼓佛教學院）上午舉行揭牌暨首任校長惠敏法師就職典禮，成為國內第一所獲教育部核准的佛教研修學院，也是第一所獨立宗教研修學院。這一天，我已等了三十年，我說這是我最開心的一天。

　　我們為了成立佛教研修學院，向教育部爭取了二十多年，特別是臺灣大學的恆清法師與中華佛學研究所的李志夫教授，為此長年奔走於教育部和立法院之間。（〈九、

我最開心的一天〉,《美好的晚年》,法鼓文化,2010 年 2
月初版一刷,頁 168;另參見:〈法鼓佛教研修學院　正式揭
牌〉,《法鼓》,209 期,2007 年 5 月 1 日,版 1)

下午,出席中華佛研所校友會,三十四位校友出席。
法師感謝佛研所師生的努力,尤其前所長李志夫教授
盡心盡力之奉獻。中華佛研所將轉為學術研究機構,
不再對外招生;專以研究、出版為重,並以培育漢傳
佛教研究人員為主。

四月九日,即日起至十三日,一連五天,至臺大醫院回診。
切除新發現小腫瘤並化療。
　　這次回診做膀胱鏡檢查時,發現四顆小腫瘤,大小各
約莫零點四公分,由泌尿腫瘤科蒲永孝醫師為我切除,
同時做了三天化療。
　　每次化療約一小時,在我體內注射化療藥劑,非常不
舒服,藥物似在體內啃咬著我。以我的忍受度,大概只
能忍受十五分鐘,而化療需時一個鐘頭,所以我是忍痛
忍了一小時,才把藥劑排出體外。(〈九、我最開心的一
天〉,《美好的晚年》,法鼓文化,2010 年 2 月初版一刷,
頁 169)

四月十五日,於農禪寺主持皈依大典,計有一千七百三十五
人接受三皈五戒。臺南分院同步視訊連線舉行,

一百二十位信眾皈依。

下午四時，長年於菲律賓弘法之廣學法師偕同馬尼拉
信願寺住持至中正精舍拜會，方丈和尚、果廣法師及
果燦法師陪同。

四月十六日，再度回臺大醫院，住院一週。
　　十三日出院以後，因為先前做的化療，經常有血尿現
象，出院後並沒有改善。醫師要我多臥床，少走動，因
此十六日再度回院，至二十二日出院，又住了一星期。
由於這次是突然住院，正值主治醫師蒲永孝醫師出國，
故由黃昭淵醫師代理。而原訂四月十七日舉行的精神講
話，及十九日僧活營開示均取消，唯四月十五日在農禪
寺舉行的皈依大典，我還是到場講了開示。（〈九、我最
開心的一天〉，《美好的晚年》，法鼓文化，2010 年 2 月初
版一刷，頁 169）

四月二十八日，下午，應美國國家地理學會邀請，於臺北
誠品書店信義店，與該學會首席探險家：維德・戴維
斯（Wade Davis）博士對談，主題為「世界盡頭的光
明」，由知名媒體評論工作者陳文茜主持，討論環保、
心靈科學及全球氣候變遷等議題。（〈關心地球暖化
師父和探險家戴維斯對談〉，《法鼓》，209 期，2007 年 5
月 1 日，版 1；另參見：《世界盡頭的光明》，聖嚴教育基金

會，2008 年 7 月）

四月，《正信的佛教》、《學佛群疑》、《學佛入門》三書簡體版由大陸陝西師範大學出版社出版。

《法鼓山故事》簡體版由法鼓文化出版。

第五屆中華國際佛學會議中文論文集《觀世音菩薩與現代社會》（法鼓文化，2007 年 4 月初版一刷）出版，收錄聖嚴法師開幕致詞：〈觀世音菩薩與現代社會〉。

五月一日，於中正精舍錄製「大願祈福感恩活動」開示。該活動由安和分院與法緣會合辦。由於母親節與佛誕節時間相近，因以「感念生命的二重恩」為題，勉勵大眾於身命與佛法慧命，飲水思源，長懷感恩。（參見五月十三日譜文）

五月三日，上午九時，於中正精舍錄製「美國道場遷建募款義賣餐會」致詞。該餐會預訂於五月中旬於紐約拉加第亞機場萬豪酒店（LaGuardia Airport Marriott）舉行。以「東初禪寺為什麼要遷建？」為題，由張光斗率攝影小組錄製。（參見五月十九日譜文）

下午三時半，臺北蒙特梭利幼稚園園長胡蘭，偕同姨

父李家昶、夫婿吳紹麟及女兒、公子等闔家一行，於臺北安和分院拜會，並由法師主持皈依三寶。方丈和尚、護法總會副會長劉偉剛陪同。

四時，至安和分院主持法鼓人文社會學院董事會議，計有董事惠敏法師、李亦園、鄭丁旺、陳伯璋、莊南田、施炳煌、何周瑜芬、果肇法師、曾濟群、果光法師等人出席。進行新任董事及董事長改選，原董事連選連任，加入方丈和尚果東法師、果暉法師、劉偉剛三位新董事。法師亦獲推舉連任董事長。

五月六日，於法鼓山園區對全體僧眾早齋開示。

五月八日，中午，於農禪寺舉行聯合董事會餐敘，法鼓山各基金會共五十三位董事出席。法師說明法鼓山各基金會成立緣起、各基金會目的事業與功能、經費來源，以及各基金會共同理念及目標。

　　我們最早成立的法人團體是中華佛教文化館，其次是中華佛學研究所，第三為法鼓山文教基金會。由於中華佛教文化館隸屬臺北市，只能辦臺北市地區的關懷活動，故另外成立了法鼓山文教基金會，興辦全國性的文化教育事業。慈善與建設道場的工作，則由日後成立的「法鼓山佛教基金會」主責。

　　法鼓山體系下第一個成立的寺院宗教法人是雲來寺。

法鼓山與農禪寺，雖比雲來寺建得更早，可是法鼓山最初申請的名義是中華佛學研究所，屬於教育機構；農禪寺則至二○○四年，才取得宗教法人的資格。

在法人團體基金會方面，尚有法鼓山慈善基金會、大愛基金會、法鼓山人文社會基金會及聖嚴教育基金會等。慈善基金會的成立，可追溯我的師父東初老人早期於文化館興辦的冬令救濟，到二○○一年，我們正式成立了法鼓山慈善基金會，把慈善賑濟的範圍擴大到全臺灣，乃至中國大陸及國際社會，凡是需要救災馳援的地方，皆盡力而為。

在二○○○年成立的法鼓山人文社會基金會，則主要致力於社會教育與關懷工作，之於人心的安定及推動大學校園人文思想等，在兩岸都有建樹。聖嚴教育基金會成立於二○○六年，主要宗旨是研究及推廣我的著作和思想，使得以深刻化、普及化與國際化。現在我有一些著作，已發行簡體版及譯成各國語文，也把我的英文著作轉譯成中文，並且舉辦聖嚴思想學術研討會，探討我的思想與當代社會對應、融合及可能的影響等。

成立這個基金會的目的，不是為我個人，而是將我這數十年來投注佛教的心血，經過學術討論，予以深度分析、論述及分享，成果還是奉獻給我們的社會。此外，法鼓大學（案：即法鼓人文社會學院籌備處）與法鼓佛教學院，也都成立了法人組織。（〈九、我最開心的一天〉，《美好的晚年》，法鼓文化，2010 年 2 月初版一刷，頁 171-

173）

五月十日，「聖嚴漢傳佛學講座教授」締約儀式於美國哥
倫比亞大學舉行。聖基會董事長施建昌偕執行長蔡清
彥及董事楊蓓等數人代表；美國哥倫比亞大學則由校
長李寶靈（Lee Bollinger）、國際事務部副總務長保羅‧
安德爾（Paul Anderer）、東亞語言文化系主任鮑伯‧
哈默斯（Bob Hymes）及宗教系主任羅伯‧瑟曼（Robert
Thurman）等代表。首任教授由哥倫比亞大學宗教所
教授于君方擔任。（〈九、我最開心的一天〉，《美好的
晚年》，法鼓文化，2010 年 2 月初版一刷，頁 174）

首任教授于君方於締約後，說明「聖嚴漢傳佛學講座
教授」成立目的、發展方向與對漢傳佛教教育發展的
重要意義。

　　法師是當代佛教領袖的典範，具有高尚的宗教情操和
關懷眾生的慈悲。過去三十多年，臺灣的佛教發展現象
受到學術界高度關注，臺灣的佛教模式也對中國大陸發
生了很大的影響，許多出家眾、在家眾對法師提倡的「心
五四」、「心靈環保」抱有無上嚮往，我希望更多的學者，
能在此講座教授席的建立之下，多研究聖嚴法師的思想
及著作。

　　未來漢傳佛教在哥倫比亞大學的研究方向，我希望至
少包括下列兩項，這也是聖嚴法師的悲願，第一，我希

望更多的人研究唐代以後的佛教歷史、宋明理學、全真教、新興宗教及新型的文學，如語錄、寶卷等，都是在唐代之後的一千多年間所出現的，而漢傳佛教在這些新的哲學及宗教運動的發展上，其實曾扮演了非常重要的角色。

第二個方向，這也是聖嚴法師一向強調的，必須關注漢傳佛教跟日傳、藏傳，以及南傳佛教之間的關係。

法師堅信對話可以促進世界的和平及融洽，東亞一向是一個有機的整體，韓國及日本的僧人並不會以他們的國籍、師承或宗派自許。

佛教是世界上最古老、歷史最悠久的世界宗教，經二千五百多年的歷史，在不同的地域傳布，與當地的文化互動，因而發展出多姿多彩的新形象，只有通過比較的研究，我們才能發現漢傳佛教的獨特性，以及它與其他佛教傳統的相同之處。

哥倫比亞大學的東亞研究擁有悠久良好的傳統，其中包括佛學的宗教學研究，因此，這個講座教授席會由兩系（宗教系、東亞語言文化系）共同分享，我希望哥大的學生無論是現在或是未來，都有機會學習東亞歷史、文學、藝術、文化，以及世界宗教，進而研究漢傳佛教。（〈為漢傳佛教奉獻心力〉，于君方，《人生》，287 期，2007 年 7 月，頁 44-46）

五月十二日，巡視法鼓山園區大停車場工程。

五月十三日，為慶祝母親節與浴佛節，安和分院及法緣會
　於臺北國父紀念館西側廣場舉辦「大願祈福感恩會」。
　法師以預錄影片「感念生命的二重恩」，慰勉活動策
　畫人並祝賀參加民眾。（〈聖嚴師父浴佛節開示：感念生
　命的二重恩〉，《法鼓》，210 期，2007 年 6 月 1 日，版 2；
　另參見：〈九、我最開心的一天〉，《美好的晚年》，法鼓
　文化，2010 年 2 月初版一刷，頁 174）

至農禪寺出席「第五十五次法鼓山社會菁英禪修營共
　修會」，以「在家居士的修行」為題開示。
　　釋迦牟尼佛的目的就是要使得我們生活得很清淨、很
精進、很快樂；但是清淨、精進、快樂，是不是一定要
出家，一定要住在寺院才能辦得到呢？不一定。住在寺
院固然容易一些，然而出家的人究竟只有少數，大多數
人還是在家人。因此佛度眾生不是只為少數人，而是為
了一切的眾生。
　　釋迦牟尼佛成佛之後，先說出「法」；延伸法的道理，
稱為法義；然後在生活之中能夠活用、能夠實用，這是
學佛的三連鎖。什麼是法？譬如苦、集、滅、道四聖諦
法，是佛開悟之後從佛的智慧之中流露出來的解脫法。
我們只要在日常生活之中懂多少法，了解多少法義，能
夠實踐多少佛法就能得多少利益，也就是減少了多少煩
惱，並不是一解脫就不會再有煩惱了。許多人學佛一輩
子，並沒有開悟，並沒有真正從煩惱完全得解脫。然而

用佛法的觀念與方法來修行，可以幫助我們減少煩惱，一時用，一時得解脫；時時用，時時得解脫；愈用得精進，愈是能夠得到利益。

諸位菩薩來參加禪修營，就是要練習著用佛法來幫助自己，幫助自己消煩惱，幫助自己解脫煩惱。（〈在家居士的修行〉，《我願無窮》，法鼓文化，2011 年 4 月初版一刷，頁 133-138）

五月十五日，於中正精舍接受天下文化特約撰述潘煊採訪，談法鼓山核心價值「心靈環保」及「心六倫運動」內容與意涵。

案：此系列採訪內容即日後成書《聖嚴法師最珍貴的身教》（天下文化，2009 年 3 月 31 日第一版）。

五月十六日，於中正精舍接受《聯合報》「方外看紅塵」專欄系列採訪。

五月十七日，於中正精舍接受潘煊採訪，從因果、心理與現實三層面，談心靈環保深度意涵。

五月十九日，東初禪寺於紐約拉加第亞機場萬豪酒店舉辦遷建募款義賣餐會，方丈和尚果東法師率同東初禪寺、象岡道場常住法師共同迎賓，出席貴賓包括東禪寺住持通智法師、大覺寺住持德恩法師、臺北經濟文化處

處長夏立言伉儷、名作家王鼎鈞伉儷、《世界日報》
紐約分社社長李厚維等。法師以預錄影片說明東初禪
寺創建緣起、三度遷址,以及必須再擴增遷址因由,
並表示,東初禪寺將成為法鼓山國際弘法中心,推動
以漢傳佛教為基礎之世界佛教弘法重鎮。

至安和分院參加中華佛研所學報編輯會議。

五月二十三日,於中正精舍接受《聯合報》「方外看紅塵」
專欄採訪。

五月二十六日,至法鼓山園區禪堂「禪三十」開示。本禪
期為「默照禪三十」,自五月四日至六月二日舉行。

即日起至二十九日,由方丈和尚果東法師代表出席泰
國政府於曼谷佛教城和聯合國亞太總部舉辦之衛塞節
暨泰皇八十大壽慶祝活動。方丈和尚代表法師於大會
閉幕典禮宣讀「佛教是推動世界永久和平的希望」致
詞。

　　對佛教而言,不論是南傳或北傳、顯教或密教,大致
上都有一個共同的思想:那就是慈悲與智慧。基於慈悲
的原則,眾生都是平等的,都需要被愛護及救濟;從智
慧的立場來看,世界上的任何事物,都是隨著因緣、環
境和時代的各種因素變化而無常變遷。由於佛教對於一

切眾生的平等慈悲以及對於無常的深刻體認,因此具足
廣大的包容與適應性,在人類歷史上,始終是奠立安定、
和平的一股重要力量。

　這些年來,我在世界各地參加各種國際會議的場合,
總是一再提倡「全球倫理」,共同為我們的社會和世界
奉獻一份和平的努力。(〈佛教是推動世界永久和平的希
望〉,《我願無窮》,法鼓文化,2011 年 4 月初版一刷,頁
62-64;另參見:〈方丈和尚出席聯合國衛塞節〉,《法鼓》,
210 期,2007 年 6 月 1 日,版 1)

五月二十七日,於法鼓山園區對全體僧眾早齋開示:「修
　　行的觀念」。

　法行會中區分會於臺中分院舉行會員大會,播放法師
　　錄影開示。

五月二十八日,韓國曹溪宗全國僧伽大學教職成員一行共
　　六十五人,至法鼓山園區參訪考察。

五月二十九日,於法鼓山園區階梯教室為僧大「高僧行誼」
　　課程講授「玄奘大師行誼」。

五月三十日,即日起至六月十日,「遊心禪悅:聖嚴法師
　　書法展」臺南場於新光三越西門店展出。

五月三十一日,於中正精舍接受潘煊採訪:從禪法談創意,
　以及祈願觀音造像創意。

五月,《禪門第一課》由法鼓文化出版。此書為一九九九
　年美國雙日出版社出版 *Subtle Wisdom* 之中文版。

　　這本法鼓文化出版的《禪門第一課》,原是師父在西
方為學佛新鮮人的開示集結,包括我為什麼要學佛、禪
是什麼、人為何有「苦」、我要如何修行等,藉由深入
淺出、親切通俗的文筆,師父在這本一百多頁的小書裡,
為讀者指引一條明亮的基礎大道。

　　本書最後,師父實際提出禪修學習的次第,鼓勵讀者
開始學習禪修、體驗禪修的好處。師父説:「禪是一種
精神上的休息,是一種不可言喻的智慧,但禪同時也是
所有的現象,它無所不在,處處皆是。」(〈學佛入門書
《禪門第一課》出版〉,《法鼓》,210 期,2007 年 6 月 1 日,
版 6)

六月二日,搭乘高鐵南下出席「遊心禪悅:聖嚴法師書法
　展」揭幕典禮。高鐵董事長殷琪,特別至高鐵臺北站
　迎接法師。方丈和尚果東法師、果器法師、果祥法師、
　護法總會副總會長黃楚琪與劉偉剛,一起同行。

　　揭幕典禮於上午十一時舉行,臺南市市長許添財、新
　光三越臺南西門店店長劉世賢、臺南大億麗緻酒店董

事長吳俊億、《中華日報》董事長詹天性等共襄盛舉。
法師與大眾分享書法展緣起並呼籲大眾響應「5475」
大願興學計畫。（〈聖嚴師父書法禪悅　臺南展出〉，《法
鼓》，211 期，2007 年 7 月 1 日，版 1）

下午，於臺南大億麗緻酒店關懷嘉義、臺南地區召委、
委員、勸募小組長及勸募會員，並為新勸募會員、新
榮譽董事授證。法師以「大願興學」為題，勉勵大眾
對法鼓大學有信心，同時鼓勵將流失的會員找回來。

六月五日，於中正精舍接受潘煊採訪，談佛法與創意。

六月七日，於中正精舍錄製「遊心禪悅」書法展簡介，由
文化中心影視小組負責。

下午，於聖基會辦公室接受捐款。臺北蒙特梭利幼稚
園園長胡蘭代表其已故姨母李吳麗英，捐贈法鼓大學
新臺幣一億八千七百萬元。李老夫人遺澤，將作為環
境研究學院教學建築專用，並命名為「麗英大樓」。
（〈李吳麗英女士　捐助法鼓大學教學大樓〉，《法鼓》，
211 期，2007 年 7 月 1 日，版 1）

六月九日，於法鼓山園區對全體僧眾早齋開示。

下午四時，於法鼓山創辦人辦公室會見自美來臺之印度裔美籍人士莫希特·達斯瓦尼（Mohit Daswani）。莫希特之父親阿如·達斯瓦尼三十年來護持東初禪寺《禪》雜誌不遺餘力。今為家族性疾病，特別自美來臺向法師請益，中華佛研所郭瑞老師居間翻譯。（〈九、我最開心的一天〉，《美好的晚年》，法鼓文化，2010 年 2 月初版一刷，頁 176-177）

六月十日，於法鼓山園區對全體僧眾早齋開示。

六月十六日，於法鼓山園區對全體僧眾早齋開示。

上午，交通大學校友會由社會菁英禪修營學員邱再興接引至法鼓山參訪。法師於簡介館會見大眾，同時介紹法鼓山定位，並非傳統香火道場，而是以三大教育為基石之世界佛教教育園區。（〈九、我最開心的一天〉，《美好的晚年》，法鼓文化，2010 年 2 月初版一刷，頁 177）

六月十七日，於法鼓山園區對全體僧眾早齋開示：「禪修在日常生活中」。

下午四時，為工商倫理委員會二日禪修開示。該禪修營十六日起兩天，於法鼓山園區居士寮舉行，工商倫

理委員會主委顏元博、法行會會長蕭萬長、法行會執
行長藍福良等共六十四名工商界人士參加。法師開示：
工商人士應多參加禪修，對工作及事業管理都有幫助。
並闡釋心六倫之職場倫理。

　由於參加學員都是工商企業家，不管對於企業或整個
社會，都有舉足輕重的影響力，因此聖嚴師父進一步說
明法鼓山推動的「心六倫」運動，對於第五倫──「職
場倫理」，師父特別引用企業家曹興誠「員工就是合夥
人」，以及林百里「公司資產屬於眾人」等相關理念，
說明「職場倫理」的重要性，並期許學員在經營企業的
同時，也能照顧所有員工的利益。（〈64 位企業人士上法
鼓山學禪修〉，《2007 法鼓山年鑑》，法鼓山基金會，2008
年 8 月初版，頁 176-177；另參見：〈九、我最開心的一天〉，《美
好的晚年》，法鼓文化，2010 年 2 月初版一刷，頁 177；〈64
位企業人　法鼓山學禪修〉，《法鼓》，211 期，2007 年 7
月 1 日，版 1）

六月十九日，至安和分院主持法鼓佛教研修學院董事會。

六月二十一日，於中正精舍接受潘煊採訪，談四種環保、
　　自然灑葬、禪修態度與層次等。

六月二十三日，於法鼓山園區對全體僧眾早齋開示：「出
　　家人基本條件及學習次第」。

六月二十四日，於法鼓山園區對全體僧眾早齋開示：「中
　　華禪法鼓宗的內涵」。

為香光寺比丘尼僧團創辦人悟因法師《魚趁鮮・人趁
　　早──明宗上人走過臺灣佛教六十年》撰〈序〉。該
　　書於今年十月由香光書鄉出版社發行。

六月二十六日，至安和分院主持法鼓人文社會學院籌備處
　　董事會議。

六月二十七日，為吳若權《甘露與淨瓶的對話──聖嚴法
　　師開示，吳若權修行筆記》撰〈序〉。該書於八月由
　　圓神出版社發行。

　　從今年一月下旬開始，若權幾乎每星期都到我靜居的
精舍來看我，每週訪談兩次，每次訪談一至兩小時不等，
前後共八次訪談。我們談的內容，不會涉及什麼高深的
佛理，而是一般人在生活上、心理上乃至生理上，可能
會遭遇的阻礙、困頓、矛盾等各式各樣的難題，而在面
臨種種難題之時，若權問我「該怎麼辦？」也就是聽聽
我的看法。

　　我這個七十八歲的老人，對於社會的世故人情和對佛
法的體驗，可能要比一般人更深入些，因此對於若權的
提問，也就是他所看到的世間種種現象，特別是華人社
會經常遇到的一些問題，他從多方面、多角度來問我，

我則盡我所知、盡我所能來回答；希望我的回答能對讀
者們有益。（〈聖嚴法師序：轉念之後，柳暗花明〉，《甘
露與淨瓶的對話》，圓神出版社，2007 年 8 月 31 日初版，頁
3-6）

**六月二十八日，邀請永豐餘集團董事長何壽川伉儷至中正
精舍會面，感謝其長期供養營養食品，並邀請熱心公
益之何董事長夫婦，參加禪修，護持大學院建設。**
（〈九、我最開心的一天〉，《美好的晚年》，法鼓文化，
2010 年 2 月初版一刷，頁 178）

**六月三十日，下午，前往臺北圓山飯店參加法鼓山人文社
會基金會舉辦之「新時代 ‧ 心倫理」座談會。**
　　法鼓山人文社會基金會下午在臺北圓山飯店辦了一場
「新時代‧心倫理」座談會，邀請前監察院院長錢復先
生、宏碁集團創辦人施振榮先生、前清華大學校長劉炯
朗先生及台積電文教基金會董事張淑芬女士，與我一起
座談，由知名主播葉樹姍女士主持。行政院院長張俊雄
先生也到場致詞，台積電創辦人張忠謀董事長則坐於觀
眾席上，在互動時間，也給了我們一些回饋。（〈九、我
最開心的一天〉，《美好的晚年》，法鼓文化，2010 年 2 月
初版一刷，頁 178；另參見：〈法鼓山「心六倫」倡導社會新
價值〉，《法鼓》，212 期，2007 年 8 月 1 日，版 1）

七月一日，於法鼓山園區對全體僧眾早齋開示：「法鼓山
　的定位和目標」。

上午，至法鼓山園區階梯教室出席「第四屆漢藏交流
　班成果感恩發表會」，計有來自印度、尼泊爾十四位
　西藏喇嘛簡報翻譯作品及示範辯經。法師以「未來的
　世界，整體的佛教」為題開示：「未來的佛教，將不
　再有漢傳、藏傳或南傳之分，而是一整體的佛教，甚
　至從世界宗教來看，彼此都是大同而小異，因此，存
　異而求同，將是未來世界宗教一大趨勢。」

下午，於法鼓山園區禪堂為「全球法青悅眾培訓營」
　關懷開示，以奉獻、承擔才是成長真義，勉勵青年對
　自己生命負責，為大眾服務。「培訓營」由僧團青年
　院規畫，自六月三十日至七月三日舉辦，共有包括臺
　灣、溫哥華、新加坡等地一百四十多位海內外法青會
　員參加。

　下午，全球法青悅眾培訓營在山上禪堂舉行，我則對
　他們講了重話，希望法青會的幹部要學會承擔。因為法
　青會的成員，多數已不是學生，而是在職的社會人士，
　因為有心學佛，而來參與法青。但如果只是來參加受訓，
　沒有承擔起任務，那不是我們舉辦這類活動的宗旨。我
　講了重話以後，他們是真正承擔起來了。所以，有的時
　候講重話是很有用的。（〈十、不一樣的法鼓大學〉，《美

好的晚年》，法鼓文化，2010 年 2 月初版一刷，頁 182-183）

七月二日，即日起至四日，定期入院回診，檢查結果正常。

（〈十、不一樣的法鼓大學〉，《美好的晚年》，法鼓文化，
2010 年 2 月初版一刷，頁 183）

**七月四日，方丈和尚果東法師展開一系列美國關懷行程，
前往紐約、芝加哥、奧勒岡、舊金山、洛杉磯等地。**

**七月七日，即日起至八月二十五日，於法鼓山園區禪堂主
持「話頭禪四十九」，約有國內外二百七十多人參與。
法師除至醫院治療時間外，經常蒞會開示。**

七月七日起至八月二十五日，話頭禪四十九在法鼓山
禪堂舉行，由我親自主持，講了近二十場開示。這次禪
期由果如及果元法師擔任總護，發生了一些狀況。果如
法師帶得非常嚴厲，其他法師也跟著嚴厲起來。所謂嚴
厲，就是時間到了，一定打香板，不論禪眾用功情況如
何，時間一到就打香板，而且是全堂打，而不是選擇性
地打，這是矯枉過正了。但是對我們來講，也是一次學
習的經驗。（〈十、不一樣的法鼓大學〉，《美好的晚年》，
法鼓文化，2010 年 2 月初版一刷，頁 183；另參見〈話頭禪
四十九　臨濟家風再現〉，《法鼓》，214 期，2007 年 10 月
1 日，版 1）

七月八日，上午，於法鼓山蓮華藏（校史館），接受年代
　　電視錄影專訪，以「心六倫」為題，開示新時代心倫
　　理的價值與意涵。（〈十、不一樣的法鼓大學〉，《美好
　　的晚年》，法鼓文化，2010 年 2 月初版一刷，頁 184）

七月十二日，至法鼓山園區禪堂為「話頭禪四十九」開示。

　　出席法鼓人文社會學院工程會議，聽取大元建築師事
　　務所報告。

七月二十二日，上午，至農禪寺主持本年度第三次祈福皈
　　依典禮。共有來自美國、加拿大、日本、越南等地
　　一千六百五十人皈依，其中百餘人具碩士學位，十八
　　人具博士學位。法師以佛教今昔觀瞻與地位不同，說
　　明法鼓山理念在入世教化。
　　　　師父指出，過去的佛教，一向被視為守舊、迷信，是
　　死人的宗教；現今佛教則以入世、化世的積極作為，特
　　別是教育層次，從人生價值觀的建立，到有系統有組織
　　的修行方法，在在顯示出佛法人間化、人性化和生活化
　　的特質。師父進而道出，法鼓山是個教育的團體，推動
　　三大教育落實法鼓山的理念，因此法鼓山園區並不是傳
　　統的佛教道場，而是一處世界佛教教育園區。
　　　　師父也分享興建中的法鼓大學，以及今年法鼓山推動
　　的兩個重點活動，一是防治自殺，一是心六倫，目的都

是為了安定人心，淨化社會，期勉新皈依弟子都能參與
響應。（《隨師日誌》未刊稿）

七月二十四日，中午，於法鼓山園區第二大樓會客室會見
　　大陸「中華宗教文化交流協會」副會長齊曉飛。同行
　　有國家宗教事務局港澳臺辦處長趙磊等。法師親自導
　　覽禪堂設施，並延請賓客留山午齋，由方丈和尚陪同。
　　餐後，一行人前往參觀法師書法展、大殿及法華鐘。

七月二十八日，上午，前往臺中參加「遊心禪悅」巡迴書
　　法展開幕式。臺中市市長胡志強及夫人邵曉鈴、中部
　　法行會會員等多位出席。市長夫人邵曉鈴雖然傷勢尚
　　未痊癒，仍到場向法師致意。展期自七月二十七日起
　　至八月五日，展場設於新光三越百貨公司。
　　　師父為大家講說「戲外看戲忘了戲，夢中作夢不知夢」
　　這幅作品時，回憶自己當時創作的用意：「人生如夢，
　　但人常身在其中而不知」，師父表示，其實戲外人本就
　　是旁觀者，經過禪修洗禮，人才能真正懂得自己身在何
　　方。
　　　與師父對談的胡志強市長，形容師父的作品是「字裡
　　有禪，禪裡有字」，字字讓人「知夢、知戲、知人生」；
　　書法家杜忠誥則指出，一般人寫書法多重技巧，而師父
　　的筆墨，卻自然流露出禪學修養及氣韻。（〈「遊心禪悅」
　　書法展臺中、高雄展出〉，《法鼓》，213 期，2007 年 9 月 1

日,版1)

案:邵曉鈴去年十一月十八日因車禍受傷,昏迷多日。
法師即時一封越洋信,慰問胡市長。

中午,彰化縣縣長卓伯源由法鼓山悅眾彰化縣社會局
局長陳治明陪同,至法師下榻之臺中裕元花園酒店拜
會。法師勉以「身在公門好行善」。(〈十、不一樣的
法鼓大學〉,《美好的晚年》,法鼓文化,2010年2月初版
一刷,頁186)

下午,「聖嚴師父與方丈和尚全臺巡迴關懷」假臺
中逢甲大學體育館舉行,中部地區勸募會員及眷屬
一千二百人參加。法師深入闡明法鼓山理念、功能與
價值,與其他神廟乃至佛教道場有所不同。(〈聖嚴師
父與方丈和尚臺中、高雄巡迴關懷〉,《法鼓》,213期,
2007年9月1日,版2)

七月二十九日,至法鼓山園區禪堂為「話頭禪四十九」開
示。

七月三十一日,前往北投雲來寺,為法鼓山全體僧眾、專
職及義工舉行「精神講話」,全臺各分院同步視訊連
線。法師以「法鼓山的四大堅持:法鼓山的理念、三
大教育、四種環保、漢傳禪佛教」為題闡明:法鼓山

以此堅持，關懷全世界。

師父統合法鼓山的重要理念，特別提出「四大堅持」：一、理念的堅持；二、三大教育的堅持；三、四種環保的堅持；四、漢傳禪佛教的堅持。

提昇人品的具體方法，則是「三大教育」及「四種環保」的堅持。法鼓山三大教育中的大學院教育，已有中華佛研所、僧伽大學、法鼓佛教研修學院，以及籌備中的法鼓大學。佛研所目前已轉向學術研究為主；僧伽大學培育法鼓山體系所需的出家法師；研修學院則是培育不論出家在家，皆能弘法的宗教師；法鼓大學是以品德薰陶為主的人文大學。如此培訓僧俗四眾的人才，才能實現佛法、理念、教育、情操的傳承，進一步落實大關懷、大普化教育。

「心靈、禮儀、生活、自然」這四種環保的堅持，則是每個人精進自己的實際方針，特別是由佛法發展出的「心靈環保」，更是當中的核心。「心靈環保就是心理的建設、精神的提昇和養成。精神生活的養成，心理人格才能健全」。

「漢傳禪佛教的堅持」則是法鼓山向世界接軌的立場。當今世界交流頻繁，宗教發展也獲得更廣的觸角，這樣的空間，正適合具有廣納包容特質的漢傳佛教來發展。因此，漢傳佛教必須主動向世界介紹自身的精華──禪，並以此立場與更多的文化、宗教對話。（〈師父提出法鼓山的四大堅持〉，《法鼓》，213 期，2007 年 9 月 1 日，版

1；講詞見：〈法鼓山的四大堅持〉，《法鼓》，216、219、
220、221 期，2007 年 12 月、2008 年 3、4、5 月，版 5、7）

七月，《佛教建築的傳統與創新 —— 2006 法鼓山佛教建
築研討會論文集》（法鼓文化，2007 年 7 月初版一刷）出
版，收錄聖嚴法師於研討會開幕演說：〈法鼓山建築
理念及目的〉。

七月，第五屆中華國際佛學會議英文論文集 *Bodhisattva
Avalokiteśvara (Guanyin) and Modern Society*（法鼓文化，
2007 年 7 月初版一刷）出版，收錄聖嚴法師開幕致詞：
Avalokite vara and Modern Society。

七月，公告「法鼓山體系功能暨組織架構」，呈現以三大
教育為主軸之功能性組織架構。

七月起至九月，書寫《金剛經》全本。
　　我於洗腎養病期間自二〇〇七年七月至九月趁體力精
好的時候將六千三百多字的《金剛般若波羅蜜經》逐行
逐分地抄寫出來也算我在晚年病中的一項功課。（見該
書法跋語）

八月一日，即日起，於《法鼓》雜誌刊登〈「心六倫」運
動的目的與期許〉。

　　回顧東方社會，經歷了近一、兩個世紀的動亂，舊的倫理觀念和價值已遭到漠視，導致當今社會充斥著各種亂象：人與人之間缺少尊重，個人也缺乏自重，每個人所扮演的角色亦非常模糊，責任感與本分心也都變得淡薄。因此法鼓山要推動一種新的倫理運動，我們將它稱之為「心六倫」。

　　所謂「心」，就是「良心」的心。許多人都知道需要有倫理價值觀，但當倫理落實到自己身上時，卻往往由於利害得失的考量，而將它棄之不論。當然大家都應該要守道德，要有倫理觀念，但關鍵在於我們每個人，是否有把自己的真誠心、懇切心放進去，是否有把自己的生命，跟倫理道德結合在一起。

倫理須有道德的配合

　　所謂「倫理」，是指人際間的互動，每一個人可以同時扮演好幾個角色，善盡每個角色的本分、責任，就是倫理觀念的落實。至於「道德」，是讓所有與我互動的人，都能夠得到利益、平安。

　　道德的實踐，關鍵在於我們自己。如果只是一味的期待、苛求他人對我們好，那就是欠缺道德。我必須再次強調，人際之中如果缺乏道德，也就不成為倫理。

「心六倫」關懷的主體與價值

　　「心六倫」的特色，在於它的時代性，是對當前臺灣

社會及國際情勢的一種回應,這與過去傳統儒家所倡的「五倫」:「父子、君臣、夫婦、兄弟、朋友」不同。我們每一個人在「六倫」之中,扮演的不只是一重,而是多元的角色。不論我們扮演什麼角色,都應該要有正確的觀念:我們是為了守分、盡責、做奉獻,而不是為了爭取;在求自利的同時,也要尊重、關心他人。

一、家庭倫理

　　家庭是一個社會最基本的組成單位,擁有健康和樂的家庭,才是一個幸福祥和社會最穩固的基石。家庭的每一個成員,不論輩分,都應該思考如何為自己的家人奉獻,而不是斤斤計較如何從對方身上獲取什麼。

二、生活倫理

　　生活倫理的重點是節約、簡樸、不浪費。

　　生活倫理與其他五倫,均有密切的關係,因為不論在什麼場合,都是人類生活的一部分。我們對於物質的需求,真正需要的不多,而是想要的太多;要的愈多,卻愈不滿足!

　　生活倫理的另一個內涵是:要尊重自己,也要尊重他人。生活倫理的落實,除了從我們每一個人開始,珍惜善用生活中的各種資源外,也要對環境給予愛護和尊重,除了給自己方便,也要尊重其他使用者的權益。

三、校園倫理

　　校園倫理的主體是老師、學生和家長。

　　當前臺灣深受西方文化影響,西方社會講求平等,為

此也有學生要求跟老師平等、跟社會人士平權。師生的倫理，是建立在雙方愛與敬的基礎上，如果教育決策者能對老師、學生、家長制定一套倫理規範，才能教育出品德和學養兼美的下一代。

四、自然倫理

自然倫理的關懷主體，就是自然生態，包括生物與非生物的資源和環境。除了直接保護有機生態之外，還包括間接保持各種資源之間的永續平衡，凡是自然界的一草一木、一塊石頭，都跟人類的生存有關，人類使用它們，就應該珍惜它們、保護它們。

關心自然倫理，不破壞、浪費地球資源，要從每一個人自己做起，進而去保護、改善地球環境，使地球更具有未來性，使人類的生存空間更有安全感。

五、職場倫理

工作的意義，並不只是糊口的謀生工具而已，而是生命的實踐。一個健全的企業經營，應該把股東、客戶、勞工、消費者，當成是生命的共同體，大家彼此成就、互相照顧。從這樣的關係中，我們可以了解：企業主並不等於獨裁的皇帝，企業的財產也不是由老闆一人創造，而是由團隊共同締造，因此創造出來的福利，也該分享給企業相關人員。而所有相關人員，也都應該各自扮演好自己的角色，各盡其責。

以此類推，任何職場中的成員，不論職位高低大小，都應以平等的心態來服務及奉獻。

六、族群倫理

　族群倫理的意涵，就是對不同族群、文化、語言、習俗、宗教等的尊重與包容。

　縱觀人類的歷史，一個社會因有多元族群的相互激盪、互助合作，往往更豐富、更精彩，這不是歷史的偶然；然而其先決條件，一定是要不同族群之間拋棄對立，相互包容，才能求同而存異。因此，族群倫理便是站在尊重多元的立場，讓每個族群都能發揮自己的特色。

「心六倫」的目的

　法鼓山提倡「心六倫」運動，最主要的目的，就是要「提昇人的品質，建設人間淨土」，希望藉由這六種範疇的倫理，幫助臺灣社會與人心能夠淨化、平安、快樂、健康。

　我要期勉大家一定要從大處看、往遠處想，並且考慮未來性。希望藉由「心六倫」，將臺灣社會的倫理運動、道德形像，經由影響而改變、提昇，同時進一步影響全球華人社會的民情風氣。

　愈是在混亂的環境之中，愈是需要提倡倫理教育和倫理觀念。希望諸位讀者，都能一起來扮演「六倫」運動的詮釋者、先驅者，希望諸位都能心懷服務、奉獻，以利益他人來成長自己，這才是最好的價值，也是幸福、快樂人生的真義。（〈「六倫」運動的目的與期許〉，《法鼓》，212-215 期，2007 年 8-11 月，版 5；修改後改題為〈「心

六倫」運動的目的與期許〉收入《我願無窮》，法鼓文化，
2011 年 4 月初版一刷，頁 275-284）

八月二日，下午，於中正精舍接受「臺灣文化事業學會」
　　（ICA）執行總裁魏理奇（Richard E. West）採訪，談
　　「法鼓大學使命與願景」。該學會係由榮譽董事會會
　　長劉偉剛邀請，策畫主持「法鼓大學共識坊」，因於
　　共識營舉行前夕，前來採訪。法師期許，能簡捷精準
　　介紹法鼓大學。（〈十、不一樣的法鼓大學〉，《美好的
　　晚年》，法鼓文化，2010 年 2 月初版一刷，頁 187-188）

八月三日至五日，至法鼓山園區禪堂為「話頭禪四十九」
　　開示。

　　五日下午，前往農禪寺出席「第五十六次法鼓山社會
　　菁英禪修營共修會」，以「大小乘佛法的不同」為題
　　開示。
　　　大乘佛法跟小乘佛法的不同之處，在於大乘菩薩不為
　　自己求安樂，不為自己得解脫，而是為了度眾生，他可
　　以到人、天、阿修羅、地獄、餓鬼、旁生等六道輪迴眾
　　生之中，如果哪一類的眾生需要，只要因緣成熟，他就
　　會去救度那些眾生。請諸位記得這兩句話：「菩薩不為
　　自己求安樂，只為眾生得離苦。」大乘佛教之所以偉大，
　　就是以菩薩的精神一生一生的修行，然後才能成佛。

修行小乘行有四種增上：一、信增上：建立信心，開始是初心，然後信心愈來愈堅固，愈來愈強；二、戒增上：持戒之目的是為了身、口、意三業清淨；三、定增上：心不會慌亂，經常是在安定與安詳之中；四、慧增上：慧是修定而來，心不浮動就會產生智慧。

大乘菩薩有三種增上：一、信增上；二、悲增上；三、慧增上。大乘的「信」跟小乘的「信」內容不太一樣，小乘只信三寶，大乘則是信眾生皆能成佛。大乘佛法除了信三寶之外，還相信自己也可代佛說法而成就佛道。中國歷代禪宗的祖師們都在說法，他們並不執著於心外的釋迦牟尼佛，而相信眾生都能成佛，所以發願來度眾生。這不僅僅是幫助眾生得到物質或精神的鼓勵，而是幫助眾生離苦得樂，並能解脫成佛，此為大乘菩薩的信心。

請諸位記得我所說的：「菩薩發願，自己未度先度人，就是菩薩初發心──不為自己求安樂，但願眾生得離苦。」（〈大小乘佛法的不同〉，《我願無窮》，法鼓文化，2011 年 4 月初版一刷，頁 139-145；另參見：〈社會菁英共修會　師父講大小乘修行精神〉，《法鼓》，213 期，2007 年 9 月 1 日，版 2）

八月七日，至法鼓山園區禪堂為「話頭禪四十九」開示。

下午，至法鼓山園區海會廳出席法鼓人文社會學院籌

備處主任交接典禮。此籌備處，最早由中華佛研所所長李志夫著手策畫，曾濟群自一九九七年接任籌備處主任，現因年屆退休，由果肇法師接任。

　這十年來，法鼓大學硬體工程遭遇的困難非常多，很不容易有進展。但在曾校長任內，他以法鼓大學籌備處名義，辦了三場非常成功的學術研討會，同時他所負責的另一項人文社會基金會工作，也在兩岸七所重點大學設置了「法鼓人文講座」，這也是他很重要的貢獻。他也把我的《天台心鑰》一書，提報申請中山學術著作獎，因而獲獎，可說是他對我個人的貢獻了。（〈十、不一樣的法鼓大學〉，《美好的晚年》，法鼓文化，2010 年 2 月初版一刷，頁 188-189）

Orthodox Chinese Buddhism（《正信的佛教》英文版）由美國紐約法鼓出版社及加州北大西洋圖書公司（North Atlantic Books）共同發行。該書由 Otto Chang 及顧立德（Douglas Gildow）共同翻譯。法師有序說明此書舉例依社會發展適度調整，然而基本原則與精神則與舊版完全一致。

八月九日，參加於臺北縣政府召開之「環保網路普度」記者會。記者會由縣長周錫瑋主持，目的在改良風俗，呼籲大眾減少大量焚燒紙錢及燒香，改用網路普度，達到祭祀與環保雙重功能。法師發言「提倡環保的民

俗節慶」，從文化、宗教與環保三個層面談民間習俗，
建議類似的習俗，可發展成地區文化藝術節。信仰以
虔敬為首，虔心祭祀最重要，同時也要珍惜有限資源，
不製造汙染。法師同時就有些民眾質疑網路超度而釋
疑。（〈提倡環保的民俗節慶〉，《我願無窮》，法鼓文化，
2011 年 4 月初版一刷，頁 146-151；另參見：〈十、不一樣的
法鼓大學〉，《美好的晚年》，法鼓文化，2010 年 2 月初版
一刷，頁 189）

前往安和分院出席法鼓人文社會學院董事會。

八月十一日，上午，南下高雄紫雲寺主持皈依典禮。由方
丈和尚代表為一千多位民眾授三皈依，其後由法師開
示皈依意義，「從不快樂的人變成快樂的人，從不幸
福的人變成幸福的人，從沒有安全感的人變成有安全
感的人」，就從觀念改變開始。

典禮後，前往高雄市立文化中心，出席「遊心禪悅」
書法展揭幕。此為巡迴書法展第三場，到場嘉賓包括
立法院院長王金平、高雄市市長陳菊、屏東縣縣長曹
啟鴻、前高雄縣議會議長陳田錨、鳥松鄉鄉長林榮宗、
義守大學講座教授黃俊英等人，觀禮民眾擠滿現場。
高雄縣老議長陳田錨夫婦代大眾請益「真實義」墨寶
真諦。（〈「遊心禪悅」書法展臺中、高雄展出〉，《法鼓》，

213 期，2007 年 9 月 1 日，版 1）

下午，「聖嚴師父與方丈和尚全臺巡迴關懷」，於高雄紫雲寺五樓大殿舉行高高屏地區勸募會員關懷及新勸募會員授證，共有六百一十八位高雄、屏東、潮州等地區勸募悅眾與會，十二位榮譽董事接受授證。法師以三大教育為題，再次闡述法鼓大學興學理念，希望代代關心教育，護持法鼓大學培養社會菁英人才。
（〈十、不一樣的法鼓大學〉，《美好的晚年》，法鼓文化，2010 年 2 月初版一刷，頁 189-190；〈聖嚴師父與方丈和尚臺中、高雄巡迴關懷〉，《法鼓》，213 期，2007 年 9 月 1 日，版 2）

八月十二日，至法鼓山園區禪堂為「話頭禪四十九」開示。

下午四時，出席於法鼓山園區海會廳舉行之「法鼓大學使命願景共識營」，聽取各組結論報告。該共識營於十一、十二兩日，由法鼓大學董事會董事、學院系所規畫教授、僧團相關執事法師、護法會及籌備處規畫人員約三十人共同參與，勾勒法鼓大學願景與使命。法師聽取報告後開示：「法鼓山的使命就是法鼓大學的使命，法鼓大學的存在，就是為了造就實踐、推廣法鼓山理念的人才，這是法鼓大學不能更改的使命。」
（〈培育悲智人才　探索和平思想〉，《法鼓》，214 期，

2007 年 10 月 1 日，版 6）

八月十四、十六、十八日，至法鼓山園區禪堂為「話頭禪
　　四十九」開示。

八月十九日，上午，至法鼓山園區禪堂為「話頭禪
　　四十九」開示。

　　下午，前往農禪寺梁皇寶懺法會開示。法會自八月
　　十八日起至二十四日，每日均有約五千位信眾參加。
　　（〈十、不一樣的法鼓大學〉，《美好的晚年》，法鼓文化，
　　2010 年 2 月初版一刷，頁 191；另參見〈農禪寺啟建梁皇懺
　　千人強颱中虔修〉，《法鼓》，214 期，2007 年 10 月 1 日，
　　版 3）

八月二十日，法鼓山緊急救援團隊由中山區救災總指揮李
　　豪作率顏炯彬、陳韻珊等一行四人前往祕魯投入救援
　　行動。南美洲祕魯於本月十五日發生芮氏八級強震，
　　五百多人罹難，法師當即指示慈基會與美國護法會全
　　力動員，發起募款賑災活動。（〈祕魯強震　法鼓山馳
　　援〉，《法鼓》，214 期，2007 年 10 月 1 日，版 2）

八月二十一日、二十三日，至法鼓山園區禪堂為「話頭禪
　　四十九」開示。

八月二十四日，前往農禪寺，於梁皇寶懺法會圓滿日開示。
　　當日舉辦瑜伽焰口法會，有五千多名民眾參加，各殿
　　堂內外、走廊，手持懺本專注共修之民眾隨處可見。

八月二十五日，上午，搭機前往花蓮，參加「聖嚴師父與
　　方丈和尚全臺巡迴關懷」花蓮場次。因濃霧影響，班
　　機延誤，午時方抵現場，活動連帶延遲，然皈依民眾
　　及觀禮嘉賓始終留在會場耐心等候，法師特為讚歎。
　　計有花蓮、宜蘭地區四百多位民眾皈依三寶，由方丈
　　和尚代法師主持，花蓮市市長蔡啟塔、花蓮縣議會議
　　長楊文植等地方貴賓蒞臨觀禮。法師開示：「做一件
　　事，一定要發願」。皈依法會後舉行新勸募會員授證，
　　並為地區勸募會員關懷開示。（〈師父與方丈和尚巡迴關
　　懷〉，《法鼓》，214 期，2007 年 10 月 1 日，版 2；另參見：〈十、
　　不一樣的法鼓大學〉，《美好的晚年》，法鼓文化，2010 年
　　2 月初版一刷，頁 191-192）

八月二十八日，上午，至臺北縣政府，出席「北縣升格，
　　環境昇華」環保高峰論壇，先由縣長周錫瑋提問，法
　　師回答，而後開放與現場三百多位民眾及青年學子問
　　答。訪談主題包括：人間淨土推動、環保，給第一線
　　環保值勤人員勉勵等。法師除強調公民責任與道德，
　　勉勵青年以「節約」、「簡單」原則過生活，即是保
　　護地球最佳實踐方式。（〈北縣環保心靈論壇　師父勉大

家節約簡單生活〉,《法鼓》,214 期,2007 年 10 月 1 日,
版 1;另參見:〈十、不一樣的法鼓大學〉,《美好的晚年》,
法鼓文化,2010 年 2 月初版一刷,頁 192-193)

八月三十日,法鼓山人文社會基金會委託聖嚴教育基金會
進行漢傳佛教學術發展,締約儀式於安和分院舉行,
人基會董事長聖嚴法師與聖基會董事長施建昌代表締
約。方丈和尚、法鼓山社會大學校長曾濟群、聖基會
董事楊蓓、僧團果廣法師、果光法師等人出席。

九月一日,於法鼓山園區國際會議廳關懷落髮學僧家屬。
此次求剃出家者有二十五位,除臺灣本地,亦有來自
馬來西亞、印尼華僑。法師指出,在法鼓山出家殊勝
處在於,既是在此修學,也是在此修行;既是法鼓山
教育受惠者,也是法鼓山教育推動者。(〈十、不一樣
的法鼓大學〉,《美好的晚年》,法鼓文化,2010 年 2 月初
版一刷,頁 193)

九月二日,於法鼓山園區對全體僧眾早齋開示:「出家修
行維繫法身慧命」。

於法鼓山園區禪堂為「第三屆社會菁英精進禪三」開
示。

九月三日，下午，至安和分院參加《甘露與淨瓶的對話》
新書發表會。係由知名作家吳若權於今年一至三月，
八次訪問法師而成書。（〈十、不一樣的法鼓大學〉，《美
好的晚年》，法鼓文化，2010 年 2 月初版一刷，頁 193）

九月九日，下午，至臺北西華飯店參加由法鼓山人文社會
基金會舉辦之第一屆「關懷生命獎」頒獎典禮，與立
法院院長王金平共同擔任頒獎人。關懷生命團體獎由
財團法人張老師基金會獲得，個人獎則由中華民國牧
愛生命協會執行長吳美麗獲得，現場有兩百多人觀禮。
（〈十、不一樣的法鼓大學〉，《美好的晚年》，法鼓文化，
2010 年 2 月初版一刷，頁 194-195；另參見：〈法鼓山首辦「關
懷生命獎」〉，《法鼓》，214 期，2007 年 10 月 1 日，版 1）

法師於當日發行之《第一屆「關懷生命獎」典禮大會
手冊》發表〈珍惜生命，就不會自殺〉專文，指出自
殺雖有原因，然總會有不必自殺之活路，關鍵在於「建
立人生歸屬感」。
　會選擇自殺的人，很大的原因是因為找不到生命的歸
屬感。什麼是生命的歸屬？可以從幾個層面來看。第一
是現實的歸屬。我們的生命，是以現在的人類社會為歸
屬，其次是整體人類歷史、文化的歸屬。也就是說，我
們每個人的生命，都是源自古今中外整體人類歷史、文
化的滋養，而我們的一生，能奉獻多少、成就多少，就

全回饋出來，共為整體人類歷史、文化的一部分。這是
更深遠的生命歸屬，相信一般人是可以理解的。第三是
宗教信仰的歸屬。有信仰的人，活著的時候，隨時都深
信有神、佛菩薩在保護；遇到困難的時候，會祈禱佛菩
薩、神的護佑加持，幫助度過難關。祈禱之時，情緒往
往就能平靜下來，事情也能夠柳暗花明、峰迴路轉，發
現新的契機。

　　因此，我奉勸每個人最好都能有正確的宗教信仰。正
確的宗教信仰，並不等同於民間信仰的燒香、拜拜，而
是要有宗教的生活與宗教的修養。對有信仰的人而言，
比較能夠從容面對人生的驟變，信仰對他們來説，是最
後的歸屬，也是人生的避風港和依歸處。（〈珍惜生命，
就不會自殺〉，《我願無窮》，法鼓文化，2011 年 4 月初版
一刷，頁 285-291）

九月十五日，應電視製作人王偉忠邀請，至中國電視公司
　　《全民大講堂》節目，主講「新時代心倫理」。節目
　　採座談方式進行，邀請富邦文教基金會執行長陳藹玲
　　及法鼓山人文社會基金會祕書長李伸一對談，三人從
　　不同角度與立場，介紹心六倫。新聞主播林書煒擔任
　　主持。該節目製作人王偉忠、劉復亭，策畫人楊一哲
　　及導播唐玲，於錄影前拜會法師致意，並全程督導節
　　目錄影。（〈十、不一樣的法鼓大學〉，《美好的晚年》，
　　法鼓文化，2010 年 2 月初版一刷，頁 195；另參見：〈全民

大開講首播　邀師父講「心六倫」〉，《法鼓》，214 期，
2007 年 10 月 1 日，版 1）

九月十六日，上午，出席於法鼓山園區國際會議廳舉行「法
鼓山大學院九十六學年度畢結業暨開學典禮」。出席
學生包括：法鼓佛教研修學院第一屆新生、僧大第七
屆新生，以及中華佛研所、僧大、漢藏班應屆畢結業
生等九十二位新舊生，方丈和尚果東法師、法鼓佛教
研修學院校長惠敏法師、前逢甲大學校長劉安之等師
長及二百多位貴賓與會祝福勉勵。法師以「培育漢傳
佛教的人才」為題致詞勉勵。

　　師父在致詞中首先勉勵畢業生們，能在身教言行上，
落實宗教師的生活與角色；而對於敲響法鼓第一擊的研
修學院十五位新生，師父希望藉由法鼓山的「學風」與
「道風」，建立出屬於研修學院的獨特校風。另外，師
父特別強調漢傳佛教與國際接軌的必要性及迫切性，除
了在學術領域必須持續深度耕耘，更要具有心胸、悲願、
對宗教事業的熱情，才能走向國際舞台。（〈法鼓佛教研
修學院　首屆新生入學〉，《法鼓》，214 期，2007 年 10 月
1 日，版 6；另參見：〈十、不一樣的法鼓大學〉，《美好的
晚年》，法鼓文化，2010 年 2 月初版一刷，頁 195）

九月十八日，於法鼓山園區階梯教室，為僧大「創辦人時
間」開示「出家的目的」：在於修福修慧，不要自命

不凡、好高騖遠。（〈出家的目的〉，《法鼓山僧伽大學
九十六～九十七學年度年報》，法鼓山僧伽大學，2010 年 11
月，頁 33-38）

九月二十日，法鼓山佛教基金會（簡稱佛基會）、中華佛
教文化館（簡稱文化館）以及農禪寺同時獲頒內政部
公益慈善及績優宗教團體「奉獻發芽獎」。（〈法鼓山
獲頒績優宗教團體獎〉，《法鼓》，214 期，2007 年 10 月 1 日，
版 1）

九月二十一日，印尼蘇門答臘島西岸外海於九月十二日發
生八點四級強震，造成嚴重災情，慈基會緊急聯絡印
尼亞齊安心服務站展開救援。並於今日派遣安心站站
長李徒以及廖秋蘭、彭川芩、郭健鳳、王常怡等五位
專職和義工，前往災情嚴重之朋姑露北部發放賑災物
資，同時協助巴東倒塌之觀音殿佛堂重修。（〈慈基會
援助蘇門答臘地震〉，《法鼓》，215 期，2007 年 11 月 1 日，
版 2）

九月二十二日，下午，出席「聖嚴師父與方丈和尚全臺巡
迴關懷」臺東場次。此為系列活動第八場，亦為圓滿
場。活動於臺東信行寺舉行，先為二百四十餘位信眾
舉辦皈依典禮，方丈和尚果東法師、臺東縣縣長鄺麗
貞、臺東縣議長李錦慧、護法總會總會長陳嘉男與三

位副總會長黃楚琪、楊正雄、周文進與會祝福。(〈十、
不一樣的法鼓大學〉,《美好的晚年》,法鼓文化,2010 年
2 月初版一刷,頁 196)

九月二十五日,前聯華電子董事長曹興誠,至安和分院拜
　　會,並以一尊鎏金銅佛像供養法師。法師親筆簽名《找
　　回自己》、《從心溝通》二書相贈。

　　曹董事長曾經參加社會菁英禪修營,也對我們的青年
活動和國際賑災多次支持。這些年,曹董事長經營事業
遇到了些困難,我經常打電話關懷他,也請他有空到道
場走走。我在法律上幫不了他的忙,在心理上,希望可
以給一些關懷。(〈十、不一樣的法鼓大學〉,《美好的晚
年》,法鼓文化,2010 年 2 月初版一刷,頁 197)

九月二十九日,於法鼓山園區對全體僧眾早齋開示:「出
　　家的第一課」。

　　僧團並沒有離開世俗的環境,然而工作項目雖然相同,
但目標不同,結果也不一樣。在家人工作是為了生活、
為了謀生,我們出家人不是為了謀取自己的生活來工作,
不是為了一天三餐飯來工作,而是為了弘法利生,自利
利人,那就是修行。(〈出家的第一課〉,《法鼓山僧伽大
學九十六~九十七學年度年報》,法鼓山僧伽大學,2010 年
11 月,頁 3-10)

　　即起一連二日，於法鼓山園區第一大樓四樓副殿與參加「遊心禪悅書法展」榮譽董事合影。

九月三十日，於法鼓山園區對全體僧眾早齋開示：「出家修行的基本觀念」，勉勵大眾以凡夫身修出離行、以人間身修淨梵行、以出世心修菩薩行、以入世心成就眾生。恆修「正菩薩行」，為眾生做供養人，為眾生做護念人。

　　身為僧團的人，上殿、過堂、出坡，是一種權利、一種責任，也是一種義務、一分光榮。入眾參與這個團體，就必須隨眾，大眾做什麼就做什麼，隨著大眾學習出家的生活、出家的威儀、出家的觀念、出家的修行方法。也就是說，在生活之中隨著大眾一起學習，目的也在於安眾。

　　出家修行應修人天善法確保人身，修禪定止觀確保色、無色界身，修戒、定、慧三學離貪、瞋、癡三毒，而出三界生死。（〈出家修行的基本觀念〉，《法鼓山僧伽大學九十六～九十七學年度年報》，法鼓山僧伽大學，2010 年 11 月，頁 39-47）

十月一日，即日起至十三日，至臺大醫院回診，發生幾次突發狀況。

　　十月一日上午進行血液透析，護士替我下針時，發現我的左手腕動脈血管已經阻塞。醫生便在我左鼠蹊裝上

一條導管，支持暫時透析使用。這種臨時導管至多可用
一個月，故於八日，又在我右手腕上開刀植入人工廔管。
血液透析，是把動靜脈接合製成一截廔管，供血液一進
一出，我的情況是血液可以輸出，但送不回去。這段時
期，因我右手腕動了手術，接成人工廔管，鼠蹊側也動
了刀，如此，全身上下都痛，痛了兩星期。所幸十月二
日做的膀胱鏡檢查並未發現腫瘤。在我全身上下動刀的
這段時期，膀胱鏡檢查結果是正常的，可說是放了我一
馬。

　　這次共住院十三天，於十三日下午出院。（〈十一、病
情危急〉，《美好的晚年》，法鼓文化，2010年2月初版一刷，
頁200）

即日起至明年（二〇〇八）二月底，由人基會製作
《聖嚴師父談「新時代・心六倫」》電視帶狀節目，
於每週一至週五下午二點半到三點在有線電視霹靂台
（十一頻道）播出，每週播出單一倫理單元。（〈10
月1日起師父於霹靂台講「心六倫」〉，《法鼓》，214期，
2007年10月1日，版1）

十月九日，於住院中為《方外看紅塵》撰〈序〉。該書集
結在《聯合報》連載受訪專欄「方外看紅塵」，由資
深記者梁玉芳專訪。
　案：該書於今年十二月出版，〈序〉文見該月譜文。

十月十三日，自臺大醫院出院，返回中正精舍。

十月十八日，即日起至二十一日，於法鼓山園區禪堂為
「第二十九屆法鼓山社會菁英禪修營」學員開示，開
示內容包括禪修方法、禪修觀念活學活用等。本屆禪
修營由果祺法師擔任總護，共有一百一十二人參加。
（〈十一、病情危急〉，《美好的晚年》，法鼓文化，2010
年 2 月初版一刷，頁 201）

十月二十一日，於法鼓山園區創辦人辦公室接受《康健》
專訪，談喪儀、臨終關懷、親人病危時家屬處理，以
及身後事安排等。該雜誌企畫「生死尊嚴」主題專書，
邀訪各界賢達談生論死，後收錄於二〇〇八年四月出
版的《跟親愛的說再見》一書。（〈十一、病情危急〉，《美
好的晚年》，法鼓文化，2010 年 2 月初版一刷，頁 201）

十月二十二日，東初禪寺果謙法師代表法鼓山致贈《法鼓
全集》予芝加哥大學圖書館，由總館長茱蒂絲・納德
爾（Judith Nadler）、東亞館館長周原代表接受。此係
經駐芝加哥臺北經濟文化辦事處安排協助，該處文化
組組長徐會文、法鼓山芝加哥分會創會召集人王翠嬿、
現任分會召集人李詩影等，均出席贈書儀式。翌日，
果謙法師前往聖路易，將《法鼓全集》致贈佛教圖書
館「淨心書坊」。（〈《法鼓全集》贈芝加哥大學〉，《法

鼓》，216 期，2007 年 12 月 1 日，版 3）

十月二十三日，上午，於法鼓山園區第二大樓五樓齋堂，
　　以「佛教、佛學與佛法」為題，同步透過視訊，對全
　　體僧眾、專職及各地悅眾舉行「精神講話」。法師先
　　對近年提出之「心六倫」、「法鼓宗」再次釐清主旨：
　　「心六倫」是以佛法精神為依歸，而提出之普化教育；
　　法鼓山宗風，確實為「中華禪法鼓宗」，然並未排斥
　　百家，獨崇「漢傳佛教」一宗。法師依「佛教、佛學、
　　佛法」之別詳說之。

　　「心六倫」也不是我一個人的發明，而是我接受了許
多人的建議，尤其是來自企業界、學術界、文化界和宗
教界領袖人士的建議，希望我們這個時代，能夠有一個
大家願意接受的共同倫理價值。

　　「心六倫」是以佛法的精神為依歸，自實施以來，獲
得各界不錯的回響，例如企業界的回應便相當熱烈，像
是前台積電董事長張忠謀、前宏碁董事長施振榮、台塑
董事長王永慶、廣達董事長林百里，以及鴻海董事長郭
台銘等人，他們都很贊成以這種方式來推廣新時代的倫
理教育。

　　我們出版了一本《承先啟後的中華禪法鼓宗》小冊子，
內容很容易看、容易懂。「中華禪法鼓宗」是結合所有
佛法的優點，融攝大、小乘佛教各宗各派佛法的所長而
成，因此，我們也鼓勵對各宗各派佛法的研究與修持。

我們並沒有排斥百家，而獨崇「漢傳佛教」一宗，如果有這種想法或臆測都是錯的。「中華禪法鼓宗」是兼容涵蓋各系各宗各派的大、小乘佛法，於此同榮滋長。可是，我們也必須正視一點：法鼓山的宗風，確實是「中華禪法鼓宗」。以下，我將分別簡介「佛教」、「佛法」和「佛學」三個名詞，請諸位指教，也跟大家勉勵。

何謂「佛教」？

佛教指的是什麼？是根據佛陀的教導而建立信仰的一種教團型態，其內涵包括教理、教儀、教史和教團。教理是佛所教導的人生道理；教儀是佛教徒基本的生活儀範；教史是佛教傳承的歷史；教團是依據佛法而修行的團體。以上四者加起來，就稱為佛教。

現在佛教的傳承，主要有三個系統：南傳、藏傳和漢傳佛教，但是這三種傳承，已漸有差別。整體佛教之中，有共通性的部分，也有差異的存在。

何謂「佛法」？

佛法主要是強調修持、實踐的面向。依據佛陀的教法而修持、實踐或實證，便叫作佛法。佛說：「一切法皆是佛法。」佛說魔法，魔法即佛法；魔說佛法，佛法也就變成魔法。

根據佛說的法義來修行，修行之後再回過來用佛說的法義證驗自己的修行經驗是否正確，這就是佛法的修證。

在禪修過程中，有種種的身心反應是很正常的。《楞嚴經》即說，禪修過程中會產生一些魔境；《摩訶止觀》也指出，修行中會發生種種的身心現象。在這種情況下，如果沒有佛法的依據，也沒有修行老師的指導，修禪的人不知揀擇，就會把這些身心現象當成是聖境，那就是修了外道法、發魔了，並不是真正在修證佛法。

何謂「佛學」？

「佛學」這個名詞，在釋迦牟尼佛的時代是沒有的。佛滅度之後，後人為了研究佛的教導，而把佛教的教史、教團、教理和教儀，當成文獻資料進行彙整、分析和研究的成果，就稱為「佛學」。

既然佛學是關於佛教種種之研究，是否也可用於佛法的研究呢？這是不能的，佛法不是用來研究的，而是用來體驗和實踐的，如果有人說：「我在研究佛法。」那說的是外行話。但是剛才我所說的「佛教」之學，如教史、教團、教理和教儀，這些都可以研究，都可找到文獻史料。

我是學佛的人，時時要用佛法

因此，我剛才問大家：「研修學院的學生，主要致力於什麼？」就是希望大家了解，我們是培養服務社會的宗教師，以及宗教的修證人才、文化人才，這三種都需要。如果僅僅從事佛學研究，這不是我們辦學的目的；

如果不清楚佛教的教史、教理、教儀與教團，很可能會變成一個無知的佛教徒。我們最高的目標是佛法——修持佛法、運用佛法、用心於佛法。我們的心，要經常貼熨著佛法，就像清慈法師只抱著兩句話：「不思善，不思惡。」這樣的修行，就能不複雜、不麻煩。

修學佛法，要步步踏實，要心安住於法，安住於修行的方法。所以無論是在家居士或出家法師，必須經常把心放在佛法上，告訴自己：「我是學佛的人，時時要用佛法。」如果我們用錯了心，有很好的學問，思想也敏捷，就是無心於佛法，這就不是在學佛了。我們看到有些學者，特別是文史哲專家，他們多少會看佛教的書籍，也或許能講說著述佛學，但是他們自己卻不用佛法，這是非常可惜的。

現在我正在做的一些事，表面上看來好像和佛法無關，事實上卻是密切相關的，例如「心五四」、「心六倫」運動都是佛法。所以希望諸位都能心安住於法，修學佛法、實踐佛法，對眾生多一些慈悲心，對這個社會多付出關懷心，這樣才能體現佛法的真義。（〈佛教、佛法與佛學〉，《我願無窮》，法鼓文化，2011 年 4 月初版一刷，頁 152-162）

上海靜安寺前老住持德悟長老，由聖靈寺今能長老及新加坡毘盧寺住持慧雄法師陪同，至法鼓山園區探望法師。長老係法師少年時求學靜安寺時擔任該寺住持，

今年高壽八十八，關切法師病情，遠來關懷。

　德悟長老是靜安寺子孫廟時期的最後一位子孫，靜安寺原是子孫寺廟，採師徒制剃度相傳，並不接受外人，但是從他手上，靜安寺一轉成為選賢制的十方叢林，而且興辦佛學院，我因此當了靜安寺佛學院學生，當時長老對我非常關愛。這些年，長老常念著要來臺灣看我，又聽說我害了病，特別來山上一趟，這是他對我的厚愛。（〈十一、病情危急〉，《美好的晚年》，法鼓文化，2010年2月初版一刷，頁201-203）

於佛教研修學院之「創辦人時間」為師生「精神講話」。此為佛教研修學院創校以來首度舉行。法師指出，一流學府學風之建立，多半始於辦學初期，今逢學院成立之初，學生宜尊師重道，師者應善盡傳道、授業、解惑之責，以塑立法鼓學風。

案：佛教研修學院師資、設備、研究能量等皆係中華佛研所之延續，然因學籍不同，仍以新申設之創校視。

十月二十七日，上午，出席於法鼓山園區舉行之「法鼓山二〇〇七年亞非高峰會議」開幕式。該會議即日起舉行三天，由法鼓山及全球女性和平促進會共同合辦，與會者，國內有中央研究院研究員蕭新煌、「台灣世界展望會」會長杜明翰、政大教授嚴震生等人；國外則有「全球女性和平促進會」創辦人迪娜‧梅瑞恩、

「南非全球和平與領導發展中心」執行長魏克（Clem Van Wyk）、「非洲跨宗教促進和平會」協調人馬巴卡、印度甘地思想家瑞賈・福拉（Rajiv Vora）夫婦、伊斯蘭教蘇菲教派宗教師班圖斯（Sheikh Ben Tounes）等來自亞、非、美洲及中東二十三位國際人士與會。此次會議以「喚醒全球性的慈悲」為主題，討論宗教慈悲與智慧，如何關懷世界環境。法師以「慈悲化解鬥爭、暴力與衝突」為題致詞，為佛教團體能主辦國際會議而歡喜，並呼應聯合國前祕書長安南（Kofi A. Annan），期許民間非政府組織，對促進世界和平貢獻心力。

法鼓山能以佛教團體的身分來主辦「亞非高峰會」，我覺得非常歡喜，也可說是佛教的一種進步。

大會能邀請到諸位貴賓的蒞臨，最主要是由「全球女性和平促進會」的發起人迪娜・梅瑞恩女士，從中穿針引線、聯繫奔走，我非常感謝。

二〇〇〇年，由於聯合國前祕書長安南的期許，呼籲在聯合國官方組織與行政體系之外，來自民間的非政府組織，也能夠對世界的宗教、戰爭、貧窮、兒童、婦女以及疾病等議題，奉獻一份力量，以促進世界和平的及早到來。然而，到今天為止，這個世界仍有不少問題衝擊著全球人類，當中最嚴重的，莫過於戰爭、暴力與衝突，例如民族跟民族之間的衝突與戰爭、宗教跟宗教之間的衝突與戰爭。這些戰爭，至少造成兩個民族或兩個

種族、兩個國家受到傷害、停止生產，其後便有貧窮、疾病、婦女、兒童等問題接踵而來。

因此，本次大會希望達成的目的，就是在慈悲的原則下，探討如何避免衝突、避免戰爭，另一方面則鼓勵經濟的生產、社會的安全，這才是世界人類共同的福祉。（〈以慈悲化解鬥爭、暴力與衝突〉，《我願無窮》，法鼓文化，2011 年 4 月初版一刷，頁 65-66；另參見：〈法鼓山舉行亞非高峰會〉，《法鼓》，215 期，2007 年 11 月 1 日，版 1）

雲門舞集藝術總監林懷民自巴西返臺，來訪法鼓山園區問候。法師亦祝賀其榮獲臺北藝術大學榮譽博士學位。

午後，臺中亞洲大學校長張紘炬，偕葉祖堯、李禮仲及陳瑾瑛三位教授等一行，上法鼓山園區拜訪。法師接受葉教授邀請明年與美籍太空人艾德格・米契爾（Edgar Mitchell）博士對談。（〈十一、病情危急〉，《美好的晚年》，法鼓文化，2010 年 2 月初版一刷，頁 203）

十月二十八日，至法鼓山園區教育行政大樓四樓佛堂出席「亞非高峰會議」跨代論壇，主題為「巨變時代的跨世代對話——精神價值觀」。

十月三十日，上午，國民黨籍正、副總統候選人馬英九與

蕭萬長，至安和分院拜會。馬先生分享過去七十天環
島下鄉，益覺這塊土地充滿希望，並請法師贈語勉勵。
法師表示，臺灣民心淳厚，若馬、蕭二人有機會接受
人民付託，當站在人民立場，為人民謀取最大福利。
（《隨師日誌》未刊稿；另參見：〈十一、病情危急〉，《美
好的晚年》，法鼓文化，2010 年 2 月初版一刷，頁 204）

下午，於中正精舍再度接受「法鼓大學共識營」承辦
人繼續八月二日之訪談。仍由臺灣文化事業學會執行
總裁衛理奇與「開放智慧引導科技」吳咨杏訪談法鼓
大學興學共識與使命，及法師對法鼓人文社會學院與
未來學生期許。執行顧問劉安之在場陪同。
　師父表示，法鼓大學的目標，就是培養領導人才。而
優秀的領導人才必須具足三條件：一是豐富的通識，二
是穩定的人格，三是朗闊無私的襟懷；並且期許日後的
學生，從入學開始，就要期許自己成為未來的領導人才。
「確立志向非常重要，志向是我們每個人對自己生命意
義的一種回應，建立志向的基礎就在於對自己有期許，
對社會有使命感。」（《隨師日誌》未刊稿；另參見：〈十一、
病情危急〉，《美好的晚年》，法鼓文化，2010 年 2 月初版
一刷，頁 204）

十一月三日，僧大新戒法師於法鼓山園區第二齋堂向法師
謝戒，法師以「隨佛出家，護念清淨戒體」開示勉勵。

十一月四日，上午，出席於農禪寺舉行之皈依大典並開示。共有一千五百多人參與，由方丈和尚代表法師授三皈依。法師由於出院不久，無法久立，因此乘坐輪椅出席。此為病後首度借助輪椅參加公開活動。（〈十一、病情危急〉，《美好的晚年》，法鼓文化，2010年2月初版一刷，頁204）

十一月六日，十時，至安和分院出席人基會董事會。

下午五時，前護法總會會長楊正老居士伉儷，由聖基會董事長施建昌陪同至中正精舍拜會。

十一月七日，即日起至二十六日，再度住進臺大醫院，共住院二十天。此次係因鼠蹊部導管感染導致休克，身體因冰冷而致神經收縮，痛至難以忍受。

在我鼠蹊部的導管，因受大腸桿菌感染，導致「菌血症併敗血性休克」，必須再行手術，便在我現有的洗腎導管中再伸入一條導管，之後施打兩劑抗生素。但我全身還是感到冰冷，冷得牙齒無法咬合而不停打顫，全身神經也因收縮而非常難受。那種冷，就像寒冰地獄一般，使我難以忍受。本來我並不怕痛，但是這回卻痛得讓我無法忍受，只有大叫，大叫的時候還是痛，卻可一時抵過痛的感覺。

我問醫師，有沒有辦法舒緩疼痛？這麼一問，結果又

為我施打第三劑抗生素。但抗生素的藥效作用，必須等上四至六小時後才能發揮。我則已是無法忍受，時已近子夜十二時，便要求醫師為我施打止痛針。可是我在洗腎病房已打過止痛針，值班醫師也不敢作主，經我一再要求，最後是折衷減半，又因現場未有止痛針，必得上藥房拿，為此又等了半小時，此間過程，真使我痛不欲生。

打了止痛針，終於可以入睡了。待我醒轉過來，已不再有強烈的冷、痛之感，卻還是全身盜汗，因此換了兩套衣服。此後，我便一直待在加護病房，每天早晚各打一劑抗生素，至十一月十四日轉入普通病房，二十六日出院。（〈十一、病情危急〉，《美好的晚年》，法鼓文化，2010 年 2 月初版一刷，頁 205-206）

十一月十五日，即日起至十九日，法鼓山受邀出席全球女性和平促進會於柬埔寨北部暹粒市（Siem Reap）舉辦之「柬埔寨青年領袖會議」，由國際發展特別助理常濟法師、紐約東初禪寺常悟法師及青年代表等一行四人前往參加。

十一月十六日，法鼓山基金會前祕書長戚肩時逝世，享壽八十三歲。

案：戚肩時為退役將軍，曾任國防部財務處長、福利總處總處長、聯勤總部財務署長、政治部副主任。民國

七十八年起擔任聖嚴法師「高級顧問」，同時擔任中華佛學研究所主任祕書；法鼓山文教基金會成立後，擔任基金會祕書長。從協助籌備第一屆中華國際佛學會議起，制定佛研所行政管理規章，乃至後來規畫法鼓山體系行政幕僚作業，為法師十分倚重之組織管理人才。（參見：〈跟隨師父的腳步前進〉，《法鼓》，114期，1999年6月15日，版6；〈兩代傳承終身護持〉，《法鼓》，118期，1999年10月15日，版6）

十一月十七日，美國西雅圖華僑文教服務中心舉行新址啟用典禮，僑務委員會委員長張富美、法鼓山美國護法會輔導師果謙法師及一百多位政商學界僑團代表、中外貴賓應邀參加；果謙法師於典禮中代表法鼓山致贈《法鼓全集》一百零二冊予西雅圖華僑文教服務中心，由張委員長代表接受。

十一月二十四日，「臺北縣立金山環保生命園區」正式啟用。此園區位於法鼓山園區內，係由法鼓山捐贈臺北縣政府。由方丈和尚果東法師代表，與臺北縣副縣長陳威仁共同主持啟用暨植存儀式。法鼓山率先響應植存東初老和尚骨灰，並有十位往生者家屬參與植存活動。

　　由於這次突發狀況，十一月二十四日於法鼓山上舉行的環保生命園區啟用儀式，我已無法出席，由方丈和尚

果東法師代我主持。我為環保生命園區已奮鬥六、七年
之久,其間與北縣府及內政部溝通往返無數,如今正式
啟用,使我非常歡喜。生命環保園區啟用之日,即有
十一位菩薩的骨灰植入,包括我師父東初老人的部分骨
灰。山上的環保生命園區是開創臺灣殯葬史新的一頁,
但盼骨灰植存的觀念,能獲更多地方響應支持。(〈十一、
病情危急〉,《美好的晚年》,法鼓文化,2010 年 2 月初版
一刷,頁 206-207;另參見:〈推動禮儀環保新里程〉,《法
鼓》,216 期,2007 年 12 月 1 日,版 1)

十一月二十六日,自臺大醫院出院,此次住院二十日。

十一月二十七日,美國佛教會創辦人沈家楨居士往生,享
壽九十五歲。方丈和尚果東法師代表前往美國致敬。
沈老居士告別式由美國佛教會會長仁俊長老主持,波
士頓越南佛教會及菩提學會千佛寺等一千多位臺、美
各地佛教界長老與各宗教人士,齊往致敬。聖嚴法師
赴日本留學,曾獲沈居士大力資助;法師獲得博士學
位後,亦經沈居士邀約赴美,展開弘法事業。為法師
生命中一重要貴人。(〈沈家楨居士往生 方丈和尚赴美
悼念〉,《法鼓》,217 期,2008 年 1 月 1 日,版 1)

十一月二十八日,法鼓佛教研修學院圖書資訊館展出「東
初老人圓寂三十週年暨臺灣佛教環島推廣影印《大藏

經》五十載紀念文獻展」。

十二月一日，上午，出席「遊心禪悅」巡迴書法展臺北場
開幕式。臺北場自十一月二十九日至十二月十一日於
新光三越百貨公司信義店舉行。新光集團創辦人吳火
獅董事長夫人吳桂蘭與兒子吳東亮、雲門舞集創辦人
林懷民、故宮博物院院長林曼麗、聖靈寺今能長老、
中央警察大學校長謝銀黨等上百位嘉賓出席。法師自
臺大醫院出院不久，身體仍很虛弱，乘坐輪椅出席。
　　「由於是隨心寫、隨意寫，不為藝術而是以修行的心
態寫，所以把主題命名為『遊心禪悅』。」師父說明，
義賣作品是為了籌建法鼓大學，雖然臺灣的大學院校已
經很多，但法鼓大學的目標是培養學識、品格兼備的高
素養人才，而人品教育正是目前教育中最欠缺的部分。
　　開幕式最後，師父為現場嘉賓開示三幀法語書法，包
括「和喜自在」、「百年如意」及「應無所住而生其心」。
師父表示，有和諧才有喜樂，自在常住心中，自然能無
所罣礙行於世間；百年，指無限的時間，生命雖有限，
只要珍惜當下，便日日是好日、年年是好年；「應無所
住而生其心」出自《金剛經》，師父以此勉勵來賓「心
中無事，但要積極做事」。（〈遊心禪悅書法展臺北場圓
滿〉，《法鼓》，217期，2008年1月1日，版1）

《方外看紅塵》由法鼓文化出版。係過去兩年多在《聯

合報》「方外看紅塵」專欄集結所成。專欄由資深記者梁玉芳尋找題材、設想題目，法師口述答題後整理成稿。法師有〈序〉述其事：

　　本書的緣起，是由於《聯合報》的第三代負責人王文杉社長的母親謝家蘭女士，她是我們法鼓山「法緣會」的會員，二〇〇四年初春，她因有感於臺灣社會紛亂浮盪的情勢，特別來看我一趟，問我能不能在報上闢個專欄，為人間社會種種的疑惑、亂象，提出佛法的觀點來解疑、作疏導。我答應了，不久便由王文杉社長親自陪著他的母親，並且帶了一位記者梁玉芳小姐，一同上法鼓山跟我談專欄的事；就這樣，開始了在《聯合報》每週日繽紛版的一個專欄，叫作「方外看紅塵」。

　　這兩年多來，梁玉芳小姐的採訪提問，都是緊扣著臺灣社會現下的時貌，把民情輿論普遍討論、共同關心的議題或時事，設成一個個採訪的主題，而希望我這個老和尚也來談一談，看看能夠提出什麼觀點，而讓關心社會的讀者大眾，或者自己本身就有類似問題的人士一同來參考。（〈自序〉，《方外看紅塵》，法鼓文化，2007 年 12 月初版一刷，頁 3-5）

十二月四日，於中正精舍錄製「二〇〇八年好願在人間」新春祝福開示。法師首度深談自己已割除一個腎臟，以及從不考慮換腎手術，因年事已高，接受捐腎等於浪費，很不慈悲。

下午，雲門舞集創辦人林懷民至中正精舍拜會，帶來雲門海外公演隨筆新作《跟雲門去流浪》面陳，法師以數本寰遊自傳著作酬贈。（〈十一、病情危急〉，《美好的晚年》，法鼓文化，2010 年 2 月初版一刷，頁 208-209）

十二月五日，於中正精舍與聖基會全體董事合影，並致贈每位一本新出版之《方外看紅塵》。

十二月六日，上午十時，於中正精舍錄製「好願在人間」公益廣告錄音。

下午四時，於中正精舍錄製《大法鼓》節目，該節目製作人趙大深、戴玉琴率同工作團隊前來拍攝。

十二月八日，即日起至十五日，為紀念東初老人暨靈源老和尚百年冥誕，於法鼓山園區首度啟建「大悲心水陸法會」。法會儀軌經專案小組研究修訂，並與故宮博物院、臺北藝術大學及多媒體藝術合作，首創數位投影科技，取代傳統「發符」、「告赦」儀式中焚燒紙人、紙馬、紙錢等項目，並透過電腦數位動畫，取代送聖儀式燒化大量牌位，以合乎現代環保要求。

　　水陸法會的儀軌，最早是從梁武帝時期開始，後來歷代都曾為此做了補充及修訂，最後一次修訂，則由明末蓮池大師所做。民國以後，雖有印光大師做了一則序文，

但在內容上，未有任何增添或者刪修。到了現代社會，水陸儀軌的內容實有進行修訂的必要，也才能符合時代的需求。

可是，這個修訂的工程非常浩大，若非有大善知識無法完成，我自己也沒有精力親自來做。

因此，便交代弘化院的果慨比丘尼向廣慈老法師請教，同時我們也辦了一場水陸的學術研討會，聽取學者專家的看法，此外，僧團也成立了一個專案小組；如此多管齊下，終於完成了水陸儀軌的修訂。

原來我是不主張做佛事的，但是現在，焰口、水陸，許多的佛事我們都做了。為什麼？因為信眾支持我們的弘法與教育事業，也支持我們的工程建設，但是僧團的維持與生活所需，以及建築物所需的維修經費，我們並沒有向信眾募款，必須另想辦法。而辦法就是做佛事、辦法會。但是，我們辦的佛事和法會與傳統不同，都是經過了改良。例如梁皇寶懺和放焰口，我們會要求信眾一起參加，跟著法師一起拜懺、一起放焰口，如此，佛事莊嚴的場面跟過去是不同的。（〈十一、病情危急〉，《美好的晚年》，法鼓文化，2010 年 2 月初版一刷，頁 209-212）

水陸法會總壇主法法師，邀請以梵唄見長、目前八十多歲廣慈長老擔任。廣慈長老少年時求學江蘇焦山定慧寺佛學院，曾於常州天寧寺擔任維那，對梵唄教授十分熱心。法鼓山首度舉辦水陸法會，長老為重要推

手。

八天法會，總計近八萬人次參與，泰國前外交部部長桑納旺斯（Krasae Chanawongse）、美國 CNBC 電視台特地前來觀禮、拍攝；國立故宮博物院院長林曼麗、臺北縣鄰近鄉鎮代表及各界賢達身著海青參與法會。法會期間，法師由侍者攙扶，至各壇場關懷。

　　二〇〇七年十二月，法鼓山舉行「第一屆大悲心水陸法會」，那段期間師父大病初癒，必須坐輪椅，但仍然堅持親自巡視全山十個壇場。當時我非常擔心，我跟師父談了「條件」，如果師父要去巡視，一小時後一定要回寮休息，師父答應了。

　　那天上午八時，師父開始巡視壇場，但是到了九時、甚至九時半，都沒有回寮。我開始著急，便打電話給侍者法師，請法師趕緊送師父回來。但是到了十時，仍然不見師父的蹤影，十時半時我決定不再等了，直接到壇場請師父回來，最後我是在小巨蛋見到師父的。師父當時很開心地說：「我把每一壇都看過了，我很聽話，都坐著輪椅，很少走路。」那天上午，師父整整巡視三小時，回到開山寮以後，非常疲累也非常虛弱，馬上就躺下休息了。（〈常存心中的經典〉，常願法師，《今生與師父有約（一）》，聖嚴教育基金會，2011 年 2 月初版，頁144-145）

十二月十二日，慈基會派遣代表團一行四人前往援助孟加拉災區。孟加拉於十一月，因熱帶風暴侵襲南部沿海地區，造成三千多人死亡，災情嚴重。

十二月十五日，上午，美國 CNBC 頻道節目製作人凱文．福克斯（Kevin J. Fox），至法鼓山園區採訪法師，拍攝法鼓山紀錄片，法師為紀錄片取名「法鼓鐘聲」。

　　訪談中，師父談及法鼓山致力的三個方向，即「中華禪法鼓宗」的闡揚、漢傳佛教走向國際化，以及「心靈環保」的推動。師父表示，以「慈悲」和「智慧」為成佛要素的佛法，可以因應每個時代的需要，替人們尋求解決問題之道，這即是「中華禪法鼓宗」的主要精神。

　　師父認為要闡揚佛法，就必須走向國際。

　　由於人與人之間的許多問題都源自於心，師父進一步說明法鼓山推動的「心靈環保」和「心六倫」，就是運用佛法來解決這些問題。其中「心六倫」是站在包容尊重而非競爭的立場，是全世界都必須建立的倫理共識。（〈美國 CNBC 二度來臺拍攝法鼓山〉，《法鼓》，217 期，2008 年 1 月 1 日，版 1）

　　下午，於法鼓人文社會學院建地臨時大帳篷出席水陸法會圓滿送聖儀式。法會由主法法師廣慈長老引領近萬名信眾由法會總壇步向聖壇，藉由現代數位科技，將四聖六凡及法界一切眾生，送往西方淨土。

法師感謝廣慈長老為法鼓山指導法會、故宮博物院提供珍貴經變圖，以及臺北藝術大學師生日以繼夜布置壇場，並讚歎僧團全體法師及義工奉獻和努力，並以「回歸佛法本質的水陸法會」為主旨，說明法鼓山舉辦水陸法會因由與目的在供養、救度法界所有眾生，並賦予時代新意。

水陸法會，又名「無遮大法會」，是漢傳佛教的一種修持法，也是漢傳佛教諸多修持法門中最大的一項。

為什麼說水陸法會最殊勝？因為其他的法會，只誦某一部經，或只拜某一部懺，水陸法會則廣設十壇，每一壇就是一堂佛事，人數可多可少。拜水陸的功德由所有參與人共同得到。我們在水陸法會所迎請、供養、禮拜的對象，全都會蒞臨法會現場，各自以他們相應的因緣與根器，到各個壇場聽經聞法。因此一場水陸法會所供養、救度的眾生，範圍相當廣，因此說有殊勝的大功德。

在二十一世紀的今天，法鼓山首次舉辦水陸法會，我們的作法具有革新意義，也是對僧俗四眾的一種重新教育。我們的革新之舉，就是把原來懺儀中，凡是源於中國民間信仰的部分，或是採擷道家、道教的俗儀之處，重新思考。至於原來的懺儀也是有根據的，譬如受戒，是一種儀軌，根據戒律的宗旨和基本原則，編成了中國的一項佛事。經懺佛事不是不好，只可惜後來的演變，使水陸淪為一種營利活動，而非專心辦道的修持方法。其實各種懺法在古代都是修持法門，然而在滲入漢地的

民間信仰以及道家、道教的內容後，水陸法會儼然成為中國歷代所有民俗儀軌的大熔爐。

如果我們還保留傳統水陸中一些不合時宜的作法，譬如燒紙馬、燒紙人、燒紙衣、燒種種的牌位，在現代來講是非常不符合環保的；況且追溯這些內容，皆非源自印度的原始佛法，而是歷代佛教中人，為了接引民間信仰的人士接受正信佛法，向民間信仰模仿學習，才有的添加內容。

我們對水陸法會的革新，一般信眾反映都很能夠接受，也頗獲好評。因此，我希望今後的水陸法會，不僅僅是法鼓山這麼做，其他道場也能夠一起嘗試改變。（〈回歸佛法本質的水陸法會〉，《我願無窮》，法鼓文化，2011年4月初版一刷，頁163-166；另參見：〈大悲心水陸法會開創時代新局〉，《法鼓》，217期，2008年1月1日，版1）

十二月十六日，下午，出席知名影星李連杰於安和分院舉行之「一個悲願・連結無數感動」記者會。

李連杰表示，他從未忘記師父的教誨，這次自己是帶著感恩師父的心情前來。他形容自己現在的生活，是白天拍戲，晚上拍完戲就做善事。他所成立的壹基金，就是以「每個人都是一家人」為理念，希望建構一個把善心傳出去的平台。他期望未來將法鼓山的「心靈環保」納入教材裡面，推廣到全世界讓更多人知道。（〈李連杰支持5475大願興學〉，《法鼓》，217期，2008年1月1日，

版1）

十二月十八日，於中正精舍錄製「信、願、行──青年學佛的三條件」，為即將於二十九日起三日在高雄舉行之「全球法青悅眾成長營」勉勵開示。

十二月二十日，下午，於中正精舍，接受《時報周刊》專訪，談「什麼是生命的意義與價值？」（〈十一、病情危急〉，《美好的晚年》，法鼓文化，2010 年 2 月初版一刷，頁 214）

於中正精舍為即將舉行之法行會八週年慶預錄開示。

十二月二十一日，下午六時，至臺北市信義廣場出席「啟動心六倫‧提昇好人品」活動開幕儀式。該活動即日起至二十六日舉辦，由人基會與法行會合辦，法行會會長蕭萬長、護法總會總會長陳嘉男、人基會祕書長李伸一，以及臺北市副市長林崇一、臺北市民政局局長黃呂錦茹等嘉賓，出席響應。開幕儀式邀請中華民國婦女聯合會常務委員田玲玲、信義房屋董事長周俊吉、臺灣大學校長李嗣涔、遠雄集團董事長趙藤雄、富邦文教基金會執行長陳藹玲、和泰興業董事長蘇一仲等六位代表，上台為「心六倫」宣讀「從我做起」發願文，另有五十六家企業代表上台啟動點燈，共同

支持「心六倫」推動。（〈啟動心六倫　提昇好人品〉，《法鼓》，218 期，2008 年 2 月 1 日，版 1）

農禪寺與文化館榮獲「九十五年度臺北市改善風俗、宗教團體興辦公益慈善及社會教化事業績優單位」，由農禪寺監院果燦法師及果悅法師代表受獎。（〈北市府表揚農禪寺與文化館〉，《法鼓》，218 期，2008 年 2 月 1 日，版 1）

十二月二十二日，於法鼓山園區祈願觀音殿拍攝「好願在人間」公益廣告，由「大好傳播工作室」拍攝。

十二月二十三日，臺灣高鐵董事長殷琪偕同友人成功大學環境醫學研究所教授兼所長蘇慧貞等一行，來山拜會。原訂下午來訪之臺北市市長郝龍斌，為節省法師體力，主動提議併會，於午時抵山，共同餐敘。（〈十一、病情危急〉，《美好的晚年》，法鼓文化，2010 年 2 月初版一刷，頁 214-215）

十二月二十五日，於法鼓山園區階梯教室，為僧大「高僧行誼」課程講授：「晝夜六時恆精進」。

瀚昌企業董事長暨臺南雲集寺捐建者黃福昌，由女兒黃美雲、女婿羅華山陪同，來山拜會，關切法師健康

狀況，臺南分院監院果舟法師等人陪同。

十二月二十六日，中華佛研所舉行「所長交接典禮」，由
　　法鼓山方丈和尚果東法師擔任監交人，原法鼓山僧伽
　　大學副院長果鏡法師從中華佛研所代理所長果肇法師
　　手中接下所長一職，成為中華佛研所自一九八五年成
　　立以來第五位所長。法師期許轉型後之佛研所成為國
　　際佛學研究重鎮，為漢傳佛教開創新局。
　　案：佛研所原教育功能由研修學院接續，由教育機構轉
　　為研究機構。

十二月二十七日，下午，華信航空新任董事長陳盛山，至
　　安和分院拜訪並請求皈依，法師祝福其身心平安，事
　　業平安，飛航平安。（〈十一、病情危急〉，《美好的晚年》，
　　法鼓文化，2010 年 2 月初版一刷，頁 215）

十二月二十九日，臺灣電視公司副總經理丘岳與夫人張萍
　　萍及 TVBS 無線衛星電視台總經理楊鳴，由《點燈》
　　節目製作人張光斗陪同，來訪法鼓山園區拜會請法。

十二月，《人生》月刊及《佛教文化》季刊復刻版合訂本由
　　法鼓文化發行。《人生》於一九四九年五月由東初老人
　　創辦，一九六一年因主編聖嚴法師南下閉關，人力無以
　　為繼，暫時停刊。一九八二年，由聖嚴法師復刊。此次

復刻為一九四九年至一九六二年《人生》月刊合訂本，
共十四卷十二冊。《佛教文化》季刊亦為東初老人創
辦，從一九六五年至一九七一年停刊，共出版十四期。
（〈重刊序〉，《人生月刊第一、二卷合訂本》，法鼓文化，
2007 年 12 月初版一刷，頁 3-4；〈重刊序〉，《佛教文化季
刊合訂本》，法鼓文化，2007 年 12 月初版一刷，頁 3-4）

民國九十七年／西元二〇〇八年

聖嚴法師七十九歲

國內外重要大事

- 中華民國第十二任正、副總統選舉，分別由馬英九及蕭萬長當選。
- 美國第四十四任總統選舉，由巴拉克・歐巴馬（Barack Obama）當選，乃美國史上首位非裔血統總統。
- 臺北地院裁定陳水扁收押禁見，成為中華民國歷史上卸任國家元首遭收押之首例。
- 中國大陸四川汶川大地震。
- 緬甸嚴重風災。
- 美國次級貸款引發全球金融危機。
- 南投縣埔里靈巖山寺開山方丈妙蓮法師圓寂，享年八十八歲。

法師大事

- 獲中國文藝協會榮譽文藝獎章「文化貢獻獎」。
- 獲美國設計與流程科學學會「李國鼎傑出經濟社會制度設計獎」。
- 與史上第六位登陸月球的美國太空人艾德格・米契爾博士對談。
- 出席臺灣政治大學「公共政策論壇——人文關懷系列：人

類生命的再生與複製」，與前樞機主教單國璽對談「科技
突破與宗教關懷」。

- 於「國際關懷生命暨自殺防治論壇」與國際防治自殺協會
  主席米謝勒對談「自殺防治的策略與佛法如何協助防治自
  殺工作」。
- 與國際保育專家珍古德對談「大悲心起：與地球生命體的
  深層對話」。
- 出版：《寶鏡無境——石頭希遷〈參同契〉、洞山良价〈寶
  鏡三昧歌〉新詮》、《智慧之劍——永嘉證道歌講錄》、《工
  作好修行》、《覺情書——聖嚴法師談世間情》、*Footprints
  in the Snow: The Autobiography of a Chinese Buddhist Monk*
  （《雪中足跡》）、*The Method of No-Method: The Chan
  Practice of Silent Illumination*（《無法之法》）。

訂定本年年度主題為「好願在人間」，勉勵大眾要「許好
  願，做好事，轉好運」，使得人間處處有平安和淨土。

一月一日，《真正的快樂》由法鼓文化出版，本書為電
  視節目《大法鼓》內容集結而成。（〈十二、傳承與創
  新〉，《美好的晚年》，法鼓文化，2010 年 2 月初版一刷，
  頁 218）

一月三日，於中正精舍錄製開山紀念館地宮特展影片訪談。

下午，由侍者陪同前往北投丹鳳山步行，而後至文化館關懷。

一月五日，下午，明光法師至法鼓山園區拜會，感謝協助出版悟明長老回憶錄以及出席美國佛教會創辦人沈家楨老居士告別式。海明寺悟明長老剛出版《仁恩夢存》及《美遊心影》，由法鼓文化協助編校；明光法師，目前擔任美國佛教會會長，以及臺北樹林海明寺、臺中中天寺住持；與悟明長老、沈老居士因緣甚深。（〈十二、傳承與創新〉，《美好的晚年》，法鼓文化，2010 年 2 月初版一刷，頁 218）

一月六日，上午，出席於法鼓山園區大殿舉行之「第十三屆佛化聯合婚禮」。共有六十四對新人參加，法師以「心六倫」運動「家庭倫理」為旨，勉勵新人。

　　佛化婚禮初辦至今已有十餘年，參與的新人也有五百多對，他們之中有的小菩薩已經到了就讀中學的年齡。我以「心六倫」的「家庭倫理」期勉新人，夫婦之間是倫理關係，不是論理關係。（〈十二、傳承與創新〉，《美好的晚年》，法鼓文化，2010 年 2 月初版一刷，頁 218-219）

　　下午，至法鼓山園區國際會議廳出席護法會正副會團長、救災總指揮、召集委員成長營，為新任者授證。成長營舉辦兩天，共有二百九十六位悅眾參加。法師

以「行善沒有條件」為題開示，點出護法體系長期問題所在，期勉大眾找回參與法鼓山的初發心。

由於是日到場只有兩百多人，出席率不及一半，顯示團體向心力和凝聚力不足，而讓師父有感而發，直接點出護法體系長期問題所在：勸募關懷做得不足，並且大家都做得累了，負面情緒難免。一席開示讓大眾聽得戚戚然，現場拭淚者不在少數。

師父期勉大家找回初發心，問問自己當時參與法鼓山的願心。師父表示，並沒有一個真正的實體稱法鼓山，房子只是一種設施，用以助成法鼓山理念推廣。

師父勉勵，反對、阻撓的聲音並不可怕，能夠面對、包容不同的聲音，反而是增進成長的助力，這在團體尤為重要。「要能夠存異求同、同舟共濟、同心同願，才能讓團體成長。」（《隨師日誌》未刊稿；另參見：〈成就大願興學　護法悅眾願再接再厲〉，《法鼓》，218 期，2008年 2 月 1 日，版 3）

一月八日，由侍者陪同，前往桃園齋明寺關懷大眾。

一月十日，下午，於安和分院會見德國圓覺寺方丈如典法師及其弟子與護法居士一行；方丈和尚果東法師在場陪同。如典法師為昔日立正大學學友，本籍越南，在德國弘揚淨土法門。有意興辦教育中心，特就佛學教育請益交流。（〈十二、傳承與創新〉，《美好的晚年》，

法鼓文化，2010 年 2 月初版一刷，頁 219-220）

一月十二日，中華民國第七屆立法委員選舉日，法師前往
　　北投國中投票。

一月十三日，高雄美濃朝元寺融智法師、融誠法師偕同信
　　眾參訪法鼓山園區，並就朝元寺擬重建當年法師關房
　　及建設紀念館事宜請示。法師表示，該寺或可闢設紀
　　念室，展出法師著作及閉關時期文物，但不贊成重建
　　關房及建館。法師鄭重表示，身後不設靈堂、不建塔、
　　不立碑，直接火化、植葬即可。

　　　　高雄美濃朝元寺的兩位比丘尼融智、融誠，與信眾一
　　行人，上午到法鼓山來看我，跟我談起在朝元寺為我重
　　建當年關房及設紀念館的想法，我並不贊成。當年我在
　　朝元寺掩關的關房，早已經拆除，若要重建，既是大費
　　周章，也沒有必要。如果是做為紀念性質，只要一個小
　　小紀念室就足夠，在紀念室展出我於關房期間寫的書，
　　及少數我當時用過的文物、衣物即可。除此，要大興土
　　木、大費周章的事，我都不贊成。

　　　　其實，紀念我的地方，就是現在我住的開山寮。將來
　　這個地方就是我的紀念館。（〈十二、傳承與創新〉，《美
　　好的晚年》，法鼓文化，2010 年 2 月初版一刷，頁 220）

一月十五日，下午，至圓山大飯店出席「好願在人間」公

益廣告記者會,三大平面媒體:《中國時報》、《聯
合報》、《自由時報》,十二家電視媒體:台視、中視、
華視、民視、公視、東森、TVBS、三立、中天、年代、
非凡、八大等主要負責人均到場,並發願從自身做起,
讓好願在人間。法師於記者會中,闡釋「許好願、做
好事、轉好運」意義與實踐方法。

發願以後,重在實踐,從小處著手,存好心、做好事,
才能轉好運。轉誰的好運?我們希望是轉家庭的好運,
轉社會大眾的好運,轉這個世界的好運。

但是,一個家庭許好願、做好事、轉好運,固然很好,
卻還可以更好,那就是要分享。此時媒體的角色便非常
重要,媒體報導,可使好願、好運的力量倍增擴大。(〈好
願在人間──聖嚴法師對二〇〇八年的祝福〉,《我願無窮》,
法鼓文化,2011 年 4 月初版一刷,頁 296-298)

我也呼籲媒體朋友,能扮演起社會中流砥柱的角色,
把大好事傳播開來,讓好願在這個社會不斷不斷地發酵,
共同為我們的社會轉好運。這個活動,在各種媒體的支
持之下,包括時段與版面的免費提供,於這一個月中,
連續密集地播出。(〈十二、傳承與創新〉,《美好的晚年》,
法鼓文化,2010 年 2 月初版一刷,頁 221)

一月十七日,中午,前行政院院長郝柏村至安和分院拜會。
郝前院長八十九高壽,由於長期保持運動習慣,身體
非常健朗,音聲宏亮,一如往昔。其對佛教印象良好,

但還未想要成為佛教徒。

郝柏村將軍念著要來看我已經很久了。最初他是透過我們早期基金會的祕書長戚肩時菩薩得知法鼓山。結果雙方都忙，並沒有碰上面。一直到去年底，郝將軍的少爺，即臺北市市長郝龍斌先生上法鼓山看我，我和他提起這件事，這條線才又接繫起來。

這次見面，我們並沒有特別談些什麼，而聊起我們同是江蘇同鄉的巧合，他是鹽城人，我是南通人。他對佛教也有興趣，認為佛教很好，但還沒有想到要成為佛教徒。（〈十二、傳承與創新〉，《美好的晚年》，法鼓文化，2010 年 2 月初版一刷，頁 221-222）

一月十九日，中午，於法鼓山園區邀請早期文化館護持大德餐敘，共同紀念東初老人圓寂三十年暨百歲冥誕。

我們請到的貴賓，包括比丘尼協進會理事長明宗長老尼、士林報恩寺普瑛長老尼、鳳山佛教蓮社住持慧嚴法師、文化館現任住持鑑心長老尼，以及楊亭雲將軍、王士祥居士、張尚德教授、方甯書教授、李志夫教授、鄧清泰菩薩、倪美美菩薩、黃玲雅菩薩等一行二十餘人。我和文化館早期的信眾互動不多。直至法鼓山落成以後，我才請他們上法鼓山看看，一方面紀念老和尚的百歲誕辰，一方面讓他們感受到，老和尚的第二代並沒有忘記他們。（〈十二、傳承與創新〉，《美好的晚年》，法鼓文化，2010 年 2 月初版一刷，頁 222-224；另參見：〈東初老人弟子

與信眾　相聚法鼓山〉，《法鼓》，218 期，2008 年 2 月 1 日，
版 1）

香港演藝人員丁珮由悅眾陳修平陪同，從香港來臺拜
會。丁珮長期保持誦經恆課，並盼望日後能有機緣以
持經背誦，為法鼓山募款。法師感其發心，致贈《甘
露與淨瓶的對話》和《慢行聽禪》兩本簽名書。
案：法師最早至香港弘法，即是由丁珮護持促成。見
一九九〇年十月十六日譜文。

一月二十日，至法鼓山園區合署辦公室出席新春活動規畫
　　會議。

一月二十一日，即日起至二十四日，回臺大醫院進行定期
　　回診，切除臉部一小腫瘤。
　　　這次入院前，在我臉上出現一個小血瘤，已生成一段
時間，並沒有擴大，只是每次洗臉，一不小心就會搓破
流血。在皮膚科紀秀華醫師為我做了切片檢查以後，發
現是惡性腫瘤，必須動手術。
　　　所幸開刀以後，並沒有發現癌細胞蔓延的情形。
　　　這次回診，也做了膀胱鏡檢查，由常欽比丘為我捐紅
血球、常持比丘捐血小板。（〈十二、傳承與創新〉，《美
好的晚年》，法鼓文化，2010 年 2 月初版一刷，頁 224）

一月二十六日，於法鼓山園區男寮對僧團男眾部開示。

一月二十七日，至農禪寺主持祈福皈依大典，約有一千四百多人成為三寶弟子。儀式由方丈和尚果東法師代授三皈依，法師講解皈依意義，及循序漸進學佛方法。

　　師父向新皈依弟子開示，受了三皈五戒就要遵守不悖，特別是「不殺生戒」，「不管是殺生或自殺都是不慈悲的行為」。典禮最後，方丈和尚繞行關懷全場，勉勵皈依佛子常回法鼓山共修，學習佛法智慧，懺除無明煩惱。（〈1383 位信眾皈依三寶〉，《法鼓》，219 期，2008 年 3 月 1 日，版 1）

一月二十九日，至雲來寺對專職人員、僧團及全臺悅眾舉行「精神講話」。法師以「法鼓山的文化財」為題，闡述東初老人以「文化」立命，發起影印百冊《大正大藏經》正、續二部，興辦《人生》及《佛教文化》刊物，推動慈善救濟，卓然創造文化館永恆「文化價值」。而後歷農禪寺時期至今法鼓山落成，有形者如環保建築、法華鐘、地宮、三佛三觀音等，無形者如三大教育、四種環保、禪修推廣、道場制度、漢傳佛教弘傳理念，相輔構築法鼓山堅實文化財。

　　法鼓山的文化財是非常珍貴的。少數弟子，並不懂得珍惜東初老人和我在臺灣所留下的貢獻。

　　前人能夠留下的文化財，不是房子，而是他們的思想

與事蹟，以及他們在當時及對歷史的貢獻。但是在我們這個團體，能有這種認知、共識的人並不多。每個人的自我中心都很強，只要給他們一分權，他們就會發揮自我，以自我中心來表達，以自我中心來做事，而對於前人的貢獻，或者前人建立的觀念和體制，並不重視。這是很危險的。因此，往往有一百個徒眾，就會有一百個門派，能夠延續正統者是很少的。歷史上許多的宗派，都是從自己的性格、自我的思想發揮而成立門派，但至少他們會承接上一代的貢獻，繼續往下走。如果忘失，或者不承認上一代的傳承，這種人便是數典忘祖。

傳承之後要創新。只知道彰顯自我，並不是創新。彰顯自我，在英文來講是「Show-off」，中文叫作「愛現」。雖然我和我師父相處的時間很少，他給我的教誨也不多，但是我這一生談起任何事，源頭都是追溯我的師父。東初老人是我的源頭，這是傳承。但我是否就是做著我師父的工作呢？不是，我是接續我師父的傳承，而做創新。（〈十二、傳承與創新〉，《美好的晚年》，法鼓文化，2010 年 2 月初版一刷，頁 225-227；另參見：〈法鼓山的文化財〉，《法鼓》，222-225 期，2008 年 6-9 月，版 7；〈開創法鼓山的文化財貢獻社會〉，《法鼓》，219 期，2008 年 3 月 1 日，版 1）

午前，於雲來寺六樓會客，前行政院院長蘇貞昌偕母親及夫人前來拜會，建築師陳柏森、人基會祕書長李

伸一陪同。蘇前院長原受邀參與法鼓山除夕撞鐘祈福
活動，因除夕舉家南返，特地提早拜年。（〈十二、傳
承與創新〉，《美好的晚年》，法鼓文化，2010 年 2 月初版
一刷，頁 227）

中午，於雲來寺指示人基會祕書長李伸一推動「好願
在人間」具體實踐方法，一為響應「5475 大願興學」
專案，一為實踐「心六倫」；前者為整體社會，乃至
後代子孫厚植建設人間淨土人才，後者則從個人做起，
盡責、奉獻，利益人群。

下午，於中正精舍錄影《大法鼓》節目。
　　這個節目長期在華視頻道播出，每週播出一次，趙大
深義務製作這個節目，華視則免費提供播出時段。
　　除了在華視播出，也授權給其他電視台播出。這個節
目很叫座，十幾年來，華視始終沒有把這個節目停掉，
我們也珍惜這樣的因緣。
　　我也感恩陳月卿女士的義務奉獻。她過去是一位新聞
主播，台風很好，這個節目能夠成功，她有一半的貢獻。
　　法鼓文化也要感謝這個節目，我們因《大法鼓》而集
結出版的書目不少。另外，在美國也可以看到《大法
鼓》，節目播出時配上英文字幕，接引了許多人成為佛
教徒。這個節目很有人緣，也做了不少功德。（〈十二、
傳承與創新〉，《美好的晚年》，法鼓文化，2010 年 2 月初

版一刷，頁 227-228）

一月三十日，於中正精舍為《聯合報》企畫「名人過新春」特別報導錄音供稿。法師倡導以賀年、撞鐘祈福、發願來過年。（〈撞鐘祈福「心六倫」〉，《聯合報》，法鼓文化，2008 年 2 月 7 日，版 A6）

午後，於中正精舍會客。台新金控董事長吳東亮與夫人彭雪芬，由友人蘇怡、胡蘭、方台華、葛潔輝及護法總會副總會長劉偉剛等人陪同前來拜會，吳東亮夫婦及蘇怡女士當場皈依三寶。（〈十二、傳承與創新〉，《美好的晚年》，法鼓文化，2010 年 2 月初版一刷，頁 228）

一月三十一日，上午九時半，出席於法鼓山園區合署辦公室舉行之僧團代表會議。

十一時，出席法鼓山園區歲末圍爐活動，並為七樓僧眾及五樓專職、義工開示：「過年圍爐的精神意義」。
　師父指出，圍爐意在團圓，團圓的要義在於凝聚。僧俗四眾首先要檢討這一年來，自己的道心是否增長？團體是否進步？而個人對社會是否產生貢獻？
　「盡責、盡職、盡分，是每個人與各單位的要務，大家要為整體社會的進步成長而貢獻，特別是出家人一定

要抱有使命感。如果一個團體不能對世界貢獻利益,只有退步、萎縮,終至消失。法鼓山這個團體是配合聯合國的計畫向前邁進的,聯合國期待世界各宗教扮演挽救全球命運的角色,我們責無旁貸。」

師父也期勉,僧眾除了打坐、拜佛、念經之外,一定要走入社會,積極奉獻大眾,這才是真正宗教師的使命,包括學僧與研修學院學生都應朝此方向努力,否則將來生存會有問題。(《隨師日誌》未刊稿)

下午三時,於法鼓山園區開山紀念館帶領僧團辭歲禮祖,園區專職、義工共同參與。法師開示:「法鼓山的藍海事業」。(〈十二、傳承與創新〉,《美好的晚年》,法鼓文化,2010 年 2 月初版一刷,頁 229)

一月,《寶鏡無境──石頭希遷〈參同契〉、洞山良价〈寶鏡三昧歌〉新詮》由法鼓文化出版發行。此書為法師一九九〇年出版 *The Infinite Mirror* 之中譯本,由果醒法師翻譯。〈參同契〉與〈寶鏡三昧歌〉為禪佛教曹洞宗最重要之著作,然原文難懂,古今中外講解者少,法師因有此作。

一月,法鼓山數位學習網開站。

二月一日,〈新春祝福〉刊於《法鼓》雜誌,報告過去一

年重要人事、工程、活動，以及近日病情。法師除擔
任人基會董事長，其餘各基金會及體系均由方丈和尚
果東法師任負責人。身體因左腎割除，每週需固定洗
腎三天；為慈悲考量拒絕換腎建議。

體系各項事務，順暢運作

大家知道我已退休到幕後，不再是法鼓山體系的負責
人，只是一個創辦人。目前法鼓山主要有六、七個基金
會在運作，在這些基金會之中，我只保留了人基會的董
事長。現在法鼓山各方面的運作，不論是軟體、硬體，
主要負責人是由我們的新任方丈主其責。

在教育人事部分，去年有兩項新安排，其一是法鼓佛
教研修學院校長，邀請到惠敏法師擔任，他也是我們僧
團的首座和尚；另一項是法鼓大學校長，聘請到劉安之
先生擔任。在僧團執事部分，由果暉法師及果品法師擔
任副住持。

在工程方面，去年一年，我們完成了法華公園與全山
的照明和音響設備；正在興設中的工程，則有華八仙朝
山步道。

突破時代創舉：水陸法會、生命園區

僧團在去年也有不少成長，甚至可說是法鼓山建僧以
來，極具突破性的一年，例如農禪寺的改建工程，已在
進行之中。去年農禪寺改建之前，辦了幾場大法會，特

別是梁皇懺法會，最後一天達到一萬多人；農禪寺雖小，法會卻非常殊勝。在僧教育方面，僧團早期的僧眾只有二、三十位，經過近年來的培育，尤其這六年多來僧伽大學的養成教育，現在僧眾有兩百多人，而由我們佛學院培養出來的學僧，就有九十幾位。

此外，為了維持法鼓山全山的營運，去年（二〇〇七年）十二月我們首次舉辦了一場「大悲心水陸法會」，這是我們的一項創舉。其實，梁皇懺法會原先我們也不會，為了紀念我的師父東初老人，而在一九九七年，正是在我師父往生二十週年時，首度舉辦；今年是老人往生三十週年，我們辦了這場水陸法會，除了感報老人的法乳之恩，對於道場的維持、大學院教育事業，以及對社會民眾的普化教育，也都有很大的幫助。

另外，去年我們法鼓山的另一項創舉，就是十一月份，我們跟臺北縣政府共同合作的金山環保生命園區，在法鼓山上正式啟用。植存，就是把往生者的骨灰，置入生命園區已完成鑿設的洞穴裡，與大地日月星辰常相為伴。此外，我們也舉辦了第一屆「關懷生命獎」以及全面防治自殺的活動，並且推出「心六倫」運動。這是我們去年度推展的工作。

發好願，把法鼓大學辦起來！

我這一輩子都在病中，隨時可能死亡。可是我還是一年一年撐過來了，到今年，我已經七十九歲，體能的衰

退無可否認。但是,在我的心願未了以前,我相信我還
會繼續活下去,這最後的一個大心願,就是把法鼓大學
辦起來。

現在我也不知道自己還能有多少時間,但我還是要把
最後一個心願完成。(〈好願在人間〉,《法鼓》,218 期,
2008 年 2 月 1 日,版 2)

二月二日,上午,於法鼓山園區蓮華藏(校史館)接受民
視《台灣演義》節目專訪,主持人胡婉玲訪談生平經
歷,自家庭生活、幼年勞動影響、父母雙親、赴日留
學、赴美弘法,以及社會大眾對佛教印象,如入世與
出世之議、活佛轉世,乃至自身國學造詣、語文、書
法、健康近況及建設法鼓大學。法師自述:「我只有
一個理念:辦教育培養人才。」訪談歷時一個半小時,
幾同拍攝生平傳記。(〈十二、傳承與創新〉,《美好的
晚年》,法鼓文化,2010 年 2 月初版一刷,頁 229-230)

下午,至金山鄉清泉村濕地,持望遠鏡觀賞遠來過客
──丹頂鶴。

二月三日,於法鼓山園區禪堂為「第六屆生命自覺營」學
員捨戒儀式開示。自覺營於元月二十七日至二月三日
舉行,共有九十八位青年參加。法師勉勵學員重新審
視自己生命,發菩提心與出離心,因緣具足之後再回

如來家，「這才是將心中的光明與智慧分享給眾生的最好方法」。（〈體驗僧家半日閒　98位青年種下出家種子〉，《法鼓》，219期，2008年3月1日，版4）

二月五日，中午，於安和分院會客；「輪椅天使」余秀芷偕同母親及弟弟，由《點燈》節目製作人張光斗陪同拜會，《點燈》攝影團隊全程錄影。余秀芷患有重症，原受困於「業障」之說而消沉，因法師開示「生命意義在於還願」而開解，特來拜會感恩。

「師父說，把生病當成業障之說，這是非常不慈悲的，每個生命都具有它積極的意義和任務。」秀芷分享，第一次聽聞師父此說，心上陰霾頓時開解，覺得自己還有許多事可做，而且開開心心去做，沒有負擔。師父一邊聽，一邊微笑點頭勉勵她，每個人來到世上，都具有兩項任務，一是為了受報，一是為了還願；前者是被動承受，後者是主動付出。「譬如傳教士、志工到偏遠落後地區服務，也可能染上重疾，命喪異鄉，對於這些大愛的奉獻者，絕不會有人說是業障使然。生病的病友也是一樣，不是受報，而是菩薩再來人間還願，以自己的生命現身說法，自己走出困境，也幫助相同處境的人，走出人生低谷。」（《隨師日誌》未刊稿；另參見：〈十二、傳承與創新〉，《美好的晚年》，法鼓文化，2010年2月初版一刷，頁230）

二月六日,除夕夜,出席於法鼓山園區法華鐘樓舉辦之「好
　　願在人間」除夕撞鐘祈福活動。與會貴賓有:國民黨
　　正、副總統候選人馬英九及蕭萬長、民進黨總統候選
　　人謝長廷、總統府祕書長葉菊蘭、臺北縣縣長周錫瑋
　　夫婦、台新金控董事長吳東亮、琉園負責人王俠軍及
　　雲門舞集藝術總監林懷民等。法師與貴賓一起撞響法
　　華鐘聲。撞鐘時,馬英九意外將繩索扯斷,引發媒體
　　聚焦。

　　這個活動有個插曲,馬英九先生手上緊握的繩索,因
　　為施力過度而扯斷了。其實當時扯斷繩索的貴賓不只他
　　一人,但是媒體的聚光燈全落在他身上,還傳出扯斷繩
　　索是不吉利的預兆。但是馬英九先生他自己說,繩索扯
　　斷,代表終止過去一年所有不祥之氣,之後將有好運來。
　　其實這就是個意外,是我們的疏失,在繩索施力的設計
　　上不夠周全。從另外一個角度來看,撞鐘主力,應當都
　　在僧團法師身上,貴賓們只要做出撞鐘的樣子即可,並
　　不需要特別施力。不過由此可見,參與的貴賓是非常投
　　入的。(〈十二、傳承與創新〉,《美好的晚年》,法鼓文化,
　　2010 年 2 月初版一刷,頁 231-232)

二月七日,年初一凌晨,於除夕撞鐘後致詞:「許好願、
　　存好心、做好事、說好話」。(〈許好願、存好心、做好事、
　　說好話〉,《我願無窮》,法鼓文化,2011 年 4 月初版一刷,
　　頁 299-300)

上午、下午,於法鼓山園區大殿及農禪寺接受大眾拜年。法師提及除夕叩鐘,最大收穫,即兩組總統參選人到場參與,並承諾至少新春期間,不出惡言,和平相處,力行「君子之爭」。

二月八日,年初二,下午,於農禪寺大殿接受大眾拜年。

二月九日,年初三,下午,於法鼓山園區大殿接受大眾拜年。

於法鼓山園區第一大樓會客室會客。中央銀行總裁彭淮南偕同夫人賴洋珠,由央行祕書處處長陳欣勝闔家陪同,來山拜年。

二月十日,年初四,於法鼓山園區大殿接受信眾拜年。

下午,前交通部部長林陵三伉儷,偕同華信航空董事長陳盛山等一行來山拜年。

二月十一日,凌晨,國寶級藝術團體「雲門舞集」位於臺北縣八里鄉之排練場發生大火,舞團面臨無場地排練困境。法師聞訊即向創辦人林懷民致意,並捐助一百萬元,贊助雲門重建經費。二○○七年法師舉辦「遊心禪悅」書法巡迴展時,林懷民擔任引言人,向社會

大眾推薦法鼓山理念。（〈法鼓山贊助雲門災後重建〉，《法鼓》，219 期，2008 年 3 月 1 日，版 1）

二月十四日，十一時，於中正精舍聽取《聯合報》新聞組專案中心召集人梁玉芳簡報。法師接受《聯合報》邀請，將於本月二十三日與天主教前樞機主教單國璽（案：於二〇〇六年五月卸任樞機主教）在安和分院對談。特就對談內容與活動進行方式，先行簡報。

下午四時，法緣會一行五十五人，由創會會長柯瑤碧及現任會長許薰瑩帶領，至安和分院拜年。法師期許法緣會眾，群策群力，發揮長才，主動為法鼓山團體奉獻。（〈法緣會向師拜年〉，《法鼓》，219 期，2008 年 3 月 1 日，版 3）

二月十五日，即日起至二十日，法鼓佛教研修學院、中華佛研所、中華電子佛典協會（CBETA）、國際電子佛典推進協議會（EBTI）共同於法鼓山園區國際會議廳舉行「數位佛學研究國際會議」，來自臺灣、美國、日本、韓國、泰國、挪威、尼泊爾等二十六位專家討論未來攜手合作計畫，期為新世代佛學研究，提供更便捷、多元、豐富之數位資訊。
中華電子佛典協會創立於一九九八年，法師大力支持成立，主要工作人員如惠敏法師、杜正民教授，均為

中華佛研所培育之人才。該協會研究開發之具體成果
——「數位電子佛典集成」，為目前全世界從事漢傳
佛學研究者，最仰賴之中文電子工具。（〈CBETA＋
EBTI＝全球數位佛學大未來〉，《法鼓》，219 期，2008 年
3 月 1 日，版 5）

二月十六日，九時四十五分，於農禪寺大殿接受拜年。前
　　象岡道場住持果峻法師，偕同汐止廣修禪寺住持大慧
　　法師，以及新加坡「菩提閣」信眾一行約六十人，來
　　臺拜會法師並參訪法鼓山園區。
　　　過去三年擔任紐約象岡道場住持的果峻法師，為進修
　　學業，已向僧團辭去執事，將前往澳洲深造，師父為其
　　祝福。（《隨師日誌》未刊稿）

　　十時，於農禪寺與護持「遊心禪悅」書法展榮譽董事
　　會面。法師與榮董於各自請回書法前逐一合影。

　　下午四時，於中正精舍召開新春活動檢討會議。

二月十七日，上午，陳水扁總統至農禪寺拜會。總統關切
　　法師身體近況，對法鼓大學興學進度及「好願在人間」
　　運動表達高度支持，並參觀「遊心禪悅」書法展。法
　　師以「放下萬緣時，眾生一肩挑」書法相贈，期勉即
　　將卸任之陳總統，未來續為大眾服務。

　　陳水扁總統在書法展會場對其中一副對子端詳許久，我想大概總統對這副對子心有所感，便請總統攜回。這副對子的上下句是：「放下萬緣時，眾生一肩挑。」後來，陳總統從友人方振淵菩薩得知，這場書法展是為法鼓大學募款，因此也主動參與護持。

　　陳水扁總統在八年總統任期內，兩次就任前都來看過我，或在任期中遇到一些是是非非，也會來拜訪我。這八年內，他來看過我四次，我教他打坐，和他談佛法，也勉勵他修行的方法。他很少提問，就是靜靜地聽我講。（〈十二、傳承與創新〉，《美好的晚年》，法鼓文化，2010 年 2 月初版一刷，頁 232）

　　下午，至農禪寺出席「第五十八次法鼓山社會菁英禪修營共修會」，以「好願在人間」為題開示「許好願、做好事、轉好運」，並闡明大、小乘佛法區別，勉勵社會菁英修學大乘菩薩道，自己修行，也要將法益惠澤人間。（〈十二、傳承與創新〉，《美好的晚年》，法鼓文化，2010 年 2 月初版一刷，頁 232-233）

二月十九日，下午二時四十分，出席於法鼓山園區海會廳召開之「水陸儀軌修訂規畫會議」。提示修訂方向和精神，須以漢文化為基礎，同時兼顧環保與科技之時代背景；而女眾擔任主法法師之可能亦宜討論。

　　這場會議非常重要，是水陸儀軌第三次大規模的修正

改進，是歷史上的轉捩點，也可以説是一項創新。

至於完成之後的新版，一定要先取得臺灣、大陸教界長老法師們的認同，以便讓大家都能使用。

最後要提出的，因為目前我們山上男眾少、女眾多，未來的佛教趨勢可能都是如此，因此女眾是否也能成為金剛上師？或許是值得提出來討論的。（〈十二、傳承與創新〉，《美好的晚年》，法鼓文化，2010 年 2 月初版一刷，頁 233）

於法鼓山園區教育行政大樓，大學院教育「創辦人時間」，以「四種環保的法鼓校風」為題開示：

校風就是帶動我們一屆一屆的同學或老師，往同一個方向、同一種風格前進。一所學校的校風，主要是由誰來建立的呢？可能有兩個人：一個是創辦人；另外一位，就是具備開創作風的校長。如果創辦人的能力不足，或者時間不夠，無法帶領學生，把校風建立或者奠定的話，那就是由校長總其責了。

建立四環校風

法鼓佛教研修學院的校風，是延續中華佛學研究所而來，是「立足中華，放眼世界」。另外，我們重視學以致用，並以實用為先。實用在我們的生活，實用在我們的時代，這是我們校風的基本觀念。

另外，我們從十六年前，也就是一九九二年開始提倡

心靈環保，提倡四種環保。以心靈環保為核心出發，落實四種環保。在此，我要求並勉勵各位師長同學，要能夠實踐四種環保。

心靈環保

第一是「心靈環保」：從心做起。我們講話、行動、語言都從內心踏實地做起。心所想到的，就是口中說的佛法，要把佛法實踐在日常生活中。研究要學以致用，一種是把研究出來的成果，以文章、演講、著書發表；另外一種是研究佛學，也要把佛法當成我們生活實踐的標準。不論說話的用語、平時的身行都能學以致用，在生活中實踐佛法，這就是「心靈環保」。

禮儀環保

第二是「禮儀環保」：禮儀是什麼？是人與人互動時的表現，心有心儀，口有口儀，身有身儀，這就是禮儀。一個人若不是從內心運用佛法，也不從內心落實禮儀環保，就會讓人家感覺到痛苦，自己也不會快樂。

身儀是什麼呢？就是你的生活方式，你的動作、舉止、行為不要讓人感覺到不快樂、不舒服。佛教徒要講威儀，出家人在出家以後要學沙彌律儀，就是我們講的「禮儀環保」。

生活環保

第三是「生活環保」：生活環保就是生活起居作息要規律，如果生活起居沒有規律，那生活就不健康，生活也是渙散的。生活環保，並不一定限於我們用水、用電、

用瓦斯，公共的設施要節省，還有要注意保護公用物品。

公物是屬於十方的，十方的信眾省吃儉用布施給我們、供養我們，讓我們沒有後顧之憂，可以好好讀書，努力研究。所以我們要非常小心地使用這些物品。你折損的任何東西，都跟你的福報有關係。當福報用完，就甘盡苦來了！

自然環保

第四是「自然環保」：我們生活在這個環境裡，這個環境就是我們的，所以要好好地照顧我們的環境，小至個人房間，大至周圍的公園、道路。自然環境還包括生物及無生物，都是自然環境，我們也要保護。

如何養成奉獻的心，服務的心？服務、奉獻要有一個限度，不要超過自己的意願、體能，以及時間。有時間的話，就可以服務。舉手之勞，可以服務啊！我們要讓願意發心服務的人能夠持續，也讓偷懶的人有機會服務奉獻。我希望我們的學風，是建立成為一個注重四種環保的學風。（〈四種環保的法鼓校風〉，《我願無窮》，法鼓文化，2011 年 4 月初版一刷，頁 167-174）

二月二十一日，下午，澳洲雪梨聯絡處召集人莫靄瑜等至安和分院拜會。

澳洲的雪梨分會現在成立了一個翻譯小組，把我的中文著作譯成英文，如《戒律學綱要》，以及我與李連杰菩薩的對談等。《正信的佛教》英譯本出版以後，在澳

洲引起不錯的回響，有人認為讀這本書，就像親自感受到作者對於讀者的娓娓解說，非常親切，而且內容讓人耳目一新。對此，我要感謝中華佛學研究所校友顧立德菩薩，他是美籍人士，為這本書擔任英譯的工作。
（〈十二、傳承與創新〉，《美好的晚年》，法鼓文化，2010 年 2 月初版一刷，頁 234）

二月二十三日，上午，與天主教樞機主教單國璽於安和分院以「真正的自由：生命尊嚴及價值」為題對談。座談會由《聯合報》記者梁玉芳、王瑞伶及何定照共同訪問，訪題包括「大師的一生」、「疾病與信仰」、「真正的自由」三大面向。

《聯合報》把這次的對話內容，安排於總統大選之後採全版刊登，這是他們想到在紛擾的大選之後，我與樞機主教的對話，大概能給社會帶來一些安定的作用。
（〈十二、傳承與創新〉，《美好的晚年》，法鼓文化，2010 年 2 月初版一刷，頁 234；另參見：《真正的自由》，聖嚴教育基金會，2008 年 7 月）

下午，於安和分院會見世界人乘佛教教團美國洛杉磯弘法中心大光法師。大光法師為法師同門文殊院聖開法師之法子，此行轉達大陸蘇州寒山寺性空老和尚致法師親筆信函，期能取得東初老和尚法照及法師墨寶。

在寒山寺性空老和尚致師父的親筆信中，寫有「師恩

第一」四個大字，內文提及希望聖嚴師父惠賜寒山寺親
筆墨寶。師父閱信後當場吟誦「寒山不見山，鐘聲響大
千」十字文，表示一日內完成，交大光法師帶往蘇州。
至於東初老人法照一事，師父表示，過去曾在文殊院見
過東初老人的法照，建議可翻攝，或者農禪寺有一幅東
初老人肖象油畫，也可翻拍複製。（《隨師日誌》未刊稿）

**法鼓山於臺北城中區新購大樓作為佛學推廣教學及相
關基金會辦公場所，今日舉行灑淨典禮。僧團副住持
果品法師帶領一百零一位貴賓、法師、法青同學，以
楊柳甘露，為十層樓各角落灑淨祈願。此樓後命為德
貴學苑。**

二月二十五日，為《正信的佛教》、《學佛群疑》、《佛
學入門》三書簡體版發行撰〈序〉。三書簡體版於今
年四月，由大陸陝西師範大學出版社出版發行。

　　我是一個出家的僧侶，本來寫作出書不該是我分內的
事，但是這幾十年來，居然還能完成一本一本的書，付
梓出版，至今達一百餘冊，這是我始料未及的事。

　　《正信的佛教》和《學佛群疑》二書，以問答的形式
呈現。書中蒐集、整彙了許多人心中對於佛教的各式各
樣的疑惑，再由我來試著提出解答。

　　《佛學入門》的內容，則涵蓋三層面：一是關於佛陀
的示現，是從釋迦牟尼佛的一生，來談佛教的出現及基

本思想；其次講佛教的基本教義，是由我的幾篇講稿集
結而成；第三是講修持方法，即一般大眾於生活中，可
以活用、運用的修行方法。

　　我衷心的建議簡體版的讀者們，對這三本書，只看一
次是不夠的，最好是一看再看，多看幾遍。藉著反覆閱
讀的過程，把長期存在於中國漢傳佛教裡的一些似是而
非的問題與現象，重新予以釐清；同時，對於什麼是正
信佛教的精神與蘊涵，能從中找到一些線索。（〈學佛
三書新序〉，《正信的佛教》簡體版，陝西師範大學出版社，
2008 年 4 月 1 日）

即日起至三月四日，至臺大醫院定期回診，住院八天。
　　這次共住院八天，做了膀胱鏡檢查，發現膀胱長了兩
個小息肉，確認是癌細胞組織，動了切除手術。也做了
第四度骨髓穿刺。（〈十二、傳承與創新〉，《美好的晚年》，
法鼓文化，2010 年 2 月初版一刷，頁 235）

三月一日，〈聖嚴法師談心六倫──「心六倫」運動的目
**　的與期許〉於《人生》再度刊載。**（文見二〇〇七年
　八月一日譜文）（《人生》，295 期，2008 年 3 月 1 日，
　頁 16-22）

三月六日，於中正精舍錄音，為南區法行會近日將舉行新、
**　舊任會長交接典禮祝福與勉勵。南區法行會卸任會長**

為李福登，新任會長為鄭泗滄。

三月八日，於法鼓山園區大殿為「第十三屆傳授在家菩薩
　　戒會」第二梯次學員說戒。本屆在家菩薩戒會於二月
　　二十八至三月二日、三月六日至三月九日，分兩梯次
　　舉行，共有近千位信眾受戒。法師於第二梯次授幽冥
　　戒時到場說戒，強調受菩薩戒對大乘佛教徒之重要性，
　　勉勵眾人護持清淨戒體，努力行菩薩道。

　　　授幽冥戒時，師父特別到場開示，說明成佛基礎是從
　　受菩薩戒開始。師父指出，一般人會以為受菩薩戒非常
　　不容易，因害怕犯戒而不敢受戒，其實菩薩戒可深可淺，
　　但個人生命有限，終其一身，很難守得完所有戒律。因
　　此師父期勉眾人要發願，由簡入繁，盡自己的力量，持
　　守菩薩戒的三聚淨戒，修一切善、斷一切惡、度一切眾
　　生。（〈法鼓山第十三屆在家菩薩戒　近千人發願共行菩薩
　　道〉，《法鼓》，220 期，2008 年 4 月 1 日，版 1）

三月十一日，上午，於安和分院會客。太子建設董事長莊
　　南田偕同高逸工程公司董事長高樹榮、文化大學法學
　　院教授李復甸來訪。三位皆是華梵大學董事，就辦學
　　經驗提供法鼓大學（法鼓人文社會學院）借鏡及參考，
　　並對華梵大學僧俗共同參與董事會人事議題，向法師
　　請益。法鼓人文社會學院籌備處主任劉安之與會討論。

　　　師父表示，佛教團體興學，董事會人事通常含僧、俗

二眾，有的人認為董事長人選應由出家眾擔任，較能掌握辦學理念，然而由於董事會也負有募款重責，因此由少與世俗交往的出家眾擔任董事長，恐有募款上的困難。建議能找到一位熟悉創辦人創校理念，且有良好社會人脈的居士擔任董事長，應更為適切。

回應李復甸教授提及宗教人士辦學，當把宗教理念及儀式融入校園或課程之中，師父表示，一般宗教學校，如果附設中、小學，通常都會給予一定比例之宗教儀式或活動，在大學也會提供相關宗教課程。比如香港某基督教大學，即把「神學」定為必修課，但學生不一定需有宗教的信仰。

師父指出，未來的法鼓大學，將以心靈環保理念為基礎，學生不一定要有佛教信仰，但是禪修及心靈環保的課程，絕不可少，包括敦聘的教授師資，也應接受禪修的體驗。（《隨師日誌》未刊稿；另參見：〈十二、傳承與創新〉，《美好的晚年》，法鼓文化，2010 年 2 月初版一刷，頁 236）

下午，於安和分院會客，接受中國文藝協會榮譽獎章「文化貢獻獎」推薦。中國文藝協會理事長愚溪一行來訪，推薦法師為第四十九屆中國文藝協會榮譽文藝獎章「文化貢獻獎」得主，並邀請於五月四日，出席文藝節慶祝大會。（〈十二、傳承與創新〉，《美好的晚年》，法鼓文化，2010 年 2 月初版一刷，頁 236）

三月十三日，至農禪寺出席法鼓人文社會學院與齋明寺工
　　程發包委員會會議。法師先就法鼓山經驗，說明工程
　　採取競標或發包利弊，並聽取大家意見。法師並指示：
　　分院道場募款及營運，由各分院或地方道場自給自足，
　　並應杜絕工程預算不當追加情事發生。

三月十五日，於法鼓山園區階梯教室為僧大「創辦人時間」
　　講授「談信願行及安於當下本分學習」，勉勵大眾依
　　正信佛法及僧團來修學，安住當下努力前行。
　　　很多人是「此山望見彼山高，到了彼山沒柴燒」，這
　　是一種貪念，一種虛幻的妄想。經常打妄想的人，不能
　　抓住現在，而不能在當下的身分、環境，好好踏實地努
　　力。要抓住現在、掌握現在、安定現在，一點一點踏實
　　地往前努力。如此，不管將來是在哪一個位置、哪一個
　　地方，都能有所成就。（〈談信願行及安於當下本分學習〉，
　　《法鼓山僧伽大學九十六～九十七學年度年報》，法鼓山僧
　　伽大學，2010 年 11 月，頁 48-55）

三月十六日，於法鼓山園區第二大樓會客。知名心理學家
　　鄭石岩伉儷，以及臺大醫院心臟內科主任廖朝崧伉儷，
　　由護法總會副總會長黃楚琪陪同，前來拜會。鄭教授
　　分享參訪法鼓山心靈震動，以及十五首法鼓山禮讚詩。
　　　鄭教授一邊吟詠，一邊說解每首詩的創作因緣。師父
　　展讀鄭教授筆下的法鼓禮讚，為其間充滿的禪機、佛法，

及歷歷在前的法鼓山獨特景觀,讚歎不已,當場請鄭教
授割愛,授權法鼓山刊物刊登如此獨到體會。

　此外,師父也感恩廖朝崧醫師長期給予醫療上的協助
與關懷。黃楚琪副總會長則向師父轉達影星陳亞蘭菩薩
發心為「一○八自在語」第二集錄製臺語版,並在拍戲
期間不忘推廣。(《隨師日誌》未刊稿)

案:《法鼓》雜誌二二三期(2008 年 7 月 1 日)第八版,
刊有鄭教授「禮讚法鼓山」一首〈溪山禪心〉:「青山
溪水絕點埃,法語禪心好自在;眺望香海解深密,回眸
無心見楞伽。」十五首法鼓禮讚詩日後收錄於《法鼓山
故事》附錄。(〈禮讚法鼓山〉,《法鼓山故事》,2013 年
3 月初版二十五刷,頁 238-243)

三月二十一日,多明尼加大使館公使兼參事葛瑞思(Grace
　　Balbuena Zeller)等人前往法鼓山園區參訪,感謝法鼓
　　山和法師對多國之關懷救助。去年(二○○七)十一
　　月,多國因颶風引發嚴重土石流災情,慈基會於第一
　　時間派遣義工至多國賑災。(〈多明尼加大使參訪法鼓
　　山〉,《法鼓》,220 期,2008 年 4 月 1 日,版 1)

三月二十二日,中華民國第十二屆正、副總統選舉,法師
　　由侍者陪同,前往北投國中投票。

三月二十五日,上午,於安和分院會客。知名漫畫家蔡志

忠，陪同一企業總裁梁先生到訪。梁先生去年參訪法鼓山，對心靈環保理念，非常認同。梁總裁向法師請益：「人心歸宿為何？」法師以佛法立場提出三層次作法，建議梁總裁向內心做工夫。

梁先生表示，過去數十年從事商業投資，在中國大陸及美國都有一番成果，「我的運氣很好」，不過，現在他更關心的是內心的追尋。因此這幾年遍讀群書，包括世俗與佛法的書籍均大量涉獵。師父表示，中國諸子百家對於人心追尋的課題，已有許多深刻的談論，而法鼓山站在弘揚佛法的立場，則有三個層次的立論與作法。

其一是透過專業的教育學術機構，提出清晰的佛教理論、思想和歷史資訊，讓世人更清楚；其二是把佛學名相，轉化成為一般人可以明了接受的觀念與方法，讓人更方便使用；其三則透過實際的方法修持，開發自己的內心。

師父建議梁先生可用參話頭的方法，練習內心的體驗。並指出，最高層次的修行，是全心全意地念，念的時候沒有任何雜念，而念到自己沒有了，宇宙沒有了，大地一片粉碎──這個時候，還是要繼續參、繼續地問：「自己在哪裡？」即如《心經》所講：「色即是空，空即是色」，照見五蘊皆空，離空而講佛法是錯的；離空而講無是凡夫。

師父援引《華嚴經》善財童子五十三參表示，善財在參學前已經開悟，已發起無上大悲菩提心，他是由無著

菩薩指引，前往各大菩薩處參訪，在逐一修學各大菩薩
的法門以後，最後又回到無著菩薩所在處，完成一趟無
著的參學之旅，就如《金剛經》所云：「應無所住而生
其心」。（《隨師日誌》未刊稿；另參見：〈十二、傳承與
創新〉，《美好的晚年》，法鼓文化，2010 年 2 月初版一刷，
頁 237）

三月二十七、二十九、三十日，於法鼓山禪堂為「第三十
屆法鼓山社會菁英禪修營」開示。禪修營於二十七日
至三十日舉行，有《中國時報》發行人周盛淵、信義
房屋董事長周俊吉、彰化銀行總經理陳淮舟、信誼基
金會執行長張杏如、台積電董事長張忠謀夫人張淑芬
等各方賢達共一百四十七人參加。此為最後一屆菁英
禪修營。法師開示：「禪修的意義在認識自己，禪的
觀念能幫助我們改變調解人生，但需要在生活中練習
才會落實。」（〈十二、傳承與創新〉，《美好的晚年》，
法鼓文化，2010 年 2 月初版一刷，頁 237；另參見：〈社會
菁英禪三法鼓山園區舉行〉，《法鼓》，221 期，2008 年 5
月 1 日，版 1）

四月一日，下午，於安和分院會見前彰化縣縣長及前中央
選舉委員會主任委員黃石城。黃前主委目前投入公益
服務，就教育、人品提昇及環境保護等議題，與法師
交換意見，並接受法師邀請將協助法鼓山推廣「心六

倫」及「防治自殺」運動。（〈十三、啟動心六倫〉，《美好的晚年》，法鼓文化，2010 年 2 月初版一刷，頁 240）

四月二日，於中正精舍為《戒律學綱要》韓文版發行撰寫序文〈序——《戒律學綱要》韓文版發行〉，韓文版由真目法師翻譯，天鼓出版社發行。

　　《戒律學綱要》這本書，是四十多年前我在臺灣南部美濃閉關時期寫成的。乃是有鑒於長期以來中國社會對於佛教戒律的印象，若非過於嚴格，就是流於鬆散。嚴格者令人望而生畏，只能束之高閣；鬆散者則流於鬆弛、懈怠，乃至荒廢不持，兩者都非常可惜。我便發願，要把我所理解的戒律精神，即佛教在釋迦牟尼佛時代產生並遵循的戒律，以現代人可以接受的語言，和現代社會可以認知的方式呈現出來，使得戒律能以一種簡明且普及的型態，讓現代社會的佛教徒可以遵循並且持守。

　　本書出版以後，已成為臺灣佛教界每次傳戒時，戒場贈予每位新戒子的結緣書。中國大陸近二、三十年來，也把這本書當成是所有佛學院的戒律學教材。另外，在越南也已有譯本，在當地的許多佛學院和寺院，被視為一本必讀的教材。現在韓國籍的真目法師，也將此書譯成韓文發行。真目法師的年紀很輕，他是一九六三年出生，一九九一年在通度寺受沙彌戒，一九九四年於梵魚寺受菩薩戒，目前在幾個佛學院教書，也是好幾個寺院的住持，由於他曾經在臺灣基隆大韓佛教曹溪宗分院修

禪寺擔任過住持，中文造詣也相當優秀，今為此書在韓國發行邀我作序，乃是我的榮幸。（〈序──《戒律學綱要》韓文版發行〉，《戒律學綱要》韓文版，天鼓出版社，頁21-24）

四月三日，上午，前民主進步黨黨主席謝長廷偕同前總統府祕書長葉菊蘭及前民進黨祕書長李應元，一同至中正精舍拜會。謝主席日前代表民進黨參加本屆總統選舉，未獲當選。法師以落實心靈環保三種層次：信仰、理解、實踐，與一行人分享。

佛法有三種層次，第一種是信仰的層次：有信仰的人心裡會有一種歸屬感，好像有了靠山，得到一種力量的支持。有信心，就能讓自己安定下來，惶恐或恐懼的心就會減少。在佛教的信仰種類中，有觀音菩薩信仰、阿彌陀佛信仰、藥師佛信仰和地藏菩薩信仰等。

第二種是理解的層次，就是知道佛法的道理，了解人世間是無常的，是有因果的，而且是需要因緣配合的。所謂「因果」，指的是事情彼此、前後有因果關係，但因果是不是那麼直接、那麼單純？當然不是，因此佛法說：「因果不可思議。」

佛法除了信仰之外，只要知道佛法的因緣與因果，就會很受用。

所以，對於成功不用太得意，若是失敗也不用太悲傷。不過，還是要加上自己的努力，因為不努力，因果的

「因」就沒有了。只要盡力了，主觀的條件具備，即使付出後，客觀的條件沒辦法配合，還是能心安理得，這即是「因緣論」。

第三個層次是實踐，也就是佛法所說的心法，尤其禪更強調心。要把念頭調柔、調和，把剛強的調成柔軟的、懦弱的調成勇敢的、愚蠢的調成有智慧的。

實踐也是有層次的，最高的即是《金剛經》的「心無所住」，也就是超越我們的自我中心。在我指導的禪法中，有一種次第是自我肯定、自我成長和自我消融。自我肯定屬於信仰階段；自我成長是實踐安心的階段；自我消融則超越了自我中心。

一個人的心念要正，佛法講正行，正行包括語言要正，也就是正語、正業、正命、正見、正思惟、正精進、正念、正定，即是八正道。用八正道來做事的話，得到正面的效果會多一些；如果邪念多、邪見多，一時之間可能得到效果，但最終不會有好結果。

現在，臺灣有不少人心念不正，其中有的是宗教師、有的是政治人物、有的是商人等。我曾經勸勉政治家要誠信，但是政治人物誠信難保！若是心裡常常藏有惡念，智慧就不容易出現。貪、瞋、癡是煩惱，而戒、定、慧是解脫，是無。（〈佛法的三個層次：信仰、理解、實踐——從信仰入手、明因果到超越〉，《我願無窮》，法鼓文化，2011 年 4 月初版一刷，頁 175-186；另參見：〈十三、啟動心六倫〉，《美好的晚年》，法鼓文化，2010 年 2 月初版一刷，

頁 240-241）

下午，於中正精舍會見早期西方弟子保羅‧甘迺迪。保羅為法師一九七五年赴美後第一批弟子，亦為法師在美期間披剃出家第一人，法號果忍，日後還俗。知悉法師重病，特自美國來臺探視。（〈十三、啟動心六倫〉，《美好的晚年》，法鼓文化，2010 年 2 月初版一刷，頁 241）

四月六日，於法鼓山園區對全體僧眾早齋開示：「面對處理外道的正確態度」。

四月八日，上午，前往法鼓山園區國際會議廳出席法鼓佛教研修學院一週年校慶，同時與臺灣科技大學締結姊妹校。由法師及法鼓佛教研修學院校長惠敏法師，與臺科大校長陳希舜締約。教育部高教司參事陳德華、慈濟大學校長王本榮及經國管理暨健康學院校長陳俊瑜等貴賓出席。（〈十三、啟動心六倫〉，《美好的晚年》，法鼓文化，2010 年 2 月初版一刷，頁 242-243）

四月十日，至北投雲來寺錄影，為東初禪寺成立三十週年，及欣逢年度母親節及浴佛節，錄製兩段祝賀及期勉影片。

　　錄影結束後，師父利用午齋前空檔，關懷雲來寺的專

職菩薩，從六樓至一樓，逐層關懷。（《隨師日誌》未刊稿）

四月十二日，於法鼓山園區對全體僧眾早齋開示：「禪悅為食、法喜充滿」。

四月十三日，於法鼓山園區對全體僧眾早齋開示：「佛學的學習與運用」。

下午三時，於法鼓山僧大「高僧行誼」課程授課。

四時，至法鼓山園區居士寮，為地區預備會員成長營關懷開示。

四月十九日，於法鼓山園區對全體僧眾早齋開示：「出家人的律儀」。

戒律是用來律己而不是律人，意思是只管自己，而不管別人有沒有遵行戒律。所以，做出家人的第一要務，就是要把律儀持好。

這在我們僧團就叫作僧權，僧團不講人權，否則會有衝突，僧權完全靠「自律」、「自治」，僧權與人權不一樣，現在社會非常重視人權，其實僧權要比人權更人性化。因為講人權，如果這個人說要爭取人權，另一個人也說要爭取人權，彼此之間就不平等，就會產生衝突。而僧權是絕對地從內心生起，自己發露懺悔，表白自己

犯了什麼罪,願僧眾慈悲處理。

過去叢林裡的方丈沒有經濟權、沒有行政權、沒有人事權,就是以他的品德來感動大家、帶動大家。其他執事也一樣,每一個執事都有權限,但不能用,一定要用自己的品德來感動人,用服務來待人。現在在家人都是講權力,什麼職務就有什麼權力,只靠職權,這個團體就會慢慢混亂。因此,要請大家用律儀規範自己,而不要用律儀批評他人。(〈出家人的律儀〉,《法鼓山僧伽大學九十六~九十七學年度年報》,法鼓山僧伽大學,2010 年11 月,頁 56-60)

下午三時,於法鼓山僧大「高僧行誼」課程授課。

四月二十日,上午,於農禪寺主持本年度第二次千人祈福皈依大典,有近一千五百位信眾成為三寶弟子。儀式由方丈和尚果東法師代授三皈依,法師開示皈依意義,並教導如何分辨是否正信佛教。

現在臺灣像這樣的外道很多,有的自認是佛,有的則自認是在佛之上的佛!他們運用自己修行過程中的體驗來解釋佛經,但是他們的體驗,不過是身體上或心理上的一些反應,以禪法來講,叫作幻覺,都是虛幻的一種經驗。

佛教主張以經解經,用佛的經典來解釋佛經,使得佛經義理更清楚,一般人才能聽懂、看懂,這是佛法。如

果以自己修行的身心反應來解釋佛經,這就是魔,就是外道!

我們不反對民間信仰,就像我們不反對新興宗教一樣,我們不需要去反對、去辯駁、去取締,但是如果有人要來擾亂道場,那是絕對不容許的。

因為今天臺灣宗教的複雜度,讓人不容易分清楚哪個宗教是正確的?哪個是不正確的?而且在沒有接觸之前,又怎麼知道正不正確呢?這就要看我們的善根了。在臺灣有一些自封為上師、活佛的土上師、土活佛,他們並沒有西藏的傳承,而這種人在臺灣很多!所以,請大家不要走進佛門,又退出佛門,這是很可惜的事。(〈皈依正信的佛、法、僧〉,《我願無窮》,法鼓文化,2011 年 4 月初版一刷,頁 187-192;另參見:〈農禪寺皈依祈福大典　1500 位信眾成三寶弟子〉,《法鼓》,221 期,2008 年 5 月 1 日,版 1))

皈依典禮中,有外道團體蓄意鬧場,干擾儀式進行,經通知警方處理後平息。皈依大典開示結束後,於農禪寺會客室會見刑事警察局、北投分局等多位警察人員,感謝其維護社會及寺院安寧。(〈十三、啟動心六倫〉,《美好的晚年》,法鼓文化,2010 年 2 月初版一刷,頁 243)

下午,於法鼓山園區禪堂,為「第四屆社會菁英精進

禪三」學員開示。（《隨師日誌》未刊稿）

四月二十二日，上午九時半，於北投雲來寺，為法鼓山專
　職人員舉行「精神講話」：「以因、緣、果的佛法觀
　念來工作」。全臺各分院道場同步視訊連線。法師指
　出：「在這個地方工作，不是為了賺錢而來，是為了
　奉獻而來。」係為法鼓山理念而來，因此既是「奉獻
　的義工，也是支薪的義工」。如此心態，始能安住。
　（〈以因、緣、果的佛法觀念來工作〉，《我願無窮》，法
　鼓文化，2011 年 4 月初版一刷，頁 193-202）

「精神講話」後，於雲來寺會見前行政院院長蘇貞昌
　及其夫人。蘇前院長前來感謝法師致贈「誠信」墨迹。

午後，於中正精舍開始錄音口述晚年生活行事。此錄
　音口述起自二〇〇五年秋生病，擬持續至百年身後，
　命名《美好的晚年》，由隨行記錄胡麗桂整理。

四月二十三日，晚上七時半，前往臺北市豪景飯店，出席
　法行會悅眾會議，方丈和尚果東法師、僧團都監果廣
　法師、關懷院監院果器法師皆應邀出席。當日並進行
　新會長改選，原任會長蕭萬長因當選副總統，辭去會
　長一職，並推舉原任副會長張昌邦接任。法師對法行
　會有所期許：

　　法行會素來有法鼓山「智庫」的稱喻，可是，智庫僅只是法行會功能之一，法行會應該能朝全方位發展，支持法鼓山辦的各項活動，確實負起法鼓山理念及活動的支持者與推動者。

　　未來我希望法行會的定期聚會，能夠增加一些佛法法義的進修課程。（〈十三、啟動心六倫〉，《美好的晚年》，法鼓文化，2010 年 2 月初版一刷，頁 244-245）

四月二十四日，於中正精舍第二次錄音口述《美好的晚年》。

四月二十六日，於法鼓山園區對全體僧眾早齋開示：「嚴淨毘尼，弘範三界」。

四月二十九日，於中正精舍第三次錄音口述《美好的晚年》，〈楔子：我的晚年是非常美好的〉。

　　我的晚年生活，多半是在臺灣度過的，唯一的一次遠行，是在二〇〇六年深秋去了一趟美國。

　　在臺灣，我的責任都交付出去了，我的任務沒有了。可是還是有一些事要做。我主動要做的，是發起一些社會運動，這是我很高興、很歡喜做的事，所以做起來很輕鬆；而被動的事，我只是應對而已，不需要花太多心血。所以我把這段期間的生活，稱為「美好的晚年」。

　　在這個晚年，不再有任何事逼得我非做不可，我可以

做的就做，不必做或者沒有想到要做的事，也就不去管它了。（〈楔子：我的晚年是非常美好的〉，《美好的晚年》，法鼓文化，2010 年 2 月初版一刷，頁 13）

四月，新書《覺情書》由法鼓文化出版。此書內容係自《大法鼓》節目集結而成，之前已有《找回自己》、《從心溝通》及《真正的快樂》等數冊。

《法鼓山佛曲集》由法鼓文化出版。《法鼓山佛曲集》由李俊賢及多位音樂名家共同甄選集結，提供法鼓山合唱團使用，約有半數歌詞為法師所作。法師有〈序〉說明結集目的，並期許編者繼續將其餘歌詞譜曲出版。

　　我自己不擅演唱，但是非常重視佛教音樂陶冶人心的功能，所以我也撰寫了〈四眾佛子共勉語〉、〈法鼓頌〉、〈法鼓山〉、〈慈悲〉、〈智慧〉等歌曲，直到二○○六年為止，已有二十首之多，均已有人譜曲。這次結集曲目是為了讓全國合唱團有統一使用的範本，並且已經由十來位名家編成了二部合唱、三部合唱及四部合唱。

　　我希望李老師在編印了這本《法鼓山佛曲集》之後，能夠將我所寫的其他二十首歌詞編輯出版，多請幾位作曲家譜曲。我希望每一位四眾弟子不論是在集會時的大合唱或是個別的演唱，都會唱法鼓山的歌，使四眾弟子皆能成為極樂世界的妙音菩薩，通過佛曲演唱來共同讚揚三寶功德，宣導人間淨土的莊嚴。（〈聖嚴法師序〉，《法

鼓山佛曲集》，法鼓文化，2008 年 4 月初版一刷，頁 3）

五月一日，上午十時，於中正精舍第四次錄音口述《美好的晚年》。

下午四時，至安和分院，主持法鼓人文社會學院第四屆第三次董事會。會中由籌備處主任劉安之提出設校計畫書，報告籌備概況，並討論籌備處之提案，通過將「法鼓人文社會學院」改以「法鼓大學」籌設，向教育部提出申請。

五月三日，於法鼓山園區對全體僧眾早齋開示：「宗教師的養成」。

下午三時，於法鼓山園區階梯教室為僧大「高僧行誼」講授：「處處留意、處處學習的精神」。

五月四日，下午，前往三軍軍官俱樂部出席「九十七年文藝節慶祝大會文藝獎章頒獎典禮」。前教育部部長郭為藩、中國文藝協會會長愚溪、文建會主任委員申學庸、詩人鍾鼎文及國內藝文界重量級人物與會。法師因致力推展文化有成，獲頒「榮譽文藝獎章：文化貢獻獎」，由總統當選人馬英九頒獎。

法師代表得獎人以「佛教與文藝的關係」為題致詞，指出：「世界各宗教都與文學關係密切，無論是西方信仰的《聖經》還是東方宗教的《法華經》、《華嚴經》，都是詞彙優美的文學作品。」樂見臺灣文化底蘊不斷向上提昇，也希望文藝協會在新政府領導下有一番新氣象、開啟文藝復興新時代。（〈十三、啟動心六倫〉，《美好的晚年》，法鼓文化，2010 年 2 月初版一刷，頁 245；另參見：〈中國文藝獎章頒獎　15 人獲獎〉，《人間福報》，2008 年 5 月 5 日，版 7）

五月六日，下午四時，於中正精舍第五次錄音口述《美好的晚年》。

五月八日，至桃園齋明寺關懷。

五月十日，上午，至臺北光啟社錄製第一階段「心六倫」公益短片，光啟社副社長丁松筠神父等人至門口迎接。公益短片由法鼓山人基會邀請副總統當選人蕭萬長為「校園倫理」代言人，亞都麗緻飯店總裁嚴長壽為「職場倫理」代言人，兩位並與法師一同入鏡拍攝結語「邀您一起啟動心六倫」。

　　去年，我們舉辦了「關懷生命獎」，同時推出《防治自殺》公益短片，今年是「心六倫」的啟動年，我們也想要拍攝公益短片，特別邀請到政治界、演藝界及工商

界等六位名人，擔任「心六倫」運動的義務代言人，呼籲我們的社會重建這個時代需要的倫理新價值。這六位代言人，除了今天與我共同拍攝的準副元首蕭萬長先生以及嚴長壽總裁；後續還有影星林青霞女士、功夫皇帝李連杰先生、知名主持人張小燕女士，以及知名歌手蔡依林小姐，也將與我一同拍攝「心六倫」公益短片。（〈十三、啟動心六倫〉，《美好的晚年》，法鼓文化，2010 年 2 月初版一刷，頁 246-247）

下午四時，於雲來寺召集方丈和尚果東法師、都監果廣法師、廖今榕祕書、聖基會董事長施建昌、董事黃楚琪會議。

五月十一日，上午，於雲來寺會見建國科技大學董事長吳聯星等人，同行有彰化縣政府社會局局長陳治明。為來訪十餘位皈依三寶。（〈十三、啟動心六倫〉，《美好的晚年》，法鼓文化，2010 年 2 月初版一刷，頁 248）

下午，前往國父紀念館西側廣場，關懷慶祝浴佛節與母親節所舉辦之「好願祈福感恩會」。

法鼓山緬甸風災救援團攜帶一百七十二箱食物、醫療等救援物資，由當地臺商蔡豐財夫婦協助，進入災區，將物資交予災區民眾。緬甸於本月三日發生風災，然

救援團至昨日始獲准取得簽證。

五月十二日，下午四時，於中正精舍會客。副總統當選人
蕭萬長及新加坡中策集團董事長黃鴻年一行前來拜
會。黃董事長對法師「四它」及今年除夕演說非常敬
佩，請示如何「放下它」？法師以「提起是暫時的事，
放下是終究的事」勉勵，「難以放下的事，也非得放
下不可。」

晚七時，於中正精舍召開會議，討論「如何向大陸來
臺觀光人士分享漢傳佛教」，邀請亞都麗緻總裁嚴長
壽提供建言。
嚴總裁建言，法鼓山為清淨的心靈環保禪修重鎮，毋
需迎合觀光，倒是可推出精緻的禪修體驗課程，比照國
外人士參訪法鼓山模式，讓有心體驗禪修的陸客，也能
感受心靈環保的身心經驗。（《隨師日誌》未刊稿）

五月十三日，下午四時，於中正精舍第六次錄音口述《美
好的晚年》。

成立四川地震救災指揮中心。中國大陸四川省汶川縣，
昨日發生芮氏規模七點八大地震，由於方丈和尚刻正
前往美國巡迴關懷，法師於是親自指揮，召回正在新
加坡弘法之副住持果品法師，指派前往四川賑災，完

成第一批救援義工召募,並獲中國大陸政府同意進入
災區救援。

　　這次大地震造成的災情非常慘重,死傷及失蹤人數逾
十萬人,在我們成立救災指揮中心後不久,即獲得中國
政府同意,讓法鼓山、慈濟功德會及紅十字會這三個團
體前往災區進行救援,這個消息也透過媒體的報導,並
由媒體主動刊出包括法鼓山在內的三個救援組織的捐
款帳戶,因此我們收到的民眾愛心捐款,相當踴躍。
(〈十三、啟動心六倫〉,《美好的晚年》,法鼓文化,
2010 年 2 月初版一刷,頁 248-249)

五月十四日,法鼓山啟動賑災捐款專戶,救援團隊成立。
　　北投、石牌區義工協助整理一千公斤救援物資。

五月十五日,上午十時,於中正精舍會客。即將於五月
　　二十日上任之行政院大陸委員會主任委員賴幸媛,前
　　來拜會請益。賴主委曾於農禪寺參加法師指導之禪七,
　　赴英留學,兩度參加法師於威爾斯主持之禪修。

　　我勉勵她,既然學了禪修,就要把禪法融於工作之中,
把握因緣,及時奉獻。在工作上,要調整自己來適應工
作,而非讓工作來適應自己。遇到問題時,則用「四它」
來處理。後來,我也寫了一副對子送給她,上下句為:
「中規中矩慈悲心,適才適所和為貴。」(〈十三、啟動
心六倫〉,《美好的晚年》,法鼓文化,2010 年 2 月初版一刷,

頁 249）

下午四時，於中正精舍第七次錄音口述《美好的晚年》。

五月十七日，下午三點，農禪寺舉辦三時繫念法會，全臺各分院道場同步視訊轉播，齊集各地信眾為四川震災及緬甸風災罹難者、受災者超度祈福。法師開示：「悲慟 哀悼 緊急救援川緬災難」，感謝各方捐款，並說明法鼓山：「救災、設施建設、心靈建設」三階段援助計畫。

　這一陣子，我的心情非常地沉重，除了緬甸發生大風災，中國大陸四川也發生了大地震。自發生災難以來，我幾乎每天晚上都不能睡覺，感覺像是自己受災難。

　做為佛教徒，面對災難中往生的民眾，我們第一個階段要慰亡靈、超度亡靈。我希望社會大眾不論是信什麼宗教，都能以自己的宗教方式來祈禱、祝福。

　自助助人，未來有無限希望

　在驚天動地的災難過後，我們要怎麼辦？第一個我們要救人救命，災區的民眾第一個要自救、要自助、要鎮靜、要安定，不管在怎樣的情況下，活下去是最重要的一椿事，然後等待救援。

各界捐款，投入三階段賑災

關於各界的捐款，我們將分成三個階段來運用。

第一階段：就是派救援團到災區，去發放各項需要的物資，這是我們目前正在做的。

第二階段：我們準備要幫助災區重建，不過我們的力量沒有辦法做到全部，會盡可能地努力。

第三階段：我們要做心理的輔導、精神的關懷，亦即心靈的重建。這方面，我們在過去幾次救災中，已經有一些經驗。例如在臺灣九二一大地震之後，我們在南投、埔里、東勢設立安心服務站，一直到現在都還在做關懷；南亞大海嘯的時候，我們也派了救援團去斯里蘭卡，在那裡設立了服務中心，協助當地居民度過難關，能夠找到工作、自立自強。

感謝民眾，信賴法鼓山專業

我們非常感謝、感恩社會對法鼓山的信任，到五月十七日為止，我們得到的捐款數字，超過了八千萬元臺幣。

患難與共，請大家慷慨解囊

當我們看到災難的時候，要想到災區的事就等於是我們自己發生的事一樣。希望諸位都能夠發揮這種精神。
（〈悲慟　哀悼　緊急救援川緬災難〉，《我願無窮》，法鼓文化，2011 年 4 月初版一刷，頁 206-212）

「三時繫念法會」同時，接受電視採訪錄影，勉勵受災民眾。此專訪於翌日中國電視公司、中天電視台與紅十字會合作「把愛傳出去」募款晚會播出。法師就現階段呼籲：保護自己、珍惜生命；並提出三階段救援計畫。受訪時，有感於汶川慘重災情，難過落淚。

　　我已是個年邁的老人，一個老人流淚是很正常的，尤其值此世紀浩劫，死傷無數，我的情緒不免激動。雖然在我幼年時期曾經歷長江大水患，見無數死屍漂流江上，而九二一大地震發生的那年，我也到了災難現場，給予災民關懷，但是看到這次汶川如此慘重的災情，我的心裡還是非常難過，就在受訪時，不禁哽咽而落下淚來，這大概也把電視機前的觀眾給嚇到了吧！（〈十三、啟動心六倫〉，《美好的晚年》，法鼓文化，2010 年 2 月初版一刷，頁 251）

於臺北中正精舍，為四川震災關懷錄影：〈提起共患難的心〉，開示面對災難時如何自救、救災。並總結法鼓山救援經驗為三階段救援行動：救災、安頓、心理落實。

　　救災時，一定要以階段性的方式、方法和任務來著手。

　　通常一個重大災難過去之後，差不多需要五年到十年的時間，民眾在心理上才能逐漸恢復。

　　如果自己不能到災區，那就盡己所能地捐助、捐款，讓能夠到災區的人去救援。（〈提起共患難的心〉，《我

願無窮》，法鼓文化，2011 年 4 月初版一刷，頁 203-205）

紐約東初禪寺創立三十週年，舉行「祈福感恩法會」
活動，邀請仁俊長老、方丈和尚果東法師蒞臨祝福。
法師亦以「迎向新未來為人類幸福努力」為題錄製影
片開示，說明在美國法人東初禪寺及法鼓山佛教會之
功能。

　　「東初禪寺」這個名字是對華人講的，我們對西方
人常用的名字叫「禪中心」（Chan Meditation Center,
CMC）。目前東初禪寺的架構，正式向政府登記的法
人有兩個：一個是東初禪寺，即「禪中心」；另一個
是美國「法鼓山佛教協會」（Dharma Drum Mountain
Buddhist Association, DDMBA）。

　　目前，我們準備以美國「法鼓山佛教協會」為基礎，
向聯合國申請「非政府組織」（NGO）。因此，未來「法
鼓山佛教協會」除了提供禪修道場，也會參與國際性的
活動。

　　東初禪寺是我們在西方弘傳佛法的重心，在美國本地，
我們有二十幾個分支點的護法體系；而在英國、克羅埃
西亞、墨西哥等其他幾個禪修據點，也是由我在西方的
弟子們，自己所辦、主持的禪修機構，看起來不算是我
們的，事實上都是從東初禪寺發展出來而到了歐洲、南
美洲。（〈迎向新未來　為人類幸福努力〉，《法鼓》，222
期，2008 年 6 月 1 日，版 8；另參見：〈紐約東初禪寺　創

立三十年〉,《法鼓》,220 期,2008 年 4 月 1,版 1)

下午,法鼓山救援團攜帶物資搭乘長榮航空,抵達成
都,隨即展開勘災及救援評估。

五月十八日,於法鼓山園區對全體僧眾早齋開示:「法鼓
山的危機處理」。

傍晚,出席於農禪寺舉辦之「第五十九次法鼓山社會
菁英禪修營共修會」,參加者共有一百四十六位。法
師表示,法行會和共修會應重新定位,強化行動力。
並對近期發生天災受災民眾是否「共業」解疑。

　　過去法行會被定位成法鼓山的「智庫」,現在除了保
有智庫的功能,更需加強行動力,成為推動法鼓山理念
的菁英團體。此外,以往在力霸飯店舉行的例會,可考
慮改在農禪寺舉辦,增加佛學講座,否則只是聚餐、聽
演講,和扶輪社的性質差不多;另外,由於共修會的成
員並非全是法行會成員,建議制定會員制度,增加凝聚
力,未來希望朝法行會和共修會結合的目標發展,讓社
會菁英能有奉獻的著力點,發揮自己的生命價值。師父
也表示,僧團將派法師帶領大家一起共修,投入法鼓山
的弘法活動。

　　最後,師父提到:有人批評師父只講世法、不談佛法,
師父回應表示,真正的佛法,必須有接引、化導世俗的

功能。只講佛學名詞，不容易讓一般人懂，因此師父用通俗化的語言、方式，讓更多的人知道佛法的利益。也有人問師父：關於近期緬甸風災和四川震災的受災民眾，是否為「共業」使然？「不一定。有的人受災，有的人卻因禍得福，還有人是過去世發了願來救難的菩薩，由此可知，並非都是過去世造了同樣的業，現在接受相同的果報。」（《隨師日誌》未刊稿）

法鼓山四川救援團關懷秀水鎮第一小學、秀水中心衛生院、桑棗收容所、永安鎮安置所等，並採購收容所急需民生物品，發放慰問金予罹難者家屬。

五月十九日，法鼓山緬甸救援團圓滿八天任務。救援團一行六人，由慈基會中山區救災中心總指揮李豪作擔任團長，透過當地臺商蔡豐財夫婦協助，深入仰光省南部迪林（Dillin）、德迪（Dedyye）等重災區，將自臺灣募集之糧食、藥品等兩公噸多物資，以及當地採購近七千五百份民生物資，親手交給當地民眾。救援團旋於北投雲來寺召開緬甸賑災會議，回報救災過程，以規畫後續援助具體方針。（〈緬甸風災救援紀實〉，《法鼓》，222 期，2008 年 6 月 1 日，版 2-3）

五月二十日，上午，中華民國第十二屆總統、副總統就職典禮於臺北小巨蛋舉行。法師應邀出席觀禮，禮遇隆

重。宗教界受邀出席者尚有佛光山星雲法師、中台山
惟覺老和尚及天主教單國璽樞機主教等。現場眾多曾
親近法師之貴賓，皆前來問候。法師與馬總統、蕭副
總統有多年深厚交誼。

　　馬總統擔任臺北市長期間，即十分認同師父推動的「心
靈環保」理念，多次出席法鼓山舉辦的佛化聯合婚禮，
並以臺北市大家長身分擔任主婚人。一九九九年與師父
共同主持「臺北市中元普度法會」，為社會大眾宣導正
確的普度觀念。二〇〇五年十月，馬總統應邀出席法鼓
山落成開山大典，為法鼓山佛像揭開佛幔。而本年度中
國文藝協會頒贈師父的「文化貢獻獎」，也由馬總統親
自頒贈。

　　師父與蕭萬長副總統，同樣也是法緣深厚。一九九六
年在法鼓山奠基大典上，蕭副總統以立法委員身分前來
祝賀，深深認同法鼓山理念。儘管二〇〇〇年大選失利，
但他運用師父所說的「四它」，幫助自己坦然面對選舉
結果，並投入實踐法鼓山理念的行列中。

　　二〇〇六到二〇〇七年期間，蕭副總統擔任法行會第
五屆會長，他認為能在法鼓山上聽聞佛法，聆聽師父開
示，因緣殊勝。儘管目前的會長職位已經交棒，他仍繼
續擔任名譽會長，並以做法鼓山永遠的義工為己任，以
及協助開啟人人心中的慈悲與智慧為使命。（〈聖嚴師父
應邀出席總統就職典禮〉，《法鼓》，222 期，2008 年 6 月 1
日，版 5）

五月二十一日，法鼓山四川救援團於睢水安置所加設醫療
　　關懷站。果品法師率團前往平武縣平通鎮勘災關懷，
　　並向四川省宗教局商洽於安縣永安安置所進行醫療服
　　務。

五月二十二日，上午，前法務部部長，現任國民黨中央評
　　議會主席葉金鳳至雲來寺拜會。法師致贈《建立全球
　　倫理──聖嚴法師宗教和平講錄》和《心六倫行動手
　　冊全輯》，同時說明提倡「全球倫理」因由，來自於
　　目前多元化、地球村社會，應超越種族、國界、宗教
　　而相互幫助，遵守共同責任，以避免戰爭。（《隨師日
　　誌》未刊稿；另參見：〈十三、啟動心六倫〉，《美好的晚年》，
　　法鼓文化，2010 年 2 月初版一刷，頁 252）

　　下午四時，於中正精舍第八次錄音口述《美好的晚
　　年》。

五月二十四日，於法鼓山園區階梯教室為僧大「高僧行誼」
　　授課。

五月二十五日，於法鼓山園區對全體僧眾早齋開示：「初
　　發心到出家」。

　　傍晚，前往臺灣大學集思國際會議廳，參加「第二屆

聖嚴思想國際學術研討會」閉幕式並致詞。研討會由聖基會主辦，自昨日起舉行兩天。研討會中提問法師與印順導師思想區別，法師於致詞時回應，並說明弘傳佛法，在於結合現代社會、利益大眾，因期許大眾：「以研究『聖嚴』來推動淨化世界」。

剛才在會場外，我聽到有人問起幾個問題，譬如「聖嚴對現代社會有什麼貢獻」、「聖嚴與印順法師的思想有什麼關係」等，大家不容易回答，所以等一下就由我自己來說明。

研究傳統佛教以為今用

我的專長可能只有兩項：一是戒律學，但是這次好像沒有人討論，只有提到我倡導的菩薩戒。其實我這輩子很重視戒律學，並且專攻戒律學；我的另外一項專長，則是明末的佛教。

除了戒律學和明末佛教外，中觀、唯識、天台和華嚴，我都曾經講過，也出版了相關的著作：在天台方面，我寫了一本《天台心鑰——教觀綱宗貫註》，內容是研究蕅益智旭撰述的《教觀綱宗》，從中可以看出我的天台思想；此外，在華嚴方面，則出版了一本《華嚴心詮——原人論考釋》，研究的是圭峯宗密的《原人論》，從這裡也可看出我的華嚴思想。

大體來說，我的思想屬於漢傳佛教，因此，不管是哪一種學說，只要經過我，就變成了漢傳佛教的學說。

兼容小眾佛教與大眾佛教

所以，我個人重視實用，重視佛法與現代社會的結合、接軌。因此，我雖然也是一個擁有博士頭銜的學者、法師，然而我在美國不是到大學裡教書，而是教禪修。這是一個很有趣的身分，身為一個學者，卻以一位禪師的身分出現，而且做得還不錯，也寫了十幾本禪修的書。

我在美國雖然不是做研究、做學者，但在歐美還是有一些影響力。在臺灣呢？我的身分也是多重的：我在研究所、大學裡教書，指導博士、碩士論文，但是我也住持寺院。後來由於跟我學習的人愈來愈多，寺院也愈來愈大，所以漸漸地推廣成為大眾佛教。

在國內，我看起來好像是在經營大眾佛教，其實，我不但重視大眾佛教在社會上的淨化功能，也很重視小眾佛教在高層次人才上的培養。因此，要研究我的話，僅僅根據我的幾本著作是不會清楚的，還要根據我的其他文章、談話，包括我在各種國際會議、宗教領袖會議上所發表的言論，否則是無法了解我這個人的。

諸位學者可能也要仔細地看關於我們的新聞報導，才能知道法鼓山對於臺灣、大陸，以及國際上的影響。

「人間佛教」與「人間淨土」的差異

我想在這裡回答一個問題：我與印順長老不同的地方在哪裡？

印順長老主張的是「人間佛教」，而我主張的是「人

間淨土」，兩者聽起來好像差不多，但是內涵並不相同。印順長老認為釋迦牟尼佛說法是為了人，佛教的中心是人，教化的對象是人，而不是死人，也不是對鬼、對天說，所以是「人間佛教」，因此他不講鬼、神，只講佛，而佛是指釋迦牟尼佛。

雖然如此，我受印順長老的影響還是非常深刻，他把我從迷信的漢傳佛教拉出來，而我因此看到了有智慧、正信的漢傳佛教。所以我講的漢傳佛教、我講的禪宗和淨土，都與歷史上的漢傳佛教有所不同，這一點諸位學者如果用心研究的話，可以看得出來。

佛教同一味──「成熟眾生，莊嚴國土」

我認為佛教是一味的，之所以會分派，主要是因為各宗各派的宗師們，其各自的思想立場不同，而我希望能夠透過我，來重新認識、介紹佛教。其實不管是站在哪一部經、哪一部論，都有其共同的目標──解脫、度眾生，就像是《般若經》不斷強調的「成熟眾生，莊嚴國土」。我歸納佛教的任何一派，最後都是同樣的一個目標──莊嚴國土，也就是莊嚴淨土，亦即我們要將現在的國土莊嚴起來，因此，我的「人間淨土」理念，就有了立足點。（〈以研究「聖嚴」來推動淨化世界〉，《我願無窮》，法鼓文化，2011 年 4 月初版一刷，頁 67-76）

法鼓山第二梯緬甸救援團出發。

五月二十七日，於中正精舍會客。聖基會董事楊蓓陪同第
　　二屆「聖嚴思想國際學術研討會」國外學者，包括
　　哥倫比亞大學教授于君方、田納西大學教授羅梅如
　　（Miriam Levern）、波士頓大學人類學博士雷爾蔓
　　（Linda Learman）、比利時根特大學博士生古瑪莉
　　（Esther-Maria Guggenmos）等人拜見。

　　雷爾蔓教授對法鼓山舉辦的佛化婚禮相當感興趣，已
　　經寫成論文。于君方教授則認為，從居士佛教的角度來
　　探討法鼓山水陸法會、佛化聯合奠祭及佛化聯合婚禮等
　　儀式，也是探究我的思想的一種面向。這些都很值得去
　　做，於我也是意外的驚喜。（〈十三、啟動心六倫〉，《美
　　好的晚年》，法鼓文化，2010 年 2 月初版一刷，頁 253）

　　前往雲來寺，聽取慈基會四川賑災小組報告。

五月二十八日，撰寫〈待我如友的淨心長老〉，祝賀淨心
　　長老八十大壽。

五月二十九日，下午四時，於中正精舍第九次錄音口述《美
　　好的晚年》。

五月三十一日，上午十時，前往中正紀念堂參加「李國鼎
　　傑出經濟社會制度設計獎」頒獎典禮，接受頒獎並致
　　詞。該獎項首次頒贈非經濟與科學領域人員。法師因

提倡建設人間淨土理念,並落實設計可執行之流程步驟,如實踐「心靈環保」等四環理念,發起「心五四」及「心六倫」等教化社會風氣運動,而獲得該獎殊榮。獎座由「李國鼎數位知識促進會」理事長王昭明頒發,法師以「群我關係與全球倫理」為題致詞,說明李國鼎提倡「第六倫」與法師提倡「心六倫」之關聯。

民國七十年(一九八一年),李國鼎先生提出了一項新主張——「第六倫」。當時雖然經濟條件好、科技發達,但是社會的倫理價值觀卻沒落了,所以他開始提倡第六倫。近幾年來,我也受到李國鼎先生的影響,覺得我們應該要有一種世界性、全球性的倫理觀,因為目前世界上各種民族、宗教、文化背景的人,都有自己的一套倫理觀來闡述所謂的「正義」。因此,我呼應李先生的看法:五倫是小的愛,而群己關係的倫理是大愛,而這個大愛應該包括全球、不分種族,也就是跨宗教、跨種族、跨文化背景,這才是人們真正需要的倫理。(〈群我關係與全球倫理〉,《我願無窮》,法鼓文化,2011 年 4 月初版一刷,頁 77-80)

頒獎後,於同一會場與美國太空人艾德格‧米契爾就「宇宙的震撼」、「心識的奧祕」、「覺性,是未來世界的黎明」三項主題對談。座談會由臺中亞洲大學主辦,美國設計與流程科學協會等單位合辦,亞洲大

學講座教授葉祖堯促成此會並擔任主持人。臺北縣文化局局長李斌、資策會執行長柯志昇、亞洲大學校長張絃炬等，共有七百多位聽眾與會。米契爾為史上第六位登陸月球太空人。

曾執行阿波羅十四號太空船登陸月球任務的米契爾博士，在返回地球的航程中，體驗到一種與宇宙合而為一的特殊體驗，以此就教於師父。師父首先恭喜米契爾博士，認為他體驗到禪修的「統一心」；然而修行的最高的境界是「空」，所以應該要放空自我，即使有特殊體驗，也不要執著。

關於宇宙緣起，米契爾博士提到傳統的大爆炸理論早已被推翻，宇宙經證實是在膨脹與收縮的作用中誕生；師父認為這個新理論與佛法「成住壞空」的思想不謀而合。在有關心識的議題討論中，兩位對談人發現佛學與科學竟有許多巧妙的相同點，例如物理學中的量子糾纏理論，與佛教「心識」與「業力」間相互牽引的因果定律，可以互相印證。

師父表示自己相信科學，但認為科學沒有辦法解釋佛法的最高境界。米契爾博士也同意，科學至今無法驗證佛教所說的心識與業力。（〈禪修與科學交會　揭開心靈奧祕〉，《法鼓》，223 期，2008 年 7 月 1 日，版 1）

五月，《智慧之劍──永嘉證道歌講錄》由法鼓文化出版。該書為一九八九年於紐約出版 *The Sword of Wisdom* 之

中譯，由莊國彬翻譯，內容為一九八二至一九八五年
禪期開示講解《永嘉證道歌》。

六月一日，下午二時，前往臺北台泥大樓參加「安心、
安身、安家、安業·重建希望」座談會，與副總統蕭
萬長、台積電文教基金會董事張淑芬，以及影星李連
杰等，共同探討如何從「安心、安身、安家、安業」，
啟動未來希望重建「心」工程。法師說明以心靈環保
為根本之救援規畫。

　　這次四川地震，七十二小時內我們就已經派出救援小
組抵達都江堰，至目前為止，持續做巡迴的慰訪、醫療
和救濟。第二個階段安身、安家、安業的工作也已經展
開，即將要進入第三個安心的階段。目前法鼓山向中國
當局提出未來重建的六大工作項目，將與中國當局一起
配合進行。

　　心靈重建是我們的主軸、是我們的根本，是我們很有
把握做好的事，現在法鼓山人文社會基金會已經培訓了
一百多位安心義工，並且將培訓大陸當地的菩薩，讓他
們能夠擔當起安心義工的工作與責任。（〈法鼓山舉辦安
心、安身、安家、安業·重建希望座談會〉，《法鼓》，223 期，
2008 年 7 月 1 日，版 5）

六月三日，上午，至臺北光啟社進行「心六倫」公益廣
告第二階段拍攝，邀請的代言人有：「自然倫理」李

連杰、「家庭倫理」張小燕、「生活倫理」林青霞，以及「校園倫理」蔡依林。

六月五日，下午，於農禪寺召集僧團相關禪修執事，以及馬來西亞繼程法師等共三十多位，以「法鼓山的禪風」為題，指示法鼓山禪風是弘傳漢傳禪佛教，依照「中華禪法鼓宗」為根本，並以「禪風一致化」為原則，方能維繫純粹禪法之不墮，並期禪修在異文化社會生根推廣。

我也特別強調，法鼓山的禪風，就是話頭禪、默照禪，而前行用的就是數息、念佛，而我的幾本禪法的書，是法鼓山禪風很重要的作品，包括：《牛的印跡》、《聖嚴法師教默照禪》，以及《聖嚴法師教話頭禪》，這三本書是很重要的。（〈十三、啟動心六倫〉，《美好的晚年》，法鼓文化，2010 年 2 月初版一刷，頁 257）

常州天寧的禪風，從來一致，幾百年來不變；揚州高旻寺的禪風，永遠不變。揚州高旻的禪風主要是參話頭，還有講規矩，講開示不多，但是基本觀念要正確把握。禪堂裡不講小止觀、大止觀、九次第定、華嚴、天台，禪堂裡不講這些，而只講禪的修行、只講一脈相承的禪。

法鼓山的禪風很簡單：一個是話頭禪，一個是默照禪。當話頭禪用不上力的時候，主要是用數息，也可以用念佛。

禪堂不是止觀堂，禪宗不修止觀也不講止觀，就是數

息、念佛,然後進入話頭。

主七的法師要帶出法鼓山的禪法,提起法鼓山的禪法。法鼓山的禪法非常純粹,沒有其他的東西。

「止觀」是禪法,《小止觀》、《六妙門》是次第禪法,《摩訶止觀》雖是頓禪,但禪期中不容易帶出來。數息不算是次第禪觀,而是禪修的基礎。

在禪期裡我不會講止觀、次第禪,而是在法會講座裡講。因為在禪期中講這些,會對默照、話頭的修持形成干擾。(「開示紀錄」未刊稿)

六月七日,法師在英國兩位法子:約翰・克魯克博士及賽門・查爾得醫師,偕同英國禪學會(Western Chan Fellowship)各地分會禪修小組帶領人一行十四人上法鼓山園區拜見,法師英語翻譯李世娟同行。英國禪學會為兩位西方法子所創立,同行中有七位禪眾趁此機緣皈依三寶。

克魯克博士於一九九三年受師父傳法,成為師父印可的五位西方法子之一。他以漢傳禪法為基礎並融合西方心理學所創辦的英國禪學會,目前在全英國有二十餘個分會,影響力遍及全英。這次前來參訪的成員主要為英國禪學會各地分會禪修小組的帶領人,讓這次參訪,有如中華禪法鼓宗海外法子回總本山的一場朝聖之旅,意義非凡。

團員一行人六月七日首先拜會師父,向師父請益禪修

上的問題，例如有團員問：「如何才能將中國禪正確地傳授給西方人？」師父說明，教禪的人就像以手指月，學禪的人可隨指頭的方向看見月亮，學禪者見到月亮後還必須把一切執著放下，至於學禪者能否了解，唯有禪修者透過自身的修行體驗才能得知。對於團員感興趣的話頭禪，師父繼而解釋：「話頭，是言語之前的意思。」言語可以表現真實，但言語本身並非真實；參話頭，參的就是言語之前的真實意、本來面目。拜會現場，團員麥珍妮（Jennie Mead）女士為了表達內心謝意，特地將親手寫的書法「無位真人」獻給師父。（〈西方法子暨禪眾　參訪法鼓山　向師父請益禪法〉，《法鼓》，223 期，2008 年 7 月 1 日，版 4）

午後，於法鼓山園區接受《慧炬》雜誌社總編輯陳肇璧專訪，談與《慧炬》創辦人周宣德居士互動因緣。周宣德居士已往生二十年，創立慧炬機構，推動大專青年學佛、輔導各大學創立佛學社團。法師早年將赴高雄閉關時，周老居士曾以「太虛大師、印光大師……，擬學哪位大師」詢問，並於法師榮獲博士學位時，頒發「密勒佛學獎學金」。（〈十三、啟動心六倫〉，《美好的晚年》，法鼓文化，2010 年 2 月初版一刷，頁 257；另參見：〈臺灣佛學研究的扎根者——聖嚴長老談周宣德居士〉，《慧炬》，532 期，2008 年 10 月，頁 48-52）

晚間,於法鼓山園區禪堂,為僧團結夏安居默照禪十開示。

六月八日,上午八時,於法鼓山園區開山寮為英國法子約翰・克魯克及禪眾肯尼斯・萊恩(Kenneth Donald Lyne)小參。

十時,於開山寮與法子繼程法師談話。

下午三時,於開山寮召開四川賑災後續會議。方丈和尚果東法師、副住持果品法師、行政中心副執行長果光法師、護法總會副總會長黃楚琪等與會。

六月十二日,於雲來寺聽取建設工程處進度報告。營建院監院果懋法師於會議空檔時請示,擔任八關戒齋的主法法師,是否平日需要持午才有資格?法師表示,平日未持午也可以擔任八關戒齋主法法師,只要八關戒齋當天持午即可。(《隨師日誌》未刊稿)

六月十四日,上午十時,行政院農委會主委陳武雄闔家,前來中正精舍拜會請益。

下午二時,前往臺北市金華街政治大學公共行政與企業管理中心,與天主教單國璽樞機主教對談「人類生

命的再生與複製——倫理、宗教與法律探討」。法師
與單主教皆不願見自己生命被複製。

　　除了複製人議題，兩位宗教大師同時也現身說法，以
自身經歷來談生死之道。師父表示從修行來看，生、老、
病、死是自然之理，平常就要隨時有面對死亡的準備，
如果害怕就念觀世音菩薩聖號，將害怕的心轉化成正向
的心。

　　形容肺腺癌是「小天使」的單樞機主教則表示，原本
被告知只剩下四個月壽命的他，透過祈禱，相信這是天
主的安排，讓家屬、病人、醫生震懾，明白宗教信仰可
以克服死亡陰影，兩年下來，他已經進行五十多場、超
過一千位聽眾的演講。單樞機主教分享，想要真正了解
生命的意義與價值，面對死亡是最重要的一課。（〈宗
教大師如何解讀生命？〉，《法鼓》，223 期，2008 年 7 月 1
日，版 1）

晚上八時，至法鼓山園區禪堂關懷默照禪十狀況，正
　值小組心得分享。

六月十五日，上午九時，於法鼓山園區禪堂外草坪與參加
　默照禪十僧眾合照。

中午，台積電董事長張忠謀、張淑芬夫婦，偕英國友
　人彼特・邦菲（Peter Bonfield）爵士及夫人約瑟芬・

邦菲（Josephine Bonfield）至法鼓山園區參訪，並與
法師及方丈和尚餐敘。近日四川賑災，台積電透過法
鼓山管道積極響應賑災。

爵士請教佛教和其他宗教的交流狀況，以及宗教教育
等問題。師父表示，不同宗教領袖在一起，不談根本教
義問題，而是討論宗教在今日世界所扮演的角色，及如
何促進世界和平。對於英國開放將基本教育納入宗教課
程，師父認為單一宗教的國家比較沒有問題，但多元宗
教之邦則很難，比如東方的日本、臺灣、中國都沒有辦
法設立宗教課程，因為宗教種類實在太多了。

張董事長表示，印象中，佛教好像是出世的宗教，基
督教是入世的，不過現在看來佛教似乎也走向入世。「這
種想法是錯的！」師父補充道，中國社會背景以儒、道
為主，包括政治、文化領域，佛教徒沒有可扮演的角色，
只好選擇山居修行，以致和社會脫節。現在特別是臺灣
的佛教，就是回到釋迦牟尼佛的本懷，發揮其入世化世
的精神，為社會服務。現在的佛教已經擺脫消極的形象，
但仍過著出世的生活，不求名利，付出所有的身心和時
間，和神父相同。（《隨師日誌》未刊稿；另參見：〈十三、
啟動心六倫〉，《美好的晚年》，法鼓文化，2010 年 2 月初
版一刷，頁 259-260）

六月十六日，即日起至二十一日，至臺大醫院做定期回診，
住院六天。因發現膀胱內長有疑似腫瘤，手術刮除後，

連續三天化療。

六月二十一日，下午，於臺大醫院病床上會客。味全公司
　　董事長魏應充夫婦由果品法師和施炳煌等人陪同，至
　　臺大醫院拜見。法師感恩魏董事長夫婦在緬甸風災與
　　汶川震災，提供救援物資、協助物資運送等。並贈語：
　　「賺錢是個人福緣，智慧用錢是真布施。」
　　　我每次入院，鮮少安排會客，這次因魏董事長夫婦即
　　將離臺，所以就在醫院見了他們。魏董事長在這次的緬
　　甸風災與汶川震災，都為我們提供救援物資，並且出動
　　物流系統，協助物資運送，給予我們非常多的協助。
　　（〈十三、啟動心六倫〉，《美好的晚年》，法鼓文化，
　　2010年2月初版一刷，頁260；另參見《隨師日誌》未刊稿）

六月二十八日，於法鼓山園區對全體僧眾早齋開示：「心
　　胸恢宏・眼光遠大」。

　　上午，寶來集團總裁白文正偕友人一行至法鼓山園區
　　拜會。白總裁因公司被檢調單位搜查，事業受挫、心
　　靈衝擊。法師勉勵遇到挫折時，勇敢面對，並尋求信
　　仰上支持。
　　　白總裁在事業上遇到挫折，公司被檢調單位搜查，他
　　的痛苦，可能不只是事業受挫而已，心靈上也受到嚴重
　　的衝擊。我勸他遇到挫折的時候，要勇敢面對，可以尋

求信仰上的支持。他當時很安靜,並沒有再向我提問。
沒想到,幾天後就傳出他跳海自殺的不幸消息,很可惜,
我沒能幫上他的忙。(〈十三、啟動心六倫〉,《美好的晚
年》,法鼓文化,2010 年 2 月初版一刷,頁 261-262)

中午,至法鼓山園區彌陀殿關懷水陸法會「阿彌陀佛
來迎圖」製作狀況,弘化院監院果概法師在旁解說。

六月二十九日,於法鼓山園區對全體僧眾早齋開示:「法
鼓山的中心價值」。

七月一日,接受《人生》編輯訪談錄影,談《人生》發行
三百期,以及去年發行《人生》復刻版(參見八月一
日譜文)。同時建議《人生》,於明年創刊六十週年,
邀請國際佛教雜誌總編輯舉辦座談,為佛教文化創新
局。

　　當我從日本留學回來以後,就想要把早期的《人生》
復刻,一者做保存;再者,希望推廣,希望佛教界的人
都能分享我的師父早期為中國佛教的努力,尤其是承續
太虛大師致力於佛教現代化的努力。

　　由於早期舊版的《人生》散佚各處,只有我留學日本
前蒐集的一整套,存放在中華佛教文化館的東初老人房
間裡。這套雜誌如果不在我手上復刻,以後可能就見不
到完整的了。(〈十三、啟動心六倫〉,《美好的晚年》,

法鼓文化，2010 年 2 月初版一刷，頁 262-263）

為八月二十三日於美國象岡道場舉辦之「北美發展研討會」錄影開示：「同心同願，為建設人間淨土而努力」。（內容見該日譜文）

七月五日，於法鼓山園區對全體僧眾早齋開示：「以感恩心來接受，用報恩心來付出」。

七月六日，於法鼓山園區對全體僧眾早齋開示：「十方僧及現前僧」。

上午十時，於法鼓山園區，召集方丈和尚暨僧大佛學院院長果東法師、都監果廣法師，以及僧大副院長果光法師、果肇法師等僧伽教育執事法師，針對僧大教育目標、精神、發展，再確認其原則；同時將佛教教育發展史完整介紹，俾「從辦教育，來培養人才、產生人才、運用人才，進而為未來的世界佛教開創明天的願景。」（〈十三、啟動心六倫〉，《美好的晚年》，法鼓文化，2010 年 2 月初版一刷，頁 265；另參《隨師日誌》未刊稿）

下午，《聯合報》社長王文杉，偕其令堂謝家蘭同行，請求皈依三寶。法師為其見證皈依。（〈十三、啟動心

六倫〉,《美好的晚年》,法鼓文化,2010 年 2 月初版一刷,頁 265)

七月八日,上午九時半,於北投雲來寺為法鼓山體系專職同仁、僧團法師及護法悅眾舉行本年度第三場「精神講話」。全臺各分院道場同步視訊連線聆聽開示,約有七百多人參加。法師以「傳承、創新,做安心的工作」為題開示:「平安」指內心平靜與安穩,由此而知「心靈環保」之重要;而「傳承與創新」則為法鼓山之價值。

只要我們的物質生活一下子改變,人心就不能平安,社會也就不平安,因此,我們法鼓山必須做安心的工作。

請大家體諒時局,共赴時艱,一起面對艱苦時代的來臨。假使我們的募款系統募不到錢,我們的大學還是要辦!我這個人是不會在困難、危險的面前退縮,也不會推卸責任不想做,但是我不會拿雞蛋硬跟石頭碰,而會迂迴地轉一個圈子,但最終還是要往前走。

我的身體不好,我常常跟信眾們說:「我的法鼓山已經建好了,下邊沒有建好的是你們的事。」

在傳統中傳承與創新

法鼓山是現代化的一座宗教教育建築物。

傳統的大殿有迴廊、有大柱子、也有佛像,可是內面的空間很小,人能使用的地方很少,而我們的大殿主要

是讓人辦活動用的，所以空間很大。我們要參考傳統，但是不能走同樣的路，那是死路一條，我們必須要走出新的路來。

弘揚佛法，推陳出新

法鼓山傳播的佛法、弘揚的佛法，是從理論上創新的，在實踐上也是創新的，但是創新並非無根，你可以自己創造一個宗教出來，可是那不是佛教。我們無論怎麼創新但仍是佛教，因為佛法的根本原則是不會變的，基本的思想是不會變的。

法鼓山的價值就在於創新。法鼓山弘揚佛法，同樣也在做佛事，譬如大悲懺、梁皇寶懺，還有水陸法會等，我們做佛事是要讓所有參與的人都跟著修行，而不是出錢布施、點燈、寫個牌位或吃一餐齋飯就走了。雖然這也是做功德，但是不夠，我們要求的是信眾來參加法會，就要一起誦經、拜懺、念佛、打坐，是一起來修行的。我們辦大學，也是在做對的事，而且是做別人沒有做過的事，因為我們的大學跟其他大學不一樣，因此一定會辦得起來，請諸位也替我打打氣。我想要做的事，做不起來的很少，但是我也不講大話；我明天還在不在，不知道，但是沒有關係，即使我往生了以後，我們的大學一定還是有人會把它辦起來的。（〈傳承、創新，做安心的工作〉，《我願無窮》，法鼓文化，2011 年 4 月初版一刷，頁 213-223；另參見：〈附錄 • 隨師記行 • 宗教家的願心〉，

《美好的晚年》,法鼓文化,2010 年 2 月初版一刷,頁 272-273)

「精神講話」後,知名歌仔戲演員楊麗花來訪。過去楊麗花歌仔戲團曾為法鼓山舉行慈善義演,非常轟動。今亦有心再為法鼓山義演,因請教建議劇目。法師舉「目連救母」與「釋迦成道」等,寓有倫理、教孝思想之題材供其參考。(〈附錄‧隨師記行‧宗教家的願心〉,《美好的晚年》,法鼓文化,2010 年 2 月初版一刷,頁 273)

下午四時,於中正精舍會見聯電榮譽董事長曹興誠、陳如珍夫婦。法鼓山汶川賑災三階段計畫,獲曹董事長響應支持。(〈附錄‧隨師記行‧宗教家的願心〉,《美好的晚年》,法鼓文化,2010 年 2 月初版一刷,頁 273)

七月十二日,於法鼓山園區會見三批訪客:自美返臺信眾馬宜昌、蔡惠寧夫婦;新加坡吳一賢、黃淑玲夫婦;以及緬甸臺商蔡豐財。馬宜昌、蔡惠寧於法師初抵美國時即跟隨學習,長年護持東初禪寺。新加坡吳氏夫婦長期贊助中華電子佛典協會,此行報告新加坡佛教近況。緬甸臺商蔡豐財,於法鼓山進行緬甸賑災時,獲其協助,圓滿任務。此次返臺,蒐集法師著作,擬著手譯成緬甸文,在當地分享法鼓山理念。法師勉勵

利人便是利己。關懷院監院暨慈基會祕書長果器法師陪同出席。(〈附錄‧隨師記行‧宗教家的願心〉,《美好的晚年》,法鼓文化,2010 年 2 月初版一刷,頁 273-274)

七月十三日,於法鼓山園區對全體僧眾早齋開示:「『中華禪法鼓宗』的傳法人」,帶領禪修者,須有慈悲心、菩提心、性格穩定、弘法願心,以及佛法正知見。

下午,於法鼓山園區開山寮錄製《水陸法會開示》、《聯合祝壽開示祝福》。

七月十四日,中國佛教協會副會長根通長老帶領山西、雲南、河南、徐州、連雲港、北京、上海等地十位寺院住持及宗教學者,至法鼓山園區參訪,方丈和尚果東法師、僧團副住持果暉法師等代表接待。

即日起至二十一日,慈基會派出第八梯次四川震災救援團,先至師古鎮,再深入北川陳家壩鄉提供醫療服務與關懷。

七月十五日,上午,於雲來寺錄製《心六倫》節目訪談,由葉樹姍女士主持。此係人基會策畫,為各電視台廣宣應用。(〈附錄‧隨師記行‧宗教家的願心〉,《美好的晚年》,法鼓文化,2010 年 2 月初版一刷,頁 274)

下午，於雲來寺接受華裔天才少年徐安盧越洋電話專
訪，分享生命中重要轉捩點，包括貧困童年、少年出
家、十年軍中生涯、二度披剃、以三十九歲之齡赴日
本求學等歷程，以及對逆境心懷感恩：「有了願心，
人生是一場豐富的饗宴」。

　　徐安盧在兩年前以十五歲之齡，完成了美國華盛頓大
學雙學士學位，並著有《不只是天才》一書。此次專訪
師父，是為寫作第二本書，邀請各領域傑出人士分享人
生的智慧。師父喜見青年人才奉獻社會，因而撥冗受訪
（〈附錄・隨師記行・宗教家的願心〉，《美好的晚年》，
法鼓文化，2010 年 2 月初版一刷，頁 274-275）

七月十六日，修訂六月底前所擬林子青文集序〈創造歷史
的林子青居士〉。林居士為法師少年從學上海靜安佛
學院時師長，其著述，經法師協助，曾於二〇〇〇年
由法鼓文化出版三冊。居士於二〇〇二年往生後，法
師建議其女林志明蒐集整理居士著作，修訂擴編為四
大冊：詩文集、書信集、傳記集、佛學論著集，仍由
法師協助出版發行。

　　我和林子青老居士的關係是從上海靜安佛學院開始
的，他主要是教《古文觀止》。另外，他又替我們上英
文課，上的是小學的英文，因為我會背，所以每次考英
文都是一百分，因此他對我的印象很深。

　　他不僅懂英文、中文，而且日文也很好，我到過他的

房間，書桌上堆了很多日文的佛教書籍。他教我的時間雖然不多，但是我很佩服他，他的儀表非常的莊嚴，少年時曾經出家，法名慧雲，曾到臺灣的靈泉寺傳戒擔任戒師。

在這四冊中，每本前還有我和大陸中國佛教協會副會長覺醒法師以及林志明女士的序。由這套書中，可以看到林老居士的一生，也可以看到近代中國佛教的縮影。（〈聖嚴法師序：創造歷史的林子青居士〉，《人間此處是桃源——林子青詩文集》，法鼓文化，2008 年 8 月初版一刷，頁 3-5）

七月十七日，下午，前往長榮集團總部，拜會創辦人張榮發及夫人李玉美，方丈和尚果東法師及悅眾楊美雲同行。年初，張總裁創辦《道德》月刊，即邀請法師贈文，法師以〈發一個好願〉（該刊第 2 期）共勉。

張總裁非常重視道德教育，也曾有心興學，然以少子化時代來臨，且國內大學已經太多，因此作罷。談起興學的話題，師父有感而發說：「辦法鼓大學是我的願心，我有信心把大學辦起來，心靈環保是我們的辦學理念，未來這所大學將能為社會乃至全世界奉獻一流的人才，我們一定會辦成。」師父邀請張總裁一起來推動興學。（〈附錄‧隨師記行‧宗教家的願心〉，《美好的晚年》，法鼓文化，2010 年 2 月初版一刷，頁 275-276）

七月十八日，即日起至三十日，資深悅眾俞永峯帶領
　　二十一位西方禪眾，至法鼓山園區參訪，拜會法師與
　　方丈和尚果東法師，參加話頭禪五日禪修、進行禪坐
　　心得交流。參訪團成員包括聖嚴法師克羅埃西亞法子
　　查可‧安德列塞維克、五名克羅埃西亞禪眾、美國香
　　巴拉出版社主編史蒂芬妮‧依莉莎白‧蕭（Stephanie
　　Elizabeth Shaw）及來自墨西哥、瑞士等地禪眾。（〈西
　　方禪眾回總本山拜會聖嚴師父　參加話頭禪〉，《法鼓》，
　　225 期，2008 年 9 月 1 日，版 1）

七月十九日，上午十一時，接受美國作家克雷格‧查爾茲
　　（Craig Childs）以電話專訪，就古文物與文化為題，
　　說明二〇〇二年法鼓山護送古石雕阿閦佛首復歸中國
　　大陸山東神通寺一事。常濟法師翻譯。

　　師父表達，見到千年古佛像遭人破壞，佛像之首流落
異鄉，不論從文化古蹟、宗教文明，或是出自佛教徒的
信仰，內心都是非常不捨。「任何文化古蹟，或者任一
宗教信仰中心，因歲月時間的因素而自然損毀，乃是可
以接受，但如果是人為蓄意破壞，轉作待價而沽的商品，
則令人心痛，也是無法接受的事。」（〈附錄‧隨師記行‧
宗教家的願心〉，《美好的晚年》，法鼓文化，2010 年 2 月
初版一刷，頁 276）

下午四時，於法鼓山園區召集各單位執事法師、事業

主管，以及施建昌、邱再興等悅眾，指示明年系列活動目標、精神與內涵。明年為中華佛研所三十週年、禪坐會三十週年、《人生》雜誌六十週年、法鼓山創建二十週年，意義非凡。法師指示：系列活動須以推廣法鼓山理念為核心目標；同時禮請鳳甲美術館邱再興擔任活動總策畫。（〈附錄·隨師記行·宗教家的願心〉，《美好的晚年》，法鼓文化，2010 年 2 月初版一刷，頁 276-277）

七月二十日，上午，年度第三場祈福皈依典禮於農禪寺舉行，約有一千五百人皈依。（〈附錄·師記行·宗教家的願心〉，《美好的晚年》，法鼓文化，2010 年 2 月初版一刷，頁 277）

七月二十四日，上午十時，於中正精舍召集信眾教育與佛學推廣協調會議。方丈和尚果東法師、副都監果光法師、信眾教育院監院果毅法師、聖基會董事長施建昌、董事林其賢與會。法師先聽取由林董事提報「聖嚴書院工作報告」，說明聖嚴書院定位、目標、特色，以及五年來師資、學員等班級經營執行成果。法師原本決定：聖嚴書院由聖基會主導經營；經施董事長與林董事力陳佛法課程之教學宜由四眾共同合作，於是裁示：聖嚴書院由僧團信眾教育院與聖基會共同主持。兩單位後續因成立「聖嚴書院七人小組」承其責。

下午四時，於臺北安和分院召開並主持法鼓人文社會
學院籌備處第四屆董事會第四次會議，討論並通過
九十七學年度預算。

七月二十六日，上午，於法鼓山園區會見西方弟子，方丈
和尚及禪堂板首果元法師在場陪同。一行人於十八日
來山參訪，已參加「話頭禪五」等禪修禪學活動。查
可報告所主持之「法明佛學會」（Dharmaloka），已
於克羅埃西亞購得建造佛寺土地，將繼續推廣漢傳佛
教，讓中國禪宗法脈於東歐扎根。

法師關懷，並開示傳法條件為：具佛法正知見，人格
穩定、生活清淨，度眾悲願。「度眾生是慈悲心，弘
揚佛法是願心；用願心來實踐慈悲心，就是度眾生，
就是傳法。」〈傳法的條件與意義〉云：

　　我在美國教禪修已經三十年了，期間還延伸到英國、
克羅埃西亞、瑞士等國。有三十多位西方眾一直跟著我，
沒有離開，我覺得很感恩。特別是諸位都受過漢傳禪修
老師的訓練，也已經開始指導禪修，從今以後，即使我
再也不到美國、歐洲弘法，漢傳禪佛教也已經在歐美播
下種子、扎下根了。

　　傳法是交代弘法的任務
　　許多人對傳法很好奇，覺得很神祕，也很光榮，其實

從釋迦牟尼佛開始，傳法只是交代任務而已。什麼任務呢？就是要弟子們將已經聽懂的、學到的佛法牢牢記住，然後普遍地傳播給需要的人，這即是傳法。

能夠接受傳法任務的人，不見得都證悟了，或是已經大悟徹底。傳法有三項條件，一是對佛法要有正確的知見；二是情緒要穩定，人格要正常，並且在生活上持守清淨的原則，否則傳法不會清淨；三是要有度眾生、弘揚佛法的悲願。度眾生是慈悲心，弘揚佛法是願心，讓眾生懂得用佛法，就是傳法，況且佛法是心法，如果佛法已經與你的生命結合，你就真正在弘法傳法了！你還想要些什麼？

沒有開悟的老師也能教出開悟的學生

有的人擔心自己沒有開悟，怎麼能教禪修呢？許多人很好奇地問我：「你教禪修、傳承法，那你開悟了嗎？」我的回答很簡單：「我開悟與否是我自己的事，我能夠指導你開悟，才是重要的事。」

弘法的人雖然懂得正確的佛法知見，以及修行的技巧和方法，但自己不一定是開悟的。所謂「開悟」是什麼？這是無法形容的，就像用手指指月亮，告訴你月亮在那裡，而你相信有月亮，就要自己去找，不能光是倚靠老師的手指。因此，即使是沒有開悟的老師，也可以指導出開悟的學生。（〈傳法的條件與意義〉，《我願無窮》，法鼓文化，2011 年 4 月初版一刷，頁 224-228）

七月二十七日，於法鼓山園區對全體僧眾早齋開示：「作
　　得了自己的主人」。

七月二十九日，為《第二屆關懷生命獎手冊》撰〈序〉。（參
　　見九月六日譜文）

八月一日，《人生》雜誌發行三〇〇期特刊，登載法師專
　　訪：〈在艱苦中見其光輝──聖嚴法師與《人生》的
　　因緣〉。《人生》雜誌由東初老人創刊於一九四九年，
　　一九六〇年起法師擔任主編，復因法師一九六一年南
　　下閉關無以為繼而於翌年停刊；至法師自美回臺弘法
　　後，隨即於一九八二年復刊迄今。去歲（二〇〇七）
　　並發行一九四九年至一九六二年之《人生》復刻本。
　　　一九四九年，東初老人創辦《人生》雜誌，那時他赤
　　手空拳到臺灣不久，甚至連住的地方也沒有，暫時落腳
　　於北投法藏寺。雖然自身都還沒安定，卻已意識到文化
　　與教育的重要性，這與他在大陸焦山辦佛學院的經驗有
　　關。
　　　培養人才可從幾個不同的方向著手，第一是辦學校、
　　培育學生；第二就是辦刊物。辦刊物的功能，一來可以
　　鼓勵年輕的法師、居士們投稿，讓他們在撰述過程中，
　　藉由思惟法義而使自己的智慧和文筆有所成長；二來也
　　可以弘揚佛法，尤其那時臺灣光復沒多久，整個漢文化，
　　特別是漢傳佛教的文化相當落後，因此東初老人希望透

過雜誌,讓民眾了解漢傳佛教,並且提昇佛教徒的水準。

《人生》名稱的由來

因為東初老人畢業於太虛大師所設立的閩南佛學院,所以繼承了「人生佛教」的理念,要把傳統佛教轉化為文化的佛教、教育的佛教,並且根據佛法建設一個「人間佛教」的世界。

東初老人認為,文化與教育的佛教,是普遍適用於人間的,其內涵是關於人的生命、人的生活、人的生存,而這些就是「人生」。

《人生》雜誌是中國大陸法師到臺灣之後,創辦的第一份中文佛教月刊,雖然是薄薄一本,但卻彌足珍貴。

《人生》對教界的影響

藉由《人生》雜誌,東初老人培養了不少編輯人才,還有寫作的人才。最初雜誌是由東初老人自己編的,後來才請了圓明法師、摩迦法師、廣慈法師、幻生法師、心悟法師、成一法師、星雲法師、性如法師,以及張少齊居士、楊白衣居士來編輯。這些擔任編輯的法師,往往為了編雜誌而一再練筆,因為他們不但要寫編後語,還要與作者書信往來,更要回答讀者的問題,像早期的《人生》,就可以看到很多星雲法師寫的文章。另外,《人生》的創刊,對教界也產生了一些漣漪與反應,這可從《人生》雜誌復刻版中,所刊登的來信與回函中看出端

倪。除此之外，《人生》雜誌出刊之後，佛教界其他雜誌也跟著陸續出現，表示辦雜誌的確是正確的弘法方向。

《人生》復刊的意義

雖然我對《人生》一路走來的努力，感到滿欣慰的，但是我始終覺得很遺憾，因為一九六二年《人生》在我手上停刊。直到一九八二年，雜誌才又復刊。

《人生》復刊時，我一共寫了五句話，內容是：

《人生》要在平淡之中求進步，又在艱苦中見其光輝；

《人生》要在和諧之中求發展，又在努力中見其希望；

《人生》要在安定之中求富足，又在鍛鍊中見其莊嚴；

《人生》要在沉默之中求智慧，又在活躍中見其悲願。

《人生》一定要貼切著生活——有趣的、人情味的、知識的、啟發性的、樂觀的、鼓勵性的，負起良師益友的責任，陪伴著每一位需要它的人，建設人間的樂土，開發似錦的前程。

《人生》一定要辦下去

我對《人生》的期許，是傳播人間淨土的思想。人間淨土的思想在我腦海裡已醞釀很久了，是根據太虛大師的人生佛教及人間淨土思想，還有印順法師的人間佛教思想而來，另外又再重新找經典根據，而成為我所提出的「人間淨土」。這份雜誌的責任，就是推動法鼓山的理念。未來不管我還在不在，不管是誰擔任主編或社長，

我寄望《人生》雜誌都能負起這樣的使命。

　《人生》是給人光明的，《人生》是為世界帶來希望的。如果沒有《人生》，法鼓山就黯然失色，因為《人生》是法鼓山的喉舌，是外界了解法鼓山的媒介。因此，《人生》一定要繼續辦下去。（〈在艱苦中見其光輝──勉《人生》雜誌三〇〇期〉，《我願無窮》，法鼓文化，2011 年 4 月初版一刷，頁 301-309）

「法鼓佛教研修學院」報請教育部核可通過，即日起更名為「法鼓佛教學院」。

法鼓人文社會學院董事會聘請前逢甲大學校長劉安之接任籌備處主任。

即日起，法鼓山「心六倫」新倫理運動邀請副總統蕭萬長、香港「壹基金」創辦人李連杰、表演工作者林青霞、蔡依林、張小燕及亞都麗緻飯店總裁嚴長壽分別擔任代言人，藉由電視、報章、網路等通路，籲請大眾響應。

八月三日，於法鼓山園區對全體僧眾早齋開示：「僧團國際化的方向」。

八月五日，上午十時，於中正精舍召開「僧才的培育與運

用」會議。

八月七日,中午,前總統陳水扁由隨扈陪同,至農禪寺拜
會。時值梁皇寶懺法會期間,法師陪同陳前總統,至
大殿上香祝禱。(〈附錄・隨師記行・宗教家的願心〉,《美
好的晚年》,法鼓文化,2010 年 2 月初版一刷,頁 278)

八月八日,即日起至十三日,慈基會派出第十梯次四川救
援團至安縣秀水鎮建立醫療站,並勘察未來重建衛生
院及學校建築用地。

八月九日,農禪寺梁皇寶懺法會圓滿,法師於午後開示瑜
伽焰口意義。(〈附錄・隨師記行・宗教家的願心〉,《美
好的晚年》,法鼓文化,2010 年 2 月初版一刷,頁 278)

八月十日,下午四時,至雲來寺參加「法鼓山大陸佛教聖
蹟巡禮團」行前說明會,勉勵並叮囑團員,用修行態
度完成七天參訪。巡禮團將於九月二十二日啟程,由
方丈和尚果東法師率領,先後赴北京、焦山、南通、
蘇州及上海等地。(〈附錄・隨師記行・宗教家的願心〉,
《美好的晚年》,法鼓文化,2010 年 2 月初版一刷,頁 279;〈叮
嚀語〉刊於《二〇〇八法鼓山大陸佛教聖蹟巡禮團團員手
冊》)

下午四時半,於北投雲來寺會見日本愛知大學副教授
葛谷登。葛谷教授正為法師著作《明末佛教研究》日
文翻譯,特地向師父請益該書內容。法師贈予日文版
《聖嚴法師學思歷程》、《天台心鑰——教觀綱宗貫
註》及《華嚴心詮——原人論考釋》等著作。(〈附錄・
隨師記行・宗教家的願心〉,《美好的晚年》,法鼓文化,
2010 年 2 月初版一刷,頁 279)

八月十六日,於法鼓山園區對全體僧眾早齋開示:「『中
華禪法鼓宗』釋疑」。

下午三時四十五分,會見本屆剃度者家屬,法師開示:
「出家是二十一世紀最時髦的行業」,勉勵家屬不必
掛心子女出家後生活,學僧出家以後,僧團會照顧一
輩子,給予終生教育,成為人天師範之宗教師。(〈附
錄・隨師記行・宗教家的願心〉,《美好的晚年》,法鼓文化,
2010 年 2 月初版一刷,頁 279-280;〈出家是二十一世紀最時
髦的行業〉,《法鼓山僧伽大學九十六～九十七學年度年報》,
法鼓山僧伽大學,2010 年 11 月,頁 30-32)

四時半,至法鼓山園區「卓越・超越」青年成長營關
懷並開示。青年成長營自十四至十八日舉行,共有
二百一十九位來自臺灣、香港、韓國、中國大陸北京
等地青年參加。法師開示「做自己的主人翁」:

「兒童、青少年是我們社會、國家未來的主人翁」，這是一句老生常談的話，問題在於「如何成為主人翁」？

首先我們要問：「每一個人能不能做自己的主人翁？」如果連自己的主人翁都做不成，又怎麼能夠當國家、社會的主人翁？所謂「超越」，是指良性的超越，是超越我們自己，超越自我的弱點，超越自己的困擾、煩惱，超越自己種種的障礙，而不一定是指超越他人。當自己的主人翁，就是明辨：「什麼是需要？什麼是想要？」需要的不多，想要的太多；能要、該要的才要，不能要、不該要的絕對不要，但這並不容易。

這是要練習的，一次一次地練習。一次失敗了，第二次再來，第二次又失敗了，第三次再來……一定要有信心和決心做好自己的主人翁。祝福大家！（〈做自己的主人翁〉，《我願無窮》，法鼓文化，2011 年 4 月初版一刷，頁 310-313）

八月十七日，上午十一時，前往法鼓山園區彌陀殿關心淨土接引圖繪製進度。

下午五時，出席於北投農禪寺舉行之「第六十次法鼓山社會菁英禪修營共修會」，有一百七十八人參加。邀請臺北榮民總醫院陳維熊醫師分享四川賑災經驗。陳醫師為今年五月十五日法鼓山賑災救援團第一梯次參與者。法師於共修會開示：「禪宗的頓漸法門」。

禪宗有「頓」和「漸」兩種法門，而且在這之間永遠爭論不休。什麼叫「頓」？什麼叫「漸」？「頓」是不立文字、不假語言，是離開語言文字的；反之，運用語言文字的就是「漸」。

惠能的頓悟法門

惠能禪師用語言文字告訴我們不立文字，這是滿弔詭的事。不用語言文字時，究竟是怎麼回事？惠能禪師說：「當下即是。」何謂「當下即是」？是指看到什麼就是什麼，聽到什麼就是什麼。

神秀的漸悟法門

「漸」是用觀心的方法，心到最後還有一點存在。守心、觀心；守靜、觀靜，靜也好，心也好，都是「有」。禪宗的智慧講「空」，是絕對的沒有，但在用方法時，假使一點也沒有，根本著不上力。所以，我們教人修行的時候，仍要教人從觀呼吸開始，心安定了，便能參話頭。話頭參到最後疑團粉碎，如大地陸沉、山河粉碎，在此狀況下，沒有內、沒有外、沒有心，也沒有物質，什麼也沒有。這個時候，有沒有開悟的悟境呢？沒有，連開悟的悟境都被否定。

有煩惱的人，也可以用禪修的方法，練習成為煩惱少一點的人。如果禪修很久了，煩惱還是非常重，表示用方法有問題，沒有好好地掌握。（〈禪宗的頓漸法門〉，《我

願無窮》，法鼓文化，2011 年 4 月初版一刷，頁 229-236。共
修會分享參見：法鼓山四川賑災專輯《四川的希望》，聖嚴
法師序〈一份不能輕解的重責〉，法鼓山慈善基金會，2008
年 9 月，頁 4-5）

六時四十分，高雄縣縣長楊秋興、縣政府民政局宗教
禮俗科科長蔡振坤等一行，至北投農禪寺拜會。（〈附
錄・隨師記行・宗教家的願心〉，《美好的晚年》，法鼓文化，
2010 年 2 月初版一刷，頁 280-281）

八月十八日，僧團副住持果品法師，由中國大陸四川省宗
教局局長王增建陪同，至彭州市參訪中國大陸唯一高
級尼眾人才養成學院「四川尼眾佛學院」，期增加兩
岸僧伽教育交流。隨後轉往丹景山鎮雙松村三昧禪林
勘災，捐贈二十萬人民幣，協助重建。二十一日，與
四川安縣秀水第一中心小學、秀水中心衛生院，分別
簽訂人民幣一千五百萬與一千六百萬援建協議書，工
期預計為一年半。四川省宗教局局長王增建、省臺辦
副主任張軍、安縣縣長趙迎春、秀水衛生院院長夏萬
俊與秀水一小校長鄭本生等人出席。會後護法總會副
總會長黃楚琪、法行會工程組江建平、易力行隨果品
法師，赴兩處援建預定地勘查。（〈法鼓山援建四川秀
水一小、衛生院〉，《法鼓》，225 期，2008 年 9 月 1 日，
版 1）

八月二十一日，即日起至二十四日，「法鼓山北美發展
　研討會」於紐約象岡道場舉行，法鼓山佛教協會
　（DDMBA）、東初禪寺、象岡道場三單位董事、護
　法會悅眾，與十多位西方眾佛法師資，以及僧團都監
　果廣法師、東初禪寺前、後任住持果明法師、果禪法
　師等十位僧團法師代表與會。法師以會前預錄影帶開
　示：「同心同願，為建設人間淨土而努力」。

　　我們團體要年輕化、要國際化、要有西方人參與，不
　能僅僅是我們中國人。我們是護持者、我們是修行者，
　希望我們也能夠做為推廣者。（〈十三、啟動心六倫〉，《美
　好的晚年》，法鼓文化，2010 年 2 月初版一刷，頁 263）

　　這場以「同心同願、承先啟後」為主題的研討會，議
　程包括：八月二十二日由果廣法師講「法鼓山理念的核
　心價值」及研討；二十三日則由果幸法師代讀哥倫比亞
　大學于君方教授〈聖嚴師父與人間佛教在美國所扮演的
　角色〉一文，以及邀請女性和平會議創辦人迪娜 ・ 梅瑞
　恩講「北美宗教現況及佛教的角色」。

　　與會者並以研討形式，集思廣益歸整出未來發展的五
　大議題，包括：確立北美發展策略、強化美國弘化師資、
　強化美國護法會各會團之支援與發展、積極召募培訓建
　構人才庫，與重新建立新標誌，以提昇法鼓山在北美的
　能見度等。（〈北美發展研討會　共商未來〉，《法鼓》，
　225 期，2008 年 9 月 1 日，版 1）

八月二十二日，為法鼓山四川賑災專輯《四川的希望》撰
　　序：〈一份不能輕解的重責〉，感謝護持法鼓山進入
　　四川災區賑濟之因緣。（參見九月一日譜文）

八月二十三日，於法鼓山園區對全體僧眾早齋開示：「吃
　　苦頭」。

　　晚間，於法鼓山園區開山寮與美國象岡道場「法鼓山
北美發展研討會」現場連線，關懷與會大眾並回答提
問。由李世娟在象岡現場擔任翻譯。法師勉勵西方弟
子，在自己熟稔語言、文化及傳統價值基礎上，承擔
在當地推廣漢傳禪法之責任。
　　有一西方弟子扣問：「師父已長時間未到紐約，弟子
該如何修行？」師父表示，儘管時代會變，但是人心不
變，禪修的基本觀念和方法，也永遠不會改變，足以適
應每一個時空。但是接引方法要做調整，禪法是活活潑
潑的。
　　對於「漢傳佛教的禪法，如何適應當代社會？」一問，
師父則回應，法鼓山的核心價值「心靈環保」，就是現
代化的漢傳禪法，落實方法即在禪修。「藉由禪修的練
習，讓我們的心不隨境轉，除此之外，尚能以心轉境，
就是心靈環保，便是漢傳禪法的精要。心靈環保是不受
任何時空限制的。」
　　師父勉勵大眾，漢傳禪法在西方社會是很有希望的，

師父對此有很大的信心；尤其勉勵西方弟子，要有一份責任感，在自己熟稔的語言、文化及傳統價值的背景基礎之上，搭起一座平台，把漢傳禪法推廣給當地人士。「特別要接引年輕人，主動到校園舉辦演講、帶領禪修。」師父把過去弘傳的心得與大眾分享，希望下一代的弟子們，能更用心接引年輕人。（〈附錄‧隨師記行‧宗教家的願心〉，《美好的晚年》，法鼓文化，2010 年 2 月初版一刷，頁 281-282）

八月二十八日，午後，於雲來寺七樓會客室錄製《大法鼓》系列電視節目，介紹「心六倫」運動。（〈附錄‧隨師記行‧宗教家的願心〉，《美好的晚年》，法鼓文化，2010 年 2 月初版一刷，頁 282）

八月三十日，出席於法鼓山園區大殿舉行之剃度典禮。本屆剃度典禮中有五位男眾受沙彌戒，十三位女眾受沙彌尼戒；另有行同沙彌三位、行同沙彌尼十一位。法師擔任得戒和尚，方丈和尚果東法師擔任教授阿闍梨。

受戒時，師父特別期勉十八位新戒法師，除了要學習戒、定、慧三學，以及比丘、比丘尼的威儀，祛除貪、瞋、癡三毒，對於雙親的成就，更要懷抱極大的感恩心，出家後，將俗家親人當作菩薩和護法。最後，師父勉勵新戒法師發願生生世世頂戴僧裝，才是大乘菩薩的大悲

願心。（〈法鼓山剃度大典　十八位學僧承擔如來家業〉，《法
鼓》，226 期，2008 年 10 月 1 日，版 1）

八月三十一日，於法鼓山園區對全體僧眾早齋開示：「戒
學的次第」。

午時，前交通部部長林陵三夫婦、公路局局長陳晉源
夫婦，以及華航董事長魏幸雄、慧洋海運董事長藍俊
昇等一行，至法鼓山園區拜會。（〈附錄 ‧ 隨師記行 ‧
宗教家的願心〉，《美好的晚年》，法鼓文化，2010 年 2 月
初版一刷，頁 282）

九月一日，法鼓山四川賑災專輯《四川的希望》發行。法
師歷敘四川地震以來心情與震撼，慰勉參與賑災工作
者之辛勞，並感謝來自四方之關懷與支援協助。

　　法鼓山的川震救援，從五月十五日開始，主要集中在
四川省的綿陽市、什邡市進行人道關懷。總共派出了十
個梯次的賑災人員，提供包括醫療衛生、物資發送、環
境清理、訪視關懷，以及心理諮商等各種服務工作，並
沒有隨著震災的時間日遠而淡漠。

　　這次的川震救援，來自四川當地民間、政府、學校與
醫療衛生單位的殷殷期盼，強烈要求我們留下來協助他
們、陪伴他們的這一心聲，也讓所有救援團成員深感肩
上一份不能輕解的重責。

　　除了要慰勉這段時間所有參與賑災團菩薩們的辛勞，也感動於臺灣許多善心人士的慷慨解囊；也一併感謝在大陸的臺商企業提供的賑災物資，以及中國大陸當局給予的協助，使得此次賑災任務能夠順利達成。（〈一份不能輕解的重責〉，《四川的希望》，法鼓山慈善基金會，2008 年 9 月，頁 4-5；另參見：《2008 法鼓山年鑑》，法鼓山基金會，2009 年 8 月初版，頁 287-288，改題為：〈來自四方的關懷與救援〉）

九月三日，於中正精舍召開「二○○九年各項週年慶祝活動籌備會議」。

方丈和尚果東法師受邀出席「點燈文化協會」於臺北亞都麗緻飯店舉辦第一屆「點亮生命之燈」頒獎典禮，並轉達法師祝福。此協會由張光斗居士成立。

九月四日，中午，出席於農禪寺舉行之僧大教師餐敘，僧大院長果東法師、副院長果光法師陪同，向四十餘位教師致敬，並以法鼓山僧伽教育辦學理念開示：「以宗教師應具備的涵養來教育學僧」，期許任教教師「培育佛教宗教師，在社會上傳播正信的佛教，以身教、言教感動與感化社會大眾，真正負起弘化中華禪法鼓宗的任務。」

　　近五十年來，正信佛教能在臺灣重新被認識，接引許

多的人學佛，其中要因，便在於宗教師的弘化。一個標準而有威儀的宗教師，是以身教影響信眾，教化大眾，這是正信佛教的基礎，也是僧伽大學辦學的宗旨。師父叮嚀，法鼓山宗教師的培養，一定是緊扣「心靈環保」理念和中華禪法鼓宗的正統教法。（〈附錄・隨師記行・宗教家的願心〉，《美好的晚年》，法鼓文化，2010 年 2 月初版一刷，頁 283；〈以宗教師應具備的涵養來教育學僧〉收入《2008 法鼓山年鑑》，法鼓山基金會，2009 年 8 月初版，頁 385-388）

九月六日，下午，前往圓山飯店，出席第二屆「國際關懷生命獎」頒獎典禮，與天主教單國璽樞機主教、前監察院院長錢復及國際防治自殺協會（IASP）主席布萊恩・米謝勒（Brian Mishara），共同頒獎。

「國際關懷生命獎」由法鼓山人文社會基金會主辦，本屆個人慈悲獎由高雄市生命線協會主任吳信安獲得，個人智慧獎得主為關渡麗景管理委員會副主任委員陳明里，團體大願獎則由「社團法人中華民國工作傷害受害人協會」獲得，特殊貢獻獎則頒予布萊恩・米謝勒博士。（〈附錄・隨師記行・宗教家的願心〉，《美好的晚年》，法鼓文化，2010 年 2 月初版一刷，頁 283-284；另參見：〈推動生命關懷　永不停歇〉，《法鼓》，226 期，2008 年 10 月 1 日，版 1）

法師致詞：「生命，不只屬於我們自己」，呼籲：生命存在，絕非孤立無援；生命權利，不僅屬於個人，更與所有「關係人」密切相繫。

人的生命究竟屬於誰？有的人認為，從出生到死亡這個過程中的生命，完完全全屬於自己，因此由自己支配，乃是天經地義的事。其實這種想法是相當片面的，甚至可說是一種自私且不負責任的態度。

人的生命，並不是想活就能夠活，活著的時候，必須要有各種條件的配合；當然，也不容許想死便死，生命並非片面屬於我們自己，每個人都沒有自殺的權利。事實上，我們每一個人的生命，都與父母家人相繫，與同儕友人相親，也與社會國家和天地自然之間，有著密不可分的關係。沒有一個人是孤單的，也沒有一個生命是無依無援的。我們的生命，是與我們的「關係人」共同相繫，因此對於「關係人」：家人、朋友、師長、社會，乃至整個宇宙，我們是有責任、有義務，而要回報奉獻的。

我們每個人來到這個世界上，都具有兩項任務：一種是受報，另一種是還願。如果今生該受的業報尚未清償而自殺，那就像是欠了一身的債款不還，躲起來以後，債務不僅不會消失，反而可能變本加厲地向你要回來，業力是不會憑空消失的。

關懷生命，尊重生命，除非死亡的一日自然而然到來，否則絕不可放棄生存的權利。（〈生命，不只屬於

我們自己〉,《我願無窮》,法鼓文化,2011年4月初版一刷,
頁314-317)

九月七日,上午,至臺大醫院國際會議中心參加「國際關
懷生命暨自殺防治論壇」。此係人基會與行政院衛生
署自殺防治中心共同舉辦,「關懷生命」系列活動,
邀請法師與世界防治自殺協會主席布萊恩·米謝勒博
士,擔任「關懷生命·大師對談」主談人,從「心靈
環保」理念及全球自殺防治實務經驗,探討自殺防治
面臨挑戰與因應策略。(〈附錄·隨師記行·宗教家的願
心〉,《美好的晚年》,法鼓文化,2010年2月初版一刷,
頁284-285;另參見:〈推動生命關懷　永不停歇〉,《法鼓》,
226期,2008年10月1日,版1)

晚間,至北投農禪寺,參加法鼓佛教學院與日本立正
大學締結姊妹校換約儀式,與三友健容代表雙方換約。
立正大學海外參學交流團一行四十七人,領隊三友健
容教授帶來兩張與法師求學日本時合照。(〈附錄·
隨師記行·宗教家的願心〉,《美好的晚年》,法鼓文化,
2010年2月初版一刷,頁285;另參見:〈日本立正大學師
生參訪法鼓山〉,《法鼓》,226期,2008年10月1日,版4)

九月八日,即日起至十日,至臺大醫院定期回診,住院
三天檢查,結果正常。(〈附錄·隨師記行·宗教家的

願心〉,《美好的晚年》,法鼓文化,2010 年 2 月初版一刷,
頁 285)

九月十二日,新加坡護法會於萊佛士城市俱樂部(Raffles
Town Club)舉辦「大悲心起感恩晚宴」,慶祝成立
十二週年同時籌募永久道場建築基金。關懷中心副都
監果器法師、護法總會副總會長周文進出席關懷,約
五百人參加。

九月十四日,中秋節,下午,總統馬英九至法鼓山園區拜
會。強烈颱風辛樂克離境不久,風雨未歇,法師、方
丈和尚果東法師及綱領執事法師等迎接招待。會談後,
法師引領馬總統至大殿上香禮佛,並簽名致贈《工作
好修行》新書祝福。

　　「人到了某一個位置,自己的一言一行,所做的任何
政策,都是牽涉到千萬生命,不可不慎,人的品質很重
要。以前聽師父講這些道理,到了關鍵時刻就會浮上心
頭。」

　　總統表示,常在關鍵時刻想起師父的話,尤其師父提
出的提昇人品,對擔任政府要職人員非常重要。

　　談起防治自殺工作,「現在要做的,是幫助社會大眾
免於恐懼,對未來有希望感,政府和民間都要從這方面
去努力。」師父表示,自殺的因素雖有各種各樣,但會
走上自殺一途,多半是因為沒有未來感,對未來沒有希

望且心懷恐懼，因而走上絕路，因此政府與民間都要努力防範。（〈附錄‧隨師記行‧宗教家的願心〉，《美好的晚年》，法鼓文化，2010 年 2 月初版一刷，頁 286；另參見：〈馬英九總統來訪　肯定法鼓山關懷生命〉，《法鼓》，226 期，2008 年 10 月 1 日，版 1）

九月二十二日，即日起，方丈和尚果東法師率領「法鼓山大陸佛教聖蹟巡禮團」，前往北京等地參訪七日，期藉此促進法鼓山與大陸佛教界互動，共有六十二位僧團綱領執事法師及資深悅眾參加。

下午，巡禮團抵達北京首都機場，隨即前往拜會中國國家宗教事務局，由局長葉小文接待，副局長齊曉飛等人陪同。葉局長致詞強調：法鼓山在四川震災中，第一時間派出救援團攜帶物資進入災區，並進行醫療服務；聖嚴法師亦數次打電話關切，說明法鼓山救援計畫。對此大愛真情，葉局長由衷感謝。

巡禮團二十三日接著拜會中國佛教協會、北京廣濟寺、中國佛教學院、法源寺、靈光寺。對於法鼓山救援四川震災，中國佛教協會會長一誠長老當面向方丈和尚表達感謝，並希望兩岸之間本著血濃於水的親情，今後要多交流、多互動，共同來推動佛教的發展。（〈方丈和尚率領大陸佛教聖蹟巡禮團啟程〉，《法鼓》，226 期，2008 年 10 月 1 日，版 1）

九月二十四日,韓國通度寺律學院一行十八人,由慧南長老帶領,至法鼓山園區參訪,常應法師代表接待、導覽。

九月二十七日,於法鼓山園區為僧大學僧授課「高僧行誼」。

九月二十八日,上午,於中正精舍會見 TVBS 董事長梁乃鵬、梁文端伉儷及總經理楊鳴等人。梁董事長請益佛法中因果道理,並希望與法鼓山合製安定人心之節目或廣告。法師感其發心,樂見其成。(〈附錄·隨師記行·宗教家的願心〉,《美好的晚年》,法鼓文化,2010 年 2 月初版一刷,頁 287)

九月三十日,於佛教學院九十七學年度第一學期「創辦人時間」,為全校師生開示:「大學院教育的整體性」。

九月,新書《工作好修行》由法鼓文化出版發行。內容係輯錄自《大法鼓》系列電視節目。

十月二日,上午,臺北縣縣長周錫瑋率同副縣長李鴻源等八十餘位首長,至法鼓山園區舉行「北縣首長生活減碳體驗」活動,同時了解法鼓山綠建築設計理念。法師於中午餐敘時出席,與來訪貴賓分享法鼓山素食特

色,並藉助園區低碳節能環境進行減碳體驗。方丈和尚果東法師、兩位副住持果品法師與果暉法師,以及法鼓人文社會學院籌備處主任劉安之等在場陪同。

師父道出,法鼓山的素食具有三種特色:不取葷食名,不做葷食形,也沒有葷食的味道。法鼓山的建築也是環保的落實,山上的每棟建築物,都是依山而建、順勢而造,不以建築需求而破壞地形;在建築風格上,則以簡明、樸實一以貫之。「法鼓山的房子不花俏,沒有多餘裝飾,這就是環保。」

師父也分享,正在籌備和建築中的法鼓大學,未來將會推出多層次課程,除了在校學生,義工與社會大眾也能受惠,希望北縣府的主管菩薩日後都來體驗法鼓大學,或做學生,或當老師。(〈附錄・隨師記行・本來面目〉,《美好的晚年》,法鼓文化,2010 年 2 月初版一刷,頁 288-289)

十月四日,於法鼓山園區對全體僧眾早齋開示:「出家人的謀生不是『謀生活』,而是謀生死大業」。

出家人每過一天,就是多消我們的舊業,多增長我們的慧業。那麼舊業怎麼消呢?就是為眾生多服務、多貢獻,我們自己就消業了;那怎麼樣能夠增加我們的慧業呢?就是為眾生多做一些事。

每天生活的時候,不是迷迷糊糊地一天又開始了,一天又要結束了,而是要去體驗生死,沒有這種體驗,就是變成了醉生夢死。(〈找生活與了生死〉,《法鼓山僧伽

大學九十八～九十九學年度年報》，法鼓山僧伽大學，2012
年 4 月，頁 26-30）

至法鼓山園區第二大樓四樓會客室出席「僧大刊物會
議」。

十月五日，至北投雲來寺出席「法鼓山榮譽董事——禮聘・
感恩・聯誼會」。方丈和尚果東法師代表頒發聘書給
一百五十八位歷年來已圓滿，但尚未領取聘書之榮譽
董事。法鼓大學（法鼓人文社會學院）籌備處主任劉
安之亦出席，介紹法鼓大學創建理念及目標。法師開
示：「參與建設法鼓大學的人都是創辦人」，感謝所
有榮董，並說明法鼓山最重要之建設，不在建築、不
在設施，而在培養人才。

　　師父談起法鼓山的大學院教育，表示法鼓山最重要的
建設，不是建築、不是設施，而是要培養人才。師父也
特別提起大學院教育中的僧伽教育，目的在於培養優秀
的宗教師，而宗教師的關懷有兩個層面，一個是對生命
的關懷，一個是對社會的關懷。目前僧伽大學雖然只是
佛學系、禪學系的規模，但是學僧之中，不少人已獲得
碩、博士學位，師父籲請榮董菩薩鼓勵有心奉獻出家的
年輕人報考僧伽大學。而對於即將開辦的法鼓大學，師
父表示，凡是護持的菩薩，不論在場或者不在場，「全
都是法鼓大學的創辦人」。（〈附錄・隨師記行・本來面

目〉，《美好的晚年》，法鼓文化，2010 年 2 月初版一刷，頁 289；開示文收入：〈參與建設法鼓大學的人　都是創辦人〉，《2008 法鼓山年鑑》，法鼓山基金會，2009 年 8 月初版，頁 318-320）

十月七日，上午，於北投雲來寺大殿，對僧團法師、全體專職同仁舉行「精神講話」。全臺各分院道場同步視訊連線，約七百人參加。明年《人生》雜誌創刊六十週年，僧團、中華佛研所暨護法會成立三十週年，因以「回顧過去，展望未來」為題開示勉勵。

　　師父交代所有僧俗弟子，從今以後，不論對內對外，不可使用「法鼓人」、「我們法鼓人」這類稱呼，而要稱「法鼓山菩薩」。師父指出，「法鼓人」的稱法聽起來似乎很親切，其實是小眾、小團體的自我耽溺用語，會讓沒有參與這個團體的人聽了不舒服，感覺像受到排斥，以後不可再用。（〈附錄‧隨師記行‧本來面目〉，《美好的晚年》，法鼓文化，2010 年 2 月初版一刷，頁 290-291）

十月九日，上午，應中華航空公司董事長魏幸雄邀請，至中華航空教育訓練中心專題演說，魏董事長、前董事長李雲寧、臺灣高鐵副總經理林鵬良，以及一百五十餘位華航主管參加。講題為「如何追求安全的保障」，法師提出「自我規範、以身作則、心存希望」三法寶，勉勵在逆境中展現智慧，生活在希望中。（〈如何追求

安全的保障〉,《我願無窮》,法鼓文化,2011 年 4 月初版一刷,頁 318-325;另參見:〈希望　讓人產生向上動力〉,《法鼓》,227 期,2008 年 11 月 1 日,版 1)

下午,至安和分院出席人基會董事會議,方丈和尚果東法師、惠敏法師、李伸一祕書長、曾濟群校長、陳錦宗副執行長、陳維昭董事等人與會。李祕書長報告「心六倫」及「關懷生命」運動進度,執行董事曾濟群報告「法鼓人文講座」及「法鼓山社會大學」事宜。法師結語指示,今景氣衰退,捐款減少,各事業單位務必謹慎用錢,做到以活動養活動,期達到自給自足營運目標。

十月十日,即日起至二十日,慈基會副祕書長常法法師偕同法鼓山建設工程處總工程師陳洽由等前往緬甸仰光市,實地勘察、評估,並了解當地營建法規,以加速協助哈朗他亞第一小學(Hlaing Tharyar SoPoS 1 State Primary School)、丹閰綜合學校(Thanlyin Pyin Thaung Village State Middle School)等援助緬甸風災災區重建工程。

十月十一日,於法鼓山園區會見玄奘大學講座教授羅宗濤、陳靜雅伉儷、臺北教育大學生命教育所所長陳錫琦、陳淑香伉儷,同校語文系教授涂艷秋以及政治大學中

文系副教授丁敏及夫婿俞雨霖等一行。來訪學人中，
有林泰石近期以法師為研究主題發表論文《聖嚴法師
禪學著作中的生命教育》。（〈附錄·隨師記行·本來面
目〉，《美好的晚年》，法鼓文化，2010 年 2 月初版一刷，
頁 291-292）

十月十二日，上午十時，於法鼓山園區會見北京大學哲學
系教授陳來、楊穎夫婦，東海大學副教授朱湘玉等人
陪同來訪。（〈附錄·隨師記行·本來面目〉，《美好的晚
年》，法鼓文化，2010 年 2 月初版一刷，頁 292）

十時四十分，出席於法鼓山園區舉行之佛像贈送及安
座典禮。泰國皇室禮贈佛陀舍利與一尊釋迦牟尼佛像，
由方丈和尚果東法師、僧團副住持果暉法師與泰國高
僧代表華拉渣拉雅（Phratham Varajaraya）、威戚拉嚴
（Phraprom Wachirayan）共同主持典禮，外交部代表、
泰僑及信眾等千人見證。法師致詞感謝。

　　為慶賀泰皇拉瑪九世蒲美蓬八十歲壽誕，泰國民間特
別用精銅打造十九尊泰國古代釋迦牟尼佛像獻給泰皇。
泰皇分別轉贈給日本、斯里蘭卡、印度、美國、加拿大
等十九個國家，臺灣方面由法鼓山獲贈，十月十二日並
在法鼓山園區舉行贈送典禮。

　　聖嚴師父蒞臨典禮致詞表示，自己曾由泰國僧王親授朱
拉隆功佛教大學榮譽博士，這次法鼓山受到泰皇重視而贈

送佛像，很感恩。朱拉隆功佛教大學董事長威戚拉嚴表示，這次除了來自泰皇的慈悲，也是泰國與臺灣兩國佛教友誼深厚的表現，他指出法鼓山雖是新成立的道場，但泰皇相當看重法鼓山在佛教歷史上的重要性。值得一提，在這尊佛像頂髻內，有泰皇親手安置的佛陀舍利，象徵泰皇給予臺灣人民的祝福。（〈泰皇禮贈佛像　法鼓山上安座開光〉，《法鼓》，227 期，2008 年 11 月 1 日，版 1）

十月十三日，內政部於臺大醫院國際會議中心，舉辦「九十六年度興辦公益慈善及社會教化事業績優宗教團體表揚大會」，由內政部部長廖了以主持。佛基會、農禪寺及文化館三個單位同時榮獲績優獎。（〈法鼓山獲內政部表揚〉，《法鼓》，227 期，2008 年 11 月 1 日，版 1）

十月十四日，下午，於臺北安和分院會見前《菩提樹》雜誌發行人朱斐老居士，及前臺中蓮社社長王炯如等四十餘人。朱老居士偕同臺中光壽學院、菩提仁愛之家等一行已於上午先行參訪法鼓山園區。法師感念朱斐老居士協助東初老人校稿，並感謝朱老居士居中引介，促使沈家楨居士護持。

　　朱斐老居士是我的恩人，我有好幾本書，都是先在《菩提樹》雜誌上發表文章，之後再集結成書；我赴日本留學，沈家楨居士原來並不認識我，是由於朱斐居士介紹，讓沈家楨居士給了我獎學金，這是我始終感恩的。（〈附

錄・隨師記行・本來面目〉,《美好的晚年》,法鼓文化,
2010 年 2 月初版一刷,頁 293-294）

十月十六日,上午,於雲來寺會見國際著名佛教集團
香巴拉（Shambhala）總裁理查・雷奧克（Richard
Reoch）。雷奧克總裁轉呈香巴拉總導師薩姜・米龐仁
波切（Sakyong Mipham）致法師問候信。香巴拉計畫
推動培養「慈悲的領導者」活動,期望與法鼓山合作,
而香巴拉創辦之那洛巴大學（Naropa University）亦希
望與法鼓佛教學院進行學術交流。方丈和尚果東法師、
佛教學院校長惠敏法師陪同出席。（〈香巴拉集團總裁
拜會師父〉,《法鼓》,227 期,2008 年 11 月 1 日,版 1）

下午,於雲來寺錄製《大法鼓》系列電視節目,從情
緒管理、生命無常、整體大環境低迷等面向,開示安
心之道。（〈附錄・隨師記行・本來面目〉,《美好的晚年》,
法鼓文化,2010 年 2 月初版一刷,頁 294）

十月十八日,為僧大「高僧行誼」課程授課。

十月十九日,上午,於法鼓山園區會見江西省寶峰禪寺代
理住持衍真法師。就其請益佛教教育及提昇僧眾素質
等問題,法師指出:不論辦學或領眾,道心第一。只
要道心懇切,所有辦學障礙都將迎刃而解,信徒也會

來護持。(〈附錄・隨師記行・本來面目〉,《美好的晚年》,
法鼓文化,2010 年 2 月初版一刷,頁 295)

中午,於法鼓山園區會見政治大學校長吳思華、教務
長蔡連康、文學院院長王文顏等一行,就大學教育理
念交流。吳校長表達爭取設立「法鼓人文講座」,並
希望於政大校園推廣「心六倫」。法師樂觀其成。(〈附
錄・隨師記行・本來面目〉,《美好的晚年》,法鼓文化,
2010 年 2 月初版一刷,頁 295)

下午,前往法鼓山園區禪堂關懷「第五屆社會菁英精
進禪三」學員。禪三於十六日至十九日舉行,共有
六十九人參加。法師開示:「不隨魔鬼起舞的工夫」,
談修行方法在各種層次之運用,並須隨時練習方法始
能化解習性。

　修行方法在各種層次上的運用
　如果身體只有一點不舒服,這個時候用觀、用話頭、
念佛都有用;但若是到了非常痛、痛不欲生,恨不得拿
刀把它挖掉的地步,這時要用觀或是參話頭,都不太有
用。這時該怎麼辦?念佛。當你很痛、很難過的時候,
可以把心轉到佛號上面。

　自我檢測修行程度

通常的人大概修行三到五年就不會輕易動怒，因為知道了如何控制自己或掌握自己的情緒，無論別人怎麼逗你，要你生氣、要你煩惱，你都會平平靜靜地面對它、接受它，而不會動無明氣。

自然而然隨時用方法

方法要常常練習，這不是你用功十年或打坐十年就夠了，而是在這十年之間，你是否常常用方法？還是十天、八天偶爾用一次？如果經常用方法，這才是在工夫上，否則生氣的當下忘了用方法，過後再來參「我是誰？誰是我？」這個時候有用嗎？沒有用。

修行工夫的深淺或修行著不著力，不能以時間來衡量，端視你有沒有時時刻刻用方法。

心不隨魔鬼起舞

有人修行十年、八年，卻看不出來他得了什麼力，有的人卻能在很短的期間內馬上得力，心境不會隨著環境變化，不會隨著魔鬼起舞。魔鬼不可怕，但若是跟著它起舞，那就是可怕的事了。當你遇到魔了，遇到鬼了，要怎麼辦？是抓魔、抓鬼呢，還是調你的心？當然是調心。（〈不隨魔鬼起舞的工夫〉，《我願無窮》，法鼓文化，2011 年 4 月初版一刷，頁 243-249）

十月二十一日，下午，應國防部之邀，至國防大學「國軍

九十七年重要幹部研習會」演說，主講「心六倫中的
生命價值」。國防部部長陳肇敏、參謀總長霍守業、
國防大學校長曾金陵以及總政戰局局長楊天嘯等近
三百位國軍高階將領出席聆聽。陳肇敏部長推崇法鼓
山推動「心五四」、「心靈環保」、「心六倫」等運動，
對安頓人心和淨化社會之貢獻。

倫理必須從心去實踐

誠心誠意地用心實踐倫理的觀念和倫理的道德，就叫
作「心六倫」。

心是一種能量的活動

以佛教而言，如果一個人無心犯了錯，雖然過失是有
的，要負過失之責，但是不算犯戒。佛教所認定的犯戒，
有如下的標準：第一，你是否存心犯戒？第二，你知不
知道自己犯了戒？第三，犯了戒之後，你是否想到要悔
過、改過，從此不再犯相同的錯？

生命存在於所有的群己關係中

我們個人的生命並不只屬於自己，而是同時存在於父
母、家庭、學校，以及社會等所有的群己關係之間，如
果傷害了、放棄了自己的生命，就是一種罪過。

自殺和殺人是完全相同的罪惡，雖然自殺以後，在法
律上不用負責任，但是在道德倫理上罪過很大。因為

自殺的人對不起父母的養育之恩,也對不起國家社會的栽培,而且自殺之後,許多與亡者相關的人,都需要共同被輔導和幫助,這真是一種對不起眾人的舉動。

人的價值須從倫理來衡量

我們活在這個世界上雖然渺小,甚至有的時候好像只是在消費社會的資源,生產的功能很小,即使如此,每個人還是有用、有價值,仍然有無限的潛能。(〈心六倫中的生命價值〉,《我願無窮》,法鼓文化,2011 年 4 月初版一刷,頁 326-333。參見:〈附錄・隨師記行・本來面目〉,《美好的晚年》,法鼓文化,2010 年 2 月初版一刷,頁 296;〈國防大學邀師父講心六倫〉,《法鼓》,227 期,2008 年 11 月 1 日,版 1)

第一本英文傳記 *Footprints in the Snow: The Autobiography of a Chinese Buddhist Monk*(《雪中足跡》),在美國由紐約市雙日出版社出版。該書由肯尼・威普納主筆提出書面問題,請李世娟教授以中文訪問法師後,譯成英文,提供主筆編輯後成書。該書出版後,美國知名佛教季刊 *Tricycle*(《三輪》)和 *Buddhadharma*(《佛法》)隨即刊登相關報導。

在《風雪中的行腳僧》(編案:中文版名稱為《雪中足跡》)中,威普納以追根究柢的訪談方式,記錄了許多師父生命中的細微故事。

居美國近三十年、現為東初禪寺常住眾常悟法師認為,「西方社會認識一個人不會著眼於他的偉大,而是從日常生活的細微處去看見生命的不平凡;師父正是這樣一個平凡而不簡單的例子。」這本傳記呈現的,便是師父生命中「平實的軌跡」,而非「豐碩的果實」。(〈師父第一本英文傳記在美出版〉,《法鼓》,228 期,2008 年 12 月 1 日,版 4)

法師有〈序〉文說明該書成書因緣,並指出該書特色為從生活面呈現生命經歷,以及所抱持人生態度,而對法師從事佛法推廣及佛教修行,乃至近二十年來以宗教師身分對東西方社會之影響、以及對世界和平之努力,著墨甚少。

《雪中足跡》一書,執筆的肯尼・威普納先生,在本書中僅記述師父六十歲前的個人生平;六十歲後,創建法鼓山、參與國際會議等重要事蹟,則完全未予著墨,原因是執筆的威普納先生認為這些事蹟,讀者不會感興趣。對此,師父覺得頗堪玩味。(〈附錄・隨師記行・本來面目〉,《美好的晚年》,法鼓文化,2010 年 2 月初版一刷,頁 299-300)

案:該書出版時僅刊出極簡略之英文譯文,〈序〉文全文收見中譯本《雪中足跡》(臺北:三采文化,2009 年 2 月)。詳見二〇〇九年二月譜文。

十月二十二日,中國大陸普陀山佛教協會一行十五人,由
道光長老帶領參訪法鼓山園區,與僧大學務長常惺法
師等代表進行交流。

十月二十八日,下午,國防部總政戰局副局長陳克難中將
前來拜會,請益佛法;法師當場書寫《心經》經題相贈。

十月三十日,上午十時,至雲來寺出席僧大招生策略會議。

十一月一日,下午三時,前往北投雲來寺參加護法總會「大
願興學心得分享茶會」,共有二百二十五位信眾參與
分享勸募心得,參與者皆於一年內勸募超過百人。法
師感謝大眾護持並開示:「感恩發願興學的勇氣和信
心」。

　　茶會結束前,聖嚴師父特別到場感恩大家,也分享自
己接引鴻海集團董事長郭台銘與萬名員工發心護持的故
事。師父表示,「5475 大願興學」讓人人有機會種福田,
希望大家發願從自己做起,每個人都能接引一百人以上
來護持,圓滿百萬人護持法鼓大學的好願。(〈5475 大
願興學　感恩再出發〉,《法鼓》,228 期,2008 年 12 月 1 日,
版 2)

十一月二日,上午,前往農禪寺主持祈福皈依大典,由方
丈和尚果東法師代授三皈五戒,共有一千二百八十九

人皈依三寶。法師開示:「受皈依先學布施」。(〈附
錄・隨師記行・本來面目〉,《美好的晚年》,法鼓文化,
2010年2月初版一刷,頁297)

十一月四日,上午十時,於中正精舍第十次口述《美好的
晚年》。

十一月六日,上午九時半,接受美國華盛頓全國宗教新聞
社(National Religion News Service)委由李世娟教授
進行越洋視訊專訪,就英文傳記《雪中足跡》一書提
出問題。訪題包括:禪修與信仰區別、禪修、開悟、
因緣業力、佛教徒參與政治,以及為何拒絕換腎等問
題。

　　問:您在書中提到:禪的修行與信仰是可以分開的,
請加以說明。

　　聖嚴法師(以下簡稱「師」):禪修,主要是把心安
住在某一種方法之上,這個方法不一定是祈禱,不一定
來自信仰的信心。

　　一般宗教的祈禱,則需要有一個對象。比如西方的基
督宗教,以神為祈禱的對象,也以神為祈禱的回應者,
如果沒有祈禱的對象及回應者,恐怕使不上力。中國禪
宗用的話頭和默照這種方法,則只有方法的使用,沒有
一定信仰的對象。

問：佛教講的「因緣」，是否就是業力？或者運氣、巧合呢？

師：因緣，不一定是巧合，也不一定是業力，而是有了基礎，再加上機會的把握。

所謂基礎，是基礎的學習、基礎的訓練、基礎的認識和基礎的知識，機會則指外在的一種動能或者力量。

因此，講因緣要有兩個要素：一個是基礎，一個是機會。自己有了基礎，等到機會來的時候努力去促成；或者本來要產生的事，經過我們的努力，讓它消失而不發生，就叫作緣起緣滅。

至於業力，有的人把它當成是一種迷信、一種奇怪的思想，實際上，業力是我們從前做過的事、想過的念頭、說過的話而構成一種力量，由於這股力量，有的人會產生結果，有的人不會產生結果。

問：不打坐，有沒有可能開悟？

師：不打坐，也有可能開悟的。中國禪宗史上，有打坐幾十年而不開悟的記錄，也有不打坐，就因為聽到幾句禪語便開悟的例子。這是因人而異。

不打坐而開悟的人，他們平常的心思非常明淨，心思很安定，並不雜亂，因此只要聽到一句話，或者看到一個現象，就可能心光一閃，智慧出現。心光一閃，煩惱消失，而智慧現前，就是開悟。

有的人打坐了幾十年，在幾十年間偶爾一次，或者在

某一個時間,心裡的煩惱突然間頓斷,本來很混亂的心一下子變得明淨,當明淨心出現,而煩惱心消失,此時悟境就會出現。至於悟境出現之前與之後,有什麼不同?有很大的不同。沒有出現悟境之前,頭腦裡所反應的都是世間俗事,都是雜亂心想到的事;悟境出現以後,煩惱心斷了,這時的心境沒有煩惱,只有非常明朗的智慧,便是「明心見性」,就像夜空突然間亮了,只有月亮和星星,沒有遮雲。沒有煩惱而只有明朗的智慧,便是開悟。

問:在美國有很多日本禪師認為「只管打坐就好」,理論並不重要。您認為呢?

師:對一個修行人來講,只要好好用功,懂得多少佛學並不緊要的這種說法,我並不反對,中國的禪師也都是這麼主張的。為什麼?因為只管修行,一味地修行,能使得我們的雜念愈來愈少,而頭腦愈來愈清淨。

佛學的理論,則是用頭腦去思考、思辨或者分析所成的學問,但是無法真正見到智慧,只能夠分析判斷問題,不能夠直接開悟見性。因此,主張修行而不重理論的說法是很正常的。

用學問知識來探究禪,並不是真正的禪,反而成為一種障礙。但是,如果要把禪法傳播出去,乃至傳給後世,還是需要文字的傳播。

因此,在中國佛教史上,禪宗雖然主張不立文字,但

是禪宗留下的文字，卻比其他宗派都多，便是為了說明什麼是禪？因為不用文字，而要說明。其實不用文字，根本不必說明，如何不必說明呢？那就是用方法去參。因此，禪宗一次一次地介紹，一次一次地說明不要通過文字，直接就去參話頭，直接就用默照禪。

問：為什麼您認為佛教徒不應該參與政治？

師：這跟佛教的傳統有關。佛教的創始人釋迦牟尼佛，他以王子身分而出家，既然已經出家，已從政治環境脫離，就不要再去碰觸政治的環境。

政治是社會人所需要的，但是對修行人來講，最好是不碰政治。一旦碰了政治，就會有很多是非，等於又回到世俗之中，攪入了世俗糾葛，這對修行是有妨礙的。

但是，佛教並不否定政治，也不反對政治，而是說做為一個修行人，最好少碰政治，否則對修行會打折扣。這點對在家修行與出家修行都是相同的，涉入政治，而要談深入修行，會比較困難。（〈因緣是否就是業力？〉，《我願無窮》，法鼓文化，2011 年 4 月初版一刷，頁 250-258 ））

上午十時半，於中正精舍第十一次口述《美好的晚年》。

下午，於中正精舍接受電視節目《點燈》專訪，追憶

日前往生知名漫畫家老瓊,並為其念佛祝福。老瓊曾
參加法鼓山社會菁英禪修營,法師讚歎其有慧根,勤
學法;老瓊病後感謝法師教導,成為病中最大精神支
柱。(〈附錄・隨師記行・本來面目〉,《美好的晚年》,
法鼓文化,2010 年 2 月初版一刷,頁 298)

下午五時,於中正精舍第十二次口述《美好的晚年》。

十一月八日,於法鼓山園區對全體僧眾早齋開示:「白吃
飯」。

上午八時,德國漢堡大學(Hamburg University)教授
無著比丘(Bhikkhu Anālayo),至法鼓山園區拜會,
請益佛教在西方發展問題。

上午十時,於法鼓山園區開山寮為法鼓人文社會學院
開工典禮預錄致詞。錄影後,前往水陸法會特展展場
關懷布展進度,弘化院果慨法師陪同解說。

十一月九日,於法鼓山園區對全體僧眾早齋開示:「參學
及面對未來的原則」。

下午五時,前往農禪寺出席「第六十一次法鼓山社會
菁英禪修營共修會」,活動共有一百一十六人參加。

僧團副住持果品法師於會中分享參與「四川賑災與重
建」心得，法師勉勵大眾不斷自我超越。（〈附錄・隨
師記行・本來面目〉，《美好的晚年》，法鼓文化，2010 年
2 月初版一刷，頁 299-300）

十一月十一日，上午十一時半，已故台塑集團創辦人王永
慶遺孀李寶珠女士闔家至法鼓山園區拜會。王創辦人
於美東時間十月十五日上午辭世，其身後事由於眷屬
信仰有別，而有不同看法。法師開示：不同宗教信仰
對往生者祝禱，有一共通點，即是祝福往生者能夠前
往「這個世界以外的最好國度」，而此國度，對佛教
而言為西方極樂世界，在基督宗教來講則是天國。

　王夫人李寶珠女士提起王董事長此行訪美之前，還念
著與師父見面一事，可惜已經來不及。同行的楊定一先
生也道出，董事長生前保有靜坐的習慣，已長達十餘年；
靜坐的方法，即是「沒有方法的方法」，每次可坐四十
分鐘至一個半小時不等。王董事長曾說，靜坐時，腦中
沒有雜念。這讓師父相當驚喜，回應說道：「沒有方法
的方法就是最好的方法；心理沒有壓力，身體也沒有壓
力，就是默照。」（〈附錄・隨師記行・本來面目〉，《美
好的晚年》，法鼓文化，2010 年 2 月初版一刷，頁 300）

下午三時半，於法鼓山園區召開佛教學院董事會，出
席者另有今能長老、果品法師、果暉法師、果廣法師、

李志夫教授等人。校長惠敏法師與會。法師表達意願請辭董事長。

The Method of No-Method: The Chan Practice of Silent Illumination（《無法之法——聖嚴法師默照禪法旨要》）在美國由香巴拉出版公司出版。該書內容來自法師一九九八年十一月及一九九九年六月於紐約象岡道場兩次禪七開示，係對默照禪法修行與理論之詳細講授，由資深弟子俞永峯英譯、恩尼斯特・侯（Ernest Heau）編輯。

十一月十二日，法鼓山因推動「心六倫」運動、宣導自殺防治，並設立「國際關懷生命獎」，協助重建社會價值、契合時代需求等貢獻，獲教育部頒發「九十七年度社教公益獎」，由人基會祕書長李伸一代表受獎。

十一月十三日，上午，於雲來寺接受香港鳳凰衛視台《文化大觀園》節目主持人王魯湘專訪，訪題包括童少時對江南水災記憶、沙彌生活、十年軍旅……，以至創建法鼓山、大殿本來面目、環保生命園區以及佛教教育等。（〈附錄・隨師記行・本來面目〉，《美好的晚年》，法鼓文化，2010 年 2 月初版一刷，頁 301；訪問記錄〈無盡的時空，永恆的生命〉，見《我願無窮》，法鼓文化，2011 年 4 月初版一刷，頁 334-351）

下午,於雲來寺會見北京大學東方學研究院院長王邦
維。王院長為國學大師季羨林教授得意門生,專長為
梵語文學、梵漢佛教文獻及中印佛教史及文化等。季
羨林教授高齡九十七,雙目已近失明,特別轉託王邦
維教授帶來落款題贈法師之新作《季羨林談佛》。法
師介紹法鼓山推動漢傳佛教成果,並邀請王教授參與
相關學術講座審查工作,期勉王教授在大陸提攜後進,
共同推廣漢傳佛教。(〈附錄・隨師記行・本來面目〉,《美
好的晚年》,法鼓文化,2010年2月初版一刷,頁302;另參見:
〈北大王邦維教授拜會師父〉,《法鼓》,228期,2008年
12月1日,版1)

十一月十四日,慈基會副總幹事鄭文烈前往緬甸仰光市,
由觀音山達本禪寺從法法師、臺商陳專益與翁特特翻
譯及協助,代表法鼓山與緬甸基礎教育部簽訂學校重
建案合約。慈基會同時計畫將「聖嚴法師一〇八自在
語」譯成緬文,做為心靈重建工程讀物。(〈簽訂重建
法鼓山援助緬甸二所學校〉,《法鼓》,228期,2008年
12月1日,版2)

十一月十五日,上午,於法鼓山園區會見香港《文匯報》
社長張國良伉儷、《文匯報》駐福建辦事處主任黃若
紅、《東方日報》主筆王善勇、香港新聞工作者協會
副祕書長焦惠標等一行。法師鼓勵來訪者體驗禪修法

益。（〈附錄・隨師記行・本來面目〉，《美好的晚年》，
法鼓文化，2010 年 2 月初版一刷，頁 302）

十一月十六日，廈門市佛教協會一行，由理事長暨南普陀
寺方丈則悟法師帶領，至法鼓山園區參訪，並拜會法
師，請益佛教高等教育辦學經驗。該協會由中國大陸
廈門市南普陀寺、虎溪岩寺等十多所寺院組成。則悟
法師向法師表達崇敬，同時代表閩南佛學院致贈太虛
大師紀念法相及《閩南佛學院學報》，法師則回贈《法
鼓山年鑑》。（〈附錄・隨師記行・本來面目〉，《美好
的晚年》，法鼓文化，2010 年 2 月初版一刷，頁 302-303；另
參見：〈廈門市佛教協會參訪法鼓山〉，《法鼓》，228 期，
2008 年 12 月 1 日，版 1）

十一月十八日，上午九時，於中正精舍接受「全球女性和
平促進會」發起人迪娜・梅瑞恩視訊訪談，由常濟法
師翻譯。

下午，接受法鼓山文化中心果賢法師、常真法師訪問，
訪問內容係關於《一缽千家飯──法鼓山攝影集》之
序文。法師受訪表示：「這本書裡記錄的不僅是我的
過去、法鼓山的過去，還記錄了漢傳佛教，甚至世界
佛教的過去，使我感觸良多。」全程口述一個多小時。
訪問記錄即《一缽千家飯──法鼓山攝影集》序文（參

見二〇〇九年二月譜文）。（〈附錄・隨師記行・本來面目〉，《美好的晚年》，法鼓文化，2010 年 2 月初版一刷，頁 303）

受訪同時，亦就去年三月於僧大「高僧行誼」課程講述太虛大師行誼再作補充，做為法鼓文化出版《太虛──人生佛教的追尋與實現》外譯書序文。法師自述，太虛大師為近世最佩服之人物。序文〈紀念一代宗教師〉云：

我佩服他一生都以宗教師的身分要求自己。他的生活不離戒律，他的言談不離佛法。儘管當時許多守舊的長老們，看到他跟政治界、軍界或商界的人都有來往，認為他不像個和尚，但他的目的是保護佛教、振興佛教，而這也是他一生的志願。

我們應如何來紀念太虛大師，如何發揚他的精神？除了興辦佛教的教育，另外就是要「建立清淨的僧團」。

當我還在農禪寺時代，我就常常跟弟子們說：「我們佛教不缺出家人，但缺的是有悲願的出家人。」培養有悲願的出家人，一定要從教育開始，但僅僅是教育，卻沒有建立僧團，教育出來的人沒有著力處，也未必具有出家人的悲願心。

我常告訴僧團弟子們，今天正面臨一個競爭非常劇烈的時代，除了要對佛教、僧團負責，也要對社會有貢獻，亦即要從事社會服務。（〈代序：紀念一代宗教師〉，《太

虛——人生佛教的追尋與實現》，法鼓文化，2008 年 12 月初
版一刷，頁 3-5）

十一月二十日，上午十時，於中正精舍聽取「二〇〇九法
鼓山感恩與傳承系列活動」總策畫人邱再興報告整體
作業規畫進度，邱菩薩報告後以健康因素請辭專案總
策畫人。

下午，聽取天南寺籌建委員會主任委員黃平璋及劉偉
剛報告天南寺工程進度，方丈和尚果東法師與果廣法
師、果懋法師陪同。

即日起至二十二日，僧大男眾學務長常惺法師代表法
鼓山，至福建省廈門市南普陀寺參加由中國大陸中華
文化交流協會、國家宗教局、中國佛教協會主辦之「災
難危機與佛教慈善事業暨第二屆宗教與公益事業論
壇」，並以「心安就有平安——以災民需求為中心的
法鼓山四川賑災經驗分享」發表演說，之後並接受鳳
凰衛視採訪，介紹法鼓山救災理念。

十一月二十五日，上午，前往臺北縣政府國際會議廳，出
席「聖嚴法師與珍古德博士心靈對話研討會」，討論
主題為「大悲心起：與地球生命體的深層對話」，由
馬來西亞悅眾林忠彪主持，國際珍古德協會執行長郭

雪珍擔任中文翻譯。臺北縣縣長周錫瑋偕北縣一級教育主管與公益團體代表全程參加。

　一位是提倡「心靈環保」理念的宗教師，一位是倡導「根與芽」國際保育計畫的保育人士，兩人都曾經歷戰亂的年代而同樣失學，並且都很重視心靈品格的力量，肯定每一個人都有改變世界的力量。這場座談會討論的議題包括：兩位大師生命中慈悲的種籽何時栽下、何時發芽？如何把內在慈悲心轉換為具體行動的力量？如何培養下一代的慈悲心？如何自我完成與奉獻利他等。（〈附錄·隨師記行·本來面目〉，《美好的晚年》，法鼓文化，2010 年 2 月初版一刷，頁 303-304；另參見：〈喚起大悲心　地球更美好〉，《法鼓》，228 期，2008 年 12 月 1 日，版 1）

下午四時，出席於中正精舍召開之法鼓山園區居士寮整建工程及照壁規畫會議，方丈和尚果東法師、果廣法師、營建院果懋法師、百丈院果治法師、建設工程處李孟崇處長等人與會。

十一月二十七日，於臺北安和分院召開並主持法鼓人文社會學院（法鼓大學籌備處）第四屆董事會第五次會議，聽取籌備處主任劉安之報告建校進度，議決九十六學年度決算，並補選第四屆董事，由前臺灣大學校長陳維昭擔任。

　師父於會中要求，法鼓大學的文宣此刻起就要有明確

的時間表，讓護持者及社會大眾可清楚掌握，如二〇〇八年十一月二十八日開工典禮，二〇〇九年校舍完成，二〇一〇年八月正式招生……。

師父也在會中明確揭示法鼓大學興學原則：

一、法鼓大學的辦學理念，一定是與法鼓山理念密切結合。

二、三大教育乃是環環相扣，大學院教育決不能獨立於大普化、大關懷教育之外。

三、建立書苑制度，涵養學生品德。

四、教育體系應主動示範推行法鼓山理念，如「心靈環保」、「心五四」、「心六倫」等，而非被動配合。（《隨師日誌》未刊稿）

十一月二十八日，下午，法鼓人文社會學院（法鼓大學）第一期建築於法鼓山園區舉行開工灑淨典禮，與第二屆大悲心水陸法會灑淨儀式同時展開，由方丈和尚果東法師主法，教育部高教司副司長楊玉惠、臺北縣政府副祕書長陳嘉興、金山鄉鄉長許春財、金山醫院院長李騰龍、護法總會總會長陳嘉男、前籌備處主任曾濟群，以及多位學者專家與護法信眾，約有兩千多人到場觀禮。法師未克到會，預先錄影開示：「辦一所全人教育的國際化大學」，對法鼓大學寄予厚望。（〈辦一所全人教育的國際化大學〉，《法鼓》，228 期，2008 年12 月1 日，版1）

即日起至十二月五日，法鼓山於園區啟建第二屆「大
悲心水陸法會」。設有十壇場，並為鄰近鄉鎮包括金
山鄉、萬里鄉、三芝鄉、石門鄉等地方鄉親設置消災
及超薦總牌位。壇場布置除延續首屆環保、人文、藝
術精神，亦秉持禪宗「本來面目」簡練、質樸原則，
並將傳統儀軌中某些儀式或儀式舉行時間調整，以符
佛事教化功能。

特別針對水陸儀軌進行現代詮釋，包括總壇刪除「告
赦」儀式，以《地藏懺》法會取而代之；也將傳統法會
在深夜進行的啟壇結界、請上堂等儀式改為早上七點開
始，以符合現代人的作息習慣，並在啟壇結界前一天，
安排《慈悲三昧水懺》，引導信眾行前調適身心。此外，
新增「總壇概說」，由常智法師解說水陸儀軌意涵。（〈儀
軌壇場的現代詮釋〉，《法鼓》，229 期，2009 年 1 月 1 日，
版 2）

十一月二十九日，上午十時半，前往水陸法會壇場之總壇、
淨土壇、祈願壇關懷。

午時，國際知名刑事鑑識專家李昌鈺伉儷由護法總會
副總會長葉榮嘉伉儷陪同，至法鼓山園區拜會。李博
士與法師為南通同鄉，常年熟誦法師為《人生》雜誌
復刊所寫勉語，亦自認與法師同是「把不可能變成可
能」。雙方約定下次李博士返臺時舉行對談。

人生要在平淡之中求進步，又在艱苦中見其光輝；

人生要在和諧之中求發展，又在努力中見其希望；

人生要在安定之中求富足，又在鍛鍊中見其莊嚴；

人生要在沉默之中求智慧，又在活躍中見其悲願。

這份共勉，漂洋過海到了美國，不經意落在國際知名刑事鑑識專家李昌鈺博士的視角，他定睛一番品賞，隨手抄記下來。

此後，這四句人生勉語，經常藉由李博士之口與世界各地朋友分享，有時是叮嚀朝氣勃發的青年學生，有時是作勉方歷經災難、堅忍重生的災區民眾。（〈知難而進 化不可能為可能〉，《法鼓》，229 期，2009 年 1 月 1 日，版 6；另參見：〈附錄 ・ 隨師記行 ・ 本來面目〉，《美好的晚年》，法鼓文化，2010 年 2 月初版一刷，頁 304-305）

下午三時，前往水陸法會壇場之大壇、法華壇、般若壇、楞嚴壇、地藏壇、藥師壇關懷。

下午五時，前往焰口壇關懷，並以「在水陸法會中體驗人間淨土」為題開示，說明法鼓山水陸法會特色：莊嚴攝心，猶如禪七、佛七修行，共修信眾多數住於山上，作息統一，不散心雜話，非常安定；其次是環保改良，修訂傳統水陸繁複儀軌及不切時宜、不符環保部分。

法鼓山的水陸法會有幾個特色：第一是非常莊嚴。尤

其這一次盡可能地讓所有信眾都住在山上，就好像是參加佛七或是禪七，早晚都在道場裡，內心很攝受，不會因為回家而讓心散亂。

第二個特色是環保的改良。今天如果不重視環保，不要說是度眾生，反而很快就會面臨災難；不但不能夠消災，反而會製造災難。

我看到許多法會，除了食物之外，還有燒紙錢、燒香、燒蠟燭、燒種種的東西，不但浪費資源，更是汙染環境。

第三，我們的信眾在山上參加法會時，不會吵雜，不會彼此講話，甚至晚上睡覺的時候，也不會在房間裡聊天，像是在打禪七一樣。這樣一來，雖然有三千個人在山上，聽起來卻好像沒有一個人，鴉雀無聲，而這就像是「人間淨土」，這是我們所營造的氣氛，只有在淨土裡面才會出現。所以我們在參加法會的期間體驗人間淨土，你的人品、人格也會提昇。（〈在水陸法會中體驗人間淨土〉，《我願無窮》，法鼓文化，2011 年 4 月初版一刷，頁 259-260）

十一月，法鼓山各分支道場舉辦「二〇〇八年佛化聯合祝壽」活動，會中播放法師預錄開示：「老得智慧又健康」，強調：「夕陽無限好，不是近黃昏；要老得有智慧，病得很健康，以開放的心向兒女學習。」（〈老得智慧又健康〉，《2008 法鼓山年鑑》，法鼓山基金會，2009 年 8 月初版，頁 307-309）

十二月四日，上午十時，於雲來寺聽取「臺中寶雲寺建設
　　工程報告」，由臺中分院監院果理法師率籌備小組一
　　行報告籌建規畫案。

　　下午，於雲來寺接受年代新聞節目《聚焦 360 度》專
　　訪，談「心六倫」與二○○九年法鼓山年度關懷主題
　　「心安平安」。法師提出安心方法：正視現實，懷抱
　　信心，心平氣和處事。（〈平安之道　安心最重要〉，《法
　　鼓》，240 期，2009 年 12 月 1 日，版 7）

　　為即將出版之《聖嚴法師教話頭禪》口述〈自序：讓
　　中華禪法鼓宗的教法更完整〉。該書於明年（二○○
　　八）元月出版。

十二月五日，下午，完成洗腎後，直接驅車法鼓山園區，
　　為送聖儀式開示。法師強調：「景氣愈不好，愈需要
　　佛法」；此次法會收穫豐厚，無形收穫為功德財，有
　　形收穫即信眾護持水陸法會經費，將用於興辦教育及
　　全山營運、文化、慈善事業。

　　　法鼓山的僧俗四眾每日忙進忙出，從早忙到晚，從預
　　備開始一直忙到今天圓滿，接著還要忙善後，那大家有
　　沒有收穫呢？有，但收穫的是功德，而不是錢。

　　　這些錢都用到哪裡呢？告訴諸位，我們用來辦教育，
　　除了法鼓佛教學院，僧伽大學、中華佛學研究所等都需

要辦學的經費。另外，法鼓山本身每天一開門就有許多
花費產生。所以，我們沒有辦法也要想出辦法來，相信
只要有佛法，就會有辦法，而我們的辦法就是除了弘法
之外，還舉辦法會。（〈景氣愈不好，愈需要佛法〉，《法
鼓》，229 期，2009 年 1 月 1 日，版 2）

十二月六日，於法鼓山園區對全體僧眾早齋開示：「我們
　　為什麼要做佛事」。

十二月七日，於法鼓山園區對全體僧眾早齋開示：「出家
　　人可以有食色性也嗎？」。

　　上午，於法鼓山園區會見西方信眾布魯絲・希爾
　　（Bruce Searle）。希爾女士希望能重新編輯法師英文
　　著作，以更活潑形式接引讀者。法師同意一試。（〈附
　　錄・隨師記行・本來面目〉，《美好的晚年》，法鼓文化，
　　2010 年 2 月初版一刷，頁 307-308）

十二月十一日，率同方丈和尚果東法師至三峽關懷天南寺
　　建築工程。僧團都監果廣法師、營建院監院果懋法師、
　　百丈院監院果治法師，以及天南寺工程委員會主任委
　　員黃平璋、劉偉剛等陪同。天南寺已完成建築群外觀，
　　刻正展開室內裝修及環境美化工程。捐地並護持興建
　　之邱春木居士令郎邱仁賢隨行解說，並發願盡全力成

就天南寺於二〇〇九年落成啟用。

　　「天南寺」一名，由邱春木老先生命名，邱家後族當時捐地時，即希望日後能沿用此名，以紀念老先生的遺志與恩澤。對此，師父欣然接受並且讚歎，佛經記載「南天門」可直通上天之門，而「天南寺」必是修行成佛的最佳道場。未來天南寺落成後，將是法鼓山在臺北近郊一處禪修中心，提供各種短、中、長期禪修活動使用。（〈小法鼓山天南寺即將完工〉，《法鼓》，229 期，2009年 1 月 1 日，版 5）

十二月十三日，於法鼓山園區對全體僧眾早齋開示：「出家人安住的原則」。

　　上午，於法鼓山園區開山寮錄製二〇〇九年新春祝福開示：「心安平安」，並以明年為法鼓山成立二十週年，另錄製「傳薪創新，感恩發願」勉勵開示。錄影結束後，顯得異常疲累。（〈附錄・隨師記行・本來面目〉，《美好的晚年》，法鼓文化，2010 年 2 月初版一刷，頁 308-309）

十二月十六日，第十四本英文著作 *Song of Mind: Wisdom from the Zen Classic Xin Ming*（《禪無所求——聖嚴法師〈心銘〉十二講》），出版韓文版。該書為一九八五年至一九八八年東初禪寺主持禪七期間，逐句講解牛頭法融禪師〈心銘〉詩偈開示集結，二〇

四年十一月由美國香巴拉出版社出版。

十二月十七日，臺北市民政局於臺大醫院國際會議廳舉辦
　　「九十六年度績優宗教團體表揚大會」，農禪寺及文
　　化館同時獲獎。

十二月十八日，上午，至安和分院出席法鼓人文社會學院
　　工程發包會議。

　　下午四時，出席人基會第四屆第二次董事會。

十二月二十日，收到法鼓文化出版之《聖嚴法師教話頭
　　禪》。
　　　這一天，師父收到從法鼓文化轉來剛出版的《聖嚴法
　　師教話頭禪》一書。這本書的出版，讓師父非常歡喜，
　　因為這本書讓師父等了近三年，現在終於出版了，這是
　　繼《聖嚴法師教默照禪》後的一本有關中華禪法鼓宗的
　　禪學教法著作。（〈附錄‧隨師記行‧本來面目〉，《美好
　　的晚年》，法鼓文化，2010 年 2 月初版一刷，頁 309）
　　案：該書版權頁日期標示為「初版一刷：二〇〇九年一
　　月」。請參見明年一月底譜文。

　　上午，於法鼓山園區開山寮錄製三段影片：「為蘇州
　　寒山寺新年祈福叩鐘祝福」；「為馬來西亞學佛青年

開示祝福」及「為馬來西亞護法信眾開示祝福」。其中對馬來西亞學佛青年祝福講話,將做為僧大明年度至當地招生用。(〈附錄・隨師記行・本來面目〉,《美好的晚年》,法鼓文化,2010 年 2 月初版一刷,頁 309)

十二月二十三日,為援助四川安縣秀水衛生院及秀水第一中心小學重建,方丈和尚果東法師率團前往主持動土典禮,四川省宗教局及安縣政府多位代表及秀水鎮數千位鎮民到場觀禮。典禮後,方丈和尚赴什邡馬祖鎮視察安心服務站預定地點。僧團副住持果品法師已先於二十二日,率領僧團法師前往重建基地舉行灑淨儀式。(〈川緬賑災　法鼓山援助重建開工〉,《法鼓》,229期,2009 年 1 月 1 日,版 1)

十二月二十七日,於法鼓山園區對全體僧眾早齋開示:「出家人如何過年」。

上午十時,於法鼓山園區開山寮為僧大至馬來西亞錄製之招生短片,與馬來西亞籍法師及學僧合影。

十二月二十八日,於法鼓山園區對全體僧眾早齋開示:「以精進道心開創道場」。
　案:此為法師生命中最後一場早齋開示。

十二月三十日，下午，於中正精舍會見美國德州佛教會會
　長淨海長老，同行有美國佛教會會長明光法師及常亮
　法師。淨海長老與法師為江蘇同鄉，亦是立正大學同
　期學友，近年在美國弘法。法師特於新書《放下的幸
　福》落款題贈。（〈附錄・隨師記行・本來面目〉，《美
　好的晚年》，法鼓文化，2010 年 2 月初版一刷，頁 310）

十二月三十一日，上午，至臺大醫院血液透析中心例行洗
　腎；下午依例進行回診前核子共振檢查。發現肝部出
　現無數小黑點，疑似腫瘤。由於元旦假期長及四日，
　便依既定行程，於一月五日辦理入院治療。（〈附錄・
　隨師記行・本來面目〉，《美好的晚年》，法鼓文化，2010
　年 2 月初版一刷，頁 310）

民國九十八年／西元二〇〇九年

聖嚴法師八十歲

國內外重要大事

- 莫拉克颱風襲臺，造成五十年來最嚴重八八水災及土石流，重創中南部。
- 全球爆發 H1N1 新流感疫情。
- 南韓前總統盧武鉉墜崖疑自殺身亡。
- 一月，高雄元亨寺菩妙法師圓寂，享年八十九歲。
- 三月，南投蓮因寺懺雲法師圓寂，享年九十四歲。

法師大事

- 二月三日，法師圓寂，享年八十歲。植存於金山環保生命園區。
- 獲頒總統褒揚令。
- 出版：《聖嚴法師教話頭禪》、《如月印空——聖嚴法師默照禪講錄》、《無法之法——聖嚴法師默照禪法旨要》、《生死皆自在——聖嚴法師談生命智慧》、《雪中足跡——聖嚴法師自傳》、《心安平安，你就是力量》、《放下的幸福——聖嚴法師的 47 則情緒管理智慧》、*Shattering the Great Doubt: The Chan Practice of Huatou*（《虛空粉碎——聖嚴法師話頭禪法旨要》）。

訂定本年年度主題為「心安平安」，強調「只要心安，生
　活就有平安」。

一月一日，「聖嚴師父對二〇〇九年的祝福」刊於《法鼓》
　雜誌二二九期，勉勵大眾：抱持信心希望迎向二〇〇
　九。

　　在二〇〇八年尾聲，許多人都預期二〇〇九年恐怕經
濟不會變好、社會環境依舊不安，而全世界景氣持續低
迷。該怎麼辦呢？

　　實際上，不安是心理的一種感覺，是我們的心受到外
在環境影響，覺得沒有安全感、沒有安定感，所以浮動
不安。

認知順境、逆境都是過程

　　我們在十年前推出一個「心五四」運動，在大前年推
出了「心六倫」和「關懷生命──防治自殺」運動，同
樣源自「心靈環保」。「心六倫」的核心價值是盡責盡分、
奉獻利他，是我們奉獻給全世界人類一種新的全球倫理
運動。

　　只要還留有一口呼吸，就有無限的希望。事實上，沒
有必要自殺。自殺多半是因為恐懼、害怕，對未來沒有
希望、沒有安全感所致。有一位企業總裁去年自殺了，
他的自殺讓我很震驚，也很遺憾。事實上，他在自殺前
曾來看過我，說他活得很辛苦，我勸他要把心照顧好，

把心安定下來,事情一樣一樣再來處理。其實他只要把觀念調整一下,認知逆境順境都是過程,一時間無法處理的事,不代表永遠不能處理,只要等待機會,隨時可能有轉機。而他自殺了,這是非常可惜的事。

面對困境要朝最好的方向看

我自己是從艱困的環境中走過來的,我小時候家窮,曾經窮到連一口飯也沒得吃,就去吃樹皮、樹葉子,還是一樣走過來了。我希望大家都能記住這句話:「心安就有平安。」外在環境的改變是正常的,人生遇挫折也是正常的,當我們面對挫折、面對困境,不必往最壞的地方想,而要朝最好的方向看。(〈抱持信心希望迎向2009〉,《法鼓》,229 期,2009 年 1 月 1 日,版 1)

一月三日,住院治療前,至農禪寺出席護法體系各地悅眾歲末感恩分享活動,法鼓山園區與全臺分院共七處連線舉行。近五千位勸募會員、義工及專職參與。方丈和尚果東法師、護法總會總會長陳嘉男亦出席農禪寺主現場。此為法師特別指示辦理,將原本分別於各地舉行之歲末圍爐,統合同一日連線舉行,各地護法信眾共聚一堂,共修法益。活動中播放法師預錄開示影片《傳薪創新,感恩發願》及《心安平安──二○○九聖嚴師父新春祝福開示》,法師法體極度虛弱,全程以眼神關懷大眾,並未發言。主持人請法師開示,

法師云：「該講的都講了。」

師父在新春開示影片中，揭示二〇〇九年法鼓山週年活動的主軸，以「傳薪創新，感恩發願」勉勵護法信眾，承擔起薪傳的責任，將「心五四」、「心六倫」等理念，一代一代地傳承下去，同時在既有的基礎上，感恩眾緣成就今日的法鼓山，更要發願弘揚漢傳佛教。方丈和尚則期勉大眾，面對當前艱困的環境，更要用佛法來應對，為自己也為社會安心。（〈歲末分享會　全臺首度感恩連線〉，《法鼓》，230 期，2009 年 2 月 1 日，版 1；另參見：〈附錄・隨師記行・法華鐘響，七如來迎〉，《美好的晚年》，法鼓文化，2010 年 2 月初版一刷，頁 311-312）

一月五日，至臺大醫院完成洗腎療程後，辦理入院。傍晚，泌尿科主治醫師蒲永孝說明此次入院檢查事宜。（〈附錄・隨師記行・法華鐘響，七如來迎〉，《美好的晚年》，法鼓文化，2010 年 2 月初版一刷，頁 312）

一月六日，上午，臺大醫院副院長何弘能率腎臟及泌尿科主治醫師，向法師說明檢查結果。下午起，病況急轉直下，陷入半昏迷狀態，只能偶爾睜開雙眼。（〈附錄・隨師記行・法華鐘響，七如來迎〉，《美好的晚年》，法鼓文化，2010 年 2 月初版一刷，頁 312）

一月七日，由於法師仍呈半昏迷狀態，醫療小組緊急召會，

將上午洗腎療程延至午後，並改於加護病房洗腎。洗腎過程，數次出現呼吸暫停現象。都監果廣法師及侍者常寬、常願法師等三人，以見證人身分簽署「不施行心肺復甦術意願書」。

　　有鑒於師父生命徵象極不穩定，都監果廣法師及侍者常寬、常願法師等三人，以見證人身分簽署了「不施行心肺復甦術意願書」，這是比照二〇〇六年師父親自簽署的內容，凡侵入性治療皆不接受。晚上十一時半，果廣法師與衣鉢寮全體法師跪於師父病榻前，懇請師父再住世。師父閉目潸淚，神情平靜。（〈附錄·隨師記行·法華鐘響，七如來迎〉，《美好的晚年》，法鼓文化，2010年2月初版一刷，頁312）

一月八日，晨起，氣色好轉，漸能說話。上午，法師於副院長何弘能與主治醫師蒲永孝查房時，明白表示拒絕侵入性治療。午後，果廣法師以筆記型電腦透過網路視訊，呈現四眾弟子於農禪寺共修為法師祈福，法師見聞後落淚。不久，再度陷入半昏迷。下午五時，實施入院後首次灌腸治療。灌腸後，意識即恢復清醒。
（〈附錄·隨師記行·法華鐘響，七如來迎〉，《美好的晚年》，法鼓文化，2010年2月初版一刷，頁313）

　　對於自身的健康狀況，聖嚴師父平常就提醒弟子「關心，但不要擔心」，也不時要大眾隨時警覺生命的無常，加緊用功，修福修慧。不少信眾在得知訊息後，主

動前往各地道場，禮拜《大悲懺》和精進持誦〈大悲
咒〉，為心所掛念的聖嚴師父祈福。（〈各地舉辦觀音法
會　為師父祈福〉，《法鼓》，230 期，2009 年 2 月 1 日，
版 1）

一月九日，上午九時半，副總統蕭萬長來院探視，臺大醫
院院長陳明豐、主治醫師蒲永孝、住院醫師耿立達陪
同，方丈和尚與前法行會會長蔡清彥在場。蕭副總統
敦請安心調養，表達國人都為法師祈禱；法師合掌感
謝。當晚，第二次灌腸。此後維持每日灌腸二至三次。
此期間，常處於半昏迷狀態，互動極少，但遇重要事，
仍可清楚回應，對醫師查房，皆能合掌感謝。（〈附錄‧
隨師記行‧法華鐘響，七如來迎〉，《美好的晚年》，法鼓
文化，2010 年 2 月初版一刷，頁 313）

一月十日，病況穩定，因長期洗腎產生之患癢症狀消失。
法師摯友今能長老探視，已能清晰回應。長老請法師
不要捨棄眾生，眾生需要法師，也請「不要忘記今
能」。法師回應長老：「我不會忘記你。」長老來訪，
法師甚為歡喜。

晚間，僧團相關執事法師、護法居士於中正精舍召開
「圓滿專案」會議，積極準備圓寂佛事。（〈附錄‧隨
師記行‧法華鐘響，七如來迎〉，《美好的晚年》，法鼓文化，

2010 年 2 月初版一刷，頁 313-314）

案：此專案即為籌備法師捨報圓寂之相關事宜。

一月十一日，法師精神良好。晚上十一時，僧團都監果廣
　法師敬呈一篇文稿，逐句念讀請法師核定。文稿係法
　師為「大悲心水陸法會籌備小組」開示，將做為〈大
　悲心水陸儀軌修訂序〉。〈序〉云：

　　水陸法會，純粹是漢傳佛教的一種修持法，而且是漢
　傳佛教諸多修持法門之中最大的一項。一般講修持，我
　們知道有禪觀、禪定，這是其中一大流；其次有經懺誦
　念的儀軌行持，如最早有隋代的天台智者大師編成《法
　華三昧懺儀》，陸續則有唐代華嚴宗的宗密禪師彙編《圓
　覺經道場修證儀》，唐代的悟達國師依據宗密禪師的《圓
　覺經道場修證儀》編寫《慈悲三昧水懺》；宋代天台的
　四明知禮大師編寫《大悲懺》，宋代慈雲遵式大師制定
　《願生淨土懺願儀》及《淨土懺法儀規》等儀軌；元代
　開始，蒙古人的經咒佛事大行，明代則有中峰明本禪師
　完成淨土法門的《三時繫念》，一直到明末，蓮池大師
　修訂焰口集成《水陸道場儀軌》，從此普行於世的漢傳
　佛教，便是經懺了。

　　《大悲心水陸儀軌》的修訂也是我的構想，我們組成
　一個《大悲心水陸儀軌》修訂小組，由法鼓佛教學院校
　長惠敏法師擔任總監，陳英善副教授指導天台及華嚴的
　教觀，由僧團執筆。這次的修訂是件大工程，也是大功

德，這可以說是所有投入水陸儀軌第三次大規模修正改
進的僧俗四眾之共同成就與貢獻。這項功德將與法鼓山
革新之水陸法會一同流傳。（〈附錄·隨師記行·法華鐘響，
七如來迎〉，《美好的晚年》，法鼓文化，2010 年 2 月初版
一刷，頁 314）

一月十三日，精神狀態極佳，可由侍者攙扶下床練步。上
午，方丈和尚果東法師來院請安。

師父問起方丈和尚近況，方丈和尚答都在關懷大眾。
師父又問：「大眾好嗎？」方丈和尚回答：「大眾都很
精進用功。」師父再問：「如何精進用功？」方丈和尚
說明，大眾皆為師父法體安康而念佛祈福。（〈附錄·隨
師記行·法華鐘響，七如來迎〉，《美好的晚年》，法鼓文化，
2010 年 2 月初版一刷，頁 314-315）

晚上九時，為《美好的晚年》一書最後口述。並約見
僧團都監果廣法師，兩位跟隨近三十年居士弟子：聖
基會董事長施建昌、專案祕書廖今榕，以及文化中心
副都監果賢法師、隨行記錄胡麗桂。

法師指示：《美好的晚年》一書務必完成，僧團與法
鼓文化當全力支持出版。僧團與大眾為師法體安康祈
福，甚為感念，請轉達感謝與勉勵。法鼓山從無到有，
一路護持興辦佛教教育幾位居士大德，盼面見感恩。

僧團領導階層要穩固,法鼓山依正法而存在,依正法而傳承。僧團要護持正法,方為真正護全法師之法身慧命。

本來我有個計畫,要把《美好的晚年》這本書完成,但以前幾天的情況,我是一度無法完成的。現在我要交代,《美好的晚年》這本書還是要完成,雖然這個晚年並不怎麼美好,可是這個 ending 還能夠讓我親自在這裡交代,還算是美好的。

僧團的領導階層一定要穩固,這是我的遺命,這點非常重要,請大家一定要堅持。

最後,我要講法鼓山的法統。我這一生都是住持正法、弘揚正法,如果有任何人從迷信的起點來建議我,我都是不接受的。一定要回到正法,回到正統的佛法。任何一個凡夫身,最後一定歸於空幻,不可能還留有什麼金剛身、法身,這些都是沒有的。(〈十四、最後的口述〉,《美好的晚年》,法鼓文化,2010 年 2 月初版一刷,頁 268-270;〈附錄・隨師記行・法華鐘響,七如來迎〉,《美好的晚年》,法鼓文化,2010 年 2 月初版一刷,頁 315)

一月十五日,上午,召集都監果廣法師與衣缽寮侍者僧眾等人,了解自五日入院以來病程。對六、七兩日陷入半昏迷、生命徵象不穩定過程尤為專注。

上午十時,召集法鼓大學建校相關人士,包括:護法

總會總會長陳嘉男、副總會長黃楚琪、榮譽董事會會
長劉偉剛、法鼓大學籌備處主任劉安之及潤泰集團總
裁尹衍樑等人談話，籲請繼續支持法鼓大學。法師特
別叮嚀四項原則：「一、參與法鼓山，只有奉獻，沒
有權力；二、法鼓山是由理念領導，如果放棄理念領
導，此領導是空的；三、師父的傳法是一種理念，不
是權術，也非財產；四、請大眾護持法鼓山此一漢傳
佛教傳承的發源地。」

午後，聽取方丈和尚果東法師及都監果廣法師報告僧
團為法師圓寂所籌備「圓滿專案」，以電腦播放規畫
設計之念佛堂設計圖。法師肯定讚歎僧團用心，對身
後佛事有原則性指導。其中針對瞻仰法相一事，原表
示「沒什麼好看到的」，但弟子提出：「海內外弟子
渴切瞻仰師父，見師父最後一面」，因而慈悲首肯，
並表示「兩天就火化」。（〈附錄·隨師記行·法華鐘響，
七如來迎〉，《美好的晚年》，法鼓文化，2010 年 2 月初版
一刷，頁 315-316）

一月十六日，晚間，果廣法師及果賢法師至臺大醫院，就
「中華禪法鼓宗法脈傳承證書」中法脈圖請示。法師
說明：法鼓山禪法係繼承臨濟、曹洞兩大法脈合流；
再整合印度及漢傳諸宗同異點，並參考現今流行韓國、
日本、越南禪法，乃至南傳內觀法門，重新整理漢傳

佛教傳統禪法後再出發。因於承襲傳統禪法之外，又有創新，所以必須重新立宗。（〈附錄‧隨師記行‧法華鐘響，七如來迎〉，《美好的晚年》，法鼓文化，2010 年 2 月初版一刷，頁 316）

一月十七日，向醫院請假，坐輪椅，回農禪寺、雲來寺及文化館關懷大眾。再到法鼓山祖庭文化館祖堂追憶東初老人。

師父在農禪寺大殿向正為師父安康祈福的共修大眾致意。接著轉往雲來寺，親赴每一個樓層關懷專職與義工菩薩們。原訂在下午於雲來寺錄製的「生前告別」講話，由於著涼而取消。（〈附錄‧隨師記行‧法華鐘響，七如來迎〉，《美好的晚年》，法鼓文化，2010 年 2 月初版一刷，頁 316-317）

一月十八日，二度請假，返回中正精舍。廖今榕祕書安排護持法鼓大學相關人士前來，包括：前政治大學校長鄭丁旺、遊心禪悅書法展策畫人葉榮嘉夫婦，以及捐助建校何劉連連、何麗純母女、還有吳紹麟與胡蘭夫婦等人。

師父表示，法鼓山第一階段的僧眾教育已經完成，後續的法鼓大學，尚須大眾護持。會後，師父贈每人一本剛出版的《放下的幸福》，並說：「我已行至生命的邊沿，仍在出書，這是我唯一可留下的財產，勝過金銀財

富，這些書就是我的開示。」（〈附錄‧隨師記行‧法華鐘響，七如來迎〉，《美好的晚年》，法鼓文化，2010 年 2 月初版一刷，頁 317）

一月十九日，都監果廣法師、法鼓文化編輯總監果賢法師，呈閱法鼓文化新出版之《一缽千家飯——法鼓山攝影集》。此書完整收錄法師創建法鼓山歷程、源流等，時間跨越六十年。法師親自參與審圖、潤稿，並為此書作序。書一出版，並由侍者為法師逐頁翻閱。法師於瀏覽時，不時主動地指出圖片中人名。（〈序〉文見今年二月底譜文；另參見：〈附錄‧隨師記行‧法華鐘響，七如來迎〉，《美好的晚年》，法鼓文化，2010 年 2 月初版一刷，頁 318）

案：《一缽千家飯——法鼓山攝影集》版權頁標記出版時間為「初版一刷：二〇〇九年二月」。

一月二十日，今日起，病體不適，解出血便。

一月二十一日，下午二時，今能長老來院探視。

一月二十二日，原擬請假，返回法鼓山園區出席僧團圍爐及辭歲禮祖。醫院未表同意。此為法師創立僧團三十年來，首次缺席禮祖典禮。僧團於圍爐前，持誦〈大悲咒〉為法師祈福，並於晚課後，於開山紀念館辭歲

拜年、禮祖後，全體僧眾再持誦一部《藥師經》，祈
求法師法體安康。

禮祖後，僧團於法鼓山園區召開「圓滿專案」會議，
決議荼毘地點，以及相關佛事進行。(〈附錄·隨師記行·
法華鐘響，七如來迎〉，《美好的晚年》，法鼓文化，2010
年2月初版一刷，頁319)

一月二十四日，午後，今能長老來院探視，並問是否想回
法鼓山園區過年。法師嘆道：「無法回山上了。」(〈附
錄·隨師記行·法華鐘響，七如來迎〉，《美好的晚年》，
法鼓文化，2010年2月初版一刷，頁319)

一月二十五日，除夕，下午三時，今能長老來院探視。晚
上十一時過後，侍者數次開啟電視年代新聞台，請法
師觀看法鼓山園區除夕撞鐘現場畫面。(《隨師日誌》
未刊稿)

一月二十六日，年初一，於洗腎過程中出現心跳加速，生
命徵象不穩定，醫院緊急處理。下午二時，今能長老
來院探視。

一月二十七日，下午一時，今能長老來院探視。(《隨師日
誌》未刊稿)

　　長老見師父病況，放心不下，除夕至春節期間，幾乎
每日到醫院探望師父，來訪時，師父多半在睡夢中，長
老並不打擾，只是探視。（〈附錄・隨師記行・法華鐘響，
七如來迎〉，《美好的晚年》，法鼓文化，2010 年 2 月初版
一刷，頁 319）

一月二十八日，年初三，出現腹疼感，洗腎過程亦極驚險。
經醫療人員緊急備血及輸血後，發現輕度發燒現象，
擔心感染，再做心臟超音波檢查。下午三時半，生命
徵象漸趨穩定；於下午四時，以低流速恢復洗腎。持
續至晚間九時，完成療程返回病房。（〈附錄・隨師記行・
法華鐘響，七如來迎〉，《美好的晚年》，法鼓文化，2010
年 2 月初版一刷，頁 320）

一月二十九日，年初四，午後解出血便，從此未再進食。
　　（〈附錄・隨師記行・法華鐘響，七如來迎〉，《美好的晚年》，
　　法鼓文化，2010 年 2 月初版一刷，頁 320）

一月三十日，年初五，晨起後腹疼感更增，醫院安排腹部
超音波檢查並開出麻醉劑止痛。持續洗腎，為最後一
次洗腎。（〈附錄・隨師記行・法華鐘響，七如來迎〉，《美
好的晚年》，法鼓文化，2010 年 2 月初版一刷，頁 320）

一月三十一日，年初六，腹疼感增劇，醫院再開出麻醉劑

及麻醉貼片。法師當晚改右側臥。(〈附錄・隨師記行・法華鐘響,七如來迎〉,《美好的晚年》,法鼓文化,2010年2月初版一刷,頁320)

一月,《聖嚴法師教話頭禪》、《放下的幸福——聖嚴法師的47則情緒管理智慧》由法鼓文化出版。

《聖嚴法師教話頭禪》內容係法師一九九九年、二〇〇二年、二〇〇四年、二〇〇五年,於臺灣、美國四次話頭禪修開示。法師前已出版《聖嚴法師教默照禪》,此書出版如〈自序〉所云:「讓中華禪法鼓宗的教法更完整」。

我在二〇〇四年已出版了《聖嚴法師教默照禪》,現在,二〇〇九年初所出版的《聖嚴法師教話頭禪》,此書的出版,對於「中華禪法鼓宗」的禪學教法就比較完整。

一九九八年,我在象岡首度主持了「默照」、「話頭」單一法門專修禪七,引領禪眾一門深入契理契機。我們除話頭禪七外,另外還有禪十、禪十四,甚至在去年(二〇〇七),我們還在法鼓山上首度舉行了話頭禪四十九。(〈作者序・讓中華禪法鼓宗的教法更完整〉,《聖嚴法師教話頭禪》,法鼓文化,2009年1月初版一刷,頁3)

二月一日,年初七,於《法鼓》雜誌二三〇期刊載〈法鼓

山創立二十年　薪火相傳六十年〉，開示年度主題「心安平安迎福年」。

今年是法鼓山成立二十週年，《人生》雜誌創刊六十年，而僧團、護法會、中華佛學研究所成立三十週年。

傳薪　是一種責任

一九四九年創刊的《人生》雜誌，時間最長，至今已經六十年；其次是一九五六年落成的中華佛教文化館。

老人往生之後，我的確回來了，回來之後，首先將文化館重建。我那時是有企圖心的，重建以後，就在這裡創辦了中華佛學研究所，成為法鼓山教育事業的起步。

感恩　成就法鼓山一切因緣

中華佛研所一路走來，我要感謝的人很多，特別是成一長老、方甯書教授和李志夫教授，他們給了我許多幫忙，除了找信徒護持之外，又為研究所找老師、找學生，非常辛苦。

有人問我，法鼓山是怎麼出現的？最初創建法鼓山的理念是什麼？我說沒有理念、沒有理由、沒有動機，純粹是因緣，讓我一步步地走下來。比如有些事不是我自己主動要做，而是由於信眾鼓勵，希望我建寺起廟，成就人們修行，如果沒有他們，我自己並沒有多大願力要開辦什麼，我唯一的願心，只是要將佛法傳播給這個世界，能做到多少就做多少。

在這整個過程中所有奉獻、護持的人，都是我的恩人，也都是法鼓山的貴人。

創新　使佛法普及

佛教的中心思想是「心」，是從心做起、從心去開發、從心去推廣，最後成就的也是自己的心。這是佛教的根本內容，所以說心靈環保的觀念並不新鮮，可是「心靈環保」一詞，過去從沒有人講過，因此也不陳舊。

發願　將漢傳佛教發揚光大

中國佛教在二十世紀中葉以後，在中國大陸已經奄奄一息，可是卻在臺灣欣欣向榮。原因是在臺灣佛教徒的心中，有一份薪傳的責任感，包括當時從大陸來臺的老一代和中青一代法師，都朝這個方向努力。

佛教能在臺灣廣為發展，也要感謝臺灣社會開放的氛圍，政府雖然不鼓勵，卻也不妨礙我們，讓我們能有多少力量就展現多少力量；也感恩當時臺灣社會的和諧安定，讓我們能把佛教的影響力推廣出去。現今只要一講起中國佛教，大概不能不提臺灣佛教的經驗，臺灣佛教的發展與貢獻，也對中國大陸產生了影響，這是我們必須感恩的。

此時此刻的法鼓山已經有了基礎，如果我們不繼續往前走，那是前功盡棄了！（〈法鼓山創立二十年　薪火相傳六十年〉，《法鼓》，230 期，2009 年 2 月 1 日，版 2）

新春開示〈只要心安　生活就有平安〉刊於《人生》
月刊（306 期，2009 年 2 月 1 日，頁 6-8）。

法師仍住醫院中，今日出現無法吞嚥現象。今能長老
來院探視。（〈附錄・隨師記行・法華鐘響，七如來迎〉，
《美好的晚年》，法鼓文化，2010 年 2 月初版一刷，頁
321；《隨師日誌》未刊稿）

二月二日，年初八，上午七時十分，今能長老來院探視。
（《隨師日誌》未刊稿）

上午十一時，呈現血壓下降、心跳變快，生命徵象不
穩定。下午三時，因呼吸困難，自行翻身右側臥，
直至臨終捨報。（〈附錄・隨師記行・法華鐘響，七如來
迎〉，《美好的晚年》，法鼓文化，2010 年 2 月初版一刷，
頁 321）

二月三日，年初九，上午七時十分，今能長老來院探視。
（《隨師日誌》未刊稿）

下午三時，方丈和尚果東法師等人為法師辦理出院，
於三時四十分離院，乘救護車回法鼓山園區。

下午四時，於返回法鼓山園區途中捨報示寂，方丈和

尚果東法師、都監果廣法師、關懷中心副都監果器法師、衣缽寮醫療侍者常穎法師隨侍在側。方丈和尚合掌告語：「師父在世間的任務已功德圓滿，果東將秉持師父理念，帶領法鼓山僧俗四眾，一起推動淨化人心、淨化社會的使命，並將負起照顧僧俗四眾的責任，全力以赴，請師父安心。」

僧團弟子於法鼓山園區開山寮開始八小時報恩念佛。法鼓山各地分院道場，同步啟動發願報恩念佛。

下午五時，法鼓山間，法華鐘聲響起，法師座車緩緩駛入法鼓山園區，僧俗弟子於古雀榕七如來前，跪迎法師回開山寮。（〈附錄・隨師記行・法華鐘響，七如來迎〉，《美好的晚年》，法鼓文化，2010年2月初版一刷，頁321）

晚上七時，護法總會北一至北七轄區轄召、召委，會團正副團長，行政中心、文化中心主管等近三百位悅眾，至北投雲來寺出席悅眾通報會議，僧團法師向大眾報告聖嚴法師圓寂捨報消息，並宣讀法師遺言。

　　會議由普化中心副都監果毅法師主持，副住持果暉法師代表方丈和尚果東法師，向悅眾報告聖嚴師父圓寂捨報消息，並宣讀師父遺言。

　　七時三十分，方丈和尚趕達會議現場，向大家說明師

父示寂過程，請大家心安、念佛，隨後趕往農禪寺出席記者會。

　　果光法師代表報告，聖嚴師父自二〇〇五年生病以來，僧團即思考籌備相關佛事，至去年即已籌備「圓滿專案」，以「祈願、發願、還願」為主軸，規畫三階段的「圓滿專案」。與會悅眾靜默聆聽法師說明後，隨即雙手合掌，虔敬念佛。（〈放下色身　自在告別〉，《法鼓》，231期，2009年3月1日，版2）

　　晚上八時，法鼓山教團於農禪寺舉行記者會，向社會大眾說明聖嚴法師捨報示寂過程，以及後續佛事。記者會由法鼓人文社會學院董事鄭丁旺主持，方丈和尚果東法師、發言人果肇法師、護法總會總會長陳嘉男、法鼓人文社會學院籌備處主任劉安之、法律顧問林玫卿律師出席。法鼓山發言人果肇法師向大眾報告法師一月以來住院治療及圓寂捨報消息，以及後續佛事進行。方丈和尚果東法師代表宣讀法師遺言：

　　一、出生於一九三〇年的中國大陸江蘇省，俗家姓張。在我身後，不發訃聞、不傳供、不築墓、不建塔、不立碑、不豎像、勿撿堅固子。禮請一至三位長老大德法師，分別主持封棺、告別、荼毘、植葬等儀式。務必以簡約為莊嚴，切勿浪費鋪張，靈堂只掛一幅書家寫的輓額「寂滅為樂」以作鼓勵；懇辭花及輓聯，唯念「阿彌陀佛」，同結蓮邦淨緣。

二、身後若有信施供養現金及在國內外的版稅收入，贈與財團法人法鼓山佛教基金會及財團法人法鼓山文教基金會。我生前無任何私產，一切財物，涓滴來自十方布施，故悉歸屬道場，依佛制及本人經法院公證之遺囑處理。

三、凡由我創立及負責之道場，均隸屬法鼓山的法脈，除了經濟獨立運作，舉凡道風的確保、人才的教育、互動的關懷及人事的安排，宜納入統一的機制。唯在國外的分支道場，當以禪風一致化，人事本土化為原則，以利純粹禪法之不墮，並期禪修在異文化社會的生根推廣。

四、法鼓山總本山方丈一職，不論是由內部推舉，或從體系外敦聘大德比丘、比丘尼擔任，接位之時亦接法統，承繼並延續法鼓山的禪宗法脈，亦不得廢止法鼓山的理念及方向，是為永式。佛說：「我不領眾，我在僧中」，方丈是僧團精神中心，督策僧團寺務法務僧斷僧行，依法、依律、依規制，和樂、精進、清淨。

五、我的著作，除了已經出版刊行發表者，可收入全集之外，凡未經我覆閱的文稿，為免蕪濫，不再借手後人整理成書。

六、在我身後，請林其賢教授夫婦，將我的「年譜」，補至我捨壽為止，用供作為史料，並助後賢進德參考。故請勿再編印紀念集之類的出版物了。

七、我的遺言囑託，請由僧團執行。我的身後事，不可辦成喪事，乃是一場莊嚴的佛事。

　　八、僧俗四眾弟子之間，沒有產業、財務及權力、名位之意見可爭，但有悲智、和敬及四種環保的教育功能可期。諸賢各自珍惜，我們有這番同學菩薩道的善根福德因緣，我們曾在無量諸佛座下同結善緣，並將仍在無量諸佛會中同修無上菩提，同在正法門中互為眷屬。

　　九、在這之前本人所立遺言，可佐參考，但以此份為準。

　　末後說偈：

　　無事忙中老，空裡有哭笑，本來沒有我，生死皆可拋。
（〈聖嚴師父遺言〉，《法鼓》，231 期，2009 年 3 月 1 日，版 1）

二月四日，凌晨二時，念佛八小時後，法師法體自開山寮移至大殿，奉安於大殿三寶佛像前。法體正對面，於大殿入口設置照壁，內側懸掛法師遺言輓額「寂滅為樂」，輓額下方以層巒疊起山水為景，題寫遺言末後四句偈：「無事忙中老，空裡有哭笑，本來沒有我，生死皆可拋。」為名家杜忠誥書法。外側則為法師法相圖片及其書法「虛空有盡，我願無窮」。各分院道場佛事亦皆同此設置。法鼓山園區三門另懸掛法師示寂偈：「一缽乞食千家飯，孤僧杖竹萬里遊，隨緣應化莫擁有，緣畢放身撒兩手。」

奉安後，法鼓山園區展開二十四小時發願報恩念佛。

即日起至五日,於法體入殮封龕前,開放各界最後瞻
禮。

　　聖嚴師父的法體自二月四日凌晨從開山寮移靈至大殿
後,隨即有各界人士前來瞻禮法相。

　　來自全球各地數以萬計的信眾,不分宗教、種族、階
層,在短短的二天內,不約而同趕來法鼓山瞻禮,向師
父表達由衷的感恩與緬懷;並透過聲聲佛號,感念師恩,
祝禱一切眾生。(〈師父圓寂紀實〉,《法鼓》,231 期,
2009 年 3 月 1 日,版 3)

大眾進大殿瞻仰法相前,於迴廊播放之影帶,聆受法
師四年前主持禪修開示面對死亡應有心態:「勿以離
別為苦」。

　　聖嚴法師盤坐,説起師父東初老和尚往生時,自己哭
了,心情如遭「雷打、電擊」。

　　他説,會哭,不是因為「他死了,我怎麼辦啊?我完
蛋了!」而是因為師恩未報。聖嚴説,往生的師父,「不
需要我為他悲傷」,因為東初老人是「坐化」的,自己
知道何時往生,自己坐著就走了,「還要我悲傷什麼?」

　　聖嚴法師説,這是凡人的「愛別離苦」。説完,他臉
上浮起笑意,看著台下信眾停頓許久,然後説:「等我
死後,看你們誰哭?」「如果我馬上死了,你們很多人
會哭。如果我很多年之後才死,你們打過禪的,沒有人
會哭,會説:啊!這個人我認識,我跟他打過七。」(〈法

師的最後說法〉，梁玉芳，《聯合報》，2009 年 2 月 7 日，
版 A15）

二月六日，上午九時，舉行入殮封龕儀式，恭請聖靈寺住
持今能長老主法。法鼓山全體僧眾兩百多人、臺灣中
國佛教會理事長淨良長老、新加坡毘盧寺方丈慧雄法
師等教界長老與法師，行政院大陸委員會主任委員賴
幸媛、前行政院院長郝柏村，廣達集團負責人林百里、
香港「壹基金」創辦人李連杰等一千多人參加；各地
分院道場同步視訊連線觀禮。

　　靈龕兩旁，擺放聖嚴師父的著作《法鼓全集》、教導
弟子的禪修香板，象徵師父修學佛法、弘傳禪法的成就，
展現永久弘傳住世的法身舍利。

　　今能長老在聖嚴師父靈龕前開示「修殯封龕法語」，
並念祭文介紹師父的不平凡一生，誦讀完最後一段法偈
「度世已功圓，歸入真常界，萬緣俱放下，往生極樂國」
後封棺，八位弟子緩緩蓋棺，僧俗四眾齊聲迴向，圓滿
封龕儀式。（〈聖嚴師父圓寂佛事專輯〉，《2009 法鼓山年
鑑》，法鼓山基金會，2010 年 8 月初版，頁 94）

二月八日，上午九時，舉行起龕儀式暨荼毘大典，恭請今
能長老主法。法師多位至交道友，包括基隆靈泉禪寺
住持晴虛長老、鶯歌滿願寺廣慈長老、中國大陸中國
佛學院副院長傳印長老，留日好友日本立正大學教授

三友健容，廣達集團負責人林百里及逾萬信眾皆到場送別，各地分院道場同步視訊連線觀禮。

九時四十分，靈柩起龕，由方丈和尚果東法師捧持牌位，首座和尚惠敏法師捧持法照，八位僧眾弟子護送。法鼓山上法華鐘聲再度響起。綿綿陰雨中，成千上萬信眾沿法印路兩旁綿延至雙面觀音路靈山勝境石，夾道持誦「阿彌陀佛」聖號，跪送靈龕下山。

下午三時，靈龕車抵達苗栗獅頭山勸化堂荼毘會場。來自全臺各地上萬信眾，身著海青，整齊列隊，自獅頭山產業道路兩旁、至連夜搭建之「大悲心起」三門口，綿延至勸化堂佛殿前廣場。大眾夾道長跪，迎接法師靈龕，由今能長老引領僧俗四眾，展開歷時二小時荼毘法會。

隨後，法師靈龕移至火化場進行荼毘。荼毘過程，所有人循序列隊於火化場前，向法師牌位及法照，頂禮再拜。

僧團遵循法師遺言：「不築墓、不建塔、不立碑、不豎像、勿撿堅固子」，荼毘大典後，晚上十一時五十分，法師舍利函暫時奉安大殿。（〈聖嚴師父圓寂佛事專輯〉，《2009 法鼓山年鑑》，法鼓山基金會，2010 年 8 月

初版，頁 94-96）

二月九日，凌晨，全體僧眾集聚大殿，誦持「阿彌陀佛」
　　　聖號，長跪迎請法師舍利函回山，法師生前三位侍者
　　　護送進入大殿，常願法師捧持舍利函，常寬法師捧持
　　　眼鏡、念珠，常持法師捧持毛巾、茶杯，依序安放於
　　　法師講經三十年之藤椅與禪桌上，一如往昔陞座說法。

　　　即日起至十五日植存前，法鼓山仍持續二十四小時於
　　　總本山及海內外分院道場進行報恩念佛禪一精進共
　　　修，感念法師法乳之恩。（〈聖嚴師父圓寂佛事專輯〉，
　　　《2009 法鼓山年鑑》，法鼓山基金會，2010 年 8 月初版，頁
　　　96-97）

二月十五日，下午，舉行追思法會暨植存大典。禮請聖靈
　　　寺住持今能長老、汐止彌勒內院方丈寬裕長老、鶯歌
　　　滿願寺廣慈長老擔任三師和尚，為植存說偈；總統馬
　　　英九、副總統蕭萬長、雲門舞集創辦人林懷民及中國
　　　大陸國家宗教局局長葉小文、中國佛教協會副會長學
　　　誠法師等來賓，共約有三萬多人參加。除大殿現場，
　　　園區各殿堂及全臺、海外各地分院道場同步視訊連線，
　　　海內外大眾共同參與。總統馬英九代表國人頒發褒揚
　　　令，方丈和尚果東法師代表接受。
　　　　法鼓山創辦人聖嚴法師，堅毅禪慧，善智慈悲。少歲

偃蹇困頓，矢志發心向佛；承繼漢傳臨濟曹洞法脈，盡瘁中國佛教經典教義，紹休統緒，徽音悠揚。嗣負笈東瀛立正大學，浸淫明代禪學精髓，闡釋佛門雅詁堂奧，探賾索隱，道崇潛修，為我國首位博士高僧。畢生提倡人間佛教，啟迪信眾應機隨緣；踐履心靈環保，落實人文關懷，哲思霖雨，沾溉社會；風雪行腳，深植國際。平素勤習經藏，述作豐贍，睿旨幽眇，尤以《比較宗教學》、《戒律學綱要》、《正信的佛教》等論著，丕奠永續弘法基石。復籌設中華佛學研究所、僧伽大學佛學院暨法鼓大學，推展文化教育，完備佛學研究，陶鎔鼓鑄，瞿曇薪傳。曾獲頒社會運動領袖獎、中山文藝創作獎、行政院金鼎獎與文化獎、中山學術著作獎、總統文化獎等殊榮，力促宗教交流，詮證現代禪風，金聲玉振，敷教淑世。綜其生平，大願興學，厚澤溥被黎庶；玄德遺愛，涵濡人間淨土，流光垂祚，亙古馨長。仁者已遠，軫悼曷極，應予明令褒揚，用示政府崇禮大德之至意。

　　總　　　統　馬英九

　　行政院院長　劉兆玄

　　（〈總統令，中華民國 98 年 2 月 13 日，華總二榮字第 09810008591 號〉，《總統府公報》第 6850 期，中華民國 98 年 2 月 25 日）

馬總統隨後致詞感謝法師為國家帶來正面影響，並邀請大眾一起實踐法師悲願。

聖嚴法師八十年精彩的一生，充滿了傳奇色彩。師父自小身體孱弱，幼年時曾窮到吃樹根，但卻能以小學四年級的學歷，取得日本文學博士學位，並且遠赴美國弘法，最後回到臺灣創辦法鼓山，成為一代宗師。

對臺灣社會來說，聖嚴法師圓寂，誠然走了一位得道高僧，卻留下了完美的人格典範。他給我們的遺產不是權力、不是財力，也不是舍利子，而是一種困知勉行、普度眾生的價值與精神，這就是一種足以提昇人品、淨化社會、扭轉乾坤的軟實力。英九由衷盼望大家透過身體力行，實踐聖嚴法師一生矢志打造人間淨土的宏願，在臺灣這塊福地上開花結果，這是紀念聖嚴法師、也最符合他一生理念的最好方法。（〈馬英九總統追思致詞〉，《法鼓》，231 期，2009 年 3 月 1 日，版 5）

追思法會圓滿後，植存隊伍迎請法師靈骨循曹源路、藥師古佛迴環步道至法鼓山教育園區旁之臺北縣立金山環保生命園區植存。植存依環保生命園區規例，不舉行任何宗教儀式，由五組十五位法眷及社會大眾代表，依序將靈骨植存生命園區五洞穴中。

法眷代表包括方丈和尚果東法師、副住持果暉法師、常聞法師，果如法師、繼程法師、惠敏法師，果鏡法師、果舫法師、果廣法師；法緣信眾代表有總統馬英九、副總統蕭萬長、護法總會總會長陳嘉男；西方法子居士代表有查可‧安德列塞維克、賽門‧查爾德、吉伯‧古帝

亞茲,共五組十五位代表分別進行,每組三人,分別負責將法師舍利函倒入洞穴中植存、獻花、覆土。五組陸續完成後,全場默禱一分鐘,肅穆寧靜。(〈聖嚴師父圓寂佛事專輯〉,《2009法鼓山年鑑》,法鼓山基金會,2010年8月初版,頁98)

　　植存代表包括:方丈和尚果東法師、總統馬英九、中國國家宗教事務局局長葉小文、中國佛教協會副會長學誠法師、法鼓山僧團女眾代表果廣法師、法子代表繼程法師、西方法子代表賽門等。(《人生》月刊,307期,2009年3月,頁34-37)

自五日起,教界長老法師、各界代表及社會大眾,紛紛親至園區悼念追思參與佛事。

　　師父年少就讀靜安佛學院時的老師守成長老、同學了中長老,當年鼓勵師父赴日求學的慧嶽長老、師父留日時期好友三友健容教授、這次佛事主法和尚今能長老,以及真華長老、寬裕長老、廣慈長老、晴虛長老等多位師父的師長、摯友,因著師父捨報,重又聚首,緬懷之際,更多了一份同修道侶間的惺惺相惜。

　　此外,臺灣中國佛教會理事長淨良長老、廣元長老、佛光山心定法師、靈鷲山心道法師、福嚴佛學院院長厚觀法師、香光佛學院院長悟因法師、弘誓學院昭慧法師、美國莊嚴寺住持法曜法師、新加坡毘盧寺方丈慧雄法師、斯里蘭卡強帝瑪法師等,以及慈濟功德會、福智佛教基

金會、圓光文教基金會等教界團體，都來悼念追思。

師父一生致力國際間的宗教交流與合作，因此各宗教都有代表前來瞻禮，包括天主教耕莘文教院院長杜樂仁、賴甘霖神父等，而曾經與師父多次對談的單國璽樞機主教，也委請天主教臺灣區總主教洪山川來致意；多次到法鼓山講課的馬天賜神父亦致電悼念，言談之間，盡是感恩、懷念與不捨。此外，藏傳、南傳及道教等團體，也派代表來致意。

政、商、藝文各界人士多深受師父影響，除了總統馬英九、副總統蕭萬長之外，前副總統呂秀蓮、行政院院長劉兆玄、前行政院院長蘇貞昌、謝長廷等部會首長、政黨代表皆前來感念。（〈各界緬懷　追思感念〉，《法鼓》，231 期，2009 年 3 月 1 日，版 3）

無法親至法鼓山教界長老、居士大德，亦發送唁電與信函，表達不捨與感念。

紛至沓來的唁電與追思文，透過中華佛學研究所、法鼓佛教學院、聖嚴教育基金會、慈善基金會及行政中心等體系內各個單位轉來。例如曾多次與師父會面晤談的西藏宗教領袖達賴喇嘛，特別派遣代表團轉達弔唁函，信中提到：「我的法友，臺灣佛教比丘聖嚴法師，是一位善智兼備，終其一生都以講修方式服務和弘傳教證二法的佛教導師。」佛光山的星雲法師、慈濟功德會的證嚴法師、美國仁俊長老等諸多教界長老，也透過信箋緬

懷師父。

　年近百歲的國學大師季羨林教授，更親自撰文，發送唁電來悼念摯友；跟隨師父修行三十餘年，任教於美國哥倫比亞大學的于君方教授追思表示，「如果我無緣在三十多年前遇到師父，我不會是今天的我。」（〈回歸本來面目　師父佛事簡約莊嚴〉，《法鼓》，231期，2009年3月1日，版1）

法師後事備極莊嚴尊榮。今生雖已圓滿，而「虛空有盡，我願無窮。」法師常云：「我今生做不完的事，願在未來的無量生中繼續推動，我個人無法完成的事，勸請大家來共同推動。」法師生命之祈嚮與歸趣，始終在淨化人間。

　師父圓寂以後，《聯合報》做了一個報導，說師父在病危時，曾說「會再來人間」。其實關於再來人間的說法，在師父的書上或開示裡都曾經提到。在師父生病以後，我也有幾次聽到師父是這麼講的。

　第一次是在二〇〇七年五月，有天晚上到了用藥石的時間，我請師父準備用餐，但是師父說沒有胃口，吃不下飯。我便跟師父懺悔說：「弟子知道師父在洗腎，必須控制飲食，所以煮出來的口味不是很好吃，假使可以，弟子希望下輩子再當師父的侍者，幫師父準備更可口的三餐。」師父回答說：「常願啊！結緣並不只是結你我的緣分，而是要結眾生緣。」於是我又問：「師父會再

來法鼓山嗎？」師父便說：「世界有三千大千世界之大，眾生有無邊無盡要度，下輩子去哪裡還不知道。」

第二次是在二〇〇八年，有天晚上師父淨身以後，準備入睡，我幫師父蓋好被子，又聊了幾句。我說：「跟師父修行真的很幸福，弟子下輩子還要當師父的徒弟。」師父說：「好」，之後我又問：「師父下輩子會再來人間嗎？」師父先是回答：「會」，但接著就說：「有這種想法太執著了，釋迦牟尼佛說世界有三千大千世界，我不一定去哪裡，有眾生需要的地方我就去。」

第三次也是在二〇〇八年，有一天接近中午，師父還在臺大醫院洗腎，我跟師父聊著聊著，談起法鼓山是因師父才有的，假使有一天師父離開了，法鼓山怎麼辦？師父就說：「沒有關係，就算我離開了，法鼓山也不會受影響。」我接著又問：「師父下輩子會不會再來法鼓山？」師父就說：「會啊，不去法鼓山，去哪裡呢？」（〈常存心中的經典〉，常願法師，《今生與師父有約（一）》，聖嚴教育基金會，2011 年 2 月初版一刷，頁 146-149）

譜 後

2009 ～ 2015

二〇〇九年，二月十七日，法師靈骨植存圓滿後第二天，法鼓山僧團於法鼓山園區舉辦僧活營，以「願願相續　僧心相會」為主題，透過分享與討論，凝聚對師父之感恩與緬懷願心。由方丈和尚果東法師帶領，全球各地分院法師、僧大師生等二百四十多位僧眾共聚一堂。（〈師志己志　僧僧不息〉，《法鼓》，231期，2009年3月1日，版8）

二〇〇九年，二月二十二日，僧團法師至馬來西亞護法會弘法關懷，活動中播放法師《勉大馬青年對漢傳佛教有信心》，係於去年預錄於園區開山寮。

二〇〇九年，二月二十五日，《雪中足跡——聖嚴法師自傳》由三采文化出版。該書係由常悟法師、李青苑譯自去年十月二十一日由美國紐約市雙日出版社出版之 *Footprints in the Snow: The Autobiography of a Chinese Buddhist Monk*（參見二〇〇六年十二月四日譜文）。

二〇〇九年，二月，《一缽千家飯——法鼓山攝影集》、《如月印空——聖嚴法師默照禪講錄》由法鼓文化出版。《如月印空——聖嚴法師默照禪講錄》係譯自二〇〇二年五月由倫敦沃特金斯出版機構出版之 *Illuminating Silence: The Practice of Chinese Zen*。

《一缽千家飯──法鼓山攝影集》收錄法師創建法鼓山歷程、源流等,時間跨越六十年。法師有序文〈因緣聚合成現代佛教的一頁〉,鑑往事而知未來佛教應有作為。

　　這些老照片代表著我生命的過程,代表著我們這一代的生命過程,也代表著臺灣佛教界僧俗四眾的生命過程,特別是我們剛到臺灣時篳路藍縷的狀況。

　　這是相當不容易的!因此我看到這些古老的鏡頭時,往往都會流淚,因為我感恩他們,也感恩自己,走過了這一段如此艱困的路,不但沒有退縮,還繼續往前走。(〈創辦人序:因緣聚合成現代佛教的一頁〉,《一缽千家飯》,法鼓文化,2009 年 2 月初版一刷,頁 2-5)

二〇〇九年,三月二十八日,〈從心出發〉發表於中國大陸無錫召開之第二屆「世界佛教論壇」開幕致詞;由法鼓山僧團副住持果品法師代表宣讀。

二〇〇九年三月二十九日,位於臺北市城中之德貴學苑落成啟用,為法鼓人文社會學院籌備處、僧團青年院及人基會辦公使用。

二〇〇九年三月三十一日,《聖嚴法師最珍貴的身教》由天下文化發行出版。該書係法師於人生最後三年,接受作家潘煊採訪整理紀實。全書以「心靈環保」為主

軸,介紹漢傳佛教、心五四、心六倫等法師理念,最
後一章以「法師的最後遺願——法鼓大學」為題,介
紹法師辦學願景與方向。(〈分享師父最珍貴的身教〉,
《法鼓》,233 期,2009 年 5 月 1 日,版 1)

二〇〇九年五月,*Shattering the Great Doubt: The Chan
Practice of Huatou*(《虛空粉碎——聖嚴法師話頭禪
法旨要》)由美國香巴拉出版社出版發行。該書為法
師一九九八年秋、一九九九年春、一九九九年秋、二
〇〇六年秋於紐約象岡道場舉行精進禪修時指導話頭
禪之開示內容,詳細呈現修行話頭之理由與方法。

二〇〇九年六月,林其賢、郭惠芯編著之法師小傳《聖嚴
法師人間行履》由佛基會出版。

二〇〇九年八月,《無法之法——聖嚴法師默照禪法旨
要》、《心安平安,你就是力量》由法鼓文化出版。《無
法之法——聖嚴法師默照禪法旨要》由翻譯名家單德
興譯自二〇〇八年十一月由美國香巴拉出版社出版之
*The Method of No-method: The Chan Practice of Silent
Illumination*。為法師一九九八年十一月以及一九九九
年六月,於紐約象岡道場舉行精進禪修時指導默照禪
之開示內容。《心安平安,你就是力量》係由法鼓文
化選編而成。

二○○九年九月，《生死皆自在──聖嚴法師談生命智慧》
由法鼓文化出版。全書探討生命根本價值、個人欲望
與生活方式、老年生活規畫，乃至死亡意義、過程與
身後事等，整理自法師長年於《大法鼓》系列電視節
目開示內容。

二○○九年九月，聖基會於該會開辦「無盡的身教講座」，
邀請僧團法師及長年護法信眾分享親近聖嚴法師之經
驗與啟發。聖基會會址為原中正精舍，即法師晚年為
就醫方便而經常駐錫處，保留有法師書寫時使用桌
椅與文物。「無盡的身教講座」歷時兩年，共舉辦
五十三場，講座記錄經整理後由該會出版《今生與師
父有約》數冊。

二○○九年九月十三日，佛基會與聖基會於臺北國際會議
中心聯合舉辦「無盡的身教──聖嚴法師最後的一堂
課」，邀請天主教單國璽樞機主教、玄奘大學宗教系
系主任昭慧法師、臺北大學社工系副教授楊蓓及中研
院歐美研究所所長單德興對談：聖嚴法師身後莊嚴佛
事，留給大眾之啟發與影響。

二○一○年一月一日，聖嚴法師專屬網站正式啟用（網址：
www.shengyen.org），內容完整呈現法師生平傳記、
影音開示、著作、文物典藏檔案、足跡導覽等。

二〇一〇年一月，《觀音妙智——觀音菩薩耳根圓通法門
講要》、《帶著禪心去上班——聖嚴法師的禪式工作
學》由法鼓文化出版。

法師自一九八四年十二月起於東初禪寺講解《楞嚴
經》，其中講解耳根圓通部分為一九九五年十一月至
二〇〇五年六月，《觀音妙智——觀音菩薩耳根圓通
法門講要》即為其開示解說之記錄。內容經法師於二
〇〇七年五月二日於中正精舍養病中修訂。

《帶著禪心去上班——聖嚴法師的禪式工作學》則輯
自法師對法鼓山專職工作同仁之「精神講話」開示，
係指導大眾於工作中運用禪修觀念與方法。

二〇一〇年二月，《美好的晚年》、《聖嚴法師教淨土法門》
由法鼓文化出版。《美好的晚年》為法師最後一本自
傳，由法師口述，隨行記錄胡麗桂整理，記錄二〇〇
五年生病以來，三年來重要行程，包括會議、授課、
對談、錄影、受訪、拍攝公益廣告，以及出席重要活
動等等。書前有果賢法師〈編者序〉，轉述法師以「美
好」命名此書，並及著述此書乃至系列自傳，意在「記
錄一位漢傳佛教的出家人，如何在所處的年代中，盡
其最大努力的弘法、護法事蹟。」
　　師父常對弟子說，要將自己的心得分享給世人，《從

東洋到西洋》記錄了在日本留學的見聞、《五百菩薩走
江湖》、《真正大好年》……等書，收錄了師父在每個
時間點上對世人的提醒，而這本《美好的晚年》，則是
一位推動人間淨土的當代思想啟蒙者，在晚年抱病為淨
化人間而努力的記錄。（〈編者序：美好晚年的本來面目〉，
《美好的晚年》，法鼓文化，2010 年 2 月初版一刷，頁 2-5）

《聖嚴法師教淨土法門》則係收錄法師二○○○、二
○○三年清明佛七及二○○○、二○○四年念佛禪七
開示。其中有關念佛禪相關開示係首度刊行。本書之
企畫在法師生前即已定案。
　　本書最大的特色是，聖嚴法師回歸佛法鍊心的本質，
以禪為全體佛法，而念佛實為佛法修行法門之一，並以
四種淨土來概括念佛的功能。修行最終目的是完成自心
淨土而建設人間淨土，是菩薩道的實踐，佛國淨土乃是
之間的中繼站。（〈編者序〉，《聖嚴法師教淨土法門》，
法鼓文化，2010 年 2 月初版一刷，頁 3-4）

二○一○年二月，法師圓寂週年，法鼓山以「大悲心起、
願願相續」為主軸規畫系列活動，並將法師圓寂日稱
為「法鼓傳燈日」。（〈承先啟後　傳燈續願〉，《法鼓》，
243 期，2010 年 3 月 1 日，版 1）

二○一○年五月一日，中國大陸江蘇省南通市民族宗教局、

市佛教協會，於該市狼山廣教寺籌辦「聖嚴法師佛學
成就展示館」，即日起，正式對外開放。展示館以法
師生平為主軸，以照片、書法作品、著作、影片等方
式，呈現法師於世界各地弘法歷程，以及提倡「心靈
環保」等提昇人品、淨化社會理念。狼山廣教寺為聖
嚴法師少年時期出家處。（〈南通設立聖嚴師父展示館〉，
《法鼓》，246 期，2010 年 6 月 1 日，版 1）

二〇一〇年八月，法師英文著作 *Things Pertaining to Bodhi:
The Thirty-seven Aids to Enlightenment*（《菩提之道──
三十七道品》）由香巴拉出版社出版。內容係整理自
法師一九九九年五月至二〇〇三年十一月期間，駐錫
紐約時，每星期日下午對大眾講授《三十七道品》之
記錄。

二〇一〇年十一月至二〇一一年二月，由電視節目製作人
張光斗策畫、製作並擔任主持，《他的身影》節目於
每週六上午十時，在民視頻道播出，共十三集，呈現
聖嚴法師生前於西方社會弘法身影。

二〇一一年二月，《三十七道品講記》、《虛空粉碎──
聖嚴法師話頭禪法旨要》由法鼓文化出版。

　　《三十七道品講記》中，〈四念處講記〉係新譯自

二〇一〇年香巴拉出版社出版之聖嚴法師英文著作 *Things Pertaining to Bodhi: The Thirty-seven Aids to Enlightenment* 中「四念處」篇章，其他內容則由原已出版之「隨身經典」系列各小冊整併而來。

《虛空粉碎──聖嚴法師話頭禪法旨要》為名譯家單德興譯自二〇〇九年五月由美國香巴拉出版社出版發行之 *Shattering the Great Doubt: The Chan Practice of Huatou*。該書為法師一九九八年秋、一九九九年春、一九九九年秋、二〇〇六年秋於紐約象岡道場舉行精進禪修時指導話頭禪之開示內容。

二〇一一年四月，《我願無窮──美好的晚年開示集》由法鼓文化出版。收錄法師自二〇〇五年九月二日傳法大典至二〇〇九年法師捨報前各類演講、開示、文稿。

二〇一一年五月，《菩薩行願──觀音、地藏、普賢菩薩法門講記》由法鼓文化出版。本書內容整編自原已發行之「隨身經典」系列，新增部分為一九九七年以英文刊登於《禪》雜誌、首次以中文出版之〈普賢菩薩十大願〉一文。

二〇一一年八月，《他的身影──聖嚴法師弘法行履》DVD 影集，由法鼓文化出版。

二〇一一年十月,《心在哪裡?——聖嚴法師西方禪修
指導》,由法鼓文化出版。收錄法師一九七九年至
一九八五年間於美國對禪修之教導開示二十四篇,略
可窺見正值壯年時法師風采。原文刊登於美國 *Chan
Newsletter*(《禪通訊》),由法鼓山國際編譯組翻譯
成中文。

　　此時弟子多為西方大專青年,認真勤學,師父也盡心
盡力,傾囊相授。縱觀全書,清楚地呈現禪宗「直指人
心」的頓悟法門,然在頓中開出層次化的漸法教學,明
確的階段進程,讓禪眾對禪修天地有全面性的了解,利
於現代人學習。一九八二年的二篇開示,指出修心的過
程從散亂、集中,身心與內外環境的統一,直到最後捨
去「我」的念頭,雖尚未以數目標示四個或五個層次,
但名目與進程已昭然揭示,並非是一些人士認為的在
一九九〇年代以後,才逐漸形成的教學方法。(〈譯者
序〉,《心在哪裡?》,法鼓文化,2011 年 10 月初版一刷,
頁 3-10)

二〇一二年十二月,新建農禪寺正式啟用。農禪寺新建工
程係遵照法師「空中樓閣、水月道場」意象而來。
　　農禪寺成為合法登記的寺廟法人,除可保有原來一百
坪的原始建築和三門之外,市政府也希望農禪寺增建,
成為臺北市的代表性寺院。
　　我們對大業路六十五巷及怡和巷的近鄰舉行公聽會,

了解到鄰居的意見主要有二。一是希望農禪寺的進出不
再走六十五巷，包括工程期間乃至增建完成以後。二是
要求農禪寺增建時不可填土，因為他們擔心填土之後，
農禪寺的地勢變高，颱風豪雨季節，他們所處地勢較低，
會有淹水之慮。

　　我說：「不填土也無妨！那就蓋一座水月道場。」我
們不但不填土，反而要蓋一棟水上的房子，叫做「空中
樓閣，水月道場」。房子建在水上，離水面有數公尺，
就像一座空中樓閣；水底則可養魚、植蓮、種水草，便
是一幕幕的水月道場。這樣的道場應該是滿特別的。
（〈法鼓落成，農禪增建，雲來不思議〉，《法鼓山故事》，
法鼓文化，2007 年 2 月初版一刷，頁 203）

二○一三年十一月，《禪在哪裡？──聖嚴法師西方禪修
　　指導 2》，由法鼓文化出版。收錄法師一九八○年起
　　於美國指導禪修之十二篇開示。原文刊登於美國《禪
　　通訊》，並於二○○九年六月起，陸續翻譯成中文，
　　刊載於《人生》及《法鼓》雜誌。

二○一四年三月，齋明別苑落成啟用。

二○一四年七月二十一日，美國法鼓山佛教協會（Dharma
　　Drum Mountain Buddhist Association, DDMBA）取得「聯
　　合國經濟及社會理事會」（United Nations Ecomonic

and Social Council, ECOSOC）的「特別諮詢地位」，
未來可參與聯合國經濟及社會理事會及附屬機構的重
要事務與計畫會議。聖嚴法師於二○○○年出席紐約
聯合國總部舉行的「千禧年世界宗教暨精神領袖和平
高峰會」時，即認知法鼓山需積極參與世界和平事務，
後續即以心靈環保為核心主軸，在青年、跨宗教、環
保與推動和平領域中，以實際行動支持聯合國推展之
多項運動。

二○一四年七月二十八日，教育部舉行「法鼓人文社會學
院」與「法鼓佛教學院」合併審議會，通過兩校合併，
校名為「法鼓文理學院」，原佛教學院繼續以「法鼓
文理學院佛教學系博士、碩士、學士班」名義招生，
「法鼓文理學院人文社會學群」包括生命教育、社區
社群再造、社會企業與創新、環境與發展等四個碩士
學位學程，並於二○一五年三月招生，九月正式入學。

二○一四年十一月二日，美國紐約東初禪寺舉行擴建動土
儀式。

二○一五年三月二十五日，法鼓文理學院人文社會學群四
個碩士學位學程公布首度招生錄取榜單。

二○一五年三月，臺中寶雲寺落成啟用。

二○一五年九月九日，法鼓文理學院舉辦新生營，正式開
　　學。聖嚴法師一生繫念之「法鼓大學」階段性任務完
　　成，法鼓山大學院教育展開新里程碑。

附 錄

一：聖嚴法師大事年表

西元	年歲	重　要　大　事
1930	1	誕生於江蘇。
1943	14	於江蘇南通廣教寺出家，法名：「證覺常進」。
1947	18	進入上海靜安寺佛學院就讀。
1949	20	從軍入伍，由上海登艇來臺。
1956	27	撰第一本書《評〈駁佛教與基督教的比較〉》。
1959	30	・年底奉准退役，結束十年軍旅生涯，退伍令於一九六〇年一月一日生效。 ・接任《人生》月刊主編。
1960	31	一月，二度披剃，於東初老人座下出家，法名：「慧空聖嚴」。
1961	32	十月，受比丘戒。而後赴高雄美濃朝元寺禁足，閉關。
1966	37	八月，因眼疾出關。
1967	38	六月，二度掩關。
1968	39	二月，出關，任善導寺講座。
1969	40	三月，獲日本東京立正大學入學許可，赴日留學。
1971	42	以《大乘止觀法門之研究》論文，獲立正大學碩士學位。
1975	46	・以《明末中國佛教之研究》論文，獲立正大學文學博士學位。 ・返臺出席「第四屆海外學人國家建設研究會」（國建會）。 ・應「美國佛教會」沈家楨居士邀請，赴美弘化講學。
1976	47	・擔任美國佛教會副會長及大覺寺住持，開始禪修教學。 ・獲東初老人曹洞宗法脈傳承。
1977	48	・於美國紐約首度舉辦禪七。 ・創辦英文季刊 Chan Magazine（《禪雜誌》）。 ・十二月，東初老人圓寂，奉老人遺命返臺承接中華佛教文化館、農禪寺法務。

西元	年歲	重　要　大　事
1978	49	・任中華學術院佛學研究所所長。 ・獲靈源老和尚臨濟宗法脈傳承，法名：「知剛惟柔」。
1979	50	・於美國紐約創立禪中心，後更名為東初禪寺。 ・於農禪寺成立「三學研修院」。 ・創辦英文月刊 *Chan Newsletter*（《禪通訊》）。
1980	51	・成立「東初出版社」，紀念東初老人。 ・臺灣首次剃度四位弟子，為建立僧團之初始。
1982	53	・復刊於一九六一年停辦之《人生》月刊。 ・第一本英文著作 *Getting the Buddha Mind*（《佛心眾生心》）出版，為禪七系列開示結集。 ・於紐約成立「法鼓出版社」（Dharma Drum Publications）。
1985	56	於北投中華佛教文化館創辦「中華佛學研究所」。
1988	59	赴大陸巡禮寺院，並探訪親朋師友。
1989	60	・創建法鼓山，以「提昇人的品質，建設人間淨土」為理念。 ・首度至英國威爾斯指導禪七。 ・《法鼓》雜誌創刊。
1990	61	舉辦「第一屆中華國際佛學會議」，擔任總召集人。
1991	62	・於美國紐約東初禪寺首次傳授菩薩戒。 ・於法鼓山上首度舉辦「法鼓傳薪營」、「常住菩薩營」。
1992	63	・提出「心靈環保」為法鼓山核心理念。 ・赴捷克、比利時弘法。 ・於法鼓山上舉行第一屆社會菁英禪修營。 ・向教育部提出申請設立法鼓人文社會學院（法鼓大學），並成立籌備處。

西元	年歲	重　要　大　事
1993	64	・在臺灣初傳菩薩戒。 ・開始為常住及體系內專職人員「精神講話」，每月舉行一次。 ・獲吳尊賢文教公益基金會第六屆「全國愛心獎」。 ・獲「中華民國社會運動協會」第三屆「傑出社會運動領袖和風獎」。 ・《聖嚴法師學思歷程》一書，獲「中山文藝傳記文學獎」。 ・將歷年著作集結成《法鼓全集》出版，共七輯，四十一冊。
1994	65	・《聖嚴法師學思歷程》一書，獲行政院「出版物金鼎獎」。 ・提出「禮儀環保」，推動佛化聯合奠祭、佛化聯合祝壽、佛化聯合婚禮。 ・於美國成立「法鼓山佛教協會」（Dharma Drum Mountain Buddhist Association, DDMBA）。 ・電視弘法節目《大法鼓》開播。
1995	66	・聖嚴法師巡迴全臺演講，宣導「四安」（安心、安身、安家、安業）運動。 ・榮獲臺北市政府頒發本年度「推行社會教育有功人員獎」。
1996	67	・主持法鼓山奠基大典及地宮安寶典禮。 ・電視弘法節目《不一樣的聲音》開播。 ・榮獲「國際傑人獎」。
1997	68	・於美國紐約成立象岡道場。 ・首度前往波蘭華沙指導精進禪修。 ・首度前往克羅埃西亞指導禪修。 ・出席義大利「第十一屆國際宗教領袖和平會議」，會後晤見天主教教宗若望保祿二世。

西元	年歲	重 要 大 事
1998	69	・獲《天下》雜誌票選為四百年來對臺灣最具影響力五十位人士之一。 ・在紐約與達賴喇嘛進行「漢藏佛教世紀大對談」。 ・首度前往俄國聖彼得堡主持禪修。
1999	70	・提出「心五四運動──二十一世紀生活主張」。 ・成立「法鼓山人文社會獎助學術基金會」。 ・獲中華民國公益團體服務協會第一屆「國家公益獎」。 ・參加「新世紀科技與人文高峰會談」，與李遠哲、施振榮、漢寶德對談，開啟與社會各界菁英系列對談。 ・首度前往德國柏林舉辦禪七、指導禪修。 ・九二一大地震後，赴臺中、南投等地關懷，成立安心服務團，推動「法鼓山安心系列──關懷專案」，提倡「人心重建」工作。 ・增補出版《法鼓全集》，全套共七十冊。
2000	71	・以漢傳佛教代表身分，參加於紐約聯合國大會堂舉行之「千禧年世界宗教暨精神領袖和平高峰會」，並發表主題演說。 ・榮獲行政院文建會頒發「文化獎」。 ・於象岡道場主持首度舉辦之「默照禪四十九」。
2001	72	・創辦法鼓山僧伽大學佛學院。 ・應邀於臺北舉行之「宗教與世界和平及心靈環保座談會」發表演說。 ・應邀於臺北舉行之「世界宗教合作會議」發表演說。 ・應邀出席於紐約舉行之「千禧年世界宗教暨精神領袖和平高峰會諮詢委員會」並發表演說。 ・應邀至墨西哥指導禪修。 ・於法鼓山園區主持首度舉辦之「默照禪四十九」。

西元	年歲	重　要　大　事
2002	73	・獲頒「內政部一等專業獎章」。 ・以佛教領袖身分出席於紐約舉辦之「世界經濟論壇」。 ・出席於泰國曼谷舉行之「世界宗教暨精神領袖理事會」，擔任主席團成員。 ・《天台心鑰──教觀綱宗貫註》獲第三十七屆「中山學術著作獎」。 ・帶領「法鼓山大陸佛教古蹟巡禮團」五百人，前往大陸東南六省參訪寺院。 ・率團護送輾轉流至海外多年之阿閦佛頭像，回到中國大陸山東神通寺四門塔。 ・在臺、美兩地醫院檢查，均已發現腎臟病癥，但因自覺尚可，未予理會。
2003	74	・推動法鼓山人文社會獎助學術基金會與中國大陸北京大學合作設置「法鼓人文講座」。 ・應聯合國祕書長安南之邀，於紐約聯合國總部舉辦之「世界宗教領袖理事會議」發表演說。 ・應「世界宗教領袖理事會」之邀，出席於日本京都舉行之「世界青年和平高峰會」第一次籌備會議。 ・代表「世界宗教領袖理事會」，至莫斯科與東正教、伊斯蘭教、佛教等宗教領袖代表會面。 ・與天主教單國璽樞機主教進行「全球化趨勢下的信仰價值觀與教育」對談。 ・開辦「出家體驗暨僧才養成班」。 ・榮獲第二屆「總統文化獎──菩提獎」。 ・偕同「世界宗教領袖理事會」宗教暨精神領袖代表，前往以色列、巴勒斯坦二地，進行宗教和平運動推展工作。 ・於俄羅斯莫斯科郡，主持七天禪修。

西元	年歲	重　要　大　事
2004	75	·出席「世界宗教領袖理事會」於美國紐約召開之「防止恐怖主義研討會」。 ·出席「世界宗教領袖理事會」於泰國曼谷召開之「亞太地區世界青年和平高峰會」。 ·舉辦「世界青年和平高峰會臺北論壇」。 ·出席於約旦召開之「世界宗教領袖理事會」董事會，並擔任主席主持會議。 ·主持法鼓人文社會學院動土典禮。 ·推動法鼓山人文社會獎助學術基金會與臺灣大學、北京清華大學合作設置「法鼓人文講座」。 ·榮獲義大利「斐德烈二世和平獎」。 ·至新加坡、澳洲弘法。於瑞士主持默照禪七。 ·因眼膜嚴重出血，住院一週治療。 ·首度刊布預立遺囑。 ·對僧團開示，提出建立「中華禪法鼓宗」，並說明立宗緣由與目的。
2005	76	·出席世界銀行於愛爾蘭都柏林召開之「信仰暨發展領袖會議」。 ·推動人文社會獎助學術基金會與成功大學、中國大陸南京大學合作設置「法鼓人文講座」。 ·應邀於中國大陸北京大學、清華大學、南京大學及廣州中山大學專題演講。 ·獲頒泰國朱拉隆功佛教大學榮譽博士學位。 ·舉行傳法大典，將「中華禪法鼓宗法脈」傳付十二位法子。 ·創建之法鼓山世界佛教教育園區落成開山。 ·於臺北舉行之「世界宗教領袖理事會」年會，以主席身分帶領討論理事會各項行政事務。 ·因腎腫瘤住院治療歷五十六日，出院後開始每週三次規律洗腎療程。

西元	年歲	重　要　大　事
2006	77	·中國佛教協會在浙江省杭州市舉辦首屆「世界佛教論壇」，法師撰寫主題演說文，由果品法師代表宣讀。 ·於法鼓山園區舉行「第二任方丈接位大典」，將職位交付果東法師。 ·於象岡道場舉辦為期三天之「青年領袖促進和平論壇」發表開幕、閉幕演說。 ·成立聖嚴教育基金會。 ·於母校日本立正大學成立「聖嚴法師獎學金」，鼓勵獎助攻讀佛學碩博士學位之華裔學生。
2007	78	·創辦臺灣第一所獲教育部核可單一宗教學院——法鼓佛教學院。 ·聖基會與美國哥倫比亞大學簽署合作設置「聖嚴漢傳佛學講座教授」。 ·提出「心六倫——新時代·心倫理運動」。 ·推動防治自殺，創辦「關懷生命獎」。 ·於法鼓山園區舉辦之「亞非高峰會」中開幕演說。 ·「臺北縣金山環保生命園區」正式啟用。此係與臺北縣政府合作規畫設立，具體呈現法師多年推動環保自然葬理念。 ·於法鼓山園區啟建回歸佛法、合乎環保理念之「大悲心水陸法會」。 ·「遊心禪悅書法展」於法鼓山園區、農禪寺及臺南、高雄、臺中及臺北巡迴展出。 ·於法鼓山園區主持首度舉辦之「話頭禪四十九」。

西元	年歲	重　要　大　事
2008	79	・獲中國文藝協會榮譽文藝獎章「文化貢獻獎」。 ・獲美國設計與流程科學學會「李國鼎傑出經濟社會制度設計獎」。 ・與史上第六位登陸月球的美國太空人艾德格・米契爾博士對談。 ・出席臺灣政治大學「公共政策論壇—人文關懷系列：人類生命的再生與複製」，與前樞機主教單國璽對談「科技突破與宗教關懷」。 ・於「國際關懷生命暨自殺防治論壇」與國際防治自殺協會主席米謝勒對談「自殺防治的策略與佛法如何協助防治自殺工作」。 ・在臺北與國際保育專家珍・古德對談「大悲心起：與地球生命體的深層對話」。
2009	80	・二月三日，因病捨報圓寂，享年八十歲。植存於金山環保生命園區。 ・獲頒總統褒揚令。

二：聖嚴法師國際弘化一覽表

時間	主題項目	主辦單位	地點	地區國家
1976.1-1987	禪訓共五班，講經兩部	大覺寺	紐約州	美國
1976.11-12（共五週）	初級禪坐訓練十課	哥倫比亞大學	紐約州	美國
1977.3.23	日本佛教之不同於中國佛教的諸問題	多倫多大學	多倫多	加拿大
1977.3.24	禪的佛教、禪與日常生活	多倫多大學	多倫多	加拿大
1977.4	禪坐與生活（四週四課）	哥倫比亞大學	紐約州	美國
1977.7	禪坐與生活（四週四課）	哥倫比亞大學	紐約州	美國
1977.10.23	佛教的信仰和教義	多倫多市中山紀念堂	多倫多	加拿大
1977.10.24	佛教的修行方法	多倫多市中山紀念堂	多倫多	加拿大
1977-1979	禪七共五期	菩提精舍	紐約州	美國
1978-1990	廣播宣講十五次	電台、電視	紐約州	美國
1979.11.29	禪	紐約大學	紐約州	美國
1979.12.	禪七共一期	大乘寺	紐約州	美國
1979-1999	1. 禪七共八十二期 2. 講經、授課共九百四十九堂 3. 發行《禪雜誌》英文季刊八十四期 4. 發行《禪通訊》英文月刊一百二十四期 5. 出版英文禪學講錄十種	東初禪寺、象岡道場	紐約州	美國

時間	主題項目	主辦單位	地點	地區國家
1980.5.8	定、禪、佛果	亨特爾學院	紐約州	美國
1980.11.5	中國禪	新社會研究學院	紐約州	美國
1980.11.6	禪修	哥倫比亞大學	紐約州	美國
1981.4.24	禪修是必要的嗎？	哥倫比亞大學	紐約州	美國
1981.4.28	禪的理論與實踐	羅特格斯大學	新澤西州	美國
1981.4.30	禪的理論與實踐	曼哈頓學院	紐約州	美國
1981.11.6	四弘誓願	卡夫基金會	紐約州	美國
1981.11.7	佛教特色	聖約翰大學	紐約州	美國
1981.11.12	禪	紐約市學院	紐約州	美國
1981.11.20	禪宗史及禪門次第	哥倫比亞大學	紐約州	美國
1981.12.8	禪修的方法	羅特格斯大學	新澤西州	美國
1981.12.9	中國禪史	新社會研究學院	紐約州	美國
1982.4.12	佛教要義	佛羅里達州立大學	佛羅里達州	美國
1982.4.12	禪的精神	農業機械大學	佛羅里達州	美國
1982.8.3-28	為中學老師開設佛學師資課程三十堂	新加坡教育部		新加坡
1982.8.3-28	為當地一般大眾大型演講六場	新加坡佛教總會		新加坡
1982.11.22	禪與神祕主義	紐約大學	紐約州	美國
1982.12.6	坐禪的次第	羅特格斯大學	新澤西州	美國
1982.12.8	中國禪宗的演變	新社會研究學院	紐約州	美國
1983.11.13	禪的理論與實踐	羅特格斯大學	新澤西州	美國
1983.11.16	禪與無分別心	新社會研究學院	紐約州	美國
1983.11.17	禪與空	哥倫比亞大學	紐約州	美國

時間	主題項目	主辦單位	地點	地區國家
1984.4.27	從靜坐到禪	哥倫比亞大學	紐約州	美國
1984.11.11	禪坐	羅特格斯大學	新澤西州	美國
1984.11.13	座談會：禪在美國、日本、中國的同異	羅契斯特禪中心	紐約州	美國
1984.11.14	禪修的歷史及其層次	新社會研究學院	紐約州	美國
1984.11.15	頓悟與漸悟的意義	哥倫比亞大學	紐約州	美國
1984.12.15	處處是禪的現實生活	多倫多大學	多倫多	加拿大
1985.1.7	禪佛教的基本理論及其實際修行	哥倫比亞大學	紐約州	美國
1985.5.2	佛教的空	聖約翰大學	紐約州	美國
1985.11.15	禪佛教	曼哈頓維里學院	紐約州	美國
1985.11.19	禪的基本認識	哥倫比亞大學	紐約州	美國
1985.11.22	禪	大河道教中心	華盛頓特區	美國
1985.12.7	禪與修行	羅特格斯大學	新澤西州	美國
1986.6.13, 14	禪在日常生活中	普林斯頓大學	新澤西州	美國
1987.4.12	禪的歷史與禪的修行	摩根灣禪堂	緬因州	美國
1987.4.13-18	主持精進禪修活動五天	摩根灣禪堂	緬因州	美國
1987.6.5	禪與現代人的生活	羅爾大學	麻薩諸塞州	美國
1987.6.6	禪的傳承與創新	哈佛大學	麻薩諸塞州	美國
1987.11.17	禪師與禪院的修行生活	巴特魯大學	印第安那州	美國
1987.11.19	禪師與禪修	伊利諾州立大學	伊利諾州	美國
1987.11.20	禪修及其理論	愛荷華大學	愛荷華州	美國

時間	主題項目	主辦單位	地點	地區國家
1988.5.7	如何以佛法解決現代人的煩惱？	加拿大佛學會、多倫多佛學會、安大略省佛學研究社	多倫多	加拿大
1988.5.7	中國禪與今日北美生活的關聯	多倫多大學	多倫多	加拿大
1988.7.13	實踐的佛教	香港佛教青年協會		香港
1988.7.14	信仰的佛教	香港佛教青年協會		香港
1988.7.15	理論的佛教	香港佛教青年協會		香港
1988.11.11	明末的中國佛教	哈佛大學	麻薩諸塞州	美國
1988.11.11	時空與生命的超越	羅爾大學	麻薩諸塞州	美國
1988.11.12	禪與悟	哈佛大學	麻薩諸塞州	美國
1988.11.12-16	主持精進禪修活動三天	摩根灣禪堂	緬因州	美國
1988.11.16	什麼是禪？	緬因州立大學	緬因州	美國
1988.12.12	靜坐對於心理的利益	布魯克林學院	紐約州	美國
1988-1992	大型演講八場	臺灣會館	紐約州	美國
1989.1.6-7	禪與人生	德州大學奧斯汀校區	德克薩斯州	美國
1989.4.11-18	禪七	布里斯托大學	威爾斯	英國
1989.4.24	禪的修行	愛荷華大學	愛荷華州	美國
1989.4.27	時空與生命的超越	明州大學聖保羅校區	明尼蘇達州	美國

時間	主題項目	主辦單位	地點	地區國家
1989.4.28	禪的理論與實踐	明州大學聖保羅校區	明尼蘇達州	美國
1989.4.29	禪與生活	威州大學麥迪遜校區	威斯康辛州	美國
1989.4.30	禪宗入門	威州大學密爾瓦基校區	威斯康辛州	美國
1989.5.2	佛教空義、禪的悟境、修行次第	聖約翰大學	紐約州	美國
1989.11.6	禪的修持及其功用	巴特魯大學	印第安那州	美國
1989.11.8	禪修基本觀念與方法	伊利諾州立大學	伊利諾州	美國
1989.11.9	《法華經》在中國佛教中的信仰和修行	伊利諾州立大學	伊利諾州	美國
1989.11.9	出家與在家之修行生活、悟境之層次與性質、佛教與基督教解脫觀之同異等	特波大學	印第安那州	美國
1989.11.10	現代中國禪林生活及我個人教授禪學的經驗	密西根大學安娜堡校區	密西根州	美國
1989.11.14	《壇經》的思想	羅特格斯大學	新澤西州	美國
1989.11.16	禪與悟、禪與瑜伽	西東大學	新澤西州	美國
1989.11.17	禪的生活、禪的體驗	西東大學	新澤西州	美國
1989.12.13	禪文化在中國	布魯克林學院	紐約州	美國
1989-1990	大型演講二場	容閎小學禮堂	紐約州	美國
1990.4.17	無常與死	維伯斯特大學	伊利諾州	美國
1990.4.17	禪與日常的藝術生活	華盛頓大學	密蘇里州	美國
1990.4.17	禪與靜坐	愛荷華大學	愛荷華州	美國
1990.4.18	禪悟之實踐過程與體驗	愛荷華大學	愛荷華州	美國

時間	主題項目	主辦單位	地點	地區國家
1990.4.18	禪與靜坐	明州大學明尼亞波利斯校區	明尼蘇達州	美國
1990.4.19	禪坐	威州大學麥迪遜校區	威斯康辛州	美國
1990.4.20	禪與淨土的修持法門	麥城佛學社	威斯康辛州	美國
1990.4.30	禪修與學習效能	蒙克萊學院	新澤西州	美國
1990.5.1	禪與坐禪	西東大學	新澤西州	美國
1990.5.19	初級禪坐訓練一天課程	整體健康博覽會	紐約州	美國
1990.6.15	禪的佛教及禪修	紐約開放中心	紐約州	美國
1990.6.16	初級禪坐訓練一天課程	紐約開放中心	紐約州	美國
1990.10.17	禪——如來如去	香港佛教青年協會		香港
1990.10.18	禪——解脱自在	香港佛教青年協會		香港
1990.10.19	禪——平常身心	香港佛教青年協會		香港
1990.10.22	臺灣在家佛教的訓練	加州大學柏克萊校區	加州	美國
1990.10.22	中國禪宗	柏克萊禪中心	加州	美國
1990.10.23	中國禪師與禪堂	蘇諾瑪山禪中心	加州	美國
1990.10.24	禪修的理論與方法	史丹福大學	加州	美國
1990.10.24	寶鏡三昧	三藩市禪中心	加州	美國
1990.10.25	佛教與心理健康	三藩市綜合醫院	加州	美國
1990.10.25	如何在日常生活中修行佛法	大覺蓮社	加州	美國
1990.10.27	佛教的基本大意	矽谷菩提學會	加州	美國

時間	主題項目	主辦單位	地點	地區國家
1990.10.27	座談會	矽谷菩提學會	加州	美國
1990.10.28	初級禪訓班整天課程	大覺蓮社	加州	美國
1990.10.28	座談會 （借用大覺蓮社）	加州整合研究所師生	加州	美國
1990.10.29	內靜與外和——禪	猶卡雅沙瓦達磨	加州	美國
1990.11.6	禪的理論與方法	紐約佛教會議	紐約州	美國
1990.11.8	從禪的傳統談人類意識	布魯克林學院	紐約州	美國
1990.11.14	佛教復興在現代臺灣	密西根大學安娜堡校區	密西根州	美國
1990.12.8	禪——擔水砍柴	莊嚴寺	紐約州	美國
1991.4.11	世界佛教現況	中國佛學院	北京	中國大陸
1991.5.3	介紹法鼓山中華佛學研究所	夏威夷大學	夏威夷州	美國
1991.5.3	如何將佛教用之於今日的社會	夏威夷大學	夏威夷州	美國
1991.5.5	指導禪坐	西藏佛教中心	科羅拉多州	美國
1991.5.5	從禪的立場看自我	西藏佛教中心	科羅拉多州	美國
1991.5.6	禪修和佛性	丹佛市伊利夫天主教神學院	科羅拉多州	美國
1991.6.8	宗教信仰與生活品質的提昇	容閎小學禮堂	紐約州	美國
1991.6.22	禪思與禪修	羅特格斯大學	新澤西州	美國
1991.9.13-15	《心經》	香港佛教青年協會		香港
1991.10.15	禪與日常生活	蒙克萊學院	新澤西州	美國
1991.10.18	如何養成一位禪師	麥克馬斯特大學	漢彌爾頓	加拿大

時間	主題項目	主辦單位	地點	地區國家
1991.10.18	禪師在叢林中的修行與生活	多倫多大學	多倫多	加拿大
1991.10.28	禪與人生	哥斯大黎加佛教協會	聖荷西市	哥斯大黎加
1991.10.29	初級禪訓班一天及討論會	哥斯大黎加佛教協會	聖荷西市	哥斯大黎加
1991.10.30	佛教及佛教的基本觀念	邁阿密佛學社	邁阿密州	美國
1991.10.31	禪與人生	紐奧良大學	路易斯安那州	美國
1991.11.1	禪與人生	杜蘭大學	路易斯安那州	美國
1991.11.2	禪——平常身心	德州大學達拉斯校區	德克薩斯州	美國
1991.11.3	禪與實際修持	德州大學奧斯汀校區	德克薩斯州	美國
1991.11.4	禪與生活壓力的調適	德州大學奧斯汀校區	德克薩斯州	美國
1991.12.10	〈四弘誓願〉	哥倫比亞大學	紐約州	美國
1992.4.12	禪的智慧	紐約大學 N.Y.U	紐約州	美國
1992.4.14-24	禪七	布里斯托大學	威爾斯	英國
1992.5.01	什麼是禪	耶魯大學	康乃迪克州	美國
1992.5.8-9	禪修課程兩天	禪山叢林	紐約州	美國
1992.5.14	我怎樣成為一個禪宗僧侶	紐約西藏中心	紐約州	美國
1992.6.6	積極的人生觀	中華公所	紐約州	美國
1992.8.29-31	《金剛經》	香港佛教青年協會		香港

時間	主題項目	主辦單位	地點	地區國家
1992.10.12	禪對現代世界的作用為何？	查理大學哲學院	布拉格	捷克
1992.10.13	佛教基督教對話	天主教道明會修道院	布拉格	捷克
1992.10.14	中國宗教及東西方宗教同異	布拉格大學中文系	布拉格	捷克
1992.10.15	禪修理念及修行方法	布拉格禪學會	布拉格	捷克
1992.10.16	中國禪的傳統	亞非拉丁美洲博物館	布拉格	捷克
1992.10.18	座談會	魯汶大學東方學院	布魯塞爾	比利時
1992.10.18	座談會	森林修道院	布魯塞爾	比利時
1992.10.21	禪的歷史、理論和實踐	華盛頓大學	密蘇里州	美國
1992.10.22	六祖惠能與中國禪宗	伊利諾州立大學	伊利諾州	美國
1992.10.22	十牛圖	禪學及佛學社	伊利諾州	美國
1992.10.23	禪與藝術	普渡大學	印第安那州	美國
1992.10.24	佛法大意	佛學社	俄亥俄州	美國
1992.10.24	生命與時空	俄大哥倫巴斯校區	俄亥俄州	美國
1992.10.25	禪與悟	凱斯西儲大學	俄亥俄州	美國
1992.10.26	正信的佛教	密大東蘭辛校區	密西根州	美國
1992.10.27	自我與無我	康乃爾大學	紐約州	美國
1992.10.28	禪與生活的藝術	哈佛大學	麻薩諸塞州	美國
1992.10.29	禪與身心健康	麻省理工學院	麻薩諸塞州	美國

時間	主題項目	主辦單位	地點	地區國家
1992.11.2	坐禪功能與學習效果的增長	蒙克萊學院	新澤西州	美國
1992.11.16	禪的智慧——知與行	紐約臺北劇場	紐約州	美國
1992.11.17	死後的生命	羅特格斯大學	新澤西州	美國
1992.12.10	〈四弘誓願〉	一神普救哥大區教團、紐約佛教聯合會	紐約州	美國
1993.4.27	禪與生活	加州大學洛杉磯分校	加州	美國
1993.4.28	禪與悟	加州大學爾灣分校	加州	美國
1993.5.01	禪法與人生	南加州學佛聯誼會	加州	美國
1993.5.24	作為禪師的條件	密西根大學安娜堡校區	密西根州	美國
1993.10.29	禪的知與行	聖保羅大學	聖保羅	巴西
1993.10.30	佛教的人生觀	中觀寺	聖保羅	巴西
1993.11.1	禪如何用於日常生活		福斯市	巴西
1993.11.2	佛教的人生觀	中觀寺	布宜諾斯愛利斯市	阿根廷
1993.11.3	禪如何用於日常生活	薩爾瓦多大學	布宜諾斯愛利斯市	阿根廷
1993.11.4	修行及閱讀經論	中觀寺	布宜諾斯愛利斯市	阿根廷
1993.11.9	從禪的立場看天台的止觀	亞里桑那大學	亞里桑那州	美國
1993.11.9	佛教對現代精神生活之貢獻	亞里桑那大學	亞里桑那州	美國
1993.11.13	禪——我們的身、心、世界	紐約大學	紐約州	美國

時間	主題項目	主辦單位	地點	地區國家
1993.11.15	特別在現在,為何修學佛法	康乃爾大學	紐約州	美國
1993.11.16	以《法華經》為基礎的修行法	康乃爾大學	紐約州	美國
1993.11.17	禪的知與行	天普大學	賓夕法尼亞州	美國
1993.12.4	從佛教談人生價值	羅特格斯大學	新澤西州	美國
1994.4.23	佛法與證悟之道		溫哥華	加拿大
1994.4.24	親自教授兩班全天初級禪訓班		溫哥華	加拿大
1994.5.7	第一屆社會菁英禪修會	東初禪寺	紐約州	美國
1994.5.14	轉變你的心	*Tricycle*(《三輪》)季刊社	紐約州	美國
1994.6.15-20	主持精進禪修活動五天	摩根灣禪堂	緬因州	美國
1994.10.14-16	《法華經・方便品》	香港佛教青年協會		香港
1994.11.5	讀經與修行	紐約西藏中心	紐約州	美國
1994.11.12	第二屆華人社會菁英禪修營	東初禪寺	紐約州	美國
1994.12.3	清明心的重要	中國研究中心	紐約州	美國
1994.12.8	佛陀成道	日本淨土真宗、紐約佛教會議	紐約州	美國
1994.12.10	二十一世紀的佛教徒	美國佛教聯合會	紐約州	美國
1995.4.19	如何安心?如何安身?	法鼓山護法會	溫哥華	加拿大
1995.4.22	執著與轉變	基督教會開放性基金會	紐約州	美國
1995.4.25	禪的修行與證悟	紐約大學	紐約州	美國

時間	主題項目	主辦單位	地點	地區國家
1995.4.29	禪與淨土修行法門	佛州中部大學	佛羅里達州	美國
1995.4.30	禪與正信之佛教	南佛州大學	佛羅里達州	美國
1995.5.13	日常生活中的佛法	法鼓山護法會	新澤西州	美國
1995.6.3-10	禪七	布里斯托大學	威爾斯	英國
1995.6.10	中國佛教與禪宗傳統	布里斯托大學	威爾斯	英國
1995.6.11	禪在日常生活中	哈佛史塔克學校禮堂	倫敦	英國
1995.10.21	如何用禪法安心、安家	加州大學洛杉磯分校佛學社等五團體	加州	美國
1995.10.22	因果因緣及修行方法	法印寺	加州	美國
1995.10.29	揭開心性的祕密	東初禪寺	紐約州	美國
1995.11.6	禪與精神健康	紐約臺北劇場	紐約州	美國
1995.11.7	禪與心靈環保	紐約臺北劇場	紐約州	美國
1995.12.16	將佛法應用於家庭與事業	法鼓山護法會	新澤西州	美國
1996.4.19-21	《無量壽經》	香港佛教青年協會		香港
1996.4.20	淨化人心，建設淨土	香港信眾聯誼會		香港
1996.5.11	成長年的意義與作法	全美法鼓山聯誼會	紐約州	美國
1996.5.18	浴佛的意義	紐約佛教聯合會	紐約州	美國
1996.5.19	生命的價值	東初禪寺	紐約州	美國
1996.6.1	禪——日日是好日	紐約法鼓山護法會	紐約州	美國
1996.6.8	轉變你的心	*Tricycle*（《三輪》）季刊社	紐約州	美國

時間	主題項目	主辦單位	地點	地區國家
1996.11.9	如何因應嶄新的二十一世紀	法鼓山護法會	新澤西州	美國
1996.11.26	開發內心的智慧——禪的修持	哥倫比亞大學	紐約州	美國
1996.12.21	做個自度度人的萬行菩薩	法鼓山新州聯絡處	新澤西州	美國
1997.5.1-3	《華嚴經 ‧ 淨行品》	香港佛教青年協會		香港
1997.5.2	中國佛教對後現代社會的回應	香港中文大學崇基學院		香港
1997.5.4	自性的覺悟	菲律賓佛學會	馬尼拉	菲律賓
1997.5.7-13	七天精進禪修		華沙	波蘭
1997.5.14	禪	華沙農業大學	華沙	波蘭
1997.5.15	禪悟之道		札葛雷勃	克羅埃西亞
1997.5.16-19	五天禪修指導	歐洲之家	札葛雷勃	克羅埃西亞
1997.5.24	美佛三十年回顧座談會	莊嚴寺	紐約州	美國
1997.10.5-7	參加第十一屆國際各宗教領袖和平會議	國際和平會議	威尼斯	義大利
1997.10.8	晤見教宗若望保祿二世	國際和平會議		梵蒂岡
1997.10.14	人間淨土與現代社會	立正大學	東京	日本
1997.10.19	禪與現代生活	東初禪寺	紐約州	美國
1997.11.15	人間淨土對現代人的重要性	羅特格斯大學	新澤西州	美國
1997.12.6-9	第二屆在家菩薩戒	東初禪寺	紐約州	美國

時間	主題項目	主辦單位	地點	地區國家
1998.4.17-19	《華嚴經・淨行品》的文殊菩薩智慧法門	香港佛教青年協會		香港
1998.4.18	安心之道	法鼓山香港分會		香港
1998.5.1-3	文殊菩薩智慧法門──漢藏佛教世紀大對談	美國西藏之家	紐約州	美國
1998.5.3	中國佛教的清淨智慧	美國西藏之家	紐約州	美國
1998.5.14	默照禪	劍橋內觀禪中心	麻薩諸塞州	美國
1998.5.15-17	禪佛教的理論與修行	巴瑞內觀禪佛教研究中心	麻薩諸塞州	美國
1998.8.24-9.4	主持禪修	聖彼得堡佛法中心	聖彼得堡	俄羅斯
1998.8.26	佛教和禪的修行	聖彼得堡佛法中心	聖彼得堡	俄羅斯
1998.8.27-31	主持五日禪修	聖彼得堡佛法中心	聖彼得堡	俄羅斯
1998.9.1	從佛教、中國的禪談藝術	聖彼得堡佛法中心	聖彼得堡	俄羅斯
1998.9.6-7	佛教與東方文化	海峽兩岸佛教學術會議	北京	中國大陸
1998.11.12	禪修之道	羅特格斯大學	新澤西州	美國
1999.4.16	日常生活中理性與感性的調合運用			新加坡
1999.4.17	如何以慈悲與智慧來處理問題	大專畢業生佛友會、法鼓山佛學圖書館		新加坡
1999.4.18	智慧的人生			新加坡
1999.4.19	和樂的人生			新加坡

時間	主題項目	主辦單位	地點	地區國家
1999.4.20	智慧和慈悲	法鼓山佛學圖書館		新加坡
1999.4.24	中國的禪	柏林佛學社	柏林	德國
1999.4.25 -5.2	禪七，指導禪修	柏林佛學社	柏林	德國
1999.5.23	佛、心、眾生	東初禪寺	紐約州	美國
1999.6.23 -24	《佛遺教經》	象岡道場	紐約州	美國
1999.7.2	《八大人覺經》	象岡道場	紐約州	美國
1999.11.20	禪與生活	羅特格斯大學	新澤西州	美國
2000.4.21	法集會	東初禪寺	紐約州	美國
2000.4.23	浴佛法會	東初禪寺	紐約州	美國
2000.5.6 -6.24	禪四十九	象岡道場	紐約州	美國
2000.6.17 -6.24	第三屆菩薩戒傳授	象岡道場	紐約州	美國
2000.6.24	宣布三位西方弟子獲認可獨立帶領禪修	象岡道場	紐約州	美國
2000.7.1 -7.8	主持禪七（英國第四次）：默照與話頭禪法	蓋亞之家禪修中心	德文郡	英國
2000.7.8	參訪，兩次座談	畫眉鳥洞佛教修道院	英格蘭	英國
2000.8.28 -8.31	「千禧年世界宗教暨精神領袖和平高峰會」，演說：「泯絕隔閡，互重互愛」	「國際宗教中心」創始人巴瓦‧金	紐約州	美國
2000.8.30	參加永久性之世界宗教精神領袖組織籌備會	「國際宗教中心」創始人巴瓦‧金	紐約州	美國

時間	主題項目	主辦單位	地點	地區國家
2000.10.20	法集會：為何有自我煩惱？如何從虛妄自我轉化成智慧無我？無我的空，如何不妨礙現實的有？	東初禪寺	紐約州	美國
2000.10.22	「三十七道品」之「四如意足」	東初禪寺	紐約州	美國
2000.10.26	禪與平常生活	哈特威克學院	紐約州	美國
2000.10.27-30	回顧與展望——超越二千年	象岡道場	紐約州	美國
2000.11.5	講說「四如意足」圓滿	東初禪寺	紐約州	美國
2000.11.25-12.1	第九十一期話頭禪七	象岡道場	紐約州	美國
2000.12.1	舉行傳法儀式，交付法脈予來自瑞士之麥克斯・卡林與英國之賽門・查爾得	象岡道場	紐約州	美國
2000.12.25-2001.1.1	第九十二期默照禪七	象岡道場	紐約州	美國
2001.4.16	印度吉拉特邦於一月發生強烈大地震，造成嚴重傷亡。委請中華民國紅十字會總會代轉一百萬元協助印度災後重建工作	法鼓山	吉拉特邦	印度 *
2001.4.16	出席「宗教與世界和平及心靈環保」座談會，發表：「關懷世界與消弭衝突」	法鼓山	臺北市	中華民國
2001.4.24-29	馬來西亞弘化		吉隆坡	馬來西亞

時間	主題項目	主辦單位	地點	地區國家
2001.4.26	「禪與現代企業」座談會	綠野沙灘飯店	吉隆坡	馬來西亞
2001.4.26-27	修行在紅塵、聖嚴法師說禪	綠野沙灘飯店	吉隆坡	馬來西亞
2001.5.1	主持臺灣隨行聽經團三天禪修	象岡道場	紐約州	美國
2001.5.4	法集會	東初禪寺	紐約州	美國
2001.5.6	主持浴佛法會	東初禪寺	紐約州	美國
2001.5.9	出席宗教領袖顧問會議	「世界宗教暨精神領袖和平高峰會」祕書長巴瓦‧金	紐約州	美國
2001.5.19-6.2	主持默照禪十四	象岡道場	紐約州	美國
2001.6.2	交付中國禪宗法脈法鼓山系統傳承克羅埃西亞籍弟子查可‧安德列塞維克	象岡道場	紐約州	美國
2001.6.2	逆向思考	*Tricycle*（《三輪》）季刊社	紐約州	美國
2001.6.20-7.4	主持話頭禪十四	象岡道場	紐約州	美國
2001.9.20	「世界宗教合作會議」閉幕典禮，以「宗教的了解與宗教的合作」為題發表演說	中國佛教會、世界佛教僧伽會	臺北市	中華民國
2001.10.19	法集會：危難中的安心法門	東初禪寺	紐約州	美國
2001.10.21	「三十七道品」之「五根及五力」	東初禪寺	紐約州	美國

時間	主題項目	主辦單位	地點	地區國家
2001.10.22 -24	出席聯合國世界宗教暨精神領袖理事會諮詢委員會，被選為九位主席之一，演講：「宗教領袖的願景與使命」	祕書長巴瓦‧金	紐約州	美國
2001.10.25 -11.1	主持禪七	玉海禪堂	納亞里特州	墨西哥
2001.11.2 -11.4	出席第五屆法鼓山北美年會，開示勉勵法鼓山會員菩薩	法鼓山	新澤西州	美國
2001.11.11	續講「五根五力」	東初禪寺	紐約州	美國
2001.11.15	以禪法治癒、調和，完成世界和平	州立石溪大學	紐約州	美國
2001.11.18	續講「五根五力」	東初禪寺	紐約州	美國
2001.11.24 -12.1	主持第九十四期禪期：話頭禪七	象岡道場	紐約州	美國
2001.12.2	續講「五根五力」	東初禪寺	紐約州	美國
2001.12.9	「五根五力」圓滿，自十月二十一日開講，共五講次	東初禪寺	紐約州	美國
2001.12.14 -16	接受南加州 KSCI-18 電視台專訪，KAZN-1300AM 廣播電台專訪	法鼓山	加州	美國
2001.12.15	鍊好心──幸福與快樂的人生	法鼓山洛杉磯聯絡處	加州	美國
2001.12.19	舉辦世界貿易大樓廢墟現場超薦佛事	東初禪寺等紐約地區十個道場	紐約州	美國
2001.12.25 -2002.1.1	主持第九十五期禪期：默照禪七	象岡道場	紐約州	美國

時間	主題項目	主辦單位	地點	地區國家
2002.2.1	出席世界經濟論壇會議,晚餐會發表:「多元化世界人類所應認知的『神聖』是求同存異」	世界經濟論壇	紐約州	美國
2002.2.2	應當以「經濟及教育支援」轉變基本教義派的認知	世界經濟論壇	紐約州	美國
2002.4.26	法集會:溈山靈祐禪師的悟境	東初禪寺	紐約州	美國
2002.4.27	「榮董及萬行菩薩義工聯誼會」開示	東初禪寺	紐約州	美國
2002.4.28	週日講座開講「七覺支」	東初禪寺	紐約州	美國
2002.5.4	出席「北美第一屆召集人成長營」	法鼓山護法會	伊利諾州	美國
2002.5.11	主持「法鼓山新澤西州聯絡處」灑淨儀式	新澤西州聯絡處	新澤西州	美國
2002.5.19	主持浴佛法會	東初禪寺	紐約州	美國
2002.5.23 -6.2	主持「話頭禪十」開示:「打坐的人,千萬不要成了自私鬼!」	象岡道場	紐約州	美國
2002.6.8	臨終關懷的重要和意義	東初禪寺	紐約州	美國
2002.6.12 -14	出席「世界宗教暨精神領袖理事會」參與主席團共同主持開幕式	世界宗教暨精神領袖理事會	曼谷	泰國
2002.6.12	主講「世界宗教領袖在二十一世紀的任務」	世界宗教暨精神領袖理事會	曼谷	泰國

時間	主題項目	主辦單位	地點	地區國家
2002.6.13	大會分組討論，法師參加環保小組	世界宗教暨精神領袖理事會	曼谷	泰國
2002.6.14	參加「世界宗教暨精神領袖理事會」閉幕式	世界宗教暨精神領袖理事會	曼谷	泰國
2002.6.15	參訪著名道場法身寺		曼谷	泰國
2002.6.27-7.7	主持「默照禪十」	象岡道場	紐約州	美國
2002.10.3-18	帶領「二〇〇二法鼓山大陸佛教古蹟巡禮活動」，四百八十二人參訪東南六省二十七所寺院	法鼓山	東南六省	中國大陸
2002.10.7	結合婦女力量尋求世界和平（果光法師代表宣讀）	第一屆全球和平婦女宗教暨精神領袖會議	日內瓦	瑞士 *
2002.10.19	禪之心——現代人如何調整身心適應環境	華盛頓大學	華盛頓州	美國
2002.10.25-27	「法鼓山北美年會」開示：「一師一門，同心同願」	象岡道場	紐約州	美國
2002.11.17	週日講座「七覺支」圓滿。自四月二十八日開講，共計六講次	東初禪寺	紐約州	美國
2002.11.29-12.7	主持默照禪七	象岡道場	紐約州	美國
2002.12.2	心淨國土淨	羅特格斯大學	新澤西州	美國
2002.12.17	護送阿閦佛頭像歸回山東省濟南市神通寺	法鼓山	山東省	中國大陸
2002.12.18	漢傳佛教文化及其古文物	山東大學	山東省	中國大陸

時間	主題項目	主辦單位	地點	地區國家
2002.12.19	拜會中國佛教協會與國家宗教局		北京	中國大陸
2002.12.20	漢傳佛教文化及其古文物	中國佛學院	北京	中國大陸
2002.12.21	神通寺千年古石雕阿閦佛像修復，出席阿閦佛頭像揭幕、開光、灑淨儀式	神通寺	山東省	中國大陸
2002.12.26-2003.1.4	主持話頭禪十	象岡道場	紐約州	美國
2003.1.29	危機與和平（果元法師代表宣讀）	女性和平祈禱早餐會	華盛頓特區	美國 *
2003.4.8	參加「世界青年和平高峰會」第一次籌備會議。任大會副主席及執行委員會執行委員	世界宗教領袖理事會	京都	日本
2003.4.20, 27	講述「八正道」	東初禪寺	紐約州	美國
2003.4.25	法集會，開示：「從禪修的立場來看各種的危機」、「從佛法的立場來看基本教義」	東初禪寺	紐約州	美國
2003.5.2	共商如何前往伊拉克進行人心重建工作	世界宗教領袖理事會執行長	紐約州	美國
2003.5.4	浴佛法會，開示：「恐慌與安定」	東初禪寺	紐約州	美國
2003.5.7	禪修與生活	俄國弟子傑托米爾斯基	莫斯科	俄羅斯

時間	主題項目	主辦單位	地點	地區國家
2003.5.8	訪問俄國東正教最高機構丹尼洛夫修道院，並與東正教、伊斯蘭教、佛教等宗教領袖代表會面	世界宗教領袖理事會	莫斯科	俄羅斯
2003.5.9-16	主持七天禪修，成立莫斯科禪修中心		莫斯科	俄羅斯
2003.5.17	接受紐約僑聲電台記者江漢專訪，談「悲願」	僑聲電台	紐約州	美國
2003.5.18	主持皈依儀式	東初禪寺	紐約州	美國
2003.5.21	「聯合國世界宗教領袖理事會議」，以「宗教的暴力與恐怖主義」為題演說	聯合國祕書長安南	紐約州	美國
2003.5.22 -6.1	主持默照禪十	象岡道場	紐約州	美國
2003.6.8	主持皈依儀式	東初禪寺	紐約州	美國
2003.6.14	禪：在颶風眼中——如何在恐慌中得平安	哥倫比亞大學	紐約州	美國
2003.6.15	主持皈依儀式	東初禪寺	紐約州	美國
2003.6.20	生活禪	德州大學奧斯汀校區	德克薩斯州	美國
2003.6.21	禪——苦與樂、迷與悟	德州達拉斯李察遜市新落成艾斯曼中心大演藝廳	德克薩斯州	美國
2003.6.22	一日禪	德州大學阿靈頓分校	德克薩斯州	美國
2003.6.26 -7.6	主持話頭禪十	象岡道場	紐約州	美國

時間	主題項目	主辦單位	地點	地區國家
2003.9.8	參加一誠法師接任北京法源寺方丈陞座大典	法源寺	北京	中國大陸
2003.9.8	出席「第二屆兩岸佛教教育座談會」，於閉幕式專題演說	中國佛教協會	北京	中國大陸
2003.9.10-11	法顯大師對於漢傳佛教文化的影響及啟示	法顯與中國佛教文化學術研討會	山東青島市	中國大陸
2003.9.15	與山東大學「宗教、科學與社會問題研究所」簽署「學術交流協定書」	中華佛學研究所與山東大學	山東省	中國大陸
2003.10.22	參加法鼓山人文社會獎助學術基金會與北京大學舉辦之「北京大學法鼓人文講座」協議書簽署儀式	北京大學	北京	中國大陸
2003.10.23 -24	參加「心靈環保與人文關懷」學術研討會，於開幕典禮演講：「從東亞思想談現代人的心靈環保」	北京大學等	北京	中國大陸
2003.10.31	主持「法集會」	東初禪寺	紐約州	美國
2003.11.22 -23	「無私與圓滿──禪的修行」等二場演講	賓州州立大學	賓夕法尼亞州	美國
2003.11.28 -12.8	主持默照禪十	象岡道場	紐約州	美國
2003.12.8-16	中東和平之旅	以色列、巴勒斯坦政府		以色列、巴勒斯坦
2003.12.9	出席全球婦女領袖和平促進會討論會	世界宗教暨精神領袖理事會	耶路撒冷	以色列

時間	主題項目	主辦單位	地點	地區國家
2003.12.11	拜會猶太教全球最高領袖阿瑪爾拉比、以色列國內猶太教最高領袖魯拉比	世界宗教暨精神領袖理事會	耶路撒冷	以色列
2003.12.12	拜會天主教梵蒂岡駐以色列代表、耶路撒冷及中東聖公會教區主教、耶路撒冷聖地及巴勒斯坦東正教的宗主教	世界宗教暨精神領袖理事會	耶路撒冷	以色列
2003.12.13	拜會巴勒斯坦總理柯瑞等政府官員	世界宗教暨精神領袖理事會		巴勒斯坦
2003.12.14	禪修方法及其過程	佛教團體Bhavana Hous	特拉維夫	以色列
2003.12.18-21	主持溫哥華辦事處新購道場建地灑淨	溫哥華辦事處	溫哥華	加拿大
2003.12.20	心安就有平安	溫哥華辦事處	溫哥華	加拿大
2003.12.26	伊朗巴姆古城遭強烈地震，捐款十萬美元救助，購置災區所需物資送至災區	法鼓山	巴姆	伊朗*
2004.1.16	法鼓山伊朗賑災關懷團返國，指示再捐助十萬美元，做為伊朗災區失學孤兒教育獎助學金	法鼓山	巴姆	伊朗*
2004.1.17	榮獲義大利「斐德烈二世和平獎」			義大利*

時間	主題項目	主辦單位	地點	地區國家
2004.1.28	於「防止恐怖主義：以教育來促進世界和平及催生全球共通的倫理價值」研討會中，播放兩段預錄之演說	世界宗教領袖理事會	紐約州	美國
2004.2.25	「世界宗教領袖代表論壇」擔任總結發言	亞太地區世界青年和平高峰會	曼谷	泰國
2004.2.25	代表世界宗教領袖理事會，將臺灣帶來之觀音琉璃呈獻泰國公主	世界宗教領袖理事會	曼谷	泰國
2004.2.26	至泰國副僧皇府拜會副僧皇	世界宗教領袖理事會	曼谷	泰國
2004.2.26	出席世理會召開之董事會，擔任會議主席	世界宗教領袖理事會	曼谷	泰國
2004.2.27	出席世理會召開之理事會，並前往亞太區世界青年和平高峰會簡短開示	世界宗教暨精神領袖理事會	曼谷	泰國
2004.4.15-20	第三度至新加坡弘法	新加坡分會		新加坡
2004.4.16	出席新加坡弘法記者會	新加坡分會		新加坡
2004.4.16-18	主持「社會菁英禪修營」	新加坡分會		新加坡
2004.4.17	至自度奄拜訪隆根長老	新加坡分會		新加坡
2004.4.18-19	超越生命的關卡	新加坡分會		新加坡
2004.4.21	出席澳洲弘法之記者會，並接受澳洲 TVB 電視專訪	雪梨大學宗教系等	雪梨	澳洲

時間	主題項目	主辦單位	地點	地區國家
2004.4.22	禪宗對俱解脫的看法——心解脫者與慧解脫者之關係	雪梨大學宗教系	雪梨	澳洲
2004.4.22	代表中華佛學研究所與澳洲雪梨大學宗教系簽訂學術交流備忘錄	雪梨大學宗教系	雪梨	澳洲
2004.4.22	跨宗教論壇對談「如何從宗教中尋求內心的平靜」	新洲佛教協會	雪梨	澳洲
2004.4.23	禪與心靈環保	雪梨大學	雪梨	澳洲
2004.4.24	禪與心理健康	澳洲心理學會	墨爾本	澳洲
2004.4.25	禪與人間淨土		墨爾本	澳洲
2004.4.25	與澳洲各宗教領袖以「亂世中的個人信仰」為主題展開對談		墨爾本	澳洲
2004.4.28	瑞士弘法			瑞士
2004.4.30	禪在日常生活中	施瓦特媒體中心	伯恩	瑞士
2004.5.1	禪修問答座談會	碧坦堡禪修中心	伯恩	瑞士
2004.5.2-9	主持默照禪七	碧坦堡禪修中心	伯恩	瑞士
2004.5.16	講授「八正道」	東初禪寺	紐約州	美國
2004.5.23	主持浴佛慶典，講授「八正道」	東初禪寺	紐約州	美國
2004.5.27 -6.5	主持話頭禪十	象岡道場	紐約州	美國
2004.6.24 -7.4	主持默照禪十，講解〈坐禪儀〉、〈坐禪箴〉	象岡道場	紐約州	美國
2004.7.24	於「世界青年和平高峰會臺北論壇」演說：「認識心靈環保」	獎基會	臺北市	中華民國

時間	主題項目	主辦單位	地點	地區國家
2004.8.10-11	出席世界宗教領袖理事會董事會，並被推選為董事會主席	世界宗教領袖理事會	安曼	約旦
2004.11.6	印度摩訶菩提協會會長默地博士拜會	東初禪寺	紐約州	美國
2004.11.7	主持皈依典禮及《楞嚴經》經典講授	東初禪寺	紐約州	美國
2004.11.7	聯合國教科文組織跨宗教及文化部首長多都・迪尼來訪	東初禪寺	紐約州	美國
2004.11.13	出席「同心同願聯誼會」，開示：「落實『人生佛教』，建設人間淨土」	東初禪寺	紐約州	美國
2004.11.26-12.5	主持話頭禪九	象岡道場	紐約州	美國
2004.12.11-12	出席「悅眾成長營」	法鼓山美國分會	紐約州	美國
2004.12.26-2005.1.2	主持默照禪七	象岡道場	紐約州	美國
2005.1.3	主持「南亞震災祈福大悲懺法會」	東初禪寺	紐約州	美國
2005.1.31-2.1	「第四屆信仰暨發展領袖會議」，發表：「針對貧窮，促進正義暨平等的世界」	世界銀行	都柏林	愛爾蘭
2005.4.22	出席「南海觀音開光典禮」	中國大陸國家宗教局、中國佛教協會等	海南島三亞市	中國大陸

時間	主題項目	主辦單位	地點	地區國家
2005.4.23	出席「海峽兩岸暨港澳佛教圓桌會議」，以「法源、血源」為題演說	中國大陸國家宗教局、中國佛教協會等	海南島三亞市	中國大陸
2005.4.25	中國佛學的特色	北京大學	北京	中國大陸
2005.4.26	佛教傳入對中國文化的影響	北京清華大學	北京	中國大陸
2005.4.28	舉行「法鼓人文講座暨人文獎學金」締約儀式	南京大學	南京	中國大陸
2005.4.28	參加「心靈環保與人文關懷」學術研討會，以「禪學與禪文化的人間性」發表演說	南京大學	南京	中國大陸
2005.4.29	禪學與心靈環保	中山大學	廣東省	中國大陸
2005.5.6	參加畢業典禮並對畢業生演講：「從印度到中國佛教」	朱拉隆功佛教大學	曼谷	泰國
2005.5.7	主持法鼓山泰國分會揭幕儀式，並主持皈依典禮	法鼓山泰國分會	曼谷	泰國
2005.5.9	泰國華僧僧長真頓法師來訪		曼谷	泰國
2005.5.13	舉辦「西方悅眾聯誼晚會」，開示：「禪修觀念與要領」	東初禪寺	紐約州	美國
2005.5.15	主持浴佛法會，以「現法樂、現觀樂」為題開示	東初禪寺	紐約州	美國
2005.5.20 -22	主持北美地區第一次社會菁英禪修營	象岡道場	紐約州	美國

時間	主題項目	主辦單位	地點	地區國家
2005.5.26 -6.5	主持默照禪十	象岡道場	紐約州	美國
2005.6.12	主持大悲懺法會暨皈依儀式，開示：「心安就有平安」	東初禪寺	紐約州	美國
2005.6.20 -22	主持「進階動禪師資培訓課程」	象岡道場	紐約州	美國
2005.6.24 -7.4	主持話頭禪十	象岡道場	紐約州	美國
2005.7	南亞大海嘯後，合作在斯里蘭卡設立「臺灣村」	慈基會與原始佛法三摩地學會		斯里蘭卡 *
2005.7.11	致函哀悼倫敦爆炸案		倫敦	英國 *
2005.8.23	訪視鑄造大鐘，舉行法華鐘祈福儀式	老子製作所	富山縣	日本
2005.9.10	法鼓山南亞災後重建工程，斯里蘭卡第一期「臺灣村」落成啟用典禮，法師親筆撰文祝福	法鼓山		斯里蘭卡 *
2005.10.22	以「世界宗教領袖理事會」主席身分主持年會，討論理事會各項行政事務	世界宗教領袖理事會	臺北市	中華民國
2005.11.7-9	「地球憲章」五週年會議，果禪法師、常濟法師代表出席	地球憲章	阿姆斯特丹	荷蘭 *
2006.1.1	於母校日本立正大學成立「聖嚴法師獎學金」，獎助攻讀佛學碩、博士學位之華裔學生		東京	日本 *

時間	主題項目	主辦單位	地點	地區國家
2006.4.13 -16	從「心」溝通的世界大趨勢（果品法師代為宣讀）	第一屆世界佛教論壇	杭州	中國大陸 *
2006.5.7-10	受邀參加「第三屆聯合國國際衛塞節世界佛教大會」，副住持果品法師代表出席		曼谷	泰國 *
2006.5.30 -6.6	日惹地區發生芮氏規模六點二強震，外交部聯繫法鼓山，並派遣軍機，將第一梯次救援物資、救難人員送抵災區	法鼓山	日惹	印尼 *
2006.6.20 -22	出席「全球女性慈悲論壇」閉幕典禮，並以「心懷大悲，世界大慈」致詞	法鼓山與全球女性和平促進會	新北市	中華民國
2006.7.5	協助南亞海嘯災後重建，與印尼菩提心曼茶羅基金會、中華民國紅十字總會簽訂合作備忘錄，共同協助重建印尼棉蘭菩提學校學童宿舍	法鼓山	棉蘭	印尼 *
2006.7.14	法鼓山斯里蘭卡安心服務站落成啟用	法鼓山		斯里蘭卡 *
2006.7.28 -30	舉行「國際青年領袖會議」	二〇〇六全球青年領袖高峰會	新北市	中華民國

時間	主題項目	主辦單位	地點	地區國家
2006.7.29	與地球憲章委員、猶太教歐盟主席奧拉罕・索敦多普共同接受地球憲章總部青年團主席米歐爾・斯拉比訪問	二〇〇六全球青年領袖高峰會	新北市	中華民國
2006.8.26 -29	指派法師參加「第八屆世界宗教和平大會」	第八屆世界宗教和平大會	京都	日本 *
2006. 9.16	溫哥華道場落成，錄製影片開示：「法鼓山道場的功能」	溫哥華道場	溫哥華	加拿大 *
2006.10.25 -28	舉辦「青年領袖促進和平論壇」	法鼓山與全球女性和平促進會	紐約州	美國
2006.10.26	「青年領袖促進和平論壇」開幕致詞：「世界和平如何可求？世界和平該如何促成？」	法鼓山與全球女性和平促進會	紐約州	美國
2006.10.28	「青年領袖促進和平論壇」閉幕致詞：「用慈悲心拯救世界」	法鼓山與全球女性和平促進會	紐約州	美國
2006.10.31	與聯合國官員歐拉爾・歐敦孳先生、聯合國和平大學校長茱麗亞・拉菲弗女士等晤談	全球女性和平促進會創辦人迪娜・梅瑞恩女士	紐約州	美國
2006.11.4	會見聯合國種族事務人權特派調查員杜度・迪恩	象岡道場	紐約州	美國
2006.11.4	致贈臺北駐紐約經濟文化辦事處圖書館《法鼓全集》一百冊	東初禪寺	紐約州	美國

時間	主題項目	主辦單位	地點	地區國家
2006.11.5	二位西方法子，約翰・克魯克教授與賽門・查爾得醫師自英國至美請法	象岡道場	紐約州	美國
2006.11.9	觀世音菩薩出家紀念日，開示觀音法門	東初禪寺	紐約州	美國
2006.11.11	出席「深秋心靈饗宴」聯誼會	東初禪寺	紐約州	美國
2006.11.12	皈依大典祝福、開示	東初禪寺	紐約州	美國
2006.11.12-14	「重塑心靈之約──增進相互了解與和平／中東暨亞洲宗教領袖高峰會」，擔任開幕演說貴賓，錄影：「一條共同的道路」於開幕典禮播放	亞美尼亞東正教		黎巴嫩 *
2006.11.16-19	與方丈和尚果東法師共同主持美國第四屆菩薩戒	象岡道場	紐約州	美國
2006.11.24-12.3	主持在美第一百一十一場禪修：話頭禪十，開示：「大慧宗杲禪師語錄」	象岡道場	紐約州	美國
2006.12.3	哥倫比亞大學副校長保羅・安德爾等三人來訪，說明擬成立「聖嚴漢傳佛學講座」	東初禪寺	紐約州	美國
2007.3.6	友誼是和平的基礎（常聞法師代表宣讀）	蘇丹青年和平論壇	戈曼非洲保護區	肯亞 *

時間	主題項目	主辦單位	地點	地區國家
2007.5.10	聖嚴教育基金會與美國哥倫比亞大學締約成立「聖嚴漢傳佛學講座教授」	哥倫比亞大學	紐約州	美國 *
2007.5.26-29	佛教是推動世界永久和平的希望（果東法師代表宣讀）	泰國政府擴大舉辦衛塞節慶典	曼谷	泰國
2007.10.27	「法鼓山二〇〇七年亞非高峰會議」開幕式，以「慈悲化解鬥爭、暴力與衝突」為題致詞	法鼓山及全球女性和平促進會共同合辦	新北市	中華民國
2007.11	多明尼加因颶風引發災情，派遣義工賑災	法鼓山		多明尼加 *
2007.11.15-19	受邀出席「柬埔寨青年領袖會議」，指派法師及青年代表參加	全球女性和平促進會	暹粒市	柬埔寨 *
2008.5.11	成立緬甸風災救援團，攜帶食物、醫療等救援物資，進入災區救援	法鼓山		緬甸 *
2008.5.13	成立四川地震救災指揮中心，指派法師召募義工前往四川賑災	法鼓山	四川省	中國大陸 *
2008.7.26	接見西方弟子，關懷並開示傳法條件		新北市	中華民國
2008.8.21-24	舉行「法鼓山北美發展研討會」，法師錄影開示：「同心同願，為建設人間淨土而努力」	法鼓山佛教協會、東初禪寺、象岡道場	紐約州	美國 *

時間	主題項目	主辦單位	地點	地區國家
2008.8.23	與「法鼓山北美發展研討會」現場連線，關懷與會大眾並回答提問	法鼓山佛教協會、東初禪寺、象岡道場	紐約州	美國 *

案一：一九九二年以前據《春夏秋冬》「國際弘化一覽表」（頁 267-277）而修正，一九九三年以後依年譜錄出。

案二：據前表，1992.4.12 於哥倫比亞大學有「見佛性等問題座談」，今據《東西南北》應無此項。

案三：據前表，1988.4.24 在愛荷華大學演說「禪的修行」。然據考，該時段正在中國大陸參訪，疑時日有誤。今據〈美中一周行〉（《悼念‧遊化》）改為 1989.4.24。

案四：法師晚年致力國際和平事務，於國內舉辦多場國際會議並發表演說。邀集國際人士共商、關懷國際和平，是以雖然身在國內而亦列入國際弘化關懷之項次。國際賑災以及指派代表與會者亦如是觀。

三：聖嚴法師重要著述

出版日期	書　　名	出版單位	今收（書、全集）
1956.11	評〈駁佛教與基督教的比較〉	慶芳書局	法鼓全集 1：5
1963.01	律制生活		法鼓全集 5：5
1963.05	聖嚴文集——佛教人生與宗教	佛教文化服務處	
1963.05	聖嚴文集——佛教文化與文學	佛教文化服務處	
1963.05	聖嚴文集——佛教制度與生活	佛教文化服務處	法鼓全集 3
1964.07	佛教實用法	佛教文化服務處	法鼓全集 3
1965.03	戒律學綱要	佛教文化服務處	法鼓全集 1：3
1965.07	正信的佛教	佛教文化服務處	法鼓全集 5：2
1967.04	基督教之研究	佛教文化服務處	法鼓全集 1：5
1967.11	聖徒的故事	開元寺佛經流通處	法鼓全集 5：7
1968.01	歸程	開元寺佛經流通處	法鼓全集 6：1
1968.01	瓔珞	開元寺佛經流通處	法鼓全集 5：4（選）
1968.06	比較宗教學	臺灣中華書局	法鼓全集 1：4
1969.12	世界佛教通史（上冊）	臺灣中華書局	法鼓全集 2：1/3/5
1971.11	中國佛教史概說	臺灣商務印書館	法鼓全集 2：2
1975.11	明末中國佛教の研究	山喜房佛書林	法鼓全集 9：1
1979	佛教入門	東初出版社	法鼓全集 5：1
1979.03	大乘止觀法門之研究	中華佛教文化館	法鼓全集 1：2

出版日期	書　名	出版單位	今收（書、全集）
1979.03	佛陀示現人間	中華佛教文化館	法鼓全集 5：1
1979.03	佛教與佛學	中華佛教文化館	法鼓全集 4
1979.03	從東洋到西洋	中華佛教文化館	法鼓全集 3
1979.03	禪與科學	中華佛教文化館	法鼓全集 4
1979.03	禪 *CH'AN*	中華佛教文化館	法鼓全集 4：3
1979	學佛知津	東初出版社	法鼓全集 5：4
1980.09	禪的體驗	東初出版社	法鼓全集 4：3
1980.10	禪門修證指要	東初出版社	法鼓全集 4：1
1981.07	禪門囈語	東初出版社	法鼓全集 4：7 （1993 年版）
1982.12	*Getting the Buddha Mind*	Dharma Drum Publications	法鼓全集 9：3
1984.06	佛心眾生心／釋繼程譯	東初出版社	法鼓全集 4：3
1984.07	禪門驪珠集	東初出版社	法鼓全集 4：2
1984.12	禪的生活	東初出版社	法鼓全集 4：4
1986.12	拈花微笑	東初出版社	法鼓全集 4：5
1987.09	*Faith in Mind*	Dharma Drum Publications	法鼓全集 9：2
1987.09	*The Poetry of Enlightenment*	Dharma Drum Publications	法鼓全集 9：2
1987.07	明末佛教研究	東初出版社	法鼓全集 1：1
1988.07	牧牛與尋劍	東初出版社	散入全集各輯
1988.10	明日的佛教	東初出版社	法鼓全集 5：6
1988.10	法源血源	東初出版社	法鼓全集 6：2

出版日期	書　　名	出版單位	今收（書、全集）
1988.11	學佛群疑	東初出版社	法鼓全集 5：3
1988.11	明末中國佛教之研究 / 關世謙譯	台灣學生書局	
1988.11	*Ox Herding at Morgan's Bay*	Dharma Drum Publications	法鼓全集 9：2
1990.01	法鼓傳法音		法鼓全集 8：6
1990.04	*The Sword of Wisdom*	Dharma Drum Publications	法鼓全集 9：4
1990.08	*The Infinite Mirror*	Dharma Drum Publications	法鼓全集 9：2
1990.10	佛國之旅	東初出版社	法鼓全集 6：3
1990.10	*Catching a Feather on a Fan*	Element Books Ltd.	法鼓全集 9：3
1991.03	法鼓山的心願	東初出版社	法鼓全集 8：6
1991.05	禪與悟	東初出版社	法鼓全集 4：6
1991.08	金山有鑛	東初出版社	法鼓全集 6：4
1991.10	禪門囈語續集	東初出版社	法鼓全集 4：8（1993 年版）
1992.01	火宅清涼	東初出版社	法鼓全集 6：5
1992.01	密教史	東初出版社	法鼓全集 2：4
1992.10	東西南北	東初出版社	法鼓全集 6：6
1992.10	漢藏佛學同異答問	東初出版社	法鼓全集 2：4
1993	日韓佛教史略	東初出版社	法鼓全集 2：5
1993.07	聖嚴法師學思歷程	正中書局	法鼓全集 3：8
1993.10	宗教人生		法鼓全集 3：2
1993.11	法鼓全集（四十一冊）	東初出版社	法鼓全集
1993.12	春夏秋冬	東初出版社	法鼓全集 6：7

出版日期	書　　名	出版單位	今收（書、全集）
1993.12	行雲流水	東初出版社	法鼓全集 6：8
1994.01	禪的體驗・禪的開示（修訂版）	東初出版社	法鼓全集 4：3
1994.03	福慧自在	皇冠文學出版有限公司	法鼓全集 7：2
1994.06	聖嚴法師心靈環保	正中書局	法鼓全集 8：1
1994.06	禪的世界	東初出版社	法鼓全集 4：8
1993.12	*Zen Wisdom: Knowing and Doing*	Dharma Drum Publications	法鼓全集 9：6
1995.02	神通與人通——宗教人生	東初出版社	法鼓全集 3：2
1995.08	念佛生淨土	東初出版社	法鼓全集 5：8
1995.08	法鼓山的方向	法鼓山文教基金會	法鼓全集 8：6
1995.10	叮嚀	平氏出版有限公司	法鼓全集 8：3
1995.10	法鼓鐘聲	平氏出版有限公司	法鼓全集 8：2
1995	聖嚴法師教禪坐	東初出版社	法鼓全集 4：9
1995	禪鑰	東初出版社	法鼓全集 4：10
1996.09	聖嚴法師佛曲集 CD	法鼓文化	
1996.02	菩薩戒指要	東初出版社	法鼓全集 1：6
1996.06	*Dharma Drum: The Life and Heart of Chan Practice*	Dharma Drum Publications	法鼓全集 9：5
1996.07	禪門	法鼓文化	法鼓全集 4：11
1997.01	心的詩偈——信心銘講錄	法鼓文化	法鼓全集 4：7
1997.01	修行在紅塵——維摩經六講	法鼓文化	法鼓全集 7：3
1997.09	心的經典——心經新釋	法鼓文化	法鼓全集 7：1

出版日期	書　名	出版單位	今收（書、全集）
1997.10	*Complete Enlightenment*	Dharma Drum Publications	法鼓全集 9：7
1998.01	是非要溫柔	天下雜誌	法鼓全集 8：4
1998.01	步步蓮華	法鼓文化	法鼓全集 6：9
1998.07	智慧一○○	法鼓文化	法鼓全集 7：7
1999.01	人行道	法鼓文化	法鼓全集 8：5
1999.02	四十二章經講記	法鼓文化	法鼓全集 7：5
1999.02	四弘誓願講記	法鼓文化	法鼓全集 7：4
1999.02	聖嚴說禪	法鼓文化	法鼓全集 4：12
1999.02	普賢菩薩行願讚講記	法鼓文化	法鼓全集 7：4
1999.02	慈雲懺主淨土文講記	法鼓文化	法鼓全集 7：4
1999.05	觀世音菩薩普門品講記	法鼓文化	法鼓全集 7：5
1999.06	金剛經講記	法鼓文化	法鼓全集 7：2
1999.06	平安的人間	法鼓文化	法鼓全集 8：5
1999.08	*Subtle Wisdom*	Doubleday Publications	法鼓全集 9：9
1999.08	八大人覺經講記	法鼓文化	法鼓全集 7：13
1999.08	動靜皆自在	法鼓文化	法鼓全集 4：15
1999.09	48 個願望──無量壽經講記	法鼓文化	法鼓全集 7：6
1999.09	佛遺教經講記	法鼓文化	法鼓全集 7：13
1999.09	空花水月	法鼓文化	法鼓全集 6：10
1999.10	台灣，加油	法鼓文化	法鼓全集 8：7
1999.12	法鼓全集（七十冊）	法鼓文化	法鼓全集（共 70 冊）
2000.02	漢傳佛教的智慧生活	法鼓文化	

出版日期	書　　名	出版單位	今收（書、全集）
2000.03	兩千年行腳	法鼓文化	法鼓全集 6：11
2000.04	公案一〇〇	法鼓文化	法鼓全集 7：8
1999	*Meeting of Minds*	Dharma Drum Publications	
2000.07	歡喜看生死	天下生活出版股份有限公司	法鼓全集 8：10
2000.07	心的對話——與達賴喇嘛的對話	聖嚴教育基金會	
2000.08	心靈的河流——與馬英九的對話	聖嚴教育基金會	
2000.08	年輕的夢想——與李鍾桂的對話	聖嚴教育基金會	
2000.08	平安的追尋——與李亦園、楊國樞的對話	聖嚴教育基金會	
2000.08	舞中的禪機——與林懷民的對話	聖嚴教育基金會	
2000.08	佛法與 e 世代——與張學友、侯文詠的對話	聖嚴教育基金會	
2000.08	科技的省思——與曹興誠的對話	聖嚴教育基金會	
2000.08	神會禪師的悟境	法鼓文化	法鼓全集 4：16
2000.12	四聖諦講記	法鼓文化	法鼓全集 7：13
2000.12	法鼓晨音	法鼓文化	法鼓全集 8：8
2001.01	六波羅蜜講記	法鼓文化	法鼓全集 7：13
2001.01	探索識界——八識規矩頌講記	法鼓文化	法鼓全集 7：9
2001.02	地藏菩薩大願法門	法鼓文化	法鼓全集 7：13
2001.04	聖嚴法師與人文對話 / 曾志朗等	法鼓文化	

出版日期	書　　名	出版單位	今收（書、全集）
2001.04	聖嚴法師與科技對話 / 李遠哲等	法鼓文化	
2001.04	超越生死的智慧對話——與索甲仁波切的對話	聖嚴教育基金會	
2001.05	聖嚴法師與宗教對話 / 索甲仁波切等	法鼓文化	
2001.06	抱疾遊高峰	法鼓文化	法鼓全集 6：12
2001.06	四正勤講記	法鼓文化	法鼓全集 7：14
2001.07	自家寶藏——如來藏經語體譯釋	法鼓文化	法鼓全集 7：10
2001.08	四如意足講記	法鼓文化	法鼓全集 7：14
2001.11	*There is No Suffering: A Commentary on the Heart Sutra*	Dharma Drum Publications	法鼓全集 9：8
2001.12	心五四——觀念啟蒙篇	法鼓文化	
2001	*Hoofprint of the Ox*	Oxford University Press	法鼓全集 9：10
2002.01	絕妙說法——法華經講要	法鼓文化	法鼓全集 7：11
2002.04	天台心鑰——教觀綱宗貫註	法鼓文化	法鼓全集 7：12
2002.05	*Illuminating Silence: The Practice of Chinese Zen*	Watkins Publishing	法鼓全集 9：11
2002.08	我的法門師友	法鼓文化	法鼓全集 3：7（選）
2002.08	聖嚴法師梵唄集 CD	法鼓文化	聖嚴法師梵唄集
2003.04	成功的助緣——與張怡筠、嚴長壽的對話	聖嚴教育基金會	
2003.04	生命的價值——與單國璽、吳若權、陶喆的對話	聖嚴教育基金會	

出版日期	書　　名	出版單位	今收（書、全集）
2003.05	聖嚴法師教觀音法門	法鼓文化	法鼓全集 4：13
2003.07	禪的智慧──與聖嚴法師心靈對話／單德興譯	法鼓文化	
2003.09	真正大好年	法鼓文化	法鼓全集 6：13
2003.10	五百菩薩走江湖	法鼓文化	法鼓全集 6：14
2003.12	暴風眼中有平安──與陳建仁、馬英九、葉金川的對話	聖嚴教育基金會	
2003.12	無名問無明──與李連杰的對話	聖嚴教育基金會	
2003.12	淨土在人間	法鼓文化	
2004.01	聖嚴法師教默照禪	法鼓文化	法鼓全集 4：14
2004.03	人間世	法鼓文化	法鼓全集 8：9
2004.04	五根五力講記	法鼓文化	法鼓全集 7：14
2004.09	七覺支講記	法鼓文化	法鼓全集 7：14
2004.11	八正道講記	法鼓文化	法鼓全集 7：14
2004.11	*Song of Mind: Wisdom from the Zen Classic Xin Ming*	Shambhala Publications	法鼓全集 9：12
2005.02	找回自己	法鼓文化	法鼓全集 8：12
2005.02	法鼓家風	法鼓文化	法鼓全集 8：11
2005.07	法鼓全集續編（三十二冊）	法鼓文化	法鼓全集續編（共32冊）
2005.07	法鼓全集（一〇二冊）	法鼓文化	法鼓全集（原70冊二版及續編32冊初版，共102冊）
2006.01	華嚴心詮──原人論考釋	法鼓文化	法鼓全集 10：9
2006.02	從心溝通	法鼓文化	法鼓全集 10：1

出版日期	書　名	出版單位	今收（書、全集）
2006.08	不一樣的親密關係	法鼓文化	
2006.08	不一樣的教育理念	法鼓文化	
2006.08	不一樣的人生旅程	法鼓文化	
2006.08	不一樣的社會關懷	法鼓文化	
2006.08	不一樣的文化藝術	法鼓文化	
2006.08	珍惜生命——與吳念真、黃春明、李明濱的對話	聖嚴教育基金會	
2006.09	禪無所求——聖嚴法師的〈心銘〉十二講 / 單德興譯	法鼓文化	
2006.10	經濟與環保的創新作為——與蕭萬長、施振榮、朱雲鵬、張祖恩的對話	聖嚴教育基金會	
2006.10	承先啟後的中華禪法鼓宗	聖嚴教育基金會	
2006.10	*Attaining the Way: A Guide to the Practice of Chan Buddhism*	Shambhala Publications	
2006.11	完全證悟——聖嚴法師說圓覺經生活觀 / 釋常華等譯	法鼓文化	
2007.01	不一樣的生活主張	法鼓文化	
2007.01	不一樣的佛法應用	法鼓文化	
2007.01	不一樣的身心安定	法鼓文化	
2007.01	不一樣的環保實踐	法鼓文化	
2007.01	不一樣的生死觀點	法鼓文化	
2007.02	法鼓山故事	法鼓文化	法鼓全集 10：8
2007.02	遊心禪悅——法語‧墨緣‧興學 墨迹全輯	法鼓山文教基金會	

出版日期	書　　名	出版單位	今收（書、全集）
2007.02	遊心禪悅——法鼓山珍藏墨迹	法鼓山文教基金會	
2007.05	禪門第一課／薛慧儀譯	法鼓文化	
2007.07	〈法鼓山建築理念及目的〉	法鼓文化	佛教建築的傳統與創新——2006 法鼓山佛教建築研討會論文集
2007.07	生命與信仰的探究——與龍應台的對話	聖嚴教育基金會	
2007.10	新時代心倫理——與錢復、施振榮、劉炯朗、張淑芬的對話	聖嚴教育基金會	
2007.11	全球化趨勢下的信仰價值與教育——與單國璽樞機主教的對話	聖嚴教育基金會	
2007.12	方外看紅塵	法鼓文化	法鼓全集 10：2
2008.01	真正的快樂	法鼓文化	法鼓全集 10：3
2008.01	寶鏡無境——石頭希遷〈參同契〉、洞山良价〈寶鏡三昧歌〉新詮／釋果醒譯	法鼓文化	
2008.04	覺情書——聖嚴法師談世間情	法鼓文化	法鼓全集 10：5
2008.04	如何導覽法鼓山	法鼓山佛教基金會	
2008.05	法鼓山佛曲集（合唱譜）	法鼓文化	
2008.05	智慧之劍——永嘉證道歌講錄／莊國彬譯	法鼓文化	
2008.07	真正的自由——與單國璽樞機主教的對話	聖嚴教育基金會	

出版日期	書　　名	出版單位	今收（書、全集）
2008.07	世界盡頭的光明——與戴維斯博士的對話	聖嚴教育基金會	
2008.09	用四安重建希望家園	聖嚴教育基金會	
2008.09	工作好修行——聖嚴法師的 38 則職場智慧	法鼓文化	法鼓全集 10：4
2008.10	*Footprints in the Snow: The Autobiography of a Chinese Buddhist Monk*	Doubleday Publications	
2008.11	*The Method of No-Method: The Chan Practice of Silent Illumination*	Shambhala Publications	
2009.01	放下的幸福——聖嚴法師的 47 則情緒管理智慧	法鼓文化	法鼓全集 10：7
2009.01	聖嚴法師教話頭禪	法鼓文化	法鼓全集 10：6
2009.02	如月印空——聖嚴法師默照禪講錄 / 薛慧儀譯	法鼓文化	
2009.02	雪中足跡：聖嚴法師自傳 / 釋常悟等譯	三采文化	
2009.03	佛心、宇宙與覺醒——與太空人米契爾博士的對話	聖嚴教育基金會	
2009.05	*Shattering the Great Doubt: The Chan Practice of Huatou*	Shambhala Publications	
2009.08	無法之法——聖嚴法師默照禪法旨要 / 單德興譯	法鼓文化	
2009.09	生死皆自在——聖嚴法師談生命智慧	法鼓文化	法鼓全集 10：13
2010.01	帶著禪心去上班——聖嚴法師的禪式工作學	法鼓文化	法鼓全集 10：14

出版日期	書　　名	出版單位	今收（書、全集）
2010.01	觀音妙智——觀音菩薩耳根圓通法門講要	法鼓文化	法鼓全集 10：12
2010.08	*Things Pertaining to Bodhi: The Thirty-Seven Aids to Enlightenment*	Shambhala Publications	
2010.02	美好的晚年	法鼓文化	法鼓全集 10：15
2010.02	聖嚴法師教淨土法門	法鼓文化	法鼓全集 10：11
2011.02	三十七道品講記	法鼓文化	法鼓全集 7：14
2011.02	虛空粉碎——聖嚴法師話頭禪法旨要 / 單德興譯	法鼓文化	
2011.04	我願無窮——美好的晚年開示集	法鼓文化	法鼓全集 10：10
2011.08	慈悲的力量——與珍古德博士的對話	聖嚴教育基金會	
2011.10	心在哪裡？——聖嚴法師西方禪修指導	法鼓文化	
2013.11	禪在哪裡？——聖嚴法師西方禪修指導 2	法鼓文化	

四：聖嚴法師外文著作及相關外譯著作一覽表

書序	出版年	書　　名	出版處所
1	1971	大乘止觀法門の研究	日本東京立正大學
2	1975	明末中國佛教の研究	日本東京山喜房佛書林
3	1979	*Ch'an Lectures*	中華佛教文化館印行
4	1982	*Getting the Buddha Mind: On the Practice of Chan Retreat*	美國 Dharma Drum Publications
4-1	1998	*Osiaganie Umyslu Buddy*（*Getting The Buddha Mind* 波蘭文版）	波蘭 Buddyzm Biblioteka Mistrzow
4-2	2000	*Pocbemaehua*（*Getting the Buddha Mind* 俄文版，Pavel Grokhovski 譯）	俄羅斯聖彼得堡佛法中心 Dharma Center, Saint Petersburg
4-3	2002	*Zen: Melatih Kucing Menangkap Tikus*（*Getting the Buddha Mind* 印尼文版）	印尼雅加達 Suwung
5	1987	*Faith in Mind*	美國 Dharma Drum Publications
5-1	1991	*Credere Nella Mente*（*Faith in Mind* 義大利文版）	義大利羅馬 Ubaldini Editore Roma
5-2	1997	*Confiance Dans L'esprit*（*Faith in Mind* 法文版）	法國 Editions Dharma
5-3	2000	*Pocbemaehua*（*Faith in Mind* 俄文版，Pavel Grokhovski 譯）	俄羅斯聖彼得堡佛法中心 Dharma Center, Saint Petersburg
5-4	2000	*Faith in Mind* 德文版（瑞士 Max Kalin 譯）	德國
5-6	2002	*Ch'an: Gerbang Tanpa-Gerbang*（*Faith in Mind* 印尼文版）	印尼雅加達 Suwung

書序	出版年	書　名	出版處所
5-7	2009	*Faith in Mind: A Commentary on Seng Ts'an's Classic*（《心的詩偈》韓文版，大晟法師譯）	韓國探究出版社 Tamgusa Publishing
6	1987	*The Advantages One May Derive from Zen Meditation*	美國 Dharma Drum Publications
6-1	1995	*Zen*（*The Advantages One May Derive from Zen Meditation* 西班牙文版）	阿根廷 Empresa Grafica Argentina
6-2		*Zen*（*The Advantages One May Derive from Zen Meditation* 葡萄牙文版）	巴西聖保羅 Grafica Sangirard LTDA
6-3		*The Advantages One May Derive from Zen Meditation* 捷克文版	
7	1987	*The Poetry of Enlightenment: Poems by Ancient Chan Masters*	美國 Dharma Drum Publications
7-1	1998	*Kiinalaisten Zen Mestareiden Runoja*（*The Poetry of Enlightenment* 芬蘭文版）	芬蘭赫爾辛基 Basam Book
7-2	1999	*The Poetry of Enlightenment* 挪威文版	芬蘭赫爾辛基 Basam Books
7-3	2000	*Pocbemaehua*（*The Poetry of Enlightenment* 俄文版，Pavel Grokhovski 譯）	俄羅斯聖彼得堡佛法中心 Dharma Center, Saint Petersburg
7-4	2002	*Zen: Melatih Kucing Menangkap Tikus*（*The Poetry Of Enlightenment* 印尼文版）	印尼雅加達 Suwung

書序	出版年	書　名	出版處所
8	1988	*Ox Herding at Morgan's Bay*	美國 Dharma Drum Publications
8-1	1995	*Belajar Dari Kawanan Sapi*（*Ox Herding at Morgan's Bay* 印尼文版）	印尼 Yayasan Penerbit Karaniya
9	1989	*The Sword of Wisdom: A Commentary on the Song of Enlightenment*	美國 Dharma Drum Publications
9-1		*The Sword of Wisdom* 波蘭文版	
9-2	2000	*Pocbemaehua*（*The Sword of Wisdom* 俄文版，Pavel Grokhovski 譯）	俄羅斯聖彼得堡佛法中心 Dharma Center, Saint Petersburg
9-3	2002	*Pedang Pusaka Kebijaksanaan*（*The Sword of Wisdom* 印尼文版）	印尼 Yayasan Penerbit Karaniya
9-4	2009	*The Sword of Wisdom: A Commentary on the Song of Enlightenment*（《智慧之劍》韓文版，大晟法師譯）	韓國探究出版社 Tamgusa Publishing
10	1990	*Hoc Phat Quan Nghi*（《學佛群疑》越南文版，吳德壽譯）	越南 Trung Tam Lu Lieu Phat Hoc
11	1990	*The Infinite Mirror: Commentaries on Two Chan Classics*	美國 Dharma Drum Publications
11-1	1992	*The Infinite Mirror* 日文版	日本京都禪學社
11-2	2000	*Pocbemaehua*（*The Infinite Mirror* 俄文版，Pavel Grokhovski 譯）	俄羅斯聖彼得堡佛法中心 Dharma Center, Saint Petersburg
11-3	2009	*The Infinite Mirror*（《寶鏡無境》韓文版，大晟法師譯）	韓國探究出版社 Tamgusa Publishing

書序	出版年	書　　名	出版處所
12	1990	*Catching a Feather on a Fan*	英國 Element Books Limited
12-1	1999	*Rozswietlanie Ciszy* （*Catching a Feather On a Fan* 波蘭文版）	波蘭 Buddyzm Biblioteka Mistrzow
12-2		*Catching a Feather on a Fan* 德文版	德國
13	1991	*Phat Giao Chinh Tin* （《正信的佛教》越南文版，吳德壽譯）	越南 Trung Tam Lu Lieu Phat Hoc
13-1	2007	*Orthodox Chinese Buddhism: A Contemporary Chan Master's Answers to Common Questions* （《正信的佛教》英文版，Douglas Gildow、Otto Chang 譯）	美國 Dharma Drum Publications
14	1993	*Zen Wisdom: Conversations on Buddhism*	美國 Dharma Drum Publications
14-1	1995	*Sabiduria Zen* （*Zen Wisdom* 西班牙文版）	阿根廷 Empresa Grafica Argentina
14-2	1997	*Kebijakan Zen* （*Zen Wisdom* 印尼文版）	印尼 Yayasan Penerbit Karaniya
15	1993	*Buddha Buddhism* （《明日的佛教》越南文版，吳德壽譯）	越南胡志明市越南佛教會
16	1996	*Ton Giao Hoc So Sanh* （《比較宗教學》越南文版）	
17	1996	*Dharma Drum: The Life and Heart of Chan Practice*	美國 Dharma Drum Publications
17-1	1997	*Beben Dharmy* （*Dharma Drum* 波蘭文版）	波蘭 Buddyzm Biblioteka Mistrzow
17-2	1998	*Dharma Drum* 克羅埃西亞文版	

書序	出版年	書　名	出版處所
17-3	2000	*Dharma Drum*（*Dharma Drum* 俄文版，Pavel Grokhovski 譯）	俄羅斯聖彼得堡佛法中心 Dharma Center, Saint Petersburg
17-4	2006	*Genderang Dharma*（*Dharma Drum* 印尼文版）	印尼 Yayasan Svarnadipa Sriwijaya
18	1997	*Complete Enlightenment*	美國 Dharma Drum Publications
18-1	1999	*Volmaakte Verlichting*（*Complete Enlightenment* 荷蘭文版）	荷蘭 Asoka Nieuwerkerk
19	1998	*In the Spirit of Chan*	美國 Dharma Drum Publications
19-1	1998	*Im Geist Von Ch'an*（*In the Spirit of Chan* 德文版）	美國 Dharma Drum Publications
19-2	2000	*Pocbemaehua*（*In the Spirit of Chan* 俄文版，Pavel Grokhovski 譯）	俄羅斯聖彼得堡佛法中心 Dharma Center, Saint Petersburg
19-3	2002	*In the Spirit of Chan* 印尼文版	印尼雅加達 Suwung
20	1999	*Meeting of Minds*	美國 Dharma Drum Publications
20-1	2004	*Dialog Buddhisme Tibet & China*（*Meeting of Minds* 印尼文版）	印尼 Yayasan Svarnadipa Sriwijaya
20-2	2005	*Au Coeur De L'eveil*（*Meeting of Minds* 法文版）	法國 JC Lattes
21	1999	*Subtle Wisdom*	美國 Doubleday Publications
21-1	2001	*Un Sapere Sottile*（*Subtle Wisdom* 義大利文版）	義大利 Oscar Mondadori

書序	出版年	書　名	出版處所
21-2	2004	*Kebijaksanaan Hakiki*（*Subtle Wisdom* 印尼文版）	印尼 Yayasan Svarnadipa Sriwijaya
21-3	2005	*Subtle Wisdom* 克羅埃西亞文版（Žarko Andričević 譯）	
22	2000	*Setting in Motion the Dharma Wheel*	新加坡 Dharma Drum Library Singapore
22-1	2006	*Jangan Ada Dukkha di Antara Kita*（*Setting in Motion the Dharma Wheel* 印尼文版）	印尼 Penerbitan Pemuda Vihara Vimala Dharma
23	2001	*Hoofprint of the Ox*	美國 Oxford University Press
23-1	2006	*Hoofprint of the Ox* 艾沙尼亞文版（Märt Läänemets 譯）	
23-2	2007	*Harja Jalgi Mooda*（*Hoofprint of the Ox* 克羅埃西亞文版）	Mart Laanemets ja Tanapaev
24	2001	*There is No Suffering: A Commentary on the Heart Sutra*	美國 Dharma Drum Publications
24-1	2003	*Nie ma cierpienia*（*There is No Suffering* 波蘭文版）	波蘭 Buddyzm Biblioteka Mistrzow
24-2	2004	*Zen Tiada Penderitaan*（*There is No Suffering* 印尼文版）	印尼雅加達 Suwung
24-3	2008	*Non C'e Sofferenza*（*There is No Suffering* 義大利文版）	義大利 Chinaski Edizioni
24-4	2009	*There is No Suffering: A Commentary on the Heart Sutra*（《心經講記》韓文版，大晟法師譯）	韓國探究出版社 Tamgusa Publishing

書序	出版年	書　　名	出版處所
25	2002	*The Six Paramitas*	美國 Dharma Drum Publications
25-1	2002	*Le Sei Paramita* （*The Six Paramitas* 義大利文版）	義大利 Padova
26	2002	*Illuminating Silence: The Practice of Chinese Zen*	英國倫敦 Watkins Publishing
27	2002	*Chan Come West*	美國 Dharma Drum Publications
28	2004	*Song of Mind: Wisdom from the Zen Classic Xin Ming*	美國 Shambhala Publications
28-1	2008	*Song of Mind: Wisdom from the Zen Classic Xin Ming* （《禪無所求》韓文版，大晟法師譯）	韓國探究出版社 Tamgusa Publishing
29	2004	《福慧自在》韓文版	韓國奚琴出版社 Haejoeum Publishers
30	2006	*Attaining the Way: A Guide to the Practice of Chan Buddhism*	美國 Shambhala Publications
31	2008	*Footprints in the Snow: The Autobiography of a Chinese Buddhist Monk*	美國 Doubleday Publications
31-1	2010	*Fubspuren Im Schnee* （*Footprints in the Snow* 德文版）	德國 Theseus Verlag
31-2	2011	*Footprints in the Snow: The Autobiography of a Chinese Buddhist Monk* （《雪中足跡》韓文版，大晟法師譯）	韓國探究出版社 Tamgusa Publishing
32	2008	*The Method of No-Method: The Chan Practice of Silent Illumination*	美國 Shambhala Publications

書序	出版年	書　名	出版處所
32-1	2010	*The Method of No-Method: The Chan Practice of Slient Illumination*（《無法之法》韓文版，大晟法師譯）	韓國探究出版社 Tamgusa Publishing
33	2009	*Shattering the Great Doubt: The Chan Practice of Huatou*	美國 Shambhala Publications
33-1	2010	*Shattering the Great Doubt:The Chan Practice of Huatou*（《虛空粉碎》韓文版，大晟法師譯）	韓國探究出版社 Tamgusa Publishing
34	2008	*Lich Su Phat Giao The Gioi Phan I*（《世界佛教通史第一部》越南文版） *Lich Su Phat Giao An Do*（《印度佛教史》越南文版） *Lich Su Phat Giao Tay Tang va Mong Co*（《西藏與蒙古佛教史》越南文版） *Lich Su Phat Giao Nhat Ban*（《日本佛教史》越南文版）	越南社會科學出版社 Nha Xuat Ban Khoa Hoc Xa Hoi
34-1	2006	*Lich Su Phat Giao Tay Tang*（《西藏佛教史》越南文版）	越南 Nha Xuat Ban Phuong Dong
35	2008	《戒律學綱要》（韓文版，真目法師譯）	韓國天鼓出版社 lotus
35-1		《戒律學綱要》越南文版	
36	2010	《真正的快樂》越南文版	越南太河圖書股份公司 Thai ha books company

書序	出版年	書　　名	出版處所
37	2010	《放下的幸福》越南文版	越南太河圖書股份公司 Thai ha books company
38	2010	《工作好修行》越南文版	越南太河圖書股份公司 Thai ha books company
39	2010	《找回自己》越南文版	越南太河圖書股份公司 Thai ha books company
40	2010	《從心溝通》越南文版	越南太河圖書股份公司 Thai ha books company
41	2010	*Things Pertaining to Bodhi: The Thirty-Seven Aids to Enlightenment*	美國 Shambhala Publications

五：聖嚴法師創辦／住持機構一覽

機構名稱	住持／設立日期	備　註
大覺寺	1976～1978 年住持	（紐約）
中華佛教文化館	1977～1986 年住持	（臺北）
農禪寺	1977～2006 年住持	（臺北）
東初禪寺	1979 年設立	（紐約）
中華佛學研究所	1987 年設立	（臺北）
法鼓山文教基金會	1992 年設立	（臺北）
法鼓人文社會學院（籌備處）	1993 年設立	（新北）。2015 年與「法鼓佛教學院」合併成立「法鼓文理學院」。
法鼓山佛教基金會	1997 年設立	（臺北）
信行寺	1997～2006 年住持	（臺東）
齋明寺	1999～2006 年住持	（桃園）
法鼓山人文社會基金會	2000 年設立	（臺北）
法鼓山社會福利慈善事業基金會	2001 年設立	（臺北）
紫雲寺	2001～2006 年住持	（高雄）
法鼓山僧伽大學	2001 年設立	（新北）
德華寺	2003～2006 年住持	（南投）
法鼓山寺	2005 年設立	（新北）
聖嚴教育基金會	2006 年設立	（臺北）
雲來寺	2006 年設立	（臺北）
雲集寺	2007 年設立	（臺南）
天南寺	2007 年設立	（新北）
法鼓佛教研修學院	2007 年設立	（新北）。2008 年改名為「法鼓佛教學院」；2015 年與「法鼓人文社會學院」合併成立「法鼓文理學院」。

跋

一

　　這本書是《聖嚴法師七十年譜》的續完之作。併同前已出版的部分，合為一書。

　　《七十年譜》傳述到一九九九年，法師七十歲；之後則遵照遺命續補至二〇〇九年法師八十歲示寂。譜後並附記了一些法師關注事務的消息。

　　全書四冊，逾百萬言。第一冊記述至一九八八年法師五十九歲，前後約六十年。第二冊記述至一九九九年法師七十歲，前後約十年。第三、第四冊則用了兩大冊的篇幅記述最後十年。最後十年的記述遠遠超過前面七十年總和，亦正顯示法師生命之不斷超越躍昇，隨年歲增長愈見豐富厚重。當畫下句點時，也是一生最圓滿成熟的時候。

　　法師七十歲（一九九九年）以前的生命風采大抵如卷首〈自序〉所描述，以留日結束赴美伊始為分界，此前以自修為主，此後以弘化為重。七十一歲（二〇〇〇年），是法師弘化歷程更上一層的展現。走進聯合國殿堂，參與世界宗教精神領袖會議並獲得許多善友的肯定與助緣，從而也帶動國內佛教界參與國際事務的風氣。七十六歲（二〇〇五年），傳法、開山、立宗，登法業的高峰，也住院開刀從此步上每週三天洗腎的病程。

二〇〇六年，聖嚴基金會成立初期，我曾與聞其間。常聽董事長施建昌提醒，這些工作要快點做、那些工作要搶時間辦。他說，「我們要和師父的身體賽跑」。他說的是法師用盡力氣在與生命賽跑，只是其他人感受沒有施董來得深刻。

二

編纂法師思想行事，在其六十年以前，常苦於文獻不足，工夫多在訪查尋覓可以傳述之史料，而猶有許多空白。六十歲以後，特別是最後十年，則每苦於文獻龐雜巨量，著述、講演、開示、會客記錄、會議文書、公文批示……，抉擇去取，頗費斟酌。為了縮節字數，不能不摘錄提要以見其生平大略與日常行事梗概。然而，只見節略梗概常流於只有骨架而沒有血肉，因為缺少具體細節，不容易呈現生命的真實感。但如果鉅細靡遺盡量具體呢？近年韓復智有《錢賓四先生學術年譜》，大量抄錄錢先生原著，成書六巨冊。學者研究者或會稱便，因為讀一學譜等同閱讀錢先生全集一過。但抄錄而非提要，對多數讀者畢竟是負擔。

中研院歐美所單德興教授為文史老手，有訪談薩依德、余光中、齊邦媛等中外名家的豐富經驗。幾次南下高屏過訪，總關切並提問：史料的去取標準為何？旨哉斯問。於是自省，優先考量的是：什麼人會讀這本書？讀了這本年譜會有什麼用？

法師曾自言，所以不憚煩將每年行事紀錄出版，是在「為當代僧侶之修學留下紀錄」。但留下紀錄只是作「用」的基礎，而不是「用」的本身。我們仍要追問：留下紀錄作什麼「用」？

有什麼「作用」？

　　有些讀者是對法師這個「人」有興趣，關心的是他每天的生活起居、會客、寫作、演講、領導……等；記載愈細緻，愈能於自己的行事中得其彷彿。因此生活作息、運動、會客、寫作……等行事紀錄，再細也不嫌煩。有些讀者則關心的是他做了哪些關乎國計民生，或是對社會對大眾對後代有影響的「事」。不只要記錄什麼時間寫作、會客、開會等做了的「事」；還要記錄寫了、說了的這些有什麼價值和影響。「記言」呈現思想觀念理念，也要「記事」呈現生活行為實踐。

　　錢賓四先生曾指出，中西史學精神之別在於：中國史學重在人，西方史學重在事。所謂「重在人」，是指沒有功業、事業，仍會是重要的歷史人物，那就是人格、行誼。據此將人、事結合，也把記言、記事同時考量，則歷史記載當是重在：事業、行事、思想、行誼、人格。此五項由具體而抽象。

　　特別是從錢賓四先生「沒有表現」的重要歷史人物這一指點中，我們認識到，「重要」記事不止要記錄有哪些「作為」，也應該包括有哪些「不作為」。作為顯示出業績，容易理解；不作為則顯示面對抉擇時自我要求之紀律。拒絕出任政治要職的邀約、取消除夕禮祖時比丘尼禮拜比丘的儀程……，「不作為」也是一種明確顯示意義的「作為」。

　　為了在概要與細節間平衡兩全，長編初稿完成後，一次一次提要刪削。刪削文稿如木器上漆，不容易律定標準一次到位，得分次完成。一遍一遍校審清稿，甚至也有的是到二校三校時，才顯豁出原來潛隱的標準。有些項目原來覺得重要，但考量篇

幅及各種原因，只好整類刪除的，例如：「來訪賓客一覽」。

法師晚年，每日接見賓客之多，雖不致途為之塞、限為之穿，但確實稱得上是絡繹不絕。來訪者「上自王公貴族、下至販夫走卒」，或許夸飾亦近實況。而會談求教的多是尋常的親子、職場、生死病痛……，恐怕也少不了許多是套近乎的感情聯繫。從學術的角度、教義的標準看，當然是不太重要的。但如果這部分沒有記述，則法師生命投注的一大部分就無法呈現，且其社會影響的實際景況亦未能如實顯示。就教於多位師友，大多也持此見。於是擬以附表方式呈現。及至初校，則又整類捨棄。異日，有欲了解當代佛教之社會影響力者，或可再作探討。

「著作繫年」也是如此。《七十年譜》原附有法師七十歲以前之「著作繫年」，將所有著述：書籍、論文、單篇文章、講記、開示等大約一千五百筆文件依時間編排，所占篇幅已逾百頁。若加上最後十年著述講說，筆數與篇幅都要加倍，而且講演開示的筆錄陸續整理面世，「繫年」數量必然不斷變動。因此，最好的方式當是把「著作繫年」開放於網頁而不是附入本書。

三

受命續譜，即行蒐羅材料著手整編。其間幸得《隨師日誌》（未刊稿），提供法師晚年行事記要，簡省不少工夫。歷朝向有「帝王起居注」之錄記，作為「帝王實錄」乃至「紀傳」編撰之基礎。竊謂此《隨師日誌》即頗類於「起居注」之性質，

提供十分有用的記事框架。感謝歷任承擔隨行記錄工作之祕書或記者。

初稿完成後，歷約一年之編審校對，勞煩法鼓文化編輯群傾全力之支援協助。初稿中引文出處有遺漏錯誤、有前後矛盾，甚至提要未能切入重點等疏誤不一而足。屢經文化中心副都監果賢法師及常真、演化二位法師，總編輯陳重光、李金瑛、胡琡珮，以及法師生前的隨行記錄胡麗桂、史料部劉芳杏等諸大德討論指正，他們心細如髮絲、耐煩如禪修，像掃落葉般，逐一刊正這些疏誤。沒有他們，這本書絕對無法呈現現在這樣精實周到的體質和面貌。每次收到他們的來函說明以及密密麻麻的校正註記，都親切感受到他們以數文字為數呼吸、以爬行鍵盤為攀越高峰的道業生涯。

初稿送出前，曾託請師友試閱校讀。中華郵政前董事長賴清祺、高雄海洋大學教授陳茂村、屏安醫院院長黃文翔……等師友，以長年公眾事務閱歷提出許多精到建議。臺北溫天河伉儷，臺中賴忠星、賴忠明兄弟，臺南邱素華，高雄黃建富伉儷等諸位聖嚴書院召集人，昔日曾協助共同承擔法鼓山在各地區成立聖嚴書院之建置工作，而在《年譜》編撰時亦多次協助召募義工投入校讀。感謝諸位召集人以及眾多默默辛苦承擔的工作伙伴。

十年前，承寶雲寺監院果理法師邀約至臺中與大眾結緣，於是得從聖嚴書院第一個班隊在鐵皮屋小小齋堂開始，目睹了臺中不斷弘擴的法務以及建寺成果。感謝果理法師以及大臺中地區聖嚴書院、文殊班、普賢班……等各班隊共學助學的師長

友朋。

方丈和尚果東法師,結識早在其歷任僧團要職前,深知其以關懷名,實不虛傳。接任方丈後,關懷面愈加廣大而不忘國境之南,時有訊問傳來。並此致謝。

長兄其堯、長嫂華駿,於父親不在時,以長孫位肩負起家族奉祀責任,並完成家譜新修的辛苦工作。我長年在他方在異鄉遊於外務,全然只有承受兄嫂的關照愛顧而未能為他們分憂分勞。謹此敬致謝忱與祝福。

業師吳碧霞,挽我於中學憤青,濟我於大學志道。入孔門識佛家,從此生命換軌改轍。不敢言謝,只能心馨祝福身體康泰。

內人惠芯以文化義工為職志,外則長年投身社區關懷並側身矯正機構,期能點亮一點點光帶進一點點溫暖;內則在我長途攀爬電腦山時全力支援陪伴,四十年相識、三十年同行,共患共樂、知我助我。謹此祝福,並祝禱天下有緣同行者,皆能得共患難共享樂的助伴道侶。

二〇一五年十二月七日,乙未大雪
林其賢敬識

聖嚴法師年譜 (第四冊)

Master Sheng Yen's Chronicle in Four Volumes, Vol. IV

編著	林其賢
出版	法鼓文化
總監	釋果賢
總編輯	陳重光
編輯小組	郭惠芯・胡琡珮・李金瑛・劉芳杏・胡麗桂
	釋常真・釋演化
封面設計	化外設計
地址	臺北市北投區公館路186號5樓
電話	(02)2893-4646
傳真	(02)2896-0731
網址	http://www.ddc.com.tw
E-mail	market@ddc.com.tw
讀者服務專線	(02)2896-1600
初版一刷	2016年2月
初版三刷	2018年1月
建議售價	新臺幣3000元（全套四冊）
郵撥帳號	50013371
戶名	財團法人法鼓山文教基金會—法鼓文化
北美經銷處	紐約東初禪寺
	Chan Meditation Center (New York, USA)
	Tel: (718)592-6593 Fax: (718)592-0717

法鼓文化

國家圖書館出版品預行編目資料

聖嚴法師年譜 / 林其賢編著 . -- 初版. -- 臺北
市：法鼓文化, 2016. 02
　　冊；　公分
　　ISBN 978-957-598-692-6（全套：精裝）

　1. 釋聖嚴 2.年譜 3.佛教傳記

229.63　　　　　　　　104027091